MIGUEL DE CERVANTES

DON QUIJOTE DE LA MANCHA

(Parte I)

astria

DON QUIJOTE DE LA MANCHA (Parte I)
MIGUEL DE CERVANTES

©Colección Erandique
Supervisión Editorial: Óscar Flores López
Diseño de portada: Andrea Rodríguez
Administración: Tesla Rodas—Jessica Cordero
Director Ejecutivo: José Azcona Bocock
Primera Edición
Tegucigalpa, Honduras—Diciembre de 2025

PRÓLOGO

Desocupado lector: sin juramento puedes creerme que hubiera querido que este libro, como hijo del entendimiento, fuera el más hermoso, el más gallardo y el más discreto que pudiera imaginarse. Pero no he podido yo ir contra el orden de la naturaleza, pues en ella cada cosa engendra su semejante. Y así, ¿qué podía engendrar el estéril y mal cultivado ingenio mío, sino la historia de un hijo seco, avellanado, antojadizo y lleno de pensamientos diversos y nunca imaginados por otro alguno, como quien se engendró en una cárcel, donde toda incomodidad tiene asiento y donde todo ruido triste hace su morada?

El sosiego, el lugar apacible, la amenidad de los campos, la serenidad de los cielos, el murmullo de las fuentes y la quietud del espíritu son gran ayuda para que aun las musas más estériles se muestren fecundas y ofrezcan al mundo obras que lo llenen de maravilla y contento. Sucede que un padre tiene un hijo feo y sin gracia alguna, y el amor que le profesa le pone una venda en los ojos para no ver sus defectos; antes bien, los juzga por discreciones y hermosuras, y los cuenta a sus amigos como agudezas y donaires.

Pero yo, que aunque parezco padre soy padrastro de don Quijote, no quiero dejarme llevar por la corriente del uso ni suplicarte, casi con lágrimas en los ojos, como otros hacen, lector querido, que perdones o disimules las faltas que en este mi hijo encuentres. No eres su pariente ni su amigo, tienes tu alma en tu cuerpo y tu libre albedrío tan entero como el del más pintado, y estás en tu casa, donde eres señor de ella como el rey de sus alcabalas; y sabes lo que comúnmente se dice: que bajo mi manto, al rey mato. Todo lo cual te deja libre de respeto y obligación alguna, y así puedes decir de esta historia todo aquello que te parezca, sin temor de que te censuren por lo malo ni te premien por lo bueno que digas de ella.

Solo hubiera querido ofrecértela limpia y desnuda, sin el adorno de prólogo ni de la interminable serie de sonetos, epigramas y elogios que suelen ponerse al comienzo de los libros. Porque he de decirte que, aunque me costó algún trabajo componerla, ninguno fue mayor que hacer este prólogo que ahora lees. Muchas veces tomé la pluma para escribirlo y muchas otras la dejé, sin saber qué decir; y estando una vez suspenso, con el papel delante, la pluma en la oreja, el codo sobre la mesa y la mano en la mejilla, pensando qué diría, entró de improviso un

5

amigo mío, ingenioso y bien entendido, quien, al verme tan absorto, me preguntó la causa.

No se la oculté, y le dije que pensaba en el prólogo que debía hacer para la historia de don Quijote, y que me tenía tan preocupado que ni quería hacerlo ni tampoco sacar a la luz las hazañas de tan noble caballero. Porque —le dije— ¿cómo no he de estar confuso pensando qué dirá el legislador antiguo que llaman vulgo cuando vea que, tras tantos años de dormir en el silencio del olvido, salgo ahora, con todos mis años a cuestas, con una historia seca como esparto, pobre de invención, escasa de estilo, falta de conceptos y carente de toda erudición y doctrina; sin citas al margen ni notas al final, como veo en otros libros, aunque sean fabulosos y profanos, tan llenos de sentencias de Aristóteles, de Platón y de toda la caterva de filósofos, que admiran a los lectores y hacen pasar a sus autores por hombres doctos y elocuentes?

Y qué decir cuando citan la Sagrada Escritura: no parecerán sino nuevos santos Tomás y doctores de la Iglesia, guardando tal decoro que en un renglón pintan a un enamorado distraído y en otro sueltan un sermoncillo cristiano, que es gusto escucharlo o leerlo. De todo esto carecerá mi libro, porque no tengo qué anotar en los márgenes ni qué comentar al final, ni sé siquiera qué autores sigo, para ponerlos al principio por orden alfabético, desde Aristóteles hasta Xenofonte, Zoilo o Zeuxis, aunque el uno fuera maldiciente y el otro pintor.

Tampoco tendrá mi libro sonetos al inicio, al menos no escritos por duques, marqueses, condes, obispos, damas o poetas famosos; aunque, si los pidiera a dos o tres amigos artesanos, sé que me los darían tan buenos que no desmerecerían frente a los de quienes gozan de mayor nombre en España. En fin —proseguí—, he decidido que don Quijote quede sepultado en los archivos de la Mancha hasta que el cielo disponga quién lo adorne de lo mucho que le falta; porque me reconozco incapaz de remediarlo por mi escasez de letras y porque, por naturaleza, soy perezoso para andar buscando autores que digan lo que yo puedo decir sin ellos.

De aquí nacía la suspensión y el embeleso en que me encontrasteis.

Mi amigo, oyendo esto, se dio una palmada en la frente y soltó una larga carcajada, diciendo:

—Por Dios, hermano, ahora me desengaño de un error en que he vivido desde que os conozco. Siempre os tuve por hombre discreto y prudente, pero ahora veo que estáis tan lejos de serlo como el cielo de la tierra. ¿Cómo es posible que cosas tan leves y fáciles de remediar tengan fuerza para turbar un ingenio tan maduro como el vuestro? Esto no nace de falta de habilidad, sino de sobra de pereza y escasez de juicio.

Y siguió dándome consejo, mostrándome cómo suplir sonetos, citas, autoridades, notas y erudición fingida con ingenio, gracia y sentido común, hasta convencerme de que mi libro no necesitaba nada de aquello, porque todo él era una sátira contra los libros de caballerías y bastaba con la imitación bien hecha, con claridad, llaneza y buen humor.

Escuché en silencio sus razones y se grabaron de tal modo en mí que las acepté sin discusión, y de ellas quise hacer este prólogo. En él verás, lector amable, la discreción de mi amigo, mi buena fortuna al hallarlo en momento tan necesario y tu alivio al encontrar una historia sincera y sin artificios del famoso don Quijote de la Mancha, a quien todos en el campo de Montiel tuvieron por el más casto enamorado y el más valiente caballero que se vio en muchos años.

No quiero exagerarte el favor que te hago al darte a conocer a tan noble caballero; pero sí quiero que agradezcas el conocimiento del famoso Sancho Panza, su escudero, en quien, a mi parecer, se resumen todas las gracias escuderiles que en la multitud de libros vanos de caballerías andan dispersas.

Y con esto, Dios te dé salud, y a mí no me olvide.

Vale.

CAPÍTULO I: QUE TRATA DE LA CONDICIÓN Y EJERCICIO DEL FAMOSO HIDALGO DON QUIJOTE DE LA MANCHA

En un lugar de la Mancha, de cuyo nombre no quiero acordarme, no hace mucho tiempo que vivía un hidalgo de los de lanza en astillero, adarga antigua, rocín flaco y galgo corredor. Una olla de algo más vaca que carnero, salpicón las más noches, duelos y quebrantos los sábados, lentejas los viernes, algún palomino de añadidura los domingos, consumían las tres partes de su hacienda. El resto de ella concluían sayo de velarte, calzas de velludo para las fiestas, con sus pantuflos de lo mesmo, y los días de entresemana se honraba con su vellorí de lo más fino. Tenía en su casa una ama que pasaba de los cuarenta, y una sobrina que no llegaba a los veinte, y un mozo de campo y plaza, que así ensillaba el rocín como tomaba la podadera. Frisaba la edad de nuestro hidalgo con los cincuenta años; era de complexión recia, seco de carnes, enjuto de rostro, gran madrugador y amigo de la caza. Quieren decir que tenía el sobrenombre de Quijada, o Quesada, que en esto hay alguna diferencia en los autores que de esto caso escriben; aunque por conjeturas verosímiles se deja entender que se llamaba Quijana. Pero esto importa poco a nuestro cuento: basta que en la narración de él no se salga un punto de la verdad.

Su comida era modesta y repetida: un guiso casi siempre, restos fríos la mayoría de las noches, un plato sencillo los sábados, lentejas los viernes, y los domingos, de vez en cuando, algún capricho que lo hacía sentir señor. En eso se le iba casi toda la renta. Con lo que quedaba se vestía como podía: ropa decente para las fiestas, y para el resto de la semana, paño sobrio pero limpio. En su casa vivían una ama que ya pasaba de los cuarenta, una sobrina que no llegaba a los veinte y un mozo que servía para todo: lo mismo ensillaba al caballo que salía con la herramienta al campo.

Nuestro hidalgo rondaba los cincuenta años. Era fuerte, seco de carnes, de cara delgada, madrugador y aficionado a la caza. Sobre su apellido no hay acuerdo: unos lo llaman Quijada, otros Quesada; pero, por conjeturas razonables, parece que era Quijano. En cualquier caso, eso importa poco: lo que cuenta es que, al narrar su historia, no nos apartaremos ni un paso de la verdad.

Lo cierto es que este hombre, en los ratos en que no tenía nada que hacer —que eran muchos— se entregó a leer libros de caballerías con un entusiasmo tan voraz que casi olvidó la caza y dejó en segundo plano el cuidado de su hacienda. Llegó a tal punto su curiosidad y su desvarío que vendió parte de sus tierras para comprar más libros, y así reunió en su casa todos los que pudo encontrar.

Entre todos, los que más lo deslumbraban eran los de cierto autor famoso, por la manera enrevesada y brillante con que escribía. A él le parecían joyas aquellas frases retorcidas, y se quedaba embobado con los cumplidos exagerados y las cartas de desafío que llenaban esas historias. Se desvelaba tratando de entenderlas, como si en ellas estuviera escondida la clave del mundo; y no las habría aclarado ni el propio Aristóteles si volviera solo para eso.

A veces se enojaba con los golpes y heridas que los caballeros se daban en los libros, porque imaginaba que, aunque los curaran los mejores médicos, debían quedar llenos de cicatrices. Y sin embargo, admiraba la manera en que esas novelas prometían aventuras interminables. Más de una vez le dieron ganas de agarrar la pluma y escribir él mismo el final de alguna historia inconclusa; y probablemente lo habría hecho, y bien, si otros pensamientos más fuertes no lo hubieran desviado.

Discutía con el cura de su pueblo —hombre instruido— sobre cuál caballero era mejor: si Palmerín o Amadís. El barbero, en cambio, sostenía que ninguno se comparaba con el Caballero del Febo, y que si alguien podía acercársele era don Galaor, hermano de Amadís, porque era valiente sin ponerse delicado, y no tan llorón como su hermano.

En fin: se metió tan de lleno en esas lecturas que las noches se le iban de página en página hasta amanecer, y los días pasaban como en una niebla de tinta. Con tanto leer y tan poco dormir, el cerebro se le fue secando —por decirlo así— y acabó por perder el juicio.

Le parecía que el Cid había sido un gran caballero, sí, pero inferior a otros que en sus libros partían gigantes de un solo golpe. Admiraba también a Bernardo del Carpio, que, según esas historias, mató a Roldán en Roncesvalles. Todo lo mezclaba: leyenda, historia, fantasía. En su cabeza, lo escrito tenía el peso de lo real.

Y así, con la razón ya consumida, dio en el pensamiento más extraño que podía ocurrírsele a un hombre: le pareció no solo conveniente, sino necesario —para su honra y para el bien de su nación— hacerse caballero andante y salir por el mundo con armas y caballo a buscar aventuras, a defender a los débiles y a enderezar entuertos, como había leído que hacían los caballeros de los libros. Ya se veía coronado por el valor de su brazo; como mínimo, emperador de algún reino remoto.

Con ese gusto delirante que le encendía el pecho, se apresuró a poner en práctica su plan. Lo primero fue sacar unas armas antiguas de sus bisabuelos, olvidadas en un rincón, cubiertas de óxido y moho. Las limpió y las arregló lo mejor que pudo. Pero notó una gran falta: no tenía un casco completo, sino un morrión simple.

Su ingenio, sin embargo, no se rinde con facilidad. Con cartones armó una especie de visera y media pieza que, encajada sobre el morrión, aparentaba ser un casco entero. Para probar si resistía un golpe, sacó la espada y le descargó dos tajos: con el primero deshizo en un instante lo que le había tomado una semana fabricar. Le molestó aquella fragilidad. Así que lo rehízo, y esta vez le puso por dentro unas barras de hierro. Con eso quedó satisfecho; y, sin querer probarlo otra vez (porque la experiencia anterior no había sido muy alentadora), decidió que su casco era perfecto.

Después fue a ver a su caballo. Era un animal tan flaco y golpeado por los años que parecía hecho de hueso y pellejo; sin embargo, a él le pareció superior al caballo de Alejandro y al del Cid. Y entonces empezó otro trabajo: ponerle un nombre. Pasó cuatro días imaginándolo, porque —se decía— no era justo que el caballo de un caballero famoso anduviera sin nombre. Buscó uno que dijera lo que había sido y lo que ahora sería, porque, si su dueño cambiaba de vida, el caballo también debía cambiar de nombre, y ganarse uno sonoro, digno de su nueva suerte.

Después de inventar, borrar, corregir y volver a inventar, al fin encontró el que le pareció perfecto: Rocinante. Le sonó alto, fuerte y significativo: antes había sido un rocín cualquiera; ahora sería el primero de todos los rocines del mundo.

Con el caballo bautizado, quiso bautizarse a sí mismo. Se pasó otros ocho días pensando, hasta que decidió llamarse don Quijote. Y, siguiendo el ejemplo de Amadís, que añadió el nombre de su patria, él también quiso honrar la suya y se llamó don Quijote de la Mancha.

Ya tenía armas limpias, casco improvisado, caballo con nombre y nombre nuevo para sí mismo. Solo le faltaba una cosa: una dama de quien enamorarse. Porque, según las reglas de esos libros, un caballero andante sin amores era como un árbol sin hojas y sin fruto, o un cuerpo sin alma.

Se dijo:

—Si por desgracia o por fortuna me encuentro con algún gigante en el camino y lo derribo, o lo venzo y lo obligo a rendirse… ¿no sería lo mejor tener a quién enviarlo, para que se presente ante mi señora? Y que llegue, se arrodille y diga: "Señora, soy tal gigante, señor de tal isla, y fui vencido por el jamás suficientemente alabado don Quijote de la Mancha, que me manda presentarme ante vuestra grandeza para que dispongáis de mí como queráis".

Cuanto más lo pensaba, más se alegraba. Y más aún cuando encontró a quién poner en ese lugar.

Cerca de su aldea vivía una moza labradora, de muy buen parecer, por quien él había sentido alguna vez una inclinación secreta. Ella, al parecer, no lo supo nunca, ni le prestó atención alguna.

Se llamaba Aldonza Lorenzo.

Pero ese nombre, en la fantasía de un caballero andante, no bastaba. Necesitaba uno que sonara a princesa, a señora ilustre. Así que, tras buscarlo con el mismo cuidado con que había nombrado a su caballo y a sí mismo, decidió llamarla:

Dulcinea del Toboso, porque era de El Toboso.

Y el nombre le pareció musical, raro, lleno de promesa; tan perfecto como los demás que había dado a su nueva vida.

CAPÍTULO II: QUE TRATA DE LA PRIMERA SALIDA QUE DE SU TIERRA HIZO EL INGENIOSO DON QUIJOTE

Hechas, pues, estas prevenciones, no quiso esperar más tiempo para poner en efecto su pensamiento, apremiándolo a ello la falta que él creía que hacía en el mundo con su tardanza, según los agravios que pensaba deshacer, los tuertos que enderezar, las injusticias que corregir, los abusos que remediar y las deudas que satisfacer. Así que, sin comunicar su intención a persona alguna y sin que nadie lo viera, una mañana, antes del amanecer —que era uno de los días calurosos del mes de julio— se armó con todas sus armas, subió sobre Rocinante, se colocó su mal compuesta celada, embrazó su adarga, tomó su lanza y, por la puerta trasera de un corral, salió al campo con grandísimo contento y alegría, viendo con cuánta facilidad había dado principio a su buen deseo.

Pero apenas se vio en campo abierto, cuando lo asaltó un pensamiento terrible, capaz por poco de hacerlo desistir de la empresa ya comenzada: recordó que aún no había sido armado caballero y que, conforme a las leyes de la caballería, ni podía ni debía tomar armas contra ningún caballero; y que, aun cuando lo fuera, debía llevar armas blancas, como caballero novel, sin divisa alguna en el escudo, hasta ganarla por su esfuerzo.

Estos pensamientos lo hicieron vacilar; pero pudo más su locura que cualquier otra razón, y resolvió hacerse armar caballero por el primero que encontrara, imitando a muchos otros que así lo habían hecho, según había leído en sus libros. En cuanto a las armas blancas, pensaba limpiarlas tan bien, cuando tuviera ocasión, que quedarían más blancas que un armiño. Con esto se tranquilizó y siguió su camino, sin llevar otro rumbo que el que su caballo quisiera tomar, creyendo que en ello consistía la fuerza de las aventuras.

Mientras avanzaba, nuestro flamante aventurero iba hablando consigo mismo y decía:

—¿Quién duda que, en los tiempos venideros, cuando salga a la luz la verdadera historia de mis famosos hechos, el sabio que los escriba no diga, al llegar a contar esta mi primera salida tan de mañana, algo como esto?: "Apenas el rubicundo Apolo había extendido por la faz de la ancha y espaciosa tierra las doradas hebras de sus hermosos cabellos, y apenas los pequeños y pintados pajarillos, con sus afiladas lenguas, habían saludado con dulce y melosa armonía la venida de la rosada aurora —que, dejando la blanda cama del celoso marido, por las puertas y balcones del horizonte manchego se mostraba a los mortales—, cuando el famoso caballero don Quijote de la Mancha, dejando las ociosas plumas, subió sobre su famoso caballo Rocinante y comenzó a caminar por el antiguo y conocido campo de Montiel".

Y era verdad que por él caminaba. Y añadió diciendo:

—Dichosa edad y siglo dichoso aquel en que saldrán a la luz mis famosas hazañas, dignas de grabarse en bronce, esculpirse en mármol y pintarse en tablas, para memoria de lo futuro. ¡Oh tú, sabio encantador, quienquiera que seas, a quien toque ser cronista de esta peregrina historia! Te ruego que no te olvides de mi buen Rocinante, compañero eterno mío en todos mis caminos y carreras.

Luego volvía a decir, como si verdaderamente estuviera enamorado:

—¡Oh princesa Dulcinea, señora de este cautivo corazón! Mucho agravio me han hecho al despedirme y reprocharme con el riguroso mandato de no aparecer ante vuestra hermosura. Dignaos, señora, de acordaros de este vuestro humilde servidor, que tantas penas por vuestro amor padece.

Con estas palabras iba ensartando otros disparates, todos al modo de los que sus libros le habían enseñado, imitando en cuanto podía su lenguaje. Y con esto caminaba tan despacio, mientras el sol subía tan aprisa y con tanto ardor, que habría sido suficiente para derretirle los sesos, si es que alguno tuviera.

Casi todo aquel día caminó sin que le ocurriera cosa digna de contarse, lo cual lo desesperaba, porque deseaba encontrarse de inmediato con alguien en quien probar el valor de su fuerte brazo. Hay autores que dicen que su primera aventura fue la del Puerto Lápice; otros afirman que la de los molinos de viento. Pero lo que yo he podido averiguar en este caso, y lo que he hallado escrito en los anales de La Mancha, es que anduvo todo aquel día, y que al anochecer él y su rocín se encontraron cansados y muertos de hambre; y que, mirando a todas partes para ver si descubría algún castillo o alguna majada de pastores donde recogerse y remediar su mucha necesidad, vio, no lejos del camino por donde iba, una venta, que fue para él como si viera una estrella que, no a los portales, sino a los alcázares de su salvación lo encaminaba.

Apuró el paso y llegó a ella cuando ya anochecía.

Estaban, por casualidad, a la puerta dos mujeres jóvenes, de las que llaman del partido, que iban a Sevilla con unos arrieros que aquella noche habían hecho jornada en la venta. Y como a nuestro aventurero todo cuanto pensaba, veía o imaginaba le parecía ajustarse a lo que había leído, en cuanto vio la venta se le figuró que era un castillo con sus cuatro torres y chapiteles de luciente plata, sin faltarle su puente levadizo y profunda fosa, con todos los adornos que suelen pintarse en castillos semejantes.

Se fue acercando a la venta —que a él le parecía castillo— y, a poca distancia, detuvo las riendas de Rocinante, esperando que algún enano se pusiera entre las almenas a dar señal con una trompeta de que llegaba un caballero. Pero, al ver que se tardaban y que Rocinante se daba prisa por llegar a la caballeriza, se acercó a la puerta de la venta y vio a las dos distraídas mozas, que a él le parecieron dos hermosas doncellas o dos graciosas damas que se solazaban ante la puerta del castillo.

En ese momento ocurrió que un porquero que andaba recogiendo una piara de cerdos tocó un cuerno, señal con la cual se reunían; y al instante se le figuró a don Quijote que aquello era la señal que deseaba, como si algún enano anunciara su llegada. Así, con extraño contento, llegó a la venta y a las damas, las cuales, al ver venir un hombre armado de aquella manera, con lanza y adarga, llenas de miedo se apresuraron a entrar en la venta.

Pero don Quijote, interpretando su huida como señal de temor, alzó la visera de cartón y, descubriendo su seco y polvoriento rostro, con gentil talante y voz reposada les dijo:

—No huyan vuestras mercedes ni teman desmán alguno, pues a la orden de caballería que profeso no le corresponde ni le incumbe hacer daño a nadie, y menos aún a tan altas doncellas como vuestras presencias demuestran.

Las mozas lo miraban y buscaban su rostro, que la mala visera apenas dejaba ver; y al oírse llamar doncellas, cosa tan ajena a su oficio, no pudieron contener la risa. Fue de tal manera que don Quijote se sintió corrido y les dijo:

—Bien está la mesura en las hermosas, y es gran necedad, además, la risa que nace de causa tan leve. Pero no os lo digo para que os aflijáis ni mostréis mal talante, pues el mío no es otro que el de serviros.

El lenguaje —no entendido por ellas— y el mal aspecto de nuestro caballero aumentaban su risa y su enojo; y habría pasado a mayores si en ese punto no hubiera salido el ventero, hombre que, por ser muy gordo, era muy pacífico. Al ver aquella figura tan extraña, armada con armas tan desiguales, estuvo a punto de acompañar a las mozas en su risa; pero temiendo aquella máquina de tantos pertrechos, decidió hablarle con cortesía.

—Si vuestra merced, señor caballero —dijo—, busca posada, aunque no hay lecho en esta venta, todo lo demás se encontrará en ella en mucha abundancia.

Viendo don Quijote la humildad del alcaide de la fortaleza —pues tal le pareció el ventero— respondió:

—Para mí, señor castellano, cualquier cosa basta,
pues mis arreos son las armas
y mi descanso, el pelear.

Pensó el huésped que lo había llamado castellano por parecerle de Castilla, aunque en realidad era andaluz, natural de la playa de Sanlúcar, no menos ladrón que Caco ni menos pícaro que estudiante o paje. Y le respondió:

—Según eso, las camas de vuestra merced serán duras peñas y su dormir, un continuo velar; y siendo así, bien puede apearse con la seguridad de hallar en esta choza ocasión y ocasiones para no dormir en todo un año, y mucho menos en una noche.

Diciendo esto, fue a sostenerle el estribo a don Quijote, quien se apeó con mucha dificultad y trabajo, como quien no había probado bocado en todo el día.

Pidió luego al huésped que cuidara mucho de su caballo, porque era la mejor pieza que comía pan en el mundo. El ventero lo miró, y no le pareció tan bueno como don Quijote decía, ni siquiera la mitad. Lo acomodó en la caballeriza y volvió a atender a su huésped, a quien estaban desarmando las mozas, ya reconciliadas con él.

Aunque le habían quitado el peto y el espaldar, jamás pudieron desencajarle la gola ni quitarle la contrahecha celada, atada con unas cintas verdes, que era necesario cortar por no poder deshacer los nudos. Pero él no lo consintió de ninguna manera, y así pasó toda la noche con la celada puesta, ofreciendo la más graciosa y extraña figura que pudiera imaginarse.

Mientras lo desarmaban —creyendo él que aquellas mujeres eran principales damas del castillo— les dijo con mucho donaire:

Nunca fue caballero
de damas tan bien servido
como fue don Quijote
cuando de su aldea vino.

Doncellas cuidaban de él,
princesas, de su rocín.

—O Rocinante —que este es el nombre, señoras mías, de mi caballo— y don Quijote de la Mancha, el mío. Y aunque no quisiera descubrirme hasta que mis hazañas, hechas en vuestro servicio, me dieran a conocer, la necesidad de acomodar a este propósito un antiguo romance de Lanzarote ha sido causa de que sepáis mi nombre antes de tiempo. Pero llegará el día en que vuestras señorías me manden y yo obedezca, y el valor de mi brazo muestre el deseo que tengo de serviros.

Las mozas, poco acostumbradas a oír semejantes discursos, no respondían palabra. Solo le preguntaron si quería comer algo.

—Cualquier cosa comería yo —respondió don Quijote—, porque, a lo que entiendo, me vendría muy bien.

Casualmente era viernes aquel día, y no había en la venta sino unas raciones de un pescado que en Castilla llaman abadejo, en Andalucía bacalao y en otras partes curadillo o truchuela. Le preguntaron si comería truchuela, pues no había otro pescado.

—Si hay muchas truchuelas —respondió don Quijote—, pueden servir como una sola trucha; porque lo mismo se me da que me den ocho reales sueltos que una moneda de a ocho. Y además, bien podría ser que estas truchuelas fueran como el ternero, que es mejor que la vaca, o el cabrito, que es mejor que el cabrón. Pero sea lo que fuere, tráiganlo pronto, que el trabajo y el peso de las armas no se pueden llevar sin el gobierno del estómago.

Le pusieron la mesa a la puerta de la venta, al fresco. El huésped le trajo una porción de bacalao mal remojado y peor cocido, y un pan tan negro y sucio como sus armas. Era cosa muy graciosa verlo comer, porque, al tener puesta la celada y alzada la visera, no podía llevarse nada a la boca con sus propias manos, si otro no se lo daba. Así que una de las mozas le servía.

Para beber, fue imposible hacerlo de otro modo que no fuera usando una caña, que el ventero horadó y colocó de tal manera que por un extremo entraba en la boca de don Quijote y por el otro le vertían el vino.

Todo lo soportaba con paciencia, con tal de no romper las cintas de la celada.

Mientras estaban en esto, llegó a la venta un castrador de puercos, que al entrar tocó su silbato de cañas cuatro o cinco veces. Con esto terminó de convencerse don Quijote de que estaba en un famoso castillo, de que lo servían con música, de que el abadejo eran truchas, el pan, candeal; las rameras, damas; y el ventero, castellano del castillo. Y así dio por bien empleada su salida.

Pero lo que más lo inquietaba era no verse armado caballero, pues le parecía que no podía ponerse legítimamente en aventura alguna sin haber recibido la orden de caballería.

CAPÍTULO III: DONDE SE CUENTA LA GRACIOSA MANERA QUE TUVO DON QUIJOTE EN ARMARSE CABALLERO

Y así, fatigado por este pensamiento, dio por terminada su cena, tan de venta y tan limitada; y, acabada, llamó al ventero y, encerrándose con él en la caballeriza, se hincó de rodillas ante él y le dijo:

—No me levantaré jamás de donde estoy, valeroso caballero, hasta que vuestra cortesía me otorgue el don que quiero pediros, el cual redundará en alabanza vuestra y en provecho del género humano.

El ventero, que vio a su huésped a sus pies y oyó semejantes razones, lo miraba confuso, sin saber qué hacer ni qué decir. Porfiaba con él para que se levantara, y don Quijote jamás quiso, hasta que el ventero tuvo que decirle que le concedía el don que pedía.

—No esperaba yo menos de vuestra gran magnificencia, señor mío —respondió don Quijote—. Y así, os digo que el don que os he pedido y que vuestra liberalidad me ha otorgado es que mañana, en el día que viene, me habéis de armar caballero; y que esta noche, en la capilla de este vuestro castillo, velaré las armas; y mañana, como he dicho, se cumplirá lo que tanto deseo, para poder, como se debe, ir por las cuatro partes del mundo buscando aventuras, en favor de los menesterosos, como está a cargo de la caballería y de los caballeros andantes, como yo soy, cuyo ánimo se inclina a semejantes hazañas.

El ventero, que era un poco socarrón y ya tenía algunos indicios de la falta de juicio de su huésped, terminó de creerlo al oír tales razones. Y por tener de qué reír aquella noche, determinó seguirle el humor. Así que le dijo que andaba muy acertado en lo que deseaba y pedía, y que tal propósito era propio y natural de caballeros tan principales como él parecía y como su gallarda presencia mostraba.

Le dijo también que él mismo, en los años de su juventud, se había dado a aquel honroso ejercicio, andando por diversas partes del mundo en busca de aventuras; y que no había dejado los Percheles de Málaga, las islas de Riarán, el Compás de Sevilla, el Azoguejo de Segovia, la Olivera de Valencia, la Rondilla de Granada, la playa de Sanlúcar, el Potro de Córdoba y las Ventillas de Toledo, y otras muchas partes donde había ejercitado la ligereza de sus pies y la sutileza de sus manos, haciendo muchos tuertos, requebrando muchas viudas, deshonrando algunas doncellas y engañando a algunos pupilos; y, en fin, dándose a conocer por cuantas audiencias y tribunales hay casi en toda España.

Y que, por último, se había venido a recoger a aquel su castillo, donde vivía de su hacienda y de la ajena, acogiendo a cuantos caballeros andantes, de cualquier calidad y condición, llegaban por allí, solo por la afición que les tenía y porque compartieran con él de sus haberes, en pago de su buen deseo.

Le dijo asimismo que en aquel castillo no había capilla donde velar las armas, porque estaba derribada para hacerla de nuevo; pero que, en caso de necesidad, podían velarse en cualquier parte, y que aquella noche las velaría en un patio del castillo; y que a la mañana, si Dios quería, se harían las debidas ceremonias, de manera que él quedara armado caballero, y tan caballero, que no podría serlo más en el mundo.

Le preguntó si traía dinero. Don Quijote respondió que no traía ni una blanca, porque nunca había leído en historias de caballeros andantes que alguno lo llevara.

A esto dijo el ventero que se engañaba: que aunque en las historias no se escribía —porque a los autores les habría parecido innecesario mencionar cosa tan clara y tan necesaria como dinero y camisas limpias—, no por eso debía creerse que no lo llevaban. Y así, que tuviera por cierto y averiguado que todos los caballeros andantes, de que tantos libros están llenos, llevaban bien abastecidas las bolsas para lo que pudiera sucederles. Y que asimismo llevaban camisas y una arqueta pequeña llena de ungüentos para curar las heridas que recibían, porque no siempre, en los campos y despoblados donde se combatían y quedaban heridos, había quien los curara, si no era que tuvieran por amigo a algún sabio encantador que los socorriera, trayendo por el aire, en alguna nube, a alguna doncella o enano con una redoma de agua de tanta virtud que, con gustar una sola gota, al punto quedaban sanos de llagas y heridas, como si nada hubieran tenido.

Pero que, mientras eso no ocurría, los antiguos caballeros tenían por cosa acertada que sus escuderos anduvieran provistos de dinero y de otras cosas necesarias, como hilas y ungüentos para curarse. Y cuando sucedía que no tenían escudero —que era raro—, ellos mismos lo llevaban todo en unas alforjas muy sutiles, casi invisibles, a las ancas del caballo, como si fuera cosa de mayor importancia; porque, fuera de ocasiones semejantes, llevar alforjas no era muy admitido entre caballeros andantes.

Por eso le aconsejaba —y aun se lo podía mandar como a ahijado suyo, que muy pronto lo sería— que en adelante no caminara sin dinero y sin las prevenciones referidas, y que vería cuán bien le iría con ellas cuando menos lo pensara.

Don Quijote prometió hacer lo que se le aconsejaba con toda puntualidad. Y así, se dispuso de inmediato la vela de armas en un corral grande que había a un lado de la venta. Recogió don Quijote todas sus armas y las puso sobre una pila junto a un pozo; y, embrazando su adarga, asió su lanza, y con gentil continente comenzó a pasearse delante de la pila. Y cuando empezó el paseo, empezaba a cerrarse la noche.

El ventero contó a todos los que estaban en la venta la locura de su huésped: la vela de las armas y la ceremonia de caballería que esperaba. Se admiraron de tan extraño género de desvarío y fueron a mirarlo desde lejos. Vieron que, con sosegado ademán, unas veces se paseaba; otras, arrimado a su lanza, clavaba los ojos en las armas y no los apartaba por largo rato.

Cerró del todo la noche, pero con tanta claridad de luna, que competía con la del que se la prestaba, de modo que cuanto el novel caballero hacía podía verse sin dificultad.

En esto se le ocurrió a uno de los arrieros que estaban en la venta ir a dar agua a su recua; y para eso era menester quitar las armas de don Quijote, que estaban sobre la pila. Don Quijote, viéndolo llegar, le dijo en voz alta:

—¡Oh tú, quienquiera que seas, atrevido caballero, que llegas a tocar las armas del más valeroso andante que jamás se ciñó espada! Mira lo que haces y no las toques, si no quieres dejar la vida en pago de tu atrevimiento.

El arriero no hizo caso de estas razones (y más le habría valido hacerlo); antes, agarrando las correas, arrojó las armas a buena distancia.

Viendo esto don Quijote, alzó los ojos al cielo y, poniendo el pensamiento —según pareció— en su señora Dulcinea, dijo:

—¡Socorredme, señora mía, en esta primera afrenta que se ofrece a este vuestro vasallo! No me falte en este primer trance vuestro favor y amparo.

Y diciendo estas y otras semejantes razones, soltó la adarga, alzó la lanza con ambas manos y dio con ella tan gran golpe al arriero en la cabeza, que lo derribó en el suelo, tan maltrecho, que si le hubiera dado otro, ya no habría necesitado médico que lo curara.

Hecho esto, recogió sus armas y volvió a pasearse con el mismo reposo que antes.

Poco después, sin que el otro hubiera acabado de entender lo ocurrido (porque aún estaba aturdido), llegó otro arriero con la misma intención de dar agua a sus mulas; y al ir a quitar las armas para despejar la pila, don Quijote, sin decir palabra y sin pedir favor a nadie, soltó otra vez la adarga, alzó la lanza y le dio tal golpe, que le abrió la cabeza de mala manera.

Al ruido acudió toda la gente de la venta, y entre ellos el ventero. Don Quijote, al verlos, embrazó su adarga y puso mano a su espada, diciendo:

—¡Oh señora de la hermosura, esfuerzo y vigor de mi debilitado corazón! Ahora es tiempo que volváis los ojos de vuestra grandeza a este vuestro cautivo caballero, que tan gran aventura está esperando.

Con esto cobró, a su parecer, tanto ánimo, que si lo hubieran acometido todos los arrieros del mundo, no habría retrocedido un paso.

Los compañeros de los heridos, viéndolos así, comenzaron desde lejos a lloverle piedras. Don Quijote, como podía, se defendía con la adarga y no osaba apartarse de la pila, por no desamparar las armas.

El ventero daba voces para que lo dejaran, porque ya les había dicho que estaba loco, y que por loco se libraría, aunque los matara a todos. Pero don Quijote daba mayores voces, llamándolos alevosos y traidores, y diciendo que el señor del castillo era un cobarde y mal nacido caballero, pues consentía que se tratase así a los caballeros andantes; y que si él hubiera recibido la orden de caballería, se lo haría pagar como merecía.

—Pero de ustedes, soez y baja canalla, no hago caso alguno: tiren, lleguen, vengan y oféndanme cuanto puedan; que ya verán el pago que reciben por su necedad y desmesura.

Lo decía con tanto brío y denuedo, que infundió temor en los que lo acometían. Así, tanto por esto como por las persuasiones del ventero, dejaron de tirarle; él dejó retirar a los heridos y volvió a la vela de sus armas, con la misma quietud y sosiego que antes.

No le parecieron bien al ventero las burlas de su huésped y determinó abreviar, dándole la oscura orden de caballería en ese mismo momento, antes de que ocurriera otra desgracia. Así que se acercó a él, se disculpó por la insolencia que aquella gente baja había usado, sin que él supiera nada, pero que bien castigados quedaban por su atrevimiento.

Le dijo que, como ya le había advertido, en aquel castillo no había capilla; y que para lo que restaba hacer tampoco era necesaria, porque todo el acto de quedar armado caballero consistía en la pescozada y en el espaldarazo, según él entendía del ceremonial de la orden; y que aquello, en mitad de un campo, se podía hacer. Y que ya había cumplido con lo que tocaba a la vela de armas, pues con dos horas bastaba, y él llevaba más de cuatro.

Todo se lo creyó don Quijote y dijo que estaba allí dispuesto para obedecerle y que concluyera con la mayor brevedad posible; porque si lo acometían otra vez y se viera armado caballero, no pensaba dejar persona viva en el castillo, excepto aquellas que el ventero le mandara, a quienes, por respeto a él, perdonaría.

Advertido y temeroso de esto, el castellano trajo luego un libro donde anotaba la paja y cebada que daba a los arrieros, y un cabo de vela que le alcanzó un muchacho; y con las dos ya dichas doncellas fue adonde don Quijote estaba.

Le mandó hincarse de rodillas; y, leyendo en su manual como si dijera una devota oración, en mitad de la lectura alzó la mano y le dio en el cuello un buen golpe; y luego, con su misma espada, un gentil espaldarazo, murmurando siempre entre dientes como quien reza.

Hecho esto, mandó a una de aquellas damas que le ciñera la espada. Ella lo hizo con mucha soltura y discreción, porque no fue poco lo que necesitó para no reventar de risa a cada momento con aquellas ceremonias; pero las proezas ya vistas del novel caballero tenían su risa a raya.

Al ceñirle la espada, dijo la buena mujer:

—Dios haga a vuestra merced muy venturoso caballero y le dé fortuna en lides.

Don Quijote le preguntó cómo se llamaba, para saber en adelante a quién quedaba obligado por la merced recibida, pues pensaba darle parte de la honra que alcanzara con el valor de su brazo.

Ella respondió con humildad que se llamaba la Tolosa, y que era hija de un remendón natural de Toledo, que vivía por las tendillas de Sancho Bienaya, y que dondequiera que ella estuviera le serviría y lo tendría por señor.

Don Quijote le replicó que, por su amor, le hiciera merced de que desde entonces se pusiera "don" y se llamara doña Tolosa. Ella se lo prometió.

La otra le calzó la espuela, y con ella tuvo casi el mismo coloquio que con la de la espada. Preguntó su nombre y dijo que se llamaba la Molinera y que era hija de un honrado molinero de Antequera. A ella también rogó don Quijote que se pusiera "don" y se llamara doña Molinera, ofreciéndole nuevos servicios y mercedes.

Hechas, pues, de prisa y al galope las hasta entonces nunca vistas ceremonias, don Quijote no vio la hora de verse a caballo y salir a buscar aventuras. Ensilló luego a Rocinante, subió en él y, abrazando a su huésped, le dijo cosas tan extrañas, agradeciéndole la merced de haberle armado caballero, que no es posible acertar a referirlas.

El ventero, por verlo ya fuera de la venta, le respondió con no menos retóricas, aunque con palabras más breves; y, sin pedirle el costo de la posada, lo dejó ir en buena hora.

CAPÍTULO IV: DE LO QUE LE SUCEDIÓ A NUESTRO CABALLERO CUANDO SALIÓ DE LA VENTA

La del alba sería cuando don Quijote salió de la venta, tan contento, tan gallardo, tan alborozado por verse ya armado caballero, que el gozo le reventaba por las cinchas del caballo.

Pero, al venirle a la memoria los consejos de su huésped acerca de las prevenciones tan necesarias que debía llevar consigo —en especial la del dinero y las camisas limpias—, determinó volver a su casa para proveerse de todo, y también de un escudero, pensando en tomar a un labrador vecino suyo, pobre y con hijos, pero muy a propósito para el oficio escuderil de la caballería.

Con este pensamiento guió a Rocinante hacia su aldea, y el caballo, como si conociera la querencia, empezó a caminar con tantas ganas, que parecía no poner los pies en el suelo.

No había andado mucho cuando le pareció que, a su derecha, desde la espesura de un bosque cercano, salían unas voces delicadas, como de alguien que se quejaba. Apenas las oyó, dijo:

—Gracias doy al cielo por la merced que me hace, pues tan presto me pone ocasiones delante donde yo pueda cumplir con lo que debo a mi profesión, y donde pueda recoger el fruto de mis buenos deseos. Estas voces, sin duda, son de algún menesteroso o menesterosa que necesita mi favor y ayuda.

Y volviendo las riendas, encaminó a Rocinante hacia donde le pareció que venían las voces.

A pocos pasos de internarse en el bosque, vio atada una yegua a una encina y, en otra, atado a un muchacho, desnudo de medio cuerpo arriba, de unos quince años: era el que gritaba, y no sin causa, porque un labrador de buen talle le estaba dando muchos azotes con una pretina, y cada golpe lo acompañaba con una reprimenda y un consejo, diciendo:

—¡La lengua quieta y los ojos listos!

Y el muchacho respondía:

—No lo haré otra vez, señor mío; por la pasión de Dios, que no lo haré otra vez. Prometo que de aquí en adelante tendré más cuidado con el hato.

Viendo don Quijote lo que pasaba, dijo con voz airada:

—Descortés caballero, mal parece meterse con quien no puede defenderse. Subid a vuestro caballo y tomad vuestra lanza —que también tenía una lanza arrimada a la encina donde estaba amarrada la yegua—, que yo os haré conocer que lo que hacéis es de cobardes.

El labrador, al ver sobre sí aquella figura armada, blandiendo la lanza delante de su rostro, se tuvo por muerto y respondió con buenas palabras:

—Señor caballero, este muchacho que estoy castigando es criado mío, que me sirve guardando una manada de ovejas que tengo por estos contornos. Es tan descuidado, que cada día me falta una; y porque castigo su descuido —o su mala intención—, dice que lo hago de miserable, por no pagarle la soldada que le debo. Y en Dios y en mi alma que miente.

—¿"Miente" delante de mí, ruin villano? —dijo don Quijote—. Por el sol que nos alumbra, que estoy por atravesaros de parte a parte con esta lanza. Pagadle luego, sin más réplica; si no, por el Dios que nos rige, que os destruya y aniquile en este punto. ¡Desatadlo ahora mismo!

El labrador bajó la cabeza y, sin responder palabra, desató a su criado. Don Quijote le preguntó entonces al muchacho cuánto le debía su amo. Él respondió que nueve meses, a siete reales cada mes. Don Quijote hizo la cuenta y halló que montaban sesenta y tres reales; y le dijo al labrador que los desembolsara al instante, si no quería morir por ello.

Respondió el villano, temeroso, que para el caso en que estaba y el juramento que había hecho (y aún no había jurado nada), no eran tantos, porque había que descontar tres pares de zapatos que le había dado y un real por dos sangrías que le hicieron cuando estuvo enfermo.

—Bien está —replicó don Quijote—; pero quédense los zapatos y las sangrías por los azotes que sin culpa le habéis dado. Porque si él rompió el cuero de los zapatos que vos pagasteis, vos le habéis roto el de su cuerpo; y si el barbero le sacó sangre estando enfermo, vos se la habéis sacado estando sano. Así que, por esa parte, no os debe nada.

—El problema, señor caballero —dijo el labrador—, es que no tengo aquí dinero. Que se venga Andrés conmigo a mi casa, y allí se lo pagaré, real sobre real.

—¿Irme yo con él otra vez? —dijo el muchacho—. ¡Mal año! No, señor, ni lo pienso; porque, en viéndonos solos, me desollará como a un San Bartolomé.

—No hará tal —replicó don Quijote—. Basta con que yo se lo mande para que me respete. Y con que él me lo jure por la ley de caballería que ha recibido, lo dejaré ir libre y aseguraré la paga.

—Mire vuestra merced lo que dice —dijo el muchacho—: que este mi amo no es caballero ni ha recibido orden de caballería alguna. Es Juan Haldudo el Rico, vecino del Quintanar.

—Importa eso poco —respondió don Quijote—: que también puede haber Haldudos caballeros. Además, cada uno es hijo de sus obras.

—Así es —dijo Andrés—; pero este mi amo, ¿de qué obras es hijo, si me niega mi soldada y mi sudor y trabajo?

—No niego nada, hermano Andrés —respondió el labrador—. Hacedme el favor de veniros conmigo, que yo juro por todas las órdenes de caballería que hay en el mundo pagaros, como he dicho, real sobre real, y aun bien contados.

—De lo "bien contado" os hago gracia —dijo don Quijote—. Dádselos en reales, que con eso me contento. Y mirad que lo cumpláis como lo habéis jurado; si no, por el mismo juramento juro yo de volver a buscaros y castigaros, y de hallaros, aunque os escondáis más que una lagartija. Y si queréis saber quién os manda esto, para quedar más obligado a cumplirlo, sabed que yo soy el valeroso don Quijote de la Mancha, el deshacedor de agravios y sinrazones. A Dios quedad; y no se os borre de la memoria lo prometido y jurado, so pena de la pena pronunciada.

Dicho esto, picó a Rocinante y en breve se apartó de ellos.

El labrador lo siguió con los ojos; y cuando vio que había salido del bosque y ya no se veía, se volvió a su criado Andrés y le dijo:

—Venid acá, hijo mío, que os quiero pagar lo que os debo, como aquel deshacedor de agravios me dejó mandado.

—Eso juro yo —dijo Andrés—. ¡Y cómo que vuestra merced hará bien en cumplir el mandato de aquel buen caballero, que mil años viva! Porque, según es de valeroso y buen juez, vive Dios que, si no me paga, volverá y ejecutará lo que dijo.

—También lo juro yo —dijo el labrador—. Pero por lo mucho que os quiero, quiero aumentar la deuda, para aumentar la paga.

Y, asiéndolo del brazo, lo volvió a atar a la encina y le dio tantos azotes, que lo dejó por muerto.

—Llamad ahora, señor Andrés —decía el labrador— al deshacedor de agravios: veréis cómo no deshace este. Aunque creo que no he terminado, porque me dan ganas de desollaros vivo, como temíais.

Al fin lo desató y le dio licencia para que fuera a buscar a su juez y ejecutara la sentencia pronunciada. Andrés se fue mohíno, jurando que iría a buscar al valeroso don Quijote de la Mancha para contarle punto por punto lo sucedido, y que se lo pagaría con las setenas.

Pero se fue llorando, y su amo se quedó riendo. Y de esta manera deshizo el agravio el valeroso don Quijote.

Él, contentísimo de lo ocurrido, creyendo que había dado felicísimo y alto principio a sus caballerías, con gran satisfacción de sí mismo iba caminando hacia su aldea, diciendo a media voz:

—Bien te puedes llamar dichosa sobre cuantas hoy viven en la tierra, ¡oh bella Dulcinea del Toboso!, pues te cupo en suerte tener sujeto y rendido a tu voluntad y talante a un tan valiente y tan nombrado caballero como es y será don Quijote de la Mancha: ayer recibió la orden de caballería y hoy ha deshecho el mayor tuerto y agravio que formó la sinrazón y cometió la crueldad; hoy quitó el látigo de la mano a aquel despiadado enemigo que, sin motivo, castigaba a un delicado muchacho.

En esto llegó a un camino que se dividía en cuatro, y se le vinieron a la imaginación las encrucijadas donde los caballeros andantes se detenían a pensar cuál camino tomar. Por imitarlos, se quedó un rato inmóvil; y, después de pensarlo bien, soltó la rienda a Rocinante, dejando su voluntad en manos del rocín, el cual siguió su primer intento: irse camino de su caballeriza.

Y habiendo andado como dos millas, descubrió don Quijote un gran tropel de gente, que, como después se supo, eran unos mercaderes toledanos que iban a comprar seda a Murcia. Eran seis, y venían con sus quitasoles, y con otros cuatro criados a caballo y tres mozos de mulas a pie.

Apenas los divisó don Quijote, cuando imaginó que se le ofrecía una nueva aventura. Y por imitar en todo, cuanto le era posible, los pasos que había leído en sus libros, le pareció que venía de molde lo que pensaba hacer.

Así, con gentil continente y denuedo, se afirmó bien en los estribos, apretó la lanza, pegó la adarga al pecho, y, puesto en mitad del camino, esperó a que aquellos caballeros andantes llegasen, pues por tales los tenía y juzgaba.

Cuando llegaron a distancia en que se pudieron ver y oír, levantó don Quijote la voz y, con ademán arrogante, dijo:

—¡Que todo el mundo se detenga, si todo el mundo no confiesa que no hay en el mundo doncella más hermosa que la emperatriz de La Mancha, la sin par Dulcinea del Toboso!

Se pararon los mercaderes al oír tales razones y miraron la extraña figura del que las decía. Por la figura y por las palabras entendieron al instante la locura de su dueño; con todo, quisieron ver en qué acababa aquella confesión que se les pedía. Y uno de ellos, algo burlón y muy discreto, le dijo:

—Señor caballero, nosotros no conocemos quién sea esa buena señora que decís. Mostrádnosla; y si ella fuere tan hermosa como significáis, de buena gana y sin apremio alguno confesaremos la verdad que por vuestra parte se nos pide.

—Si os la mostrara —replicó don Quijote—, ¿qué mérito tendríais en confesar una verdad tan notoria? La importancia está en que, sin verla, la habéis de creer, confesar, afirmar, jurar y defender. Si no, conmigo estáis en batalla, gente descomunal y soberbia. Que, ahora vengáis uno a uno, como pide la orden de caballería, o ahora todos juntos, como es costumbre y mala usanza de los de vuestra ralea, aquí os aguardo y espero, confiado en la razón que de mi parte tengo.

—Señor caballero —replicó el mercader—, suplico a vuestra merced, en nombre de todos estos príncipes que aquí estamos, que, para no cargar nuestras conciencias confesando cosa jamás vista ni oída por nosotros (y más siendo en perjuicio de emperatrices y reinas de la Alcarria y Extremadura), vuestra merced se sirva de mostrarnos algún retrato de esa señora, aunque sea del tamaño de un grano de trigo: que por el hilo se saca el ovillo. Con eso quedaremos satisfechos y seguros, y vuestra merced quedará contento y pagado. Y aun creo que estamos ya tan de su parte que, aunque su retrato nos mostrara que es tuerta de un ojo y que del otro le mana sangre y azufre, con todo eso, por complacer a vuestra merced, diremos en su favor lo que quisiere.

—¡No le mana, canalla infame! —respondió don Quijote, encendido en cólera—. No le mana, digo, eso que decís, sino ámbar y algalia entre algodones. Y no es tuerta ni encorvada, sino más derecha que un huso de Guadarrama. ¡Pero vosotros pagaréis la gran blasfemia que habéis dicho contra tamaña beldad como es la de mi señora!

Y diciendo esto, arremetió con la lanza baja contra el que lo había dicho, con tanta furia y enojo, que si la buena suerte no hubiera querido que Rocinante tropezara en mitad del camino y cayera, lo habría pasado mal el atrevido mercader.

Cayó Rocinante, y su amo fue rodando un buen trecho por el campo. Quiso levantarse, pero jamás pudo: tal estorbo le causaban la lanza, la adarga, las espuelas y la celada, con el peso de las antiguas armas. Y mientras pugnaba por levantarse y no podía, decía:

—¡No huyan, gente cobarde! ¡Gente cautiva, deteneos! Que no por culpa mía, sino por la de mi caballo, estoy aquí tendido.

Un mozo de mulas, de los que venían con ellos, que no debía de ser muy bien intencionado, oyendo decir al pobre caído tantas arrogancias, no pudo sufrirlo sin darle respuesta en las costillas. Se acercó, tomó la lanza y, después de hacerla pedazos, con uno de ellos empezó a darle tantos palos a don Quijote, que, a pesar de sus armas, lo molió como a paja trillada.

Sus amos le gritaban que no le pegara tanto y que lo dejara; pero el mozo ya estaba picado y no quiso parar hasta descargar toda su cólera. Y tomando los demás trozos de la lanza, los acabó de romper sobre el miserable caído, que, con toda aquella tempestad de golpes que sobre él veía, no cerraba la boca, amenazando al cielo y a la tierra y a aquellos malandrines, que así le parecían.

Al fin el mozo se cansó y los mercaderes siguieron su camino, con mucho que contar del pobre apaleado.

Don Quijote, cuando se vio solo, volvió a probar si podía levantarse; pero si no lo pudo hacer estando sano, ¿cómo lo haría molido y casi deshecho? Y aun así se tenía por dichoso, pues le parecía que aquella desgracia era propia de caballeros andantes y la atribuía por entero a la falta de su caballo. Y no era posible levantarse, porque tenía todo el cuerpo magullado.

CAPÍTULO V: DONDE SE PROSIGUE LA NARRACIÓN DE LA DESGRACIA DE NUESTRO CABALLERO

Viendo, pues, que en efecto no podía moverse, decidió acogerse a su remedio ordinario: pensar en algún pasaje de sus libros. Y su locura le trajo a la memoria aquel de Valdovinos y del marqués de Mantua, cuando Carloto lo dejó herido en la montiña: historia sabida de los niños, no ignorada de los jóvenes, celebrada y aun creída por los viejos, y, con todo, no más verdadera que los milagros de Mahoma. Esa, pues, le pareció que le venía de molde para el trance en que se hallaba; y así, con muestras de gran sentimiento, se comenzó a revolcar por la tierra y a decir, con debilitado aliento, lo mismo que dicen que decía el herido caballero del bosque:

—¿Dónde estás, señora mía,
que no te duele mi mal?
O no lo sabes, señora,
o eres falsa y desleal.

Y de esta manera fue siguiendo el romance, hasta aquellos versos que dicen:

—¡Oh noble marqués de Mantua,
mi tío y señor carnal!

Y quiso la suerte que, cuando llegó a ese verso, pasara por allí un labrador de su mismo lugar y vecino suyo, que venía de llevar una carga de trigo al molino. Al ver a aquel hombre tendido, se le acercó y le preguntó quién era y qué mal sentía, pues an tristemente se quejaba.

Don Quijote creyó, sin duda, que aquel era el marqués de Mantua, su tío; y así no le respondió otra cosa sino proseguir en su romance, donde le daba cuenta de su desgracia y de los amores del hijo del Emperante con su esposa, todo del mismo modo que el romance lo canta.

El labrador estaba admirado oyendo aquellos disparates. Y quitándole la visera —ya hecha pedazos por los palos— le limpió el rostro, que tenía cubierto de polvo. Apenas se lo hubo limpiado, cuando lo reconoció y dijo:

—Señor Quijana (que así debía llamarse cuando tenía juicio y no había pasado de hidalgo sosegado a caballero andante), ¿quién ha puesto a vuestra merced de esta manera?

Pero él seguía con su romance a cuanto le preguntaban.

Viendo esto el buen hombre, lo mejor que pudo le quitó el peto y el espaldar para ver si tenía alguna herida; pero no vio sangre ni señal alguna. Procuró levantarlo del suelo y, no sin trabajo, lo subió a su jumento, por parecer cabalgadura más sosegada. Recogió las armas, hasta las astillas de la lanza, y las ató sobre Rocinante; luego tomó de la rienda al caballo y del cabestro al asno, y se encaminó hacia el pueblo, bien pensativo de oír los disparates que don Quijote decía.

No menos iba don Quijote, que, de puro molido y quebrantado, no podía sostenerse sobre el borrico; y de cuando en cuando daba unos suspiros que los ponía en el cielo. De modo que volvió a obligar al labrador a preguntarle qué mal sentía. Y no parece sino que el diablo le traía a la memoria cuentos acomodados a sus sucesos, porque en aquel punto, olvidándose de Valdovinos, se acordó del moro Abindarráez, cuando el alcaide de Antequera, Rodrigo de Narváez, lo prendió y llevó cautivo a su fortaleza.

De suerte que, cuando el labrador le volvió a preguntar cómo estaba y qué sentía, le respondió las mismas palabras y razones que el cautivo abencerraje respondía a Rodrigo de Narváez, del mismo modo que él había leído la historia en La Diana de Jorge de Montemayor. Y lo hacía tan "a propósito", que el labrador se iba encomendando al diablo de oír tanta máquina de necedades. Por donde conoció que su vecino estaba loco, y se dio prisa en llegar al pueblo, para excusarse del enfado que don Quijote le causaba con su larga arenga.

Al cabo de un rato, don Quijote dijo:

—Sepa su merced, señor don Rodrigo de Narváez, que esta hermosa Jarifa que he dicho es ahora la linda Dulcinea del Toboso, por quien yo he hecho, hago y haré los más famosos hechos de caballería que se han visto, se ven ni verán en el mundo.

A esto respondió el labrador:

—Mire su merced, señor, pecador de mí: que yo no soy don Rodrigo de Narváez, ni el marqués de Mantua, sino Pedro Alonso, su vecino; ni vuestra merced es Valdovinos ni Abindarráez, sino el honrado hidalgo del señor Quijana.

—Yo sé quién soy —respondió don Quijote—, y sé que puedo ser, no solo los que he dicho, sino todos los doce Pares de Francia, y aun todos los Nueve de la Fama; pues a todas las hazañas que ellos, juntos o cada uno por sí, hicieron, se aventajarán las mías.

Con estas pláticas y otras semejantes llegaron al lugar, a la hora en que anochecía; pero el labrador aguardó a que fuese algo más tarde, para que no viesen al hidalgo molido en tan mala figura.

Llegada, pues, la hora que le pareció, entró en el pueblo y en la casa de don Quijote. La halló toda alborotada. Estaban allí el cura y el barbero del lugar, grandes amigos de don Quijote; y su ama les decía a voces:

—¿Qué le parece a vuestra merced, señor licenciado Pero Pérez (que así se llamaba el cura), de la desgracia de mi señor? Tres días hace que no aparece él, ni el rocín, ni la adarga, ni la lanza, ni las armas. ¡Desventurada de mí! Ya entiendo —y así es la verdad— que esos malditos libros de caballerías que tiene y lee tan a menudo le han vuelto el juicio. Ahora me acuerdo de haberle oído decir muchas veces, hablando consigo, que quería hacerse caballero andante e irse a buscar aventuras por esos mundos. ¡Encomendados sean a Satanás y a Barrabás tales libros, que así han echado a perder el más delicado entendimiento que había en toda La Mancha!

La sobrina decía lo mismo, y aún más:

—Sepa, señor maese Nicolás (que ese era el nombre del barbero), que muchas veces le sucedió a mi señor tío estarse leyendo en estos desalmados libros de desventuras dos días con sus noches; y al cabo arrojaba el libro y ponía mano a la espada y andaba a cuchilladas con las paredes. Y cuando se cansaba, decía que había muerto a cuatro gigantes como cuatro torres; y el sudor que sudaba lo llamaba sangre de las heridas que había recibido en la batalla. Luego se bebía un gran jarro de agua fría y quedaba sano y sosegado, diciendo que aquella agua era una preciosísima bebida que le había traído el sabio Esquife, gran encantador y amigo suyo. Pero yo me tengo la culpa de todo: no avisé a vuestras mercedes de los disparates de mi señor tío para que los remediaran antes de llegar a lo que ha llegado, y quemaran todos esos libros malditos; que tiene muchos que bien merecen ser abrasados, como si fueran de herejes.

—Eso digo yo también —dijo el cura—, y a fe que no ha de pasar el día de mañana sin que se haga acto público con ellos, y sean condenados al fuego, para que no den ocasión a quien los lea de hacer lo que mi buen amigo debe de haber hecho.

Todo esto lo oían el labrador y don Quijote. Con ello acabó de entender el labrador la enfermedad de su vecino y empezó a decir a voces:

—¡Abran sus mercedes al señor Valdovinos y al señor marqués de Mantua, que viene mal herido! ¡Y al señor moro Abindarráez, que trae cautivo el valeroso Rodrigo de Narváez, alcaide de Antequera!

A esas voces salieron todos; y como unos conocieron a su amigo y las otras a su amo y tío, que aún no se había bajado del jumento porque no podía, corrieron a abrazarlo.

Él dijo:

—Ténganse todos, que vengo mal herido por culpa de mi caballo. Llévenme a mi lecho y llámenla, si es posible, a la sabia Urganda, para que cure y examine mis heridas.

—¡Mire, en mal hora! —dijo al punto el ama—. ¡Si bien me lo decía el corazón, con ese pie que cojeaba mi señor! Suba vuestra merced en buena hora; que, sin que venga esa Urganda, aquí sabremos curarlo. ¡Malditos sean, otra vez y otras cien, estos libros de caballerías, que tal han dejado a vuestra merced!

Lo llevaron a la cama, y al examinarle las heridas no le hallaron ninguna. Y él dijo que todo era magulladura, por haber dado una gran caída con Rocinante, combatiendo con diez gigantes, los más desaforados y atrevidos que se podían hallar en gran parte de la tierra.

—¡Ta, ta! —dijo el cura—. ¿Gigantes hay en la danza? ¡Pues juro que yo los quemo mañana antes de que llegue la noche!

Le hicieron mil preguntas, y a ninguna quiso responder otra cosa sino que le dieran de comer y lo dejaran dormir, que era lo que más le importaba. Así se hizo.

Y el cura se informó muy por extenso con el labrador de cómo había hallado a don Quijote. Él se lo contó todo, con los disparates que al hallarlo y traerlo había dicho; lo cual puso más deseo en el licenciado de hacer lo que al día siguiente hizo: llamar a su amigo el barbero maese Nicolás, con quien se fue a casa de don Quijote.

CAPÍTULO VI: DEL DONOSO Y GRANDE ESCRUTINIO QUE EL CURA Y EL BARBERO HICIERON EN LA LIBRERÍA DE NUESTRO INGENIOSO HIDALGO

Don Quijote aún dormía. El cura pidió a la sobrina las llaves del aposento donde estaban los libros, autores del daño, y ella se las dio de muy buena gana. Entraron todos, y el ama con ellos. Hallaron más de cien volúmenes grandes, muy bien encuadernados, y otros pequeños. Y apenas los vio el ama, salió del aposento a toda prisa y volvió con una escudilla de agua bendita y un hisopo, diciendo:

—Tome su merced, señor licenciado: rocíe este aposento, no vaya a ser que haya aquí algún encantador de los muchos que tienen estos libros, y nos encanten como castigo por querer expulsarlos del mundo.

Se rio el licenciado de la simplicidad del ama y mandó al barbero que le fuera dando los libros uno a uno para ver de qué trataban, pues podía ser que algunos no merecieran la pena del fuego.

—No —dijo la sobrina—, no hay para qué perdonar a ninguno, porque todos han sido los culpables. Mejor será arrojarlos por la ventana al patio, hacer un montón y prenderles fuego; o si no, llevarlos al corral y hacer allí la hoguera, para que el humo no ofenda.

Lo mismo dijo el ama: tanta era la gana que ambas tenían de la muerte de aquellos inocentes. Pero el cura no quiso hacerlo sin antes leer por lo menos los títulos.

El primero que maese Nicolás le dio en las manos fue Los cuatro libros de Amadís de Gaula, y dijo el cura:

—Parece cosa de misterio esta: porque, según he oído, este fue el primer libro de caballerías que se imprimió en España, y todos los demás han tomado de él origen y principio; así que me parece que, como dogmatizador de una secta tan mala, debemos, sin excusa, condenarlo al fuego.

—No, señor —dijo el barbero—, que también he oído decir que es el mejor de todos los libros de este género; y así, como único en su arte, se debe perdonar.

—Así es verdad —dijo el cura—, y por esa razón se le otorga la vida por ahora. Veamos ese otro que está junto a él.

—Es —dijo el barbero— Las sergas de Esplandián, hijo legítimo de Amadís de Gaula.

—Pues en verdad —dijo el cura— que no le ha de valer al hijo la bondad del padre. Tome, señora ama: abra esa ventana y échelo al corral, y dé principio al montón de la hoguera.

Así lo hizo el ama con gran contento, y el bueno de Esplandián fue volando al corral, esperando con paciencia el fuego que lo amenazaba.

—Adelante —dijo el cura.

—Este que viene —dijo el barbero— es Amadís de Grecia; y aun todos los de este lado, a lo que creo, son del mismo linaje de Amadís.

—Pues vayan todos al corral —dijo el cura—; que, con tal de quemar a la reina Pintiquiniestra, al pastor Darinel, sus églogas y las endiabladas y revueltas razones de su autor, quemaría con ellos al padre que me engendró, si anduviera en figura de caballero andante.

—De ese parecer soy yo —dijo el barbero.

—Y yo también —añadió la sobrina.

—Pues así es —dijo el ama—: vengan, y al corral con ellos.

Se los dieron —que eran muchos— y, por no bajar escaleras, los fue tirando por la ventana.

—¿Quién es ese tonel? —dijo el cura.

—Este es —respondió el barbero— Don Olivante de Laura.

—El autor de ese libro —dijo el cura— fue el mismo que compuso el Jardín de flores; y en verdad que no sé cuál de los dos es más verdadero, o, mejor dicho, menos mentiroso. Solo sé que este irá al corral por disparatado y arrogante.

—Este que sigue es Florimorte de Hircania —dijo el barbero.

—¿Ahí está el señor Florimorte? —replicó el cura—. Pues juro que ha de parar pronto en el corral, a pesar de su extraño nacimiento y soñadas aventuras; que no da lugar a otra cosa la dureza y sequedad de su estilo. ¡Al corral con él, y con ese otro, señora ama!

—Con gusto, señor mío —respondía ella; y con mucha alegría ejecutaba lo mandado.

—Este es El Caballero Platir —dijo el barbero.

—Antiguo libro es ese —dijo el cura—, y no hallo en él cosa que merezca perdón. Acompañe a los demás, sin réplica.

Y así se hizo.

Abrieron otro libro y vieron que se titulaba El caballero de la Cruz.

—Por nombre tan santo se podría perdonar su ignorancia —dijo el cura—; pero también se suele decir: "tras la cruz está el diablo". Vaya al fuego.

Tomando el barbero otro, dijo:

—Este es Espejo de caballerías.

—Ya lo conozco —dijo el cura—. Ahí anda Reinaldos de Montalbán con sus amigos y compañeros, más ladrones que Caco; y los doce Pares, con el verdadero historiador Turpín. Y en verdad que estoy por condenarlos, no más que a destierro perpetuo, siquiera porque tienen parte de la invención del famoso Mateo Boiardo, de donde también tejió su tela el cristiano poeta Ludovico Ariosto. A ese, si aquí lo hallo y habla en otra lengua que la suya, no le guardaré respeto; pero si habla en su idioma, lo pondré sobre mi cabeza.

—Pues yo lo tengo en italiano —dijo el barbero—, pero no lo entiendo.

—Y no sería bueno que lo entendieras —respondió el cura—. Y aquí le perdonaríamos al señor capitán si no lo hubiera traído a España y hecho castellano, porque le quitó mucho de su valor natural. Y lo mismo harán cuantos quieran volver a otra lengua los libros en verso: por mucho cuidado y habilidad que pongan, jamás llegarán al punto que tienen en su primer nacimiento.

Digo, en efecto, que este libro y todos los que se hallen que traten de estas cosas de Francia se echen y depositen en un pozo seco, hasta que con más acuerdo se vea qué se ha de hacer con ellos; exceptuando un Bernardo del Carpio que anda por ahí y otro llamado Roncesvalles: que esos, en llegando a mis manos, han de pasar a las del ama, y de las del ama al fuego, sin remisión.

Todo lo confirmó el barbero, y lo tuvo por bien y cosa muy acertada, por entender que el cura era tan buen cristiano y tan amigo de la verdad que no diría otra cosa por todas las del mundo.

Abrieron otro libro y vieron que era Palmerín de Oliva, y junto a él otro llamado Palmerín de Inglaterra. Y, visto esto, dijo el licenciado:

—Esa oliva se haga luego astillas y se queme, sin que quede de ella ni ceniza; y esa palma de Inglaterra se guarde y conserve como cosa única, y se haga para ello otra caja como la que halló Alejandro en los despojos de Darío, destinada a guardar las obras de Homero. Este libro, señor compadre, tiene autoridad por dos cosas: la una, porque por sí mismo es muy bueno; la otra, porque es fama que lo compuso un discreto rey de Portugal. Las aventuras del castillo de Miraguarda son buenísimas y de gran artificio; las razones, cortesanas y claras, guardan el decoro de quien habla con mucha propiedad y entendimiento.

Digo, pues, salvo vuestro buen parecer, señor maese Nicolás, que este y Amadís de Gaula queden libres del fuego, y todos los demás, sin hacer más cala ni cata, perezcan.

—No, señor compadre —replicó el barbero—, que este que aquí tengo es el afamado Don Belianís.

—Pues ese —replicó el cura—, con la segunda, tercera y cuarta parte, necesita un poco de ruibarbo para purgar su demasiada cólera. Es menester quitarle todo aquello del castillo de la Fama y otras impertinencias; para ello se les da término de ultramar, y según se enmienden, así se usará con ellos de misericordia o de justicia. Entretanto, tenedlos vos, compadre, en vuestra casa, pero no dejéis que nadie los lea.

—Con gusto —respondió el barbero.

Y, sin querer cansarse más leyendo libros de caballerías, el cura mandó al ama que tomara todos los grandes y los echara al corral. No se lo dijo a sorda ni a tonta, sino a quien tenía más ganas de quemarlos que de hilar una tela, por grande y fina que fuese: y tomando casi ocho de una vez, los arrojó por la ventana.

Al coger tantos juntos, se le cayó uno a los pies del barbero, y le dio curiosidad ver de quién era. Vio que decía: Historia del famoso caballero Tirante el Blanco.

—¡Válgame Dios! —dijo el cura, dando una gran voz—. ¿Que aquí esté Tirante el Blanco? Dádmelo acá, compadre; que hago cuenta que he hallado un tesoro de contento y una mina de pasatiempos. Aquí está don Quirieleisón de Montalbán, valeroso caballero, y su hermano Tomás de Montalbán, y el caballero Fonseca, con la batalla que el valiente Tirante hizo con el alano; y las agudezas de la doncella Placer de mi Vida, con los amores y embustes de la viuda Reposada, y la señora emperatriz enamorada de Hipólito, su escudero.

Te digo la verdad, señor compadre, que por su estilo este es el mejor libro del mundo: aquí comen los caballeros, duermen, mueren en sus camas y hacen testamento antes de morir, con otras cosas de que carecen todos los demás libros de este género.

Con todo, también os digo que merecía el que lo compuso que lo echaran a galeras por todos los días de su vida, si no fue que no hizo tantas necedades a propósito.

Llévelo a su casa y léalo, y verá que es verdad todo lo que le he dich

—Así será —respondió el barbero—. Pero ¿qué haremos de estos libros pequeños que quedan?

—Estos —dijo el cura— no deben de ser de caballerías, sino de poesía.

Y abriendo uno vio que era La Diana de Jorge de Montemayor, y dijo, creyendo que todos los demás eran del mismo género:

—Estos no merecen ser quemados como los otros, porque no hacen ni harán el daño que los de caballerías han hecho: son libros de entretenimiento, sin perjuicio de tercero.

—¡Ay, señor! —dijo la sobrina—. Bien puede su merced mandarlos quemar, como a los demás; porque no sería mucho que, habiendo sanado mi señor tío de la enfermedad caballeresca, leyendo estos se le antojase hacerse pastor y andarse por bosques y prados cantando y tañendo; y lo que sería peor, hacerse poeta, que, según dicen, es enfermedad incurable y contagiosa.

—Verdad dice esta doncella —dijo el cura—, y será bien quitar a nuestro amigo este tropiezo. Y pues comenzamos por la Diana de Montemayor, soy de parecer que no se queme, sino que se le quite todo aquello de la sabia Felicia y del agua encantada, y casi todos los versos largos, y quédese en buena hora la prosa y la honra de ser el primero en este género.

—Este que sigue —dijo el barbero— es la Diana segunda del Salmantino; y este otro del mismo nombre, cuyo autor es Gil Polo.

—Pues la del Salmantino —respondió el cura— acompañe y aumente el número de los condenados al corral; y la de Gil Polo se guarde como si fuera del mismo Apolo. Y sigamos, señor compadre, y demos prisa, que se va haciendo tarde.

—Este libro es —dijo el barbero, abriendo otro— Los diez libros de Fortuna de Amor, compuestos por Antonio de Lofraso, poeta sardo.

—Por las órdenes que recibí —dijo el cura—, que desde que Apolo es Apolo, y las musas, musas, y los poetas, poetas, tan gracioso ni tan disparatado libro como este no se ha compuesto. Y por su camino, es el mejor y el más singular de cuantos de este género han salido a la luz. Quien no lo ha leído puede hacer cuenta que no ha leído jamás cosa de gusto. Dádmelo acá, compadre; que aprecio más haberlo hallado que si me dieran una sotana de raja de Florencia.

Lo puso aparte con grandísimo gusto, y el barbero prosiguió:

—Estos que siguen son El Pastor de Iberia, Ninfas de Henares y Desengaños de celos.

—Pues no hay más que hacer —dijo el cura— sino entregarlos al brazo seglar del ama; y no se me pregunte el porqué, que sería nunca acabar.

—Este que viene es El Pastor de Fílida.

—Ese no es pastor —dijo el cura—, sino muy discreto cortesano: guárdese como joya preciosa.

—Este grande que viene se titula —dijo el barbero— Tesoro de varias poesías.

—Como no fueran tantas —dijo el cura—, serían más estimadas. Es menester que este libro se escarde y limpie de algunas bajezas que entre sus grandezas tiene. Guárdese, porque su autor es amigo mío y por respeto de otras obras más heroicas y levantadas que ha escrito.

—Este es —siguió el barbero— El Cancionero de López Maldonado.

—También el autor de ese libro —replicó el cura— es gran amigo mío, y sus versos, en su boca, admiran a quien los oye: tal es la suavidad con que los canta, que encanta. Algo largo es en las églogas; pero nunca lo bueno fue mucho. Guárdese con los escogidos. Pero ¿qué libro es ese que está junto a él?

—La Galatea, de Miguel de Cervantes —dijo el barbero.

—Muchos años hace que es grande amigo mío ese Cervantes, y sé que es más versado en desdichas que en versos. Su libro tiene algo de buena invención: propone algo y no concluye nada. Es menester esperar la segunda parte que promete; quizá con la enmienda alcance del todo la misericordia que ahora se le niega. Entre tanto, ténganlo recluso en su posada.

—Señor compadre, con gusto —respondió el barbero—. Y aquí vienen tres juntos: La Araucana de don Alonso de Ercilla; La Austríada de Juan Rufo, jurado de Córdoba; y El Monserrate de Cristóbal de Virués, poeta valenciano.

—Esos tres —dijo el cura— son los mejores que en verso heroico, en lengua castellana, están escritos, y pueden competir con los más famosos de Italia. Guárdense como las más ricas prendas de poesía que tiene España.

Se cansó el cura de ver más libros y quiso que todos los demás se quemaran sin excepción. Pero el barbero ya había abierto uno, que se llamaba Las lágrimas de Angélica.

—Lloraría yo esas lágrimas —dijo el cura al oír el nombre— si hubiera mandado quemar tal libro; porque su autor fue uno de los famosos poetas del mundo, no solo de España, y fue felicísimo en la traducción de algunas fábulas de Ovidio.

CAPÍTULO VII: DE LA SEGUNDA SALIDA DE NUESTRO BUEN CABALLERO DON QUIJOTE DE LA MANCHA

Estando en esto, comenzó a dar voces don Quijote, diciendo:

—¡Aquí, aquí, valerosos caballeros! Aquí es donde hace falta mostrar la fuerza de sus valerosos brazos, que los cortesanos se llevan lo mejor del torneo.

Por atender a ese ruido y estruendo, no se siguió adelante con el escrutinio de los demás libros que quedaban; y así se cree que fueron al fuego, sin ser vistos ni leídos, La Carolea y León de España, con los hechos del Emperador, compuestos por don Luis de Ávila, que, sin duda, debían de estar entre los que quedaban; y quizá, si el cura los hubiera visto, no habrían recibido sentencia tan rigurosa.

Cuando llegaron donde estaba don Quijote, ya se había levantado de la cama y seguía con sus gritos y desatinos, dando cuchilladas y reveses al aire, tan despierto como si nunca hubiera dormido. Lo abrazaron y, a la fuerza, lo volvieron al lecho; y después de que se calmó un poco, volviéndose a hablar con el cura, le dijo:

—De verdad, señor arzobispo Turpín, es gran vergüenza de los que nos llamamos los Doce Pares dejar que, así sin más, los caballeros cortesanos se lleven la victoria de este torneo, cuando nosotros, los aventureros, ganamos el honor en los tres días anteriores.

—Calle, su merced, señor compadre —dijo el cura—; que Dios querrá que la suerte cambie y que lo que hoy se pierde se gane mañana. Y atienda su merced a su salud por ahora; que me parece que debe de estar demasiado cansado, si no es que está herido.

—Herido no —dijo don Quijote—, pero molido y quebrantado, sin duda; porque aquel bastardo de don Roldán me apaleó con el tronco de una encina, y todo por envidia, porque ve que yo solo soy superior a sus valentías. Pero no me llamaría yo Reinaldos de Montalbán si, en cuanto me levante de esta cama, no se lo hago pagar, a pesar de todos sus encantamientos. Y por ahora, tráiganme algo de comer, que sé que es lo que más me conviene, y déjenme lo de vengarme a mí.

Así lo hicieron: le dieron de comer y se quedó dormido otra vez, mientras ellos quedaban admirados de su locura.

Aquella noche el ama quemó cuantos libros había en el corral y en toda la casa; y tales debieron de arder que merecían guardarse en archivos perpetuos. Pero no lo permitió la suerte, ni la prisa del escrutinio; y así se cumplió el refrán de que a veces pagan justos por pecadores.

Uno de los remedios que el cura y el barbero dieron entonces para el mal de su amigo fue que tapiaran el aposento de los libros, para que cuando se levantara no los hallara (quizá, quitada la causa, cesaría el efecto), y que dijeran que un encantador se había llevado los libros, el aposento y todo. Y así se hizo con mucha rapidez.

Dos días después se levantó don Quijote, y lo primero que hizo fue ir a buscar sus libros; y como no hallaba el aposento donde los había dejado, iba de un lado a otro buscándolo. Llegaba donde solía estar la puerta, palpaba con las manos y miraba alrededor sin decir palabra; pero al cabo de un rato preguntó al ama hacia qué parte quedaba el aposento de sus libros.

El ama, que ya estaba prevenida de lo que tenía que responder, le dijo:

—¿Qué aposento, o qué nada, busca su merced? Ya no hay aposento ni libros en esta casa, porque todo se lo llevó el mismo diablo.

—No era el diablo —replicó la sobrina—, sino un encantador que vino una noche sobre una nube, después del día en que su merced se fue. Se bajó de una serpiente en la que venía montado, entró al aposento, y no sé qué hizo dentro, que al poco rato salió volando por el tejado y dejó la casa llena de humo. Y cuando entramos a ver qué había hecho, no encontramos ni libro ni aposento. Solo recordamos muy bien, el ama y yo, que cuando se iba aquel viejo malvado dijo en voz alta que, por una enemistad secreta con el dueño de esos libros y ese aposento, dejaba hecho un daño que después se vería. Dijo también que se llamaba el sabio Muñatón.

—Frestón querría decir —dijo don Quijote.

—No sé —respondió el ama— si se llamaba Frestón o Fritón; solo sé que su nombre terminaba en "tón".

—Así es —dijo don Quijote—: ese es un sabio encantador, gran enemigo mío, que me tiene ojeriza porque sabe, por sus artes, que con el tiempo he de pelear en singular batalla con un caballero a quien él favorece, y que he de vencerlo sin que él lo pueda impedir. Por eso procura hacerme todos los males que puede. Pero le advierto que mal podrá contradecir ni evitar lo que el cielo tiene ordenado.

—¿Quién lo duda? —dijo la sobrina—. Pero ¿quién mete a su merced, señor tío, en esas peleas? ¿No sería mejor estar tranquilo en su casa y no irse por el mundo a buscar lo que no se le ha perdido, sin pensar que muchos van por lana y vuelven trasquilados?

—¡Oh, sobrina mía! —respondió don Quijote—. Qué mal entiendes el asunto. Antes de que a mí me trasquilen, voy a dejar sin barba a cuantos intenten tocarme un solo cabello.

No quisieron replicarle más, porque vieron que se le encendía la cólera.

El caso es que estuvo quince días en casa muy sosegado, sin dar señales de querer repetir sus primeros desvaríos. En esos días tuvo conversaciones graciosísimas con sus dos compadres, el cura y el barbero, sosteniendo que lo que más necesitaba el mundo era de caballeros andantes, y que debía resucitar la caballería andante. El cura a veces le contradecía y a veces le daba la razón, porque si no llevaba ese cuidado, no había manera de entenderse con él.

En ese tiempo, don Quijote buscó a un labrador vecino suyo, hombre honrado (si es que ese nombre se le puede dar al que es pobre), pero de muy poca sal en la cabeza. En resumen, tanto le dijo, tanto lo persuadió y prometió, que el pobre se decidió a irse con él y servirle de escudero. Le decía, entre otras cosas, que se preparara con gusto, porque en cualquier momento podía suceder una aventura con la que ganara, en un abrir y cerrar de ojos, alguna ínsula, y que él lo dejaría por gobernador de ella.

Con estas promesas y otras semejantes, Sancho Panza —que así se llamaba el labrador— dejó a su mujer y a sus hijos y se ajustó como escudero de su vecino.

Luego don Quijote se dio a la tarea de buscar dinero, y vendiendo una cosa, empeñando otra y malbaratándolo casi todo, juntó una cantidad razonable. Se consiguió también una rodela prestada de un amigo, y, arreglando su celada rota lo mejor que pudo, avisó a su escudero Sancho del día y la hora en que pensaba ponerse en camino, para que él se acomodara de lo que viera que más le hacía falta; sobre todo, le encargó que llevara alforjas.

Sancho dijo que sí, que las llevaría, y que además pensaba llevar un burro muy bueno que tenía, porque no estaba acostumbrado a andar mucho a pie. Lo del burro hizo dudar un poco a don Quijote, tratando de recordar si algún caballero andante había llevado escudero montado en burro; pero no le vino ninguno a la memoria. Con todo, decidió que lo llevara, pensando que luego podría conseguirle una montura más honrosa si se presentaba ocasión, quitándole el caballo al primer caballero descortés con quien se cruzaran.

Se proveyó de camisas y de las demás cosas que pudo, conforme al consejo del ventero. Y todo hecho y cumplido, sin despedirse Sancho de su mujer e hijos, ni don Quijote de su ama y sobrina, una noche salieron del pueblo sin que nadie los viera; y caminaron tanto que al amanecer se creyeron seguros, aunque los buscaran.

Iba Sancho Panza sobre su burro como un patriarca, con sus alforjas y su bota, con mucho deseo de verse ya gobernador de la ínsula que su amo le había prometido. Don Quijote tomó el mismo camino que en su primer viaje, por el campo de Montiel, por el cual caminaban con menos fatiga que la vez pasada, porque era temprano y los rayos del sol les daban de lado.

Dijo entonces Sancho Panza a su amo:

—Mire, su merced, señor caballero andante, que no se le olvide lo que me tiene prometido de la ínsula; que yo la sabré gobernar, por grande que sea.

A lo cual respondió don Quijote:

—Debes saber, amigo Sancho Panza, que fue costumbre muy usada entre los antiguos caballeros andantes hacer gobernadores a sus escuderos de las ínsulas o reinos que ganaban, y yo he decidido no faltar a tan agradecida costumbre; antes pienso superarla. Porque ellos muchas veces —y quizá la mayoría— esperaban a que sus escuderos fueran viejos, y solo después de hartos de servir y de pasar malos días y peores noches les daban algún título de conde, o, a lo mucho, de marqués, de algún valle o provincia pequeña. Pero si tú vives y yo vivo, bien podría ser que antes de seis días yo gane un reino con otros territorios anexos, que vengan de perlas para coronarte rey de uno de ellos. Y no te sorprendas: a los caballeros andantes les suceden cosas por caminos tan nunca vistos ni pensados, que con facilidad podría darte aún más de lo que te prometo.

—De esa manera —respondió Sancho Panza—, si yo fuera rey por algún milagro de los que su merced dice, por lo menos Juana Gutiérrez, mi mujer, vendría a ser reina, y mis hijos, príncipes.

—¿Y quién lo duda? —respondió don Quijote.

—Yo lo dudo —replicó Sancho Panza—; porque tengo para mí que, aunque Dios hiciera llover reinos sobre la tierra, ninguno le sentaría bien en la cabeza a Mari Gutiérrez. Sepa, señor, que no vale dos monedas para reina; condesa le quedaría mejor, y aun eso con ayuda de Dios.

—Déjalo en manos de Dios, Sancho —respondió don Quijote—, que Él le dará lo que más le convenga. Pero no bajes tu ánimo tanto, que termines contentándote con menos que con ser adelantado.

—No lo haré, señor mío —respondió Sancho—; y menos teniendo por amo a su merced, que sabrá darme lo que me convenga y yo pueda sostener.

CAPÍTULO VIII: DEL BUEN SUCESO QUE EL VALEROSO DON QUIJOTE TUVO EN LA ESPANTABLE Y JAMÁS IMAGINADA AVENTURA DE LOS MOLINOS DE VIENTO, CON OTROS SUCESOS DIGNOS DE FELIZ RECORDACIÓN

En esto, descubrieron treinta o cuarenta molinos de viento que hay en aquel campo, y apenas don Quijote los vio, le dijo a su escudero:

—La fortuna va guiando nuestras cosas mejor de lo que podríamos desear; porque ves allí, amigo Sancho Panza, donde se ven treinta, o pocos más, desaforados gigantes, con quienes pienso pelear y quitarles la vida a todos. Con sus despojos comenzaremos a enriquecernos; porque esta es buena guerra, y es gran servicio a Dios quitar tan mala semilla de la faz de la tierra.

—¿Qué gigantes? —dijo Sancho Panza.

—Aquellos que ves allá —respondió su amo—, los de los brazos largos, que algunos los tienen de casi dos leguas.

—Mire su merced —respondió Sancho—: esos que se ven allá no son gigantes, sino molinos de viento, y lo que parecen brazos son las aspas, que, movidas por el viento, hacen andar la piedra del molino.

—Bien se nota —respondió don Quijote— que no estás entrenado en esto de las aventuras: son gigantes; y si tienes miedo, retírate y ponte a rezar mientras yo entro con ellos en fiera y desigual batalla.

Y diciendo esto, espoleó a Rocinante, sin atender a las voces que Sancho le daba, advirtiéndole que, sin duda, eran molinos de viento y no gigantes los que iba a atacar. Pero él iba tan empeñado en que eran gigantes, que ni oía a su escudero ni se daba cuenta, aunque ya estaba cerca, de lo que realmente eran; antes iba diciendo a gritos:

—¡No huyan, cobardes y viles criaturas, que un solo caballero es el que los acomete!

Se levantó entonces un poco de viento, y las grandes aspas comenzaron a moverse. Al verlo don Quijote, dijo:

—Aunque muevan más brazos que el gigante Briareo, me lo van a pagar.

Y diciendo esto, encomendándose de todo corazón a su señora Dulcinea, pidiéndole que en tal trance lo socorriera, bien cubierto con su rodela y con la lanza firme, se lanzó al galope de Rocinante y embistió el primer molino que tenía delante. Y al clavar la lanza en un aspa, el viento la hizo girar con tanta furia, que la lanza se hizo pedazos, llevándose tras sí al caballo y al caballero, que fue rodando, muy maltrecho, por el campo.

Acudió Sancho Panza a socorrerlo, corriendo con su burro; y cuando llegó, vio que su amo no se podía mover: tal fue el golpe que le dio Rocinante al caer.

—¡Dios mío! —dijo Sancho—. ¿No le dije yo a su merced que mirara bien lo que hacía, que no eran sino molinos de viento, y que solo quien trae otros iguales en la cabeza podía no entenderlo?

—Calla, amigo Sancho —respondió don Quijote—; que las cosas de la guerra, más que otras, están sujetas a cambios continuos. Y además, pienso —y es verdad— que aquel sabio Frestón, que me robó el aposento y los libros, convirtió estos gigantes en molinos para quitarme la gloria de vencerlos: tal es la enemistad que me tiene. Pero al final, sus malas artes podrán poco contra la fuerza de mi espada.

—Dios lo haga como pueda —respondió Sancho Panza.

Y ayudándolo a levantarse, lo hizo subir de nuevo a Rocinante, que iba medio lastimado. Y hablando todavía de la aventura pasada, siguieron el camino del Puerto Lápice, porque don Quijote decía que allí no era posible dejar de hallar muchas y diversas aventuras, por ser lugar muy transitado.

Sin embargo, iba muy apesadumbrado por haber perdido la lanza; y diciéndoselo a su escudero, le dijo:

—Recuerdo haber leído que un caballero español llamado Diego Pérez de Vargas, cuando en una batalla se le rompió la espada, arrancó de una encina un pesado tronco, y con él hizo tales cosas ese día, y machacó a tantos moros, que le quedó por sobrenombre Machuca; y así él y sus descendientes se llamaron desde entonces Vargas y Machuca. Te digo esto porque del primer roble o encina que se me cruce pienso arrancar otro tronco, tan bueno como aquel que imagino; y pienso hacer con él tales hazañas, que tú te darás por afortunado de haber venido a verlas y de ser testigo de cosas que apenas podrán creerse.

—Dios mediante —dijo Sancho—, yo lo creo todo como su merced lo dice; pero enderécese un poco, que parece que va ladeado, y debe de ser por lo molido que quedó con la caída.

—Así es —respondió don Quijote—; y si no me quejo del dolor, es porque no está permitido a los caballeros andantes quejarse de herida alguna, aunque se les salgan las tripas.

—Si eso es así, no tengo nada que responder —dijo Sancho—; pero sabe Dios cuánto me gustaría que su merced se quejara cuando algo le doliera. Yo, por mi parte, me voy a quejar del dolor más pequeño que tenga, a menos que también a los escuderos les toque esa ley de no quejarse.

Don Quijote no pudo evitar reírse de la sencillez de su escudero; y así le explicó que podía quejarse cuando quisiera, con ganas o sin ganas, porque hasta entonces no había leído nada en contra en la orden de caballería.

Sancho le dijo que ya era hora de comer. Respondió su amo que por el momento no le hacía falta, y que comiera Sancho cuando se le antojara. Con esa licencia, Sancho se acomodó lo mejor que pudo sobre su burro y, sacando de las alforjas lo que había guardado, iba caminando y comiendo detrás de su amo con toda calma. De vez en cuando alzaba la bota y bebía con tanto gusto, que lo habría envidiado el bodegonero más consentido de Málaga. Y mientras iba así, dando tragos, no se acordaba de ninguna promesa que su amo le hubiera hecho, ni le parecía trabajo, sino descanso, andar buscando aventuras, por peligrosas que fueran.

En fin, aquella noche la pasaron entre unos árboles; y de uno de ellos don Quijote arrancó un ramo seco que casi le servía de lanza, y le puso el hierro que había quitado de la que se le quebró. Don Quijote no durmió en toda la noche, pensando en su señora Dulcinea, para imitar lo que había leído: que los caballeros pasaban muchas noches sin dormir en montes y despoblados, entretenidos con el recuerdo de sus señoras.

Sancho Panza no pasó así la noche; que, como tenía el estómago lleno —y no de agua de achicoria—, se lo llevó el sueño de un tirón, y no lo habrían despertado, aunque su amo no lo llamara, ni los rayos del sol que le daban en la cara, ni el canto de las aves que, muy regocijadas, saludaban la llegada del nuevo día.

Al levantarse, Sancho tanteó la bota y la halló algo más flaca que la noche anterior; se le encogió el corazón, pensando que no iban a remediar pronto esa falta. Don Quijote no quiso desayunar, porque, como ya se dijo, se empeñó en alimentarse de "sabrosos recuerdos".

Volvieron al camino del Puerto Lápice, y hacia las tres de la tarde lo divisaron.

—Aquí —dijo don Quijote al verlo— podemos, hermano Sancho Panza, meternos hasta los codos en eso que llaman aventuras. Pero escucha: aunque me veas en los mayores peligros del mundo, no saques la espada para defenderme, a menos que veas que quienes me ofenden son canalla y gente baja; en ese caso sí puedes ayudarme. Pero si fueran caballeros, de ninguna manera te está permitido ayudarme por las leyes de caballería, hasta que seas armado caballero.

—De verdad, señor —respondió Sancho—, que su merced será obedecido en esto; y más porque yo soy pacífico y enemigo de meterme en pleitos. Aunque bien es cierto que, cuando se trate de defender mi vida, no voy a andar muy pendiente de esas leyes, porque las divinas y humanas permiten que cada quien se defienda de quien quiera agraviarlo.

—No digo otra cosa —respondió don Quijote—; pero en esto de ayudarme contra caballeros, ten a raya tus impulsos.

—Así lo haré —respondió Sancho— y guardaré ese precepto tan bien como un domingo.

Estando en estas razones, aparecieron por el camino dos frailes de la orden de San Benito, montados en dos mulas (que no eran precisamente pequeñas). Traían lentes de camino y quitasoles. Detrás de ellos venía un coche, con cuatro o cinco jinetes que lo escoltaban y dos mozos de mulas a pie. En el coche venía, como después se supo, una señora vizcaína, que iba a Sevilla, donde estaba su marido, que pasaba a las Indias con un cargo muy honroso. Los frailes no iban con ella, aunque seguían el mismo camino.

Apenas los vio don Quijote, le dijo a su escudero:

—O me equivoco, o esta será la más famosa aventura que se haya visto; porque esos bultos negros deben de ser, sin duda, encantadores que llevan raptada a alguna princesa en ese coche, y es necesario deshacer ese agravio con todas mis fuerzas.

—Esto va a salir peor que lo de los molinos —dijo Sancho—. Mire, señor, que esos son frailes de San Benito, y el coche debe de ser de gente que va de paso. Mire bien lo que hace, no sea que el diablo lo engañe.

—Ya te dije, Sancho —respondió don Quijote—, que sabes poco de esto de las aventuras. Lo que digo es verdad, y ahora lo vas a ver.

Y diciendo esto, se adelantó y se puso en medio del camino por donde venían los frailes; y cuando estuvieron tan cerca que le pareció que podían oírlo, les gritó:

—Gente endiablada y descomunal: suelten ahora mismo a las altas princesas que llevan forzadas en ese coche; si no, prepárense a recibir muerte pronta, como castigo justo de sus malas obras.

Los frailes detuvieron las riendas, admirados tanto de la figura de don Quijote como de sus palabras, y respondieron:

—Señor caballero: no somos endiablados ni descomunales, sino dos religiosos de San Benito que vamos por nuestro camino; y no sabemos si en este coche viene o no viene alguna princesa forzada.

—Conmigo no sirven palabras suaves: ya los conozco, canalla mentirosa —dijo don Quijote.

Y sin esperar más, espoleó a Rocinante y, con la lanza baja, arremetió contra el primer fraile con tanta furia, que si el fraile no se hubiera dejado caer de la mula, lo habría derribado a la fuerza, y quizá malherido o muerto. El segundo religioso, al ver cómo trataban a su compañero, apretó el paso y salió disparado por el campo, más ligero que el mismo viento.

Sancho Panza, viendo al fraile en el suelo, se bajó rápido del burro y se le fue encima para quitarle el hábito. Llegaron dos mozos del fraile y le preguntaron por qué lo desnudaba. Sancho respondió que le correspondía legítimamente, como despojo de la batalla que su señor don Quijote había ganado.

Los mozos, que no estaban para bromas y no entendían de "despojos" ni "batallas", vieron que don Quijote ya se había apartado, hablando con los del coche; entonces se lanzaron sobre Sancho, lo tiraron al suelo y, sin dejarle pelo en la barba, lo molieron a patadas, dejándolo tendido sin aliento ni sentido.

El fraile, temeroso y sin color en el rostro, volvió a montarse apenas pudo; y cuando se vio a caballo, apretó tras su compañero, que ya lo esperaba a cierta distancia, y sin querer aguardar el fin de todo, siguieron su camino, persignándose como si llevaran al diablo a la espalda.

Don Quijote estaba, como se dijo, hablando con la señora del coche, diciéndole:

—Su hermosura, señora mía, puede disponer de su persona como mejor le parezca; porque la soberbia de sus robadores yace por el suelo, derribada por este fuerte brazo mío. Y para que no sufra por no saber el nombre de su libertador, sepa que me llamo don Quijote de la Mancha, caballero andante y aventurero, y cautivo de la sin par y hermosa doña Dulcinea del Toboso. Y en pago del favor que le he hecho, no quiero otra cosa sino que vuelva al Toboso y se presente ante esa señora, y le diga de mi parte lo que por su libertad he hecho.

Todo esto lo escuchaba un escudero de los que acompañaban el coche, que era vizcaíno; y viendo que don Quijote no dejaba pasar el coche y encima ordenaba volver al Toboso, se fue hacia él, le agarró la lanza y le dijo en mala lengua castellana, y peor vizcaína:

—Anda, caballero mal andante; por el Dios que me crió, si no deja el coche, así lo mato como está ahí, vizcaíno.

Don Quijote lo entendió bien y, con mucho sosiego, le respondió:

—Si fueras caballero, como no lo eres, ya habría castigado tu atrevimiento y tu necedad, pobre criatura.

A lo cual replicó el vizcaíno con más enredo todavía, jurando y amenazando como pudo.

—Ahora verán —dijo don Quijote.

Y arrojando la lanza al suelo, sacó la espada, embrazó la rodela y se lanzó contra el vizcaíno con determinación de quitarle la vida. El vizcaíno, al verlo venir, aunque quisiera bajarse de la mula —que, por ser de alquiler y mala, no era de fiar—, no pudo hacer otra cosa sino sacar su espada. Pero tuvo la suerte de hallarse junto al coche, de donde tomó una almohada que le sirvió de escudo.

Y así, se fueron el uno contra el otro como si fueran enemigos mortales.

Los demás quisieron hacer las paces, pero no pudieron: el vizcaíno decía, en sus razones mal trabadas, que si no lo dejaban acabar la batalla, él mismo mataría a su ama y a toda la gente que se lo estorbara.

La señora del coche, admirada y temerosa, ordenó al cochero apartarse un poco, y desde lejos se quedó mirando la rigurosa contienda. En el curso de ella, el vizcaíno dio una gran cuchillada a don Quijote encima de un hombro, por encima de la rodela; de haberle dado sin defensa, le habría abierto hasta la cintura.

Don Quijote, sintiendo la fuerza de aquel golpe, dio un gran grito, diciendo:

—¡Oh Dulcinea, señora de mi alma, flor de la hermosura! ¡Socorra a este su caballero, que por servirla se ve en trance tan duro!

Decir esto, apretar la espada, cubrirse bien con la rodela y lanzarse contra el vizcaíno, todo fue en un mismo instante, decidido a jugárselo todo en un solo golpe.

El vizcaíno, al verlo venir, entendió bien su coraje y decidió hacer lo mismo. Lo esperó bien cubierto con la almohada, sin poder mover la mula de un lado ni del otro, porque ya estaba cansada y no hecha a esas "niñerías", y no daba un paso.

Venía, pues, don Quijote contra el vizcaíno, espada en alto, con intención de partirlo en dos; y el vizcaíno lo aguardaba con la espada levantada, escudado con su almohada. Todos los que estaban alrededor miraban colgados del desenlace, y la señora del coche y sus criadas hacían votos y promesas a cuanta imagen y devoción conocían, para que Dios librara al escudero y a ellas de aquel peligro.

Pero el problema es que en este punto el autor de esta historia deja suspendida la batalla, disculpándose con que no halló más escrito de estas hazañas que lo ya contado. Aunque es verdad que el segundo autor de esta obra no quiso creer que una historia tan curiosa se hubiera entregado al olvido, ni que los ingenios de la Mancha hubieran sido tan poco cuidadosos que no guardaran en sus archivos o escritorios algún papel sobre este famoso caballero.

Así, con esa idea, no perdió la esperanza de hallar el fin de esta agradable historia; y, si el cielo le fue favorable, lo halló del modo que se contará en la segunda parte.

CAPÍTULO IX: DONDE SE CONCLUYE Y DA FIN A LA ESTUPENDA BATALLA QUE EL GALLARDO VIZCAÍNO Y EL VALIENTE MANCHEGO TUVIERON

Dejamos en la primera parte de esta historia al valeroso vizcaíno y al famoso don Quijote con las espadas en alto y desnudas, a punto de descargar dos golpes furibundos, tales que, si daban de lleno, por lo menos se partirían de arriba abajo y se abrirían como una granada. Y en aquel punto tan dudoso se detuvo y quedó truncada tan sabrosa historia, sin que su autor nos dijera dónde se podría hallar lo que faltaba.

Esto me dio mucha pena, porque el gusto de haber leído tan poco se me volvió disgusto, al pensar en el mal camino que se ofrecía para hallar lo mucho que, a mi parecer, faltaba de tan buen cuento. Me parecía imposible y fuera de toda buena costumbre que a tan buen caballero le hubiera faltado algún sabio que tomara a su cargo escribir sus nunca vistas hazañas; cosa que no les faltó a los caballeros andantes de quienes la gente dice que salen a correr aventuras: porque cada uno de ellos tenía uno o dos sabios, hechos a la medida, que no solo escribían sus hechos, sino que pintaban hasta sus pensamientos y niñerías más pequeñas, por escondidas que fueran. Y no iba a ser tan desdichado un caballero tan bueno, que le faltara a él lo que les sobró a Platir y a otros semejantes.

Así, no podía inclinarme a creer que una historia tan gallarda se quedara manca y estropeada, y le echaba la culpa a la maldad del tiempo, devorador y consumidor de todas las cosas, que o la tenía escondida o la había consumido.

Por otra parte, me parecía que, pues entre sus libros se hallaron otros tan modernos como Desengaño de celos y Ninfas y Pastores de Henares, también su historia debía de ser moderna; y que, aunque no estuviera escrita, estaría en la memoria de la gente de su aldea y de los pueblos vecinos.

Esta idea me traía confuso y deseoso de saber, real y verdaderamente, toda la vida y "milagros" de nuestro famoso español don Quijote de la Mancha, luz y espejo de la caballería manchega, y el primero que en nuestra edad y en estos tiempos tan calamitosos se entregó al trabajo y ejercicio de las armas andantes: a deshacer agravios, socorrer viudas y amparar doncellas... de aquellas que andaban con sus palafreneros y azotes, y con toda su virginidad a cuestas, de monte en monte y de valle en valle; porque, si no era que algún malnacido, o algún villano armado, o algún gigante descomunal las forzara, hubo doncella en los tiempos pasados que, al cabo de ochenta años —y en todos ellos sin dormir bajo techo un solo día—, se fue tan entera a la sepultura como la madre que la parió.

Digo, pues, que por estos y otros muchos motivos es digno nuestro gallardo Quijote de continuas y memorables alabanzas; y tampoco a mí se me deben negar, por el trabajo y diligencia que puse en buscar el fin de esta agradable historia. Aunque bien sé que, si el cielo, el azar y la fortuna no me ayudaran, el mundo se habría quedado sin el pasatiempo y gusto que por casi dos horas puede tener quien la lea con atención.

Pasó, pues, hallarse en esta manera:

Estando yo un día en el Alcaná de Toledo, llegó un muchacho a vender unos cartapacios y papeles viejos a un sedero; y como yo soy aficionado a leer, aunque sean papeles rotos tirados en la calle, llevado de esa inclinación, tomé un cartapacio de los que el muchacho vendía y vi en él unos caracteres que reconocí como arábigos. Y aunque los reconocía, no sabía leerlos; así que anduve mirando si aparecía por allí algún morisco que los leyera. No fue difícil hallar un intérprete, pues aun si hubiera buscado otra lengua mejor y más antigua, también lo habría hallado.

En fin, la suerte me puso delante uno que, al decirle mi deseo y darle el libro, lo abrió por la mitad y, leyendo un poco, se echó a reír. Yo le pregunté de qué se reía, y me respondió que se reía de una cosa que aquel libro traía escrita al margen, a manera de nota.

Le pedí que me la dijera, y él, sin dejar la risa, dijo:

—Aquí, en el margen, está escrito esto: "Esta Dulcinea del Toboso, tantas veces mencionada en esta historia, dicen que tenía la mejor mano para salar puercos que otra mujer de toda la Mancha".

Cuando escuché "Dulcinea del Toboso", quedé atónito y suspenso, porque enseguida se me vino a la mente que aquellos papeles contenían la historia de don Quijote. Con esa idea, le apuré para que leyera el comienzo; y haciéndolo, y traduciendo de pronto del arábigo al castellano, dijo que empezaba así: Historia de don Quijote de la Mancha, escrita por Cide Hamete Benengeli, historiador arábigo.

Hizo falta mucha prudencia para disimular el gusto que me dio oír el título; y, apartándome del sedero, compré al muchacho todos los papeles y cartapacios por medio real. Si el muchacho hubiera tenido malicia y entendido cuánto los quería, bien habría podido pedirme más de seis reales.

Me aparté luego con el morisco por el claustro de la iglesia mayor y le rogué que me tradujera aquellos cartapacios, todos los que trataban de don Quijote, al castellano, sin quitar ni añadir nada. Le ofrecí pagarle lo que quisiera. Se conformó con dos arrobas de pasas y dos fanegas de trigo, y prometió traducirlos bien y fielmente, y con rapidez; pero yo, por facilitar el negocio y por no soltar de la mano tan buen hallazgo, me lo llevé a mi casa, donde en poco más de mes y medio lo tradujo todo, del mismo modo que aquí se cuenta.

En el primer cartapacio estaba pintada, muy al natural, la batalla de don Quijote con el vizcaíno, puestos en la misma postura que la historia cuenta: las espadas levantadas, uno cubierto con su rodela y el otro con su almohada; y la mula del vizcaíno tan viva, que a tiro de ballesta se notaba que era de alquiler. A los pies del vizcaíno estaba escrito un título que decía: Don Sancho de Azpetia, que, sin duda, era su nombre; y a los pies de Rocinante otro que decía: Don Quijote.

Rocinante estaba maravillosamente pintado: tan largo y tendido, tan flaco y escuálido, con tanto espinazo, que mostraba claramente con cuánta propiedad le pusieron el nombre de Rocinante. Junto a él estaba Sancho Panza, que llevaba del cabestro a su burro; y a los pies del animal había otro rótulo que decía: Sancho Zancas. Debía de ser que tenía, como mostraba la pintura, la barriga grande, el talle corto y las piernas largas, y por eso le pusieron Panza y Zancas; que con esos dos apodos lo llama algunas veces la historia. Otras menudencias había que notar, pero todas son de poca importancia, y no hacen falta para la relación verdadera, porque ninguna es mala si es verdadera.

Si a esta historia se le puede poner alguna duda sobre su verdad, no puede ser otra sino haber sido su autor arábigo, siendo muy propio de aquella nación mentir; aunque, por ser enemigos nuestros, más bien se puede pensar que se quedó corto antes que se pasara. Y así me parece a mí: porque cuando podía y debía extender la pluma en alabanzas de tan buen caballero, pareciera que a propósito las pasa en silencio; cosa mal hecha y peor pensada. Porque los historiadores han de ser puntuales, verdaderos y no apasionados; y ni el interés, ni el miedo, ni el rencor, ni la afición deben torcerlos del camino de la verdad, cuya madre es la historia: rival del tiempo, depósito de las acciones, testigo de lo pasado, ejemplo y aviso de lo presente y advertencia de lo por venir.

En esta historia sé que se hallará todo lo que se pueda desear en la más agradable; y si algo bueno faltara, yo creo que fue por culpa del mal carácter de su autor, más que por falta del asunto. En fin, la segunda parte, siguiendo la traducción, comenzaba así:

Puestas y levantadas en alto las cortadoras espadas de los dos valerosos y enojados combatientes, parecía que amenazaban al cielo, a la tierra y al abismo: tal era el brío y el porte que mostraban.

El primero que descargó el golpe fue el colérico vizcaíno, y lo dio con tanta fuerza y furia que, si no se le hubiera torcido la espada en el camino, aquel solo golpe bastaba para terminar la contienda y con todas las aventuras de nuestro caballero. Pero la buena suerte, que para mayores cosas lo tenía guardado, torció la espada del contrario, de modo que, aunque le dio en el hombro izquierdo, no le hizo otro daño que desarmarle todo ese lado, llevándose de paso gran parte de la celada, con la mitad de la oreja; y todo ello, con espantosa ruina, vino al suelo, dejándolo muy maltrecho.

¡Dios mío! ¿Y quién podrá contar ahora la rabia que entró en el corazón de nuestro manchego al verse así? Baste decir que fue tal, que se levantó de nuevo en los estribos y, apretando la espada con ambas manos, descargó sobre el vizcaíno un golpe tan furioso que le dio de lleno sobre la almohada y la cabeza; y aunque aquella defensa era buena, fue como si le hubiera caído encima una montaña: comenzó a echar sangre por la nariz, por la boca y por los oídos, y a dar muestras de caerse de la mula, de donde sin duda habría caído si no se abrazara al cuello. Con todo eso, sacó los pies de los estribos, soltó los brazos, y la mula, espantada del golpe, echó a correr por el campo, y a pocos corcovos dio con su dueño en tierra.

Don Quijote lo miraba con mucha calma; y apenas lo vio caer, saltó de su caballo y con mucha ligereza se le acercó, y poniéndole la punta de la espada delante de los ojos, le ordenó que se rindiera; si no, que le cortaría la cabeza.

El vizcaíno estaba tan turbado que no podía responder palabra. Y don Quijote lo habría pasado mal —según estaba ciego de furia— si las señoras del coche, que hasta entonces, con gran desmayo, habían mirado la pelea, no hubieran ido donde él y, con muchas súplicas, le pidieran que les hiciera la gran merced de perdonarle la vida al escudero.

A lo cual don Quijote respondió, con gravedad y tono muy firme:

—Señoras hermosas, me agrada hacer lo que me piden; pero con una condición: este caballero ha de prometer ir al Toboso y presentarse de mi parte ante la sin par doña Dulcinea, para que ella disponga de él como le parezca.

Las señoras, temerosas y desconsoladas, sin ponerse a pensar qué era lo que pedía don Quijote y sin preguntar quién era Dulcinea, prometieron que el escudero haría todo lo que se le ordenara.

—Pues en fe de esa palabra —dijo don Quijote—, no le haré más daño, aunque bien lo tenía merecido.

CAPÍTULO X: DE LOS GRACIOSOS RAZONAMIENTOS QUE PASARON ENTRE DON QUIJOTE Y SANCHO PANZA, SU ESCUDERO

Para entonces ya se había levantado Sancho Panza, algo apaleado por los mozos de los frailes. Había estado atento a la batalla de su amo y rogaba a Dios, en su corazón, que le diera la victoria y que en ella ganara alguna ínsula para hacerlo gobernador, como se lo había prometido.

Viendo, pues, ya acabada la pelea, y que su amo volvía a montar a Rocinante, Sancho se acercó a sostenerle el estribo; y antes de que subiera, se hincó de rodillas delante de él, le tomó la mano, se la besó y le dijo:

—Sea su merced servido, mi señor don Quijote, de darme el gobierno de la ínsula que en esta dura pelea se ha ganado; que, por grande que sea, yo me siento con fuerzas para saber gobernarla tan bien como cualquiera que haya gobernado ínsulas en el mundo.

A lo cual respondió don Quijote:

—Fíjate, hermano Sancho, que esta aventura, y otras parecidas, no son aventuras de ínsulas, sino de encrucijadas; y en ellas no se gana otra cosa que salir con la cabeza rota o con una oreja de menos. Ten paciencia: vendrán aventuras donde no solo podré hacerte gobernador, sino algo mejor.

Sancho se lo agradeció mucho y, besándole otra vez la mano y la falda de la armadura, lo ayudó a subir a Rocinante. Luego él se montó en su burro y comenzó a seguir a su amo, que a paso largo, sin despedirse ni decir palabra a los del coche, se metió por un bosque cercano.

Sancho lo seguía al trote, pero Rocinante caminaba tanto que, viéndose atrás, no le quedó más que gritarle a su amo que lo esperara. Don Quijote se detuvo, sujetando las riendas, hasta que llegó el escudero cansado, y al llegar le dijo Sancho:

—Me parece, señor, que sería prudente meternos en alguna iglesia; porque, como quedó maltrecho aquel con quien peleó su merced, no sería raro que diera aviso a la Santa Hermandad y nos agarren. Y le digo que, si eso pasa, antes de salir de la cárcel nos va a costar muchísimo.

—Calla —dijo don Quijote—. ¿Dónde has visto tú, o leído, que algún caballero andante haya sido llevado ante la justicia, por más muertes que haya cometido?

—Yo no sé nada de homicidios —respondió Sancho—, ni en mi vida he mirado uno de cerca; solo sé que la Santa Hermandad se mete con los que se pelean en el campo, y en eso no me meto más.

—No te preocupes, amigo —respondió don Quijote—; yo te saco de las manos de quien sea, cuanto más de las de la Hermandad. Pero dime: ¿has visto caballero más valiente que yo en todo lo que se conoce de la tierra? ¿Has leído de alguno que haya tenido más brío para atacar, más ánimo para insistir, más destreza para herir o más maña para derribar?

—La verdad —respondió Sancho— es que yo no he leído historias, porque ni sé leer ni escribir; pero lo que sí me animo a apostar es que amo más atrevido que su merced no he servido en mi vida. Y ojalá que esos atrevimientos no se paguen donde le dije. Lo que le ruego es que se cure: le sale mucha sangre de la oreja. Aquí traigo vendas y un poco de ungüento blanco en las alforjas.

—Todo eso habría sido innecesario —respondió don Quijote— si me hubiera acordado de hacer una redoma del bálsamo de Fierabrás; que con una gota se ahorra tiempo y medicina.

—¿Qué redoma y qué bálsamo es ese? —preguntó Sancho Panza.

—Es un bálsamo —respondió don Quijote— cuya receta tengo en la memoria: con él no hay que temerle a la muerte, ni pensar en morir por herida alguna. Y cuando yo lo haga y te lo dé, no tendrás más que hacer sino que, cuando veas que en batalla me han partido en dos (como suele pasar), juntes con cuidado la parte que haya caído al suelo con la otra mitad que quede en la silla, antes de que la sangre se enfríe; lo encajas bien, y luego me das a beber solo dos tragos del bálsamo. Y vas a verme quedar más sano que una manzana.

—Si eso existe —dijo Sancho—, renuncio desde aquí al gobierno de la ínsula prometida, y no quiero otra paga por mis servicios sino que su merced me dé la receta de ese licor; porque yo creo que, donde sea, una onza valdrá más de dos reales, y no necesito más para vivir honrada y descansadamente. Pero dígame: ¿sale caro hacerlo?

—Con menos de tres reales se pueden hacer tres azumbres —respondió don Quijote.

—¡Pecador de mí! —replicó Sancho—. ¿Y entonces por qué no lo hace su merced ya y me lo enseña?

—Calla, amigo —respondió don Quijote—; mayores secretos quiero enseñarte, y mayores favores hacerte. Por ahora, curémonos, que la oreja me duele más de lo que quisiera.

Sancho sacó vendas y ungüento. Pero cuando don Quijote vio rota su celada, estuvo a punto de perder el juicio; y poniendo la mano en la espada, y alzando los ojos al cielo, dijo:

—Juro por el Creador de todas las cosas y por los santos cuatro Evangelios… que haré la vida que hizo el gran marqués de Mantua cuando juró vengar la muerte de su sobrino Valdovinos: no comeré pan en mesa puesta, ni descansaré con mujer, y otras cosas que, aunque no las recuerde, doy por dichas, hasta tomar entera venganza del que me hizo semejante daño.

Al oír esto, Sancho le dijo:

—Mire su merced, mi señor don Quijote: si el caballero cumplió con ir a presentarse ante mi señora Dulcinea del Toboso, ya hizo lo que debía, y no merece otra pena, a menos que cometa otro delito.

—Has hablado muy bien —respondió don Quijote—. Así que anulo el juramento en cuanto a vengarme de él; pero lo confirmo y lo renuevo en esto: haré esa vida hasta que le quite por fuerza a algún caballero una celada tan buena como esta. Y no creas, Sancho, que lo digo por decir: tengo a quien imitar, porque eso mismo pasó con el yelmo de Mambrino, que tan caro le costó a Sacripante.

—Que el diablo se lleve esos juramentos, señor mío —replicó Sancho—, porque hacen daño a la salud y a la conciencia. Dígame: si pasan muchos días y no encontramos a nadie con celada, ¿qué hacemos? ¿Se cumple el juramento a pesar de todos los inconvenientes, como dormir vestido, no dormir en poblado y otras mil penitencias? Mire que por estos caminos no andan hombres armados, sino arrieros y carreteros, que no solo no traen celadas, sino que quizá ni han oído esa palabra en toda su vida.

—Te equivocas —dijo don Quijote—; porque no habremos estado dos horas en estas encrucijadas cuando veremos más armados que los que fueron sobre Albraca a conquistar a Angélica la Bella.

—Bueno, pues —dijo Sancho—, que sea así, y ojalá nos vaya bien y llegue el tiempo de ganar esa ínsula que tan cara me cuesta; y después, que me muera yo.

—Ya te dije, Sancho, que no te preocupes por eso; porque, si falta ínsula, ahí está el reino de Dinamarca o el de Sobradisa, que te van a venir como anillo al dedo. Y además, por ser en tierra firme, deberías alegrarte más. Pero dejemos eso para su momento: mira si traes algo en esas alforjas para comer, porque vamos a buscar algún castillo donde pasar la noche y hacer el bálsamo que te dije; porque, te juro, la oreja me duele mucho.

—Aquí traigo una cebolla, un poco de queso y unos mendrugos de pan —dijo Sancho—; pero no son manjares propios de un caballero tan valiente como su merced.

—¡Qué mal lo entiendes! —respondió don Quijote—. Has de saber, Sancho, que es honra de los caballeros andantes no comer en un mes; y si comen, que sea de lo que encuentren más a mano. Y esto lo sabrías si hubieras leído tantas historias como yo; porque, aunque son muchas, en ninguna he visto que digan que los caballeros andantes comieran, salvo en algunos banquetes suntuosos que a veces les daban, y los demás días se los pasaban "en flores". Pero es claro que no podían vivir sin comer ni sin otras necesidades humanas; así que se entiende que, andando casi siempre por montes y despoblados, y sin cocinero, su comida ordinaria sería rústica, como esta que me ofreces. De modo que, Sancho amigo, no te apenes por lo que a mí me da gusto, ni quieras inventar un mundo nuevo ni sacar la caballería andante de sus quicios.

—Perdóneme su merced —dijo Sancho—; como no sé leer ni escribir, no conozco las reglas de la profesión caballeresca. Pero de aquí en adelante yo llevaré alforjas con fruta seca para su merced, que es caballero; y para mí, que no lo soy, llevaré otras cosas más sustanciosas.

—No digo, Sancho —replicó don Quijote—, que los caballeros andantes estén obligados a comer solo fruta seca; sino que su sustento más común debía de ser ese, y algunas hierbas que hallaban por el campo, que ellos conocían... y yo también conozco.

—Eso sí es una virtud —respondió Sancho—, conocer esas hierbas; porque, como me lo imagino, algún día va a hacer falta.

Y sacando lo que dijo que traía, comieron los dos en buena paz. Pero como querían buscar dónde pasar la noche, acabaron pronto su pobre comida. Montaron y se apuraron para llegar a poblado antes del anochecer; pero se les acabó el sol y se les acabó la esperanza de llegar donde querían, junto a unas chozas de unos cabreros. Así que decidieron pasar la noche allí: lo que fue tristeza para Sancho por no llegar a poblado, fue alegría para su amo por dormir al cielo abierto, porque le parecía que cada vez que eso le sucedía era como tomar posesión de su caballería.

CAPÍTULO XI: DE LO QUE LE SUCEDIÓ A DON QUIJOTE CON UNOS CABREROS

Los cabreros lo recibieron con buen ánimo; y Sancho, como mejor pudo, acomodó a Rocinante y a su burro. Luego siguió el olor que despedían unos tasajos de cabra que hervían al fuego en un caldero. Y aunque le habría gustado, en ese mismo instante, ver si ya estaban a punto de pasar del caldero al estómago, se contuvo, porque los cabreros apartaron la carne del fuego y, tendiendo en el suelo unas pieles de oveja, improvisaron con prisa su rústica mesa. Invitaron a los dos, con muy buena voluntad, a compartir lo que tenían.

Se sentaron alrededor de las pieles seis de ellos, que eran los que había en la majada. Antes, con ceremonias toscas, le rogaron a don Quijote que se sentara sobre un dornajo que, puesto boca abajo, le acomodaron como asiento.

Don Quijote se sentó, y Sancho se quedó de pie para servirle la copa, que era de cuerno. Al verlo así, su amo le dijo:

—Para que veas, Sancho, el bien que encierra la caballería andante, y cuán cerca están quienes se ocupan en cualquiera de sus oficios de ser honrados y estimados, quiero que te sientes aquí, a mi lado, con esta buena gente; que seas una sola cosa conmigo, que soy tu amo y tu señor natural; que comas de mi plato y bebas del mismo lugar que yo, porque de la caballería andante se puede decir lo mismo que del amor: que todo lo iguala.

—¡Gran favor! —dijo Sancho—. Pero yo le digo a su merced que, si tengo buena comida, tan bien, o mejor, me la como de pie y a solas que sentado junto a un emperador. Y si le digo la verdad, me sabe mucho mejor lo que como en mi rincón, sin delicadezas ni miramientos, aunque sea pan y cebolla, que los gallipavos de otras mesas donde me toque mascar despacio, beber poco, limpiarme a cada rato, no estornudar ni toser si me da la gana, ni hacer otras cosas que la soledad y la libertad permiten. Así que, mi señor, esas honras que su merced quiere darme por ser servidor y acompañante de la caballería andante, como lo soy siendo escudero de su merced, cámbielas por otras que me resulten más útiles y cómodas; porque estas, aunque las recibo con gusto, las renuncio desde ahora hasta el fin del mundo.

—Con todo, te vas a sentar —dijo don Quijote—, porque a quien se humilla, Dios lo levanta.

Y tomándolo del brazo, lo obligó a sentarse junto a él.

Los cabreros no entendían esa jerigonza de escuderos y caballeros andantes, y no hacían otra cosa que comer y callar, mirando a los huéspedes, que con buen apetito despachaban el tasajo.

Acabado el servicio de carne, tendieron sobre las pieles una gran cantidad de bellotas, y pusieron también medio queso, más duro que si fuera de argamasa. La copa de cuerno no se estaba quieta: daba la vuelta tan seguido (ya llena, ya vacía, como balde de noria) que, sin dificultad, vació un odre de dos que tenían a la vista.

Cuando don Quijote quedó satisfecho, tomó un puñado de bellotas y, mirándolas con atención, comenzó a decir:

—Dichosa edad y siglos dichosos aquellos a los que los antiguos llamaron dorados; y no porque en ellos el oro —que en esta nuestra edad de hierro tanto se estima— se obtuviera sin trabajo, sino porque entonces quienes vivían ignoraban estas dos palabras: tuyo y mío. En aquella santa edad todo era común; a nadie le hacía falta, para su sustento, más trabajo que alzar la mano y tomarlo de las robustas encinas, que generosas los invitaban con su fruto dulce y sazonado.

Las claras fuentes y los ríos corrientes les ofrecían, en gran abundancia, aguas sabrosas y transparentes. En las grietas de las peñas y en lo hueco de los árboles levantaban su república las diligentes y discretas abejas, ofreciendo a cualquiera mano, sin interés, la cosecha de su dulcísimo trabajo. Los valientes alcornoques daban de sí, sin otro arte que su natural cortesía, sus anchas y ligeras cortezas, con las que se comenzaron a cubrir casas levantadas sobre estacas rústicas, solo para defenderse de las inclemencias del cielo.

Todo era paz, todo amistad, todo concordia. Todavía no se había atrevido la pesada reja del arado curvo a abrir las entrañas piadosas de nuestra primera madre, la tierra; que ella, sin ser forzada, ofrecía por todas partes de su fértil y espacioso seno lo necesario para hartar, sustentar y deleitar a sus hijos.

Entonces sí andaban las zagalejas, simples y hermosas, de valle en valle y de cerro en cerro, con el cabello suelto o trenzado, y sin más vestido que el necesario para cubrir con decencia lo que la decencia pide. No se adornaban como ahora, con seda martirizada de mil modos y con tintes costosos, sino con algunas hojas verdes, tejidas de lampazo y hiedra, con lo que quizá iban tan bien arregladas como hoy van muchas cortesanas con rarezas y ocurrencias que les enseña la curiosidad ociosa.

Entonces los pensamientos amorosos se declaraban con sencillez, tal como nacían en el alma, sin buscar rodeos ni artificios de palabras para exagerarlos. No se mezclaban el fraude, el engaño ni la malicia con la verdad y la llaneza. La justicia se mantenía en sus propios límites, sin que se atrevieran a torcerla el favor ni el interés, que hoy tanto la menoscaban y persiguen. Ni siquiera se había sentado en la cabeza del juez la "ley del encaje", porque entonces no había qué juzgar, ni quién fuera juzgado.

Las doncellas y la honestidad andaban, como dije, por donde fuera, solas y dueñas de sí, sin temor de que la desvergüenza ajena o la intención lasciva las dañaran; y si alguna se perdía, era por su gusto y voluntad propia.

Y ahora, en estos siglos detestables, ninguna está segura, aunque se esconda y encierre en un laberinto nuevo como el de Creta: porque por rendijas o por el aire, con celo maldito, se les cuela la "peste" del amor, y les echa por tierra todo el recogimiento. Para su amparo —con el tiempo, al crecer la malicia— se instituyó la orden de los caballeros andantes: para defender doncellas, amparar viudas y socorrer huérfanos y menesterosos.

De esa orden soy yo, hermanos cabreros, y por eso agradezco el buen trato y el recibimiento que nos dan a mí y a mi escudero. Y aunque por ley natural todos están obligados a favorecer a los caballeros andantes, como ustedes lo hicieron sin saberlo, es justo que yo, con la voluntad que puedo, les agradezca la suya.

Toda esta larga arenga (que bien pudo ahorrarse) la dijo nuestro caballero porque las bellotas le trajeron a la memoria la edad dorada, y se le ocurrió soltar aquel discurso a los cabreros, que sin responder palabra, embobados y suspensos, lo escucharon de cabo a rabo.

Sancho también callaba, comía bellotas y visitaba con frecuencia el segundo odre, que, para enfriar el vino, tenían colgado de un alcornoque.

Más tardó don Quijote en hablar que en acabarse la cena. Al final, uno de los cabreros dijo:

—Para que su merced, señor caballero andante, pueda decir con más razón que lo atendimos con buena voluntad, queremos darle gusto haciendo cantar a un compañero nuestro, que no tarda en venir. Es un muchacho entendido y muy enamorado, y además sabe leer y escribir, y toca un rabel como para no pedir más.

Apenas terminó de decirlo, se oyó el rabel; y poco después llegó el que lo tocaba: un mozo de unos veintidós años, de buen porte. Sus compañeros le preguntaron si ya había cenado, y él respondió que sí. Entonces el cabrero que había hecho el ofrecimiento le dijo:

—Entonces, Antonio, hacenos el favor de cantar un poco, para que este huésped vea que también por los montes hay quien sepa de música. Ya le dijimos tus habilidades, y queremos que las muestres. Te ruego que te sientes y cantes el romance de tus amores, el que te compuso el beneficiado, tu tío, que en el pueblo gustó mucho.

—Con gusto —respondió el mozo.

Y sin hacerse rogar más, se sentó en el tronco de una encina cortada, templó el rabel, y al poco rato, con muy buena gracia, comenzó a cantar:

Antonio

—Yo sé, Olalla, que me adoras,
aunque no me lo has dicho
ni siquiera con los ojos,
lenguas mudas del cariño.

Porque sé que eres muy lista,
yo me quedo convencido:
nunca fue desdichado
amor que fue conocido.

Es verdad que alguna vez,
Olalla, me diste indicio
de tener alma de bronce
y pecho blanco de risco.

Pero aun entre tus reproches
y tus desvíos tan limpios,
a veces la esperanza muestra
la orilla de su vestido.

Mi fe se lanza al señuelo
y nunca se ha rendido:

ni mengua por no llamarla,
ni crece por ser elegida.

Si el amor es cortesía,
por lo que de ti deduzco,
el fin de mis esperanzas
será como yo imagino.

Y si el servir hace parte
para volver tierno un pecho,
algunos de mis servicios
fortalecen lo que espero.

Porque si lo has pensado,
más de una vez habrás visto
que en lunes me visto aquello
que el domingo me dio brillo.

Como el amor y la gala
andan un mismo camino,
quise mostrarme a tus ojos
siempre limpio y bien pulido.

Dejo el baile por tu causa,
y no te cuento las músicas
que escuchaste a deshoras
con el gallo de la aurora.

No cuento las alabanzas
que de tu belleza dije;
que, aunque ciertas, hacen
que algunos me miren mal.

Teresa del Berrocal,
oyéndome, me soltó:
"Cree adorar a un ángel
y viene a adorar a un mono,

gracias a tantos dijes
y cabellos postizos,
y a hermosuras fingidas
que engañan al mismo amor".

La desmentí y se enojó;
me defendió luego su primo;
me retó… y ya sabes
lo que él hizo y lo que hice.

No te quiero por capricho,
ni te sirvo por lo fácil:
lo que yo tengo pensado
va por camino más alto.
La Iglesia tiene sus lazos
como cintas de buen hilo:
pon tú el cuello en el yugo
y verás cómo pongo el mío.

Y si no, desde hoy juro,
por el santo más bendito,
no salir de estas sierras
sino para hacerme fraile.

Con esto terminó el cabrero su canto. Don Quijote le rogó que
cantara algo más, pero Sancho Panza no lo permitió, porque estaba más
para dormir que para oír canciones. Y le dijo a su amo:

—Ya puede su merced acomodarse donde va a dormir esta noche,
que el trabajo que estos buenos hombres cargan todo el día no permite
pasar las noches cantando.

—Ya te entiendo, Sancho —respondió don Quijote—: se me nota
bien que las visitas al odre piden más recompensa de sueño que de
música.

—A todos nos cae bien, bendito sea Dios —dijo Sancho.

—No lo niego —replicó don Quijote—; pero acuéstate donde
quieras, que a los de mi oficio nos luce más velar que dormir. Con todo,
sería bueno, Sancho, que me volvieras a curar esta oreja, que me duele
más de lo que conviene.

Sancho hizo lo que se le mandaba. Y al ver la herida, uno de los cabreros le dijo que no se preocupara, que él pondría un remedio con el que sanaría fácil.

Tomó unas hojas de romero, de las muchas que había por allí, las mascó y las mezcló con un poco de sal; luego se las aplicó en la oreja y la vendó muy bien, asegurándole que no necesitaba otra medicina. Y así fue.

CAPÍTULO XII: DE LO QUE CONTÓ UN CABRERO A LOS QUE ESTABAN CON DON QUIJOTE

En eso llegó otro muchacho, de los que traían desde la aldea las provisiones, y dijo:

—¿Saben lo que está pasando en el pueblo, compañeros?

—¿Cómo vamos a saberlo? —respondió uno de ellos.

—Pues sepan —siguió el muchacho— que esta mañana murió aquel famoso pastor estudiante llamado Grisóstomo, y se dice que murió de amores por esa muchacha endemoniada de Marcela, la hija de Guillermo el Rico, la que anda vestida de pastora por esos caminos.

—¿Por Marcela, decís? —preguntó uno.

—Por esa misma —respondió el cabrero—. Y lo curioso es que dejó mandado en su testamento que lo enterraran en el campo, como si fuera moro, y al pie de la peña donde está la fuente del alcornoque; porque, según cuentan, allí fue donde la vio por primera vez. Y dejó otras cosas ordenadas que los curas del pueblo dicen que no deben cumplirse, ni es bueno que se cumplan, porque parecen cosas de paganos. Pero su gran amigo Ambrosio, el estudiante —que también se vistió de pastor con él— dice que se cumpla todo, sin faltar nada, tal como lo dejó Grisóstomo. Por eso el pueblo anda revuelto. Con todo, según se oye, al final se hará lo que Ambrosio y los pastores amigos quieren. Mañana lo van a enterrar con gran pompa donde dije. Yo creo que será cosa digna de verse; por lo menos, yo no pienso perdérmelo, aunque supiera que mañana no vuelvo al pueblo.

—Todos haremos lo mismo —respondieron los cabreros—, y echaremos suertes para ver quién se queda a cuidar las cabras de todos.

—Bien decís, Pedro —dijo uno—, aunque no hará falta: yo me quedo por todos. Y no crean que es por virtud o por falta de curiosidad, sino porque no me deja caminar el golpe que el otro día me dio este pie.

—Con todo, te lo agradecemos —dijo Pedro.

Don Quijote le rogó a Pedro que le dijera quién era aquel muerto y quién era aquella pastora. Pedro respondió que lo que sabía era que el muerto era un hidalgo rico, vecino de un pueblo de esas sierras; que había sido estudiante muchos años en Salamanca y, al volver, traía fama de muy sabio y muy leído.

—Decían, sobre todo, que sabía la ciencia de las estrellas y de lo que pasa en el cielo con el sol y la luna; porque nos decía con exactitud cuándo había eclipses del sol y de la luna.

—Eclipse se llama, amigo, y no "cris" —dijo don Quijote—; eso es cuando se oscurecen esos dos grandes astros.

Pero Pedro, sin detenerse en esas minucias, siguió:

—También adivinaba cuándo iba a ser el año abundante o "estil".

—Querrás decir "estéril", amigo —dijo don Quijote.

—Estéril o estil… se entiende —respondió Pedro—. Y digo que, por creerle, su padre y sus amigos se hicieron ricos, porque hacían lo que él les aconsejaba: "Siembren este año cebada y no trigo; este otro, garbanzos y no cebada; el que viene será de gran cosecha de aceite; y los tres siguientes, ni una gota".

—Esa ciencia se llama astrología —dijo don Quijote.

—No sé cómo se llama —respondió Pedro—; pero sé que todo eso lo sabía, y aún más. En fin, no pasaron muchos meses desde que volvió de Salamanca cuando un día amaneció vestido de pastor, con su cayado y su pellico, dejando los hábitos largos de estudiante. Y al mismo tiempo se vistió de pastor otro gran amigo suyo, Ambrosio, que había estudiado con él.

Se me olvidaba decir que Grisóstomo, el difunto, era un hombre extraordinario para componer versos. Él hacía los villancicos para la noche del Nacimiento del Señor, y los autos para el día del Corpus, que los muchachos del pueblo representaban. Todos decían que eran magníficos.

Cuando en el pueblo los vieron de pronto vestidos de pastores a los dos estudiantes, se quedaron sorprendidos, sin poder entender qué los había movido a un cambio tan extraño. Por esos días ya había muerto el padre de Grisóstomo, y él heredó una gran fortuna: bienes, tierras, mucho ganado y bastante dinero. Con todo eso, el muchacho era generoso; y la verdad, lo merecía, porque era buen compañero, caritativo, amigo de la gente decente, y tenía una cara que parecía bendición.

Después se entendió que aquel cambio de vida no había sido por otra razón que andar por estos campos, detrás de esa pastora Marcela, de la que el muchacho habló antes, porque de ella se enamoró Grisóstomo.

Y ahora quiero contarles, porque conviene que lo sepan, quién es esa muchacha. Quizá —y casi seguro— no han oído cosa semejante en toda su vida, aunque vivan más años que…

—Decí "Sarra" —interrumpió don Quijote, que no podía aguantar el cambio de palabras.

—La sarna vive bastante —respondió Pedro—; y si, mi señor, me va corrigiendo a cada paso, no acabamos ni en un año.

—Perdoná, amigo —dijo don Quijote—; es que hay mucha diferencia entre sarna y Sarra. Pero respondiste bien: vive más la sarna que Sarra. Seguí, que ya no te interrumpo.

—Digo, entonces —prosiguió el cabrero—, que en nuestra aldea hubo un labrador aún más rico que el padre de Grisóstomo, llamado Guillermo. Dios le dio muchas riquezas y una hija; y la madre murió al dar a luz. Fue la mujer más honrada de toda esta comarca. Me parece verla ahora, con un rostro donde de un lado brillaba el sol y del otro la luna; y, sobre todo, trabajadora y amiga de los pobres. Por eso creo que su alma debe estar gozando de Dios.

De pena por esa muerte, también murió Guillermo, dejando a su hija Marcela, muchacha y rica, bajo el cuidado de un tío sacerdote, beneficiado en nuestro pueblo. Creció la niña con tanta belleza que nos hacía recordar a la madre; y aun así, se decía que la hija la superaría. Y así fue: cuando llegó a los catorce o quince años, nadie la miraba sin bendecir a Dios por haberla hecho tan hermosa, y muchos se quedaban perdidos por ella.

Su tío la cuidaba con mucho recato y la tenía muy resguardada; pero la fama de su hermosura se extendió tanto que, por su belleza y por su riqueza, no solo los del pueblo, sino los de muchas leguas a la redonda —y de los mejores— le rogaban e insistían al tío para que se la diera por esposa. Pero él, que es buen cristiano, aunque quisiera casarla pronto, no quiso hacerlo sin el consentimiento de ella, sin fijarse en la ganancia que podía sacar por retrasar el casamiento. Y de eso se habló mucho en el pueblo, alabando al sacerdote; porque, mi señor, en estos lugares pequeños se habla de todo y se murmura de todo, y créame: debía ser muy bueno el cura para que la gente hablara bien de él, sobre todo en una aldea.

—Así es —dijo don Quijote—. Seguí, que el cuento está muy bueno, y lo contás con gracia.

—Que no me falte la del Señor, que es la que importa —señaló Pedro—. Y ya verán: aunque el tío le presentaba a la sobrina los pretendientes, diciéndole las cualidades de cada uno, y le pedía que escogiera a su gusto, ella nunca respondía otra cosa sino que por entonces no quería casarse, y que, por ser tan joven, no se sentía capaz de cargar con el matrimonio.

Con esas excusas —que parecían razonables— el tío dejaba de insistir, esperando a que tuviera más edad y supiera escoger. Decía él, y con razón, que los padres no deben imponerles estado a los hijos contra su voluntad.

Pero aquí viene lo inesperado: de pronto, Marcela amaneció vestida de pastora. Y ni su tío ni los del pueblo —que se lo desaconsejaban— pudieron impedir que se fuera al campo con las otras muchachas, y hasta se puso a guardar su propio ganado.

Y apenas salió a la vista y su hermosura quedó al descubierto, no sabría decir cuántos muchachos ricos, hidalgos y labradores se vistieron como Grisóstomo para seguirla por esos campos, cortejándola. Uno de ellos fue Grisóstomo, que, como ya dije, no es que la quisiera: la adoraba.

Y no crean que por esa vida libre, y con tan poco recogimiento, ella haya dado el menor indicio de faltar a la honra. Al contrario: cuida su honestidad con tanta vigilancia que, de cuantos la siguen, ninguno puede decir —ni con verdad ni con mentira— que ella le haya dado siquiera una esperanza mínima.

Porque, aunque no huye de la conversación de los pastores y los trata con cortesía, en cuanto cualquiera le declara su intención, por justa y santa que sea —aunque sea casarse—, los aparta de sí como si disparara un trabuco.

Y con esa manera de ser hace más daño en esta tierra que si hubiera entrado una peste: porque su trato amable y su hermosura atraen los corazones; pero su desdén y su negativa los llevan a desesperarse. Por eso no saben cómo nombrarla, y le gritan cruel, desagradecida, y otros títulos parecidos, que muestran bien su carácter.

Si ustedes se quedaran aquí un día, mi señor, oirían cómo resuenan estas sierras y valles con los lamentos de los desengañados que la siguen.

No lejos de aquí hay un sitio con casi dos docenas de hayas altas, y no hay una sola cuya corteza lisa no tenga grabado el nombre de Marcela; y sobre algunas, también una corona, como diciendo que ella la merece por su belleza. Aquí suspira un pastor; allá se queja otro; más allá se oyen canciones de amor, y por acá, lamentos desesperados. Uno se pasa la noche sentado al pie de una encina o de una peña, sin cerrar los ojos, y lo encuentra el sol por la mañana. Otro, sin dar descanso a sus suspiros, en plena siesta del verano, se tira sobre la arena ardiente y le manda sus quejas al cielo.

Y de estos y de aquellos, libre y tranquila, triunfa Marcela. Y todos los que la conocemos estamos esperando en qué va a terminar esa altivez, y quién será el dichoso que logre domar un carácter tan duro y gozar de una hermosura tan extraordinaria.

Como todo lo que conté es verdad conocida, creo que también lo es lo que dijo el muchacho: que Grisóstomo murió por ella. Así que le aconsejo, mi señor, que no deje de ir mañana al entierro, porque será digno de verse: Grisóstomo tenía muchos amigos, y de aquí a donde mandó enterrarse no hay ni media legua.

—Me quedo atento —dijo don Quijote—; y te agradezco el gusto que me diste con una historia tan sabrosa.

—¡Ah! —respondió el cabrero—, todavía no sé ni la mitad de lo que les ha pasado a los enamorados de Marcela. Pero puede ser que mañana encontremos a algún pastor que nos cuente más. Por ahora será mejor que se vayan a dormir bajo techo, porque el sereno podría dañarle la herida, aunque la medicina que le pusieron es tan buena que no hay que temer nada.

Sancho Panza, que ya estaba harto de tanto hablar, pidió por su lado que su amo entrara a dormir en la choza de Pedro. Así lo hizo don Quijote, y casi toda la noche se le fue en recuerdos de su señora Dulcinea, imitando a los enamorados de Marcela. Sancho se_toggleó entre Rocinante y su burro, y durmió, no como amante desairado, sino como hombre molido a patadas.

CAPÍTULO XIII: DONDE SE DA FIN AL CUENTO DE LA PASTORA MARCELA, CON OTROS SUCESOS

Apenas comenzó a clarear el día por los balcones del oriente, cuando cinco de los seis cabreros se levantaron y fueron a despertar a don Quijote, para preguntarle si aún tenía intención de ir a ver el famoso entierro de Grisóstomo, y decirle que ellos lo acompañarían. Don Quijote, que nada deseaba más, se levantó y mandó a Sancho que ensillara y aparejara de inmediato a Rocinante y al burro, cosa que Sancho hizo con mucha diligencia. Hecho esto, todos se pusieron en camino.

No habían andado ni un cuarto de legua cuando, al cruzar una vereda, vieron venir hacia ellos unos seis pastores vestidos con pellizas negras, con coronas de ciprés y amarga adelfa en la cabeza, cada uno con un grueso bastón de acebo en la mano. Venían también con ellos dos hombres elegantes a caballo, bien dispuestos para el viaje, acompañados de tres mozos a pie. Al encontrarse, se saludaron cortésmente y, al preguntarse unos a otros adónde iban, supieron que todos se dirigían al mismo entierro, por lo cual continuaron juntos el camino.

Uno de los jinetes dijo a su compañero:

—Me parece, señor Vivaldo, que bien vale la pena la demora que hagamos por ver este entierro, que no puede dejar de ser notable, según las cosas extrañas que estos pastores nos han contado, tanto del pastor muerto como de la pastora homicida.

—Así lo creo yo —respondió Vivaldo—, y no solo perdería un día, sino hasta cuatro, con tal de verlo.

Don Quijote les preguntó qué habían oído de Marcela y de Grisóstomo. El caminante respondió que esa misma madrugada se habían encontrado con aquellos pastores, y que al verlos vestidos de luto les preguntaron la causa, y uno de ellos les contó la historia de la hermosura singular de Marcela, los muchos que la pretendían y la muerte de Grisóstomo, a cuyo entierro iban. En suma, les contó todo lo mismo que Pedro ya había referido a don Quijote.

Terminada esta conversación, Vivaldo preguntó a don Quijote qué motivo lo llevaba a andar armado de esa manera por una tierra tan pacífica. Don Quijote respondió:

—La profesión que he elegido no permite que ande de otro modo. El descanso y la comodidad se inventaron para los cortesanos delicados; el trabajo, la inquietud y las armas fueron hechas para quienes el mundo llama caballeros andantes, de los cuales yo, aunque indigno, soy el menor.

Al oír esto, todos lo tuvieron por loco; y para confirmar su juicio, Vivaldo le preguntó qué quería decir con eso de caballeros andantes.

—¿No han leído —respondió don Quijote— las historias de Inglaterra, donde se cuentan las hazañas del rey Arturo, a quien en nuestra lengua llamamos el rey Artús? De él se dice que no murió, sino que fue encantado y convertido en cuervo, y que con el tiempo volverá a reinar. Por eso no se prueba que desde entonces haya muerto ningún cuervo en Inglaterra. En su tiempo se instituyó la famosa orden de los caballeros de la Tabla Redonda, y se narran los amores de Lanzarote del Lago con la reina Ginebra, con la mediación de la honrada dueña Quintañona, de donde nació el conocido romance:

Nunca fuera caballero
de damas tan bien servido
como fuera Lanzarote
cuando de Bretaña vino…

Desde entonces esta orden se extendió por el mundo, y en ella fueron famosos Amadís de Gaula, Tirante el Blanco, Belianís de Grecia y muchos otros. Esto es ser caballero andante, y esa es la orden que profeso. Por eso recorro estos campos buscando aventuras, dispuesto a ofrecer mi brazo en ayuda de los débiles y necesitados.

Con estas razones, los caminantes confirmaron su locura, y Vivaldo, hombre ingenioso y de buen humor, quiso entretener el camino dándole ocasión de seguir hablando.

—Me parece —dijo— que ha elegido una de las profesiones más rigurosas del mundo, quizá más que la de los cartujos.

—Puede ser rigurosa —respondió don Quijote—, pero también necesaria. Porque así como los religiosos ruegan a Dios por el bien del mundo, los caballeros ejecutamos con las armas lo que ellos piden con oraciones. Somos ministros de Dios en la tierra. No digo que nuestra vida sea mejor que la del religioso, pero sí más trabajosa, más hambrienta y más golpeada.

Vivaldo replicó que le parecía mal que los caballeros, al enfrentar peligro de muerte, se encomendaran a sus damas y no a Dios.

—Eso no puede ser de otro modo —respondió don Quijote—. Es costumbre que, al acometer una gran hazaña, el caballero vuelva los ojos a su dama, pidiéndole amparo; y eso no impide que también se encomiende a Dios cuando tiene lugar.

—Pero no todos los caballeros tienen dama —dijo Vivaldo.

—Eso es imposible —respondió don Quijote—. Caballero andante sin dama es como cielo sin estrellas.

Vivaldo entonces le pidió que dijera quién era su dama.

Don Quijote suspiró y dijo:

—Su nombre es Dulcinea; su patria, el Toboso; su condición, princesa; su hermosura, sobrehumana. Sus cabellos son oro, sus ojos soles, su blancura nieve.

—¿Y su linaje? —preguntó Vivaldo.

—Es del Toboso de la Mancha —respondió don Quijote—, linaje moderno, pero digno de fundar grandes casas futuras.

Sancho escuchaba, creyendo todo lo que su amo decía, salvo lo de Dulcinea, de quien jamás había oído hablar.

En estas pláticas vieron bajar de la sierra a unos veinte pastores vestidos de negro, trayendo unas andas cubiertas de flores. Uno de los cabreros dijo:

—Esos traen el cuerpo de Grisóstomo.

Llegaron cuando ya cavaban la sepultura junto a una peña. En las andas yacía el cuerpo de Grisóstomo, joven, hermoso aun en la muerte, rodeado de libros y papeles.

Ambrosio, su amigo, dijo:

—Este es el lugar donde quiso ser enterrado.

Y luego, dirigiéndose a todos, alabó la vida y virtudes de Grisóstomo, diciendo que había amado, sido rechazado y muerto por la crueldad de Marcela. Añadió que Grisóstomo había ordenado quemar sus escritos.

Vivaldo se opuso, diciendo que no era justo cumplir una voluntad nacida del dolor, y tomó algunos papeles. Ambrosio consintió en que se quedara con esos, pero no con los demás.

Vivaldo abrió uno, titulado Canción desesperada. Ambrosio lo oyó y dijo:

—Ese fue el último papel que escribió el desdichado, y para que veas el término que tenían sus desventuras, léelo de modo que sea escuchado.

—Eso haré yo de muy buena gana —dijo Vivaldo.

Y como todos los circunstantes tenían el mismo deseo, se lo pusieron a la redonda, y él, leyendo en voz clara, vio que así decía:

CAPÍTULO XIV: DONDE SE PONEN LOS VERSOS DESESPERADOS DEL DIFUNTO PASTOR, CON OTROS NO ESPERADOS SUCESOS

CANCIÓN DE GRISÓSTOMO

Ya que quieres, cruel, que se publique,
de lengua en lengua y de una en otra gente,
la fuerza del áspero rigor tuyo,
haré que el mismo infierno comunique
al triste pecho mío un son doliente,
con que el uso común de mi voz tuerza.
Y al par de mi deseo, que se esfuerza
a decir mi dolor y tus hazañas,
de la espantable voz irá el acento,
y en él, mezcladas, por mayor tormento,
irán también pedazos de mis míseras entrañas.
Escucha, pues, y presta atento oído,
no al son concertado, sino al ruido
que, desde lo hondo de mi amargo pecho,
llevado de un forzoso desvarío,
sale por gusto mío y por tu despecho.

El rugir del león, del lobo fiero
el temeroso aullido; el silbo horrendo
de escamosa serpiente; el espantable
alarido de algún monstruo; el agorero
graznar de la corneja; y el estruendo
del viento enfurecido en mar inestable;
del ya vencido toro el implacable
bramido; y de la viuda tortolilla
el sentido arrullar; el triste canto
del envidiado búho, con el llanto
de toda la infernal negra cuadrilla,
salgan con mi doliente alma hacia afuera,

mezclados en un son, de tal manera,
que se confundan los sentidos todos,
pues la pena cruel que en mí se halla,
para contarla, pide nuevos modos.

De tanta confusión no oirán las arenas
del padre Tajo los tristes ecos,
ni las olivas del famoso Betis;
porque allí se esparcirán mis duras penas
en altos riscos y en profundos huecos,
con lengua muerta y con palabras vivas,
o ya en valles oscuros, o en esquivas
playas, desnudas de trato humano,
o donde el sol jamás mostró su lumbre,
o entre la venenosa muchedumbre
de fieras que alimenta el llano africano.
Que, aunque en los páramos desiertos
los ecos roncos de mi mal, inciertos,
suenen con tu rigor tan sin segundo,
por privilegio de mi corta suerte,
serán llevados por el ancho mundo.

Mata un desdén, derrumba la paciencia,
o verdadera o falsa, una sospecha;
matan los celos con rigor más fuerte;
descompone la vida larga ausencia;
contra un temor de olvido no aprovecha
firme esperanza de dichosa suerte.
En todo hay cierta, inevitable muerte;
pero yo, ¡milagro nunca visto!, vivo:
celoso, ausente, desdeñado y cierto
de las sospechas que me tienen muerto,
y del olvido en que mi fuego avivo;
y entre tantos tormentos nunca alcanza
mi vista a ver, ni en sombra, a la esperanza,
ni yo, desesperado, la procuro;
antes, por extremarme en mi querella,
juro estar sin ella para siempre.

¿Se puede, por ventura, en un instante
esperar y temer? ¿O es bien hacerlo
siendo las causas del temor más ciertas?
¿Tengo, si el duro celo está delante,
que cerrar estos ojos, si he de verlo
por mil heridas en el alma abiertas?
¿Quién no abrirá de par en par las puertas
a la desconfianza, cuando mira
descubierto el desdén, y las sospechas
—¡oh amarga conversión!— verdades hechas,
y la limpia verdad vuelta en mentira?
¡Oh celos!, fieros tiranos en el reino
del amor, pónganme un hierro en estas manos.
Desdén, denme una torcida soga.
Pero, ¡ay de mí!, que, con cruel victoria,
su memoria el sufrimiento ahoga.

Yo muero, en fin; y porque nunca espere
buen suceso en la muerte ni en la vida,
seré pertinaz en mi fantasía.
Diré que va acertado el que bien quiere,
y que es más libre el alma más rendida
a la antigua tiranía del Amor.
Diré que la enemiga siempre mía
hermosa el alma como el cuerpo tiene,
y que su olvido de mi culpa nace,
y que, en fe de los males que nos hace,
Amor su imperio en justa paz mantiene.
Y con esta opinión y un duro lazo,
acelerando el miserable plazo
al que me han conducido sus desdenes,
ofreceré a los vientos cuerpo y alma,
sin lauro ni palma de futuros bienes.

Tú, que con tantas sinrazones muestras
la razón que me obliga a dar la paga
a la cansada vida que aborrezco,
ya ves que te da notorias muestras
esta profunda llaga del corazón,

de cómo alegre a tu rigor me ofrezco.
Si por dicha conoces que merezco
que el cielo claro de tus bellos ojos
se turbe en mi muerte, no lo hagas;
no quiero que en nada me satisfagas
al darte de mi alma los despojos.
Antes, con risa, en la ocasión funesta,
muestra que mi final fue tu fiesta.
Aunque avisarte de esto es gran simpleza,
pues sé que tu gloria está conocida
en que mi vida llegue al fin tan pronto.

Venga, que es tiempo ya, del hondo abismo
Tántalo con su sed; y venga Sísifo
con el peso terrible de su canto;
Ticio traiga su buitre; y asimismo,
con su rueda, Ixión no se detenga;
ni las hermanas que trabajan tanto;
y todos juntos su mortal quebranto
trasladen a mi pecho; y en voz baja
(si a un desesperado le son debidas)
canten obsequias tristes, doloridas,
al cuerpo a quien se niegue aun la mortaja.
Y el portero infernal de los tres rostros,
con otras mil quimeras y mil monstruos,
lleven el doloroso contrapunto;
que no me parece mejor pompa
para un amante muerto.

Canción desesperada, no te quejes
cuando mi triste compañía dejes;
antes bien, ya que la causa que te hizo nacer
con mi desdicha aumenta su ventura,
ni en la sepultura estés triste.

Bien les pareció, a quienes habían escuchado, la canción de Grisóstomo; aunque el que la leyó dijo que no le parecía que se ajustara con lo que había oído del recato y bondad de Marcela, porque en la canción se quejaba Grisóstomo de celos, sospechas y ausencia, todo en perjuicio del buen crédito y buena fama de Marcela. A esto respondió Ambrosio, como quien conocía los pensamientos más ocultos de su amigo:

—Para que usted quede satisfecho con esa duda, debe saber que cuando este desdichado escribió esta canción estaba ausente de Marcela. Se alejó de ella por voluntad propia, por ver si la ausencia obraba en su favor como suele hacerlo. Y como al enamorado ausente no hay cosa que no lo canse ni temor que no lo persiga, así fatigaban a Grisóstomo los celos imaginados y las sospechas temidas, como si fueran verdaderas. Con esto queda en su punto la verdad que la fama pregona sobre la bondad de Marcela; a quien, fuera de ser cruel, algo arrogante y bastante desdeñosa, ni la misma envidia debe ni puede atribuirle falta alguna.

—Así es —respondió Vivaldo.

Y cuando quiso leer otro papel de los que había guardado del fuego, lo impidió una visión maravillosa (y así pareció) que de improviso se les presentó. Fue que, por encima de la peña donde cavaban la sepultura, apareció la pastora Marcela, tan hermosa que su belleza superaba a su fama. Quienes hasta entonces no la habían visto la miraban con admiración y silencio; y quienes ya estaban acostumbrados a verla no quedaron menos suspensos que los otros.

Pero apenas la vio Ambrosio, cuando, con señales de indignación, le dijo:

—¿Vienes a ver, por ventura, oh fiero basilisco de estas montañas, si con tu presencia sangran más las heridas de este miserable a quien tu crueldad le quitó la vida? ¿O vienes a jactarte de las hazañas de tu condición? ¿O a mirar desde esa altura, como otro Nerón despiadado, el incendio de Roma? ¿O a pisar arrogante este desdichado cadáver, como la ingrata hija el de su padre Tarquino? Dinos pronto a qué vienes, o qué es lo que más te complace; que por saber yo que los pensamientos de Grisóstomo jamás dejaron de obedecerte en vida, haré que aun muerto te obedezcan los pensamientos de todos los que se llamaron sus amigos.

—No vengo, Ambrosio, a ninguna de esas cosas —respondió Marcela—, sino a defenderme y a mostrar cuán fuera de razón van todos los que me culpan de sus penas y de la muerte de Grisóstomo. Así que les ruego a todos los que están aquí que me escuchen con atención, porque no hará falta mucho tiempo ni muchas palabras para convencer a los discretos de una verdad. Se hizo el cielo, como ustedes dicen, hermosa, y de tal manera que, sin poder resistirse, mi hermosura los mueve a quererme; y por el amor que me muestran, dicen, y aun exigen, que yo esté obligada a amarlos. Yo conozco, con el entendimiento que Dios me ha dado, que todo lo hermoso es amable; pero no entiendo que por ser amado alguien esté obligado a amar a quien lo ama. Además, puede suceder que quien ama lo hermoso sea feo; y siendo lo feo digno de ser rechazado, suena muy mal decir: "Te quiero por hermosa: debes quererme aunque yo sea feo". Pero aunque dos personas fueran igual de hermosas, no por eso son iguales los deseos: no toda belleza enamora; algunas alegran la vista, pero no rinden la voluntad. Si todas las bellezas enamoraran, andarían las voluntades confundidas, sin saber en cuál detenerse, porque siendo infinitos los sujetos hermosos, infinitos habrían de ser los deseos. Y, según he oído, el verdadero amor no se divide: debe ser voluntario, no forzado. Si esto es así, como yo creo que lo es, ¿por qué quieren que yo rinda mi voluntad por fuerza, obligada solo porque dicen que me quieren? Y si el cielo, en vez de hermosa, me hubiera hecho fea, ¿sería justo que yo me quejara de ustedes porque no me amarían? Además, debe considerarse que yo no escogí la hermosura que tengo: así como es, el cielo me la dio sin que yo la pidiera ni la eligiera. Y así como la víbora no merece culpa por tener veneno —aunque mate con él— porque la naturaleza se lo dio, tampoco yo merezco ser reprendida por ser hermosa. La hermosura en una mujer honesta es como el fuego apartado o como una espada aguda: ni el fuego quema ni la espada corta a quien no se acerca. La honra y las virtudes son adornos del alma; sin ellas el cuerpo, aunque hermoso, no debería parecerlo. Y si la honestidad es una de las virtudes que más hermosean alma y cuerpo, ¿por qué habría de perderla quien es amada por hermosa, solo para corresponder a la intención de quien, por su gusto, procura con todas sus fuerzas que la pierda? Yo nací libre, y para vivir libre escogí la soledad de los campos: los árboles de estas montañas son mi compañía; las aguas claras de estos arroyos, mis espejos; con los árboles y con las aguas comunico mis pensamientos y mi hermosura. Soy fuego apartado y espada puesta lejos. A quienes enamoré con la vista los desengañé con las palabras. Y si los deseos se sostienen con esperanzas, como yo no le di esperanza a Grisóstomo, ni a nadie, bien puede decirse que lo mató su porfía, no mi crueldad. Y si se me acusa de que sus pensamientos eran honestos, y que por eso yo estaba obligada a corresponder, digo que cuando en este mismo lugar donde ahora se cava su sepultura me declaró su intención, le dije que la mía era vivir en perpetua soledad, y que solo la tierra gozara el fruto de mi recogimiento y los despojos de mi hermosura. Y si, aun con ese desengaño, él quiso porfiar contra la esperanza y navegar contra el viento, ¿qué tiene de extraño que se haya ahogado en medio del golfo de su desatino? Si yo lo hubiera entretenido, habría sido falsa; si lo hubiera complacido, habría ido contra mi mejor intención y propósito. Porfió estando desengañado; desesperó sin ser aborrecido. Vean ahora si es justo que se me culpe a mí de su pena. Que se queje el engañado; que desespere quien perdió esperanzas prometidas; que se confíe quien yo llamare; que se vanaglorie quien yo admitiere. Pero que no me llame cruel ni homicida quien a quien yo no prometo, no engaño, no llamo ni admito. El cielo hasta ahora no ha querido que yo ame por destino, y pensar que debo amar por elección sobra. Este desengaño general le sirva a cada quien según le convenga, y entiéndase de aquí en adelante que si alguno muere por mí, no muere de celoso ni de desdichado; porque quien no quiere a nadie no puede dar celos a nadie, y los desengaños no deben contarse como desdenes. Quien me llama fiera o basilisco, que me deje como cosa dañina; quien me llama ingrata, que no me sirva; quien me llama desconocida, que no me conozca; quien me llama cruel, que no me siga. Porque esta fiera, este basilisco, esta ingrata, esta cruel y esta desconocida no los buscará, no los servirá, no los conocerá ni los seguirá de ningún modo. Si a Grisóstomo lo mató su impaciencia y su deseo desordenado, ¿por qué debe culparse mi proceder honesto y mi recato? Si yo conservo mi limpieza con la compañía de los árboles, ¿por qué quiere alguien que la pierda con los hombres? Yo tengo riquezas propias y no codicio las ajenas; tengo condición libre y no deseo someterme; no quiero ni aborrezco a nadie; no engaño a este ni solicito a aquel; no me burlo con uno ni me entretengo con otro. La conversación honesta de las muchachas de estas aldeas y el cuidado de mis cabras me entretienen. Mis deseos terminan en estas montañas; y si de aquí salen, es para contemplar la hermosura del cielo, pasos con que el alma camina hacia su primera morada.

Dicho esto, sin querer oír respuesta, dio la espalda y se internó por lo más espeso del monte cercano, dejando admirados a todos por su discreción y su hermosura. Algunos, heridos por la poderosa flecha de sus ojos, dieron señales de querer seguirla, sin aprovechar el desengaño que acababan de oír. Don Quijote, al verlo, creyó que era ocasión de usar su oficio de caballero en defensa de una doncella necesitada, y poniendo la mano en el puño de su espada, dijo en voz alta y clara:

—Nadie, sea quien sea, se atreva a seguir a la hermosa Marcela, so pena de caer en mi furiosa indignación. Ella ha mostrado con razones claras y suficientes la poca o ninguna culpa que ha tenido en la muerte de Grisóstomo, y cuán ajena vive de condescender con los deseos de sus pretendientes. Por eso, en vez de perseguirla, es justo honrarla y estimarla como a quien vive con tan honesta intención. Ya fuera por las amenazas de don Quijote, o porque Ambrosio pidió que terminaran lo que debían al difunto, ninguno se movió hasta que, acabada la sepultura y quemados los papeles de Grisóstomo, pusieron el cuerpo en ella, no sin muchas lágrimas. Cerraron la tumba con una gruesa peña, mientras se preparaba una losa que, según Ambrosio dijo, mandaría hacer con este epitafio:

Yace aquí de un amador
el mísero cuerpo helado,
que fue pastor de ganado,
perdido por desamor.
Murió a manos del rigor
de una esquiva hermosa ingrata,
con quien su imperio dilata
la tiranía de Amor.

Luego esparcieron sobre la sepultura muchas flores y ramas; dieron el pésame a Ambrosio y se despidieron. Lo mismo hicieron Vivaldo y su compañero, y don Quijote se despidió de los cabreros y de los caminantes, quienes le rogaron que fuera con ellos a Sevilla, por ser lugar tan propicio para aventuras que en cada calle y en cada esquina se hallan más que en ninguna otra parte.

Don Quijote agradeció su consejo y su buena voluntad, pero dijo que por entonces no quería ni debía ir a Sevilla hasta haber limpiado aquellas sierras de ladrones y malhechores, de quienes se decía que estaban llenas. Viendo su determinación, los caminantes no insistieron y prosiguieron su camino, comentando la historia de Marcela y Grisóstomo y las locuras de don Quijote.

Don Quijote, por su parte, decidió ir a buscar a la pastora Marcela para ofrecerle todo lo que pudiera en su servicio; pero no le salió como él esperaba, según se cuenta más adelante en esta verdadera historia.

Aquí termina la segunda parte.

CAPÍTULO XV: DONDE SE CUENTA LA DESGRACIADA AVENTURA QUE SE TOPÓ DON QUIJOTE EN TOPAR CON UNOS DESALMADOS YANGÜESES

Cuenta el sabio Cide Hamete Benengeli que, apenas don Quijote se despidió de sus huéspedes y de todos los que asistieron al entierro del pastor Grisóstomo, él y su escudero se internaron por el mismo bosque por donde vieron que se había metido la pastora Marcela; y, después de andar más de dos horas buscándola por todas partes sin poder hallarla, vinieron a dar en un prado de yerba fresca, junto al cual corría un arroyo claro y apacible, tan fresco, que los invitó y casi los obligó a pasar allí las horas de la siesta, que ya comenzaba a apretar. Se apearon don Quijote y Sancho, y, dejando al jumento y a Rocinante a sus anchas para que pacieran la mucha yerba que había, abrieron las alforjas y, sin ceremonia alguna, en buena paz y compañía, amo y mozo comieron lo que encontraron.

Sancho no se acordó de soltar a Rocinante, confiado en que lo conocía por tan manso y tan poco brioso que todas las yeguas de la dehesa de Córdoba no lo habrían sacado de su paso. Pero quiso la suerte —y el diablo, que no duerme siempre— que por aquel valle anduviera paciendo una manada de hacas gallegas, de unos arrieros yangüeses, que suelen sestear con su recua en lugares donde haya yerba y agua; y el sitio donde estaban don Quijote y Sancho era muy a propósito para los yangüeses. Sucedió, pues, que a Rocinante le dio por refocilarse con aquellas señoras hacas; y apenas las olió, cuando, saliéndose de su paso y costumbre, sin pedir licencia a su dueño, tomó un trotecillo algo picado y fue a comunicarles su necesidad. Pero ellas, al parecer, tenían más gusto en pacer que en otra cosa, y lo recibieron con herraduras y dientes de tal modo que en poco espacio se le rompieron las cinchas, y quedó sin silla, en pelota. Con todo, lo que más debió de sentir fue que, viendo los arrieros el alboroto que se armaba entre sus animales, acudieron con estacas y le descargaron tantos palos que lo derribaron malparado en el suelo.

Ya entonces don Quijote y Sancho, que habían visto la paliza de Rocinante, llegaban jadeando; y dijo don Quijote a Sancho:

—Por lo que veo, amigo Sancho, estos no son caballeros, sino gente grosera y de baja ralea. Lo digo porque bien puedes ayudarme a tomar la debida venganza del agravio que, delante de nuestros ojos, se le ha hecho a Rocinante.

—¿Qué diablos de venganza vamos a tomar —respondió Sancho—, si ellos son más de veinte y nosotros no somos más de dos, y quizá nosotros no seamos ni dos enteros, sino uno y medio?

—Yo valgo por ciento —replicó don Quijote.

Y sin decir más, echó mano a la espada y arremetió contra los yangüeses; y lo mismo hizo Sancho Panza, animado por el ejemplo de su amo. A la primera, don Quijote dio una cuchillada a uno, que le abrió el sayo de cuero con que venía vestido, llevándole buen trecho de la espalda.

Los yangüeses, que se vieron atacados por dos hombres solos, siendo ellos tantos, acudieron a sus estacas y, cogiéndolos en medio, empezaron a descargar golpes con gran ahínco y vehemencia. Y fue verdad que al segundo toque dieron con Sancho en el suelo; y lo mismo le ocurrió a don Quijote, sin que le valieran destreza ni ánimo. Y quiso su suerte que viniera a caer a los pies de Rocinante, que aún no se había podido levantar, donde se vio bien la furia con que machacan las estacas cuando las manejan manos rústicas y enojadas. Viendo los yangüeses el mal recado que habían hecho, con la mayor prisa cargaron su recua y siguieron su camino, dejando a los dos aventureros de mala traza y peor talante.

El primero que volvió en sí fue Sancho Panza; y, hallándose junto a su amo, con voz enferma y lastimada, dijo:

—Señor don Quijote… ¡Ah, señor don Quijote!

—¿Qué quieres, Sancho hermano? —respondió don Quijote, con el mismo tono doliente que Sancho.

—Quisiera, si fuera posible —dijo Sancho—, que usted me diera dos tragos de aquella bebida del feo Blas, si la tiene ahí a mano: quizá sirva para quebrantamientos de huesos, como dicen que sirve para heridas.

—Si la tuviera aquí, desdichado de mí, ¿qué nos faltaba? —respondió don Quijote—. Pero te juro, Sancho Panza, a palabra de caballero andante, que antes de que pasen dos días, si la fortuna no ordena otra cosa, la tendré en mi poder, o mal me van a andar las manos.

—¿Y en cuántos días cree usted que podremos mover los pies? —replicó Sancho.

—De mí sé decir —dijo el caballero molido— que no sabré poner término; pero yo tengo la culpa de todo, porque no debí poner mano a la espada contra gente que no fuera caballeros armados, como yo. Y así, creo que, en castigo de haber quebrantado las leyes de la caballería, el Dios de las batallas permitió que me cayera este golpe. Por eso, Sancho, conviene que tengas muy presente lo que ahora te voy a decir, porque importa mucho a la salud de los dos: cuando veas que semejante canalla nos hace algún agravio, no esperes a que yo saque la espada contra ellos, porque no lo haré de ningún modo; sino saca tú la tuya y castígalos a tu gusto. Si en su ayuda acudieren caballeros, yo sabré defenderte y ofenderlos con todo mi poder; que ya has visto por mil señales hasta dónde llega el valor de este brazo mío.

Tan arrogante quedó el pobre señor con el vencimiento del vizcaíno. Pero el consejo no le pareció tan bien a Sancho Panza que dejara de responder:

—Señor, yo soy hombre pacífico, manso y sosegado; sé disimular cualquier injuria porque tengo mujer e hijos que sustentar y criar. Así que, le aviso —porque no puede ser orden— que no pondré mano a la espada ni contra villano ni contra caballero; y desde hoy, delante de Dios, perdono cuantos agravios me han hecho y me hagan, me los haga quien me los haga, alto o bajo, rico o pobre, hidalgo o pechero, sin exceptuar estado ni condición.

Oyéndolo don Quijote, le respondió:

—Quisiera tener aliento para hablar con más descanso y que el dolor de esta costilla aflojara un poco, para hacerte ver, Panza, el error en que estás. Ven acá, pecador: si el viento de la fortuna, hasta ahora tan contrario, se vuelve a favor nuestro, y nos llena las velas del deseo, de modo que sin contraste tomemos puerto en alguna de las ínsulas que te tengo prometida, ¿qué sería de ti si, ganándola yo, te hiciera señor de ella? Lo volverías imposible, por no ser caballero, por no querer serlo y por no tener valor ni intención de vengar injurias y defender tu señorío. Porque debes saber que en reinos y provincias recién conquistados nunca están tan quietos los ánimos de los naturales, ni tan de parte del nuevo señor, que no se tema alguna novedad con que quieran alterar las cosas y volver a probar fortuna. Por eso es necesario que el nuevo dueño tenga entendimiento para gobernarse y valor para ofender y defenderse en cualquier acontecimiento.

—En este que ahora nos pasó —respondió Sancho— quisiera yo tener ese entendimiento y ese valor; pero le juro, a fe de pobre, que estoy más para vendas que para pláticas. Mire si puede levantarse, y ayudaremos a Rocinante, aunque no lo merece, porque él fue la causa principal de todo este molimiento. Nunca tal pensé de Rocinante: lo tenía por casto y tan pacífico como yo. En fin, bien dicen que se necesita mucho tiempo para conocer a las personas, y que no hay cosa segura en esta vida. ¿Quién iba a decir que tras aquellas cuchilladas tan grandes que usted le dio a aquel desdichado caballero andante, iba a venir por la posta esta tempestad de palos sobre nuestras espaldas?

—Y también sobre las tuyas, Sancho —replicó don Quijote—, que deben de estar más hechas a semejantes nublados; pero las mías, criadas entre sábanas finas y camisas de holanda, claro está que sienten más el dolor de esta desgracia. Y si no fuera porque sé muy cierto que todas estas incomodidades van pegadas al ejercicio de las armas, aquí me dejaría morir de puro enojo.

A esto respondió el escudero:

—Señor, ya que estas desgracias son cosecha de la caballería, dígame si suceden muy a menudo, o si tienen tiempos contados; porque me parece que a dos cosechas quedaremos inútiles para la tercera, si Dios, por su infinita misericordia, no nos socorre.

—Debes saber, amigo Sancho —respondió don Quijote—, que la vida de los caballeros andantes está sujeta a mil peligros y desventuras; y, ni más ni menos, está muy cerca de que los caballeros andantes lleguen a ser reyes y emperadores, como lo muestra la experiencia en muchos, de cuyas historias tengo noticia completa. Y podría contarte ahora, si el dolor me dejara, de algunos que solo por el valor de su brazo han subido a los altos grados que digo, y aun esos mismos se vieron antes y después en diversas miserias y calamidades. Porque el valeroso Amadís de Gaula se vio en poder de su mortal enemigo Arcalaús el encantador, y se tiene por cosa cierta que, teniéndolo preso, le dio más de doscientos azotes con las riendas de su caballo, atado a una columna de un patio. Y todavía hay un autor secreto, y no de poco crédito, que dice que al Caballero del Febo, por una trampa, se le hundió el suelo en un castillo, y al caer se halló en una honda sima bajo tierra, atado de pies y manos, y allí le echaron una de esas "melecinas" que llaman, de agua de nieve y arena, con lo que llegó muy al cabo; y si no lo socorriera, en aquella gran cuita, un sabio amigo suyo, lo habría pasado muy mal el pobre caballero. Así que bien puedo yo contarme entre tanta buena gente: mayores afrentas fueron las que ellos pasaron que las que ahora pasamos nosotros. Porque quiero que entiendas, Sancho, que no afrenta la herida que se da con instrumento que se halla por acaso en la mano; y esto está en la ley del duelo, escrito con palabras claras: si un zapatero le pega a otro con la horma que trae en la mano, aunque sea de palo, no por eso se dirá que el que la recibió quedó "apaleado" como por afrenta. Lo digo para que no pienses que, aunque quedamos molidos, quedamos deshonrados; porque las armas con que esos hombres nos machacaron no fueron más que estacas, y ninguno, que yo recuerde, traía estoque, espada ni puñal.

—A mí no me dieron tiempo —respondió Sancho— de fijarme en eso, porque apenas saqué mi tizona, cuando me "santiguaron" los hombros con sus palos de tal manera que me quitaron la vista y la fuerza de los pies, y me dejaron tirado donde ahora estoy. Y no me duele tanto pensar si fue afrenta o no, como el dolor de los golpes, que se me van a quedar pegados en la memoria como en la espalda.

—Con todo eso, hermano Panza —replicó don Quijote—, debes saber que no hay memoria que el tiempo no desgaste, ni dolor que la muerte no consuma.

—¿Y qué mayor desgracia puede haber —respondió Sancho— que esperar al tiempo para que la consuma y a la muerte para que la acabe? Si esta desgracia fuera de las que se curan con un par de vendas, todavía; pero voy viendo que no alcanzan todos los emplastos de un hospital para dejarnos medio enteros.

—Deja eso y saca fuerzas de la flaqueza, Sancho —respondió don Quijote—, que así haré yo; y veamos cómo está Rocinante, porque, a lo que parece, al pobre no le tocó la menor parte de esta desgracia.

—No hay de qué asombrarse —dijo Sancho—, siendo él tan buen caballero andante. Lo que a mí me asombra es que mi jumento haya quedado libre y sin costo, cuando nosotros salimos sin costillas.

—La fortuna siempre deja una puerta abierta en las desdichas para darles remedio —dijo don Quijote—. Lo digo porque esa bestezuelita podrá suplir ahora la falta de Rocinante, llevándome desde aquí a algún castillo donde me curen las heridas. Y no tendré por deshonra tal cabalgadura, porque me acuerdo haber leído que el buen viejo Sileno, ayo y maestro del alegre dios de la risa, cuando entraba en la ciudad de las cien puertas, iba muy a su gusto caballero sobre un hermoso asno.

—Verdad será que él iba cabalgando, como usted dice —respondió Sancho—; pero hay gran diferencia entre ir cabalgando y ir atravesado como costal de basura.

A esto respondió don Quijote:

—Las heridas que se reciben en batalla dan honra, no la quitan. Así que, Panza, no me repliques más; levántate como puedas, súbeme como mejor te parezca sobre tu jumento, y vámonos de aquí antes de que caiga la noche y nos sorprenda en este despoblado.

—Pero yo le oí decir a usted —dijo Sancho— que es cosa muy de caballeros andantes dormir en los páramos y desiertos la mayor parte del año, y que lo tienen por gran ventura.

—Eso es —dijo don Quijote— cuando no pueden más, o cuando están enamorados. Y es tan cierto, que hubo caballero que se estuvo sobre una peña, al sol y a la sombra, y a la intemperie, dos años enteros sin que lo supiera su señora. Y uno de esos fue Amadís, cuando, llamándose Beltenebros, se alojó en la Peña Pobre; no sé si ocho años u ocho meses, que no lo tengo bien contado. Basta que estuvo allí haciendo penitencia por no sé qué disgusto que le hizo la señora Oriana. Pero dejemos esto, Sancho, y apúrate, no vaya a sucederle al jumento otra desgracia como a Rocinante.

—Ahí sí sería el diablo —dijo Sancho.

Y soltando treinta ayes, sesenta suspiros y ciento veinte reniegos de quien lo había llevado a semejante vida, se levantó, quedándose medio encorvado en mitad del camino, como arco turco, sin poder enderezarse del todo. Con ese mismo trabajo aparejó su asno, que también había andado algo distraído con la excesiva libertad de aquel día. Levantó luego a Rocinante, el cual, si tuviera lengua para quejarse, bien habría hecho compañía a sus dueños. En fin, Sancho acomodó a don Quijote sobre el asno, puso de reata a Rocinante y, llevando al asno del cabestro, tomó, poco más o menos, la dirección que le pareció que conducía al camino real.

Y la suerte, que iba guiando sus cosas de mal en peor y de peor en mejor, no permitió que anduvieran ni una legua cuando les mostró el camino; y en él descubrieron una venta, que, por más que le pesara a don Quijote y por más que se negara, había de ser castillo. Porfiaba Sancho en que era venta, y su amo en que no, sino castillo; y tanto duró la porfía, que, sin acabarla, tuvieron tiempo de llegar. Y Sancho, sin más averiguación, se metió en ella con toda su recua.

CAPÍTULO XVI: DE LO QUE LE SUCEDIÓ AL INGENIOSO HIDALGO EN LA VENTA QUE ÉL IMAGINABA SER CASTILLO

El ventero, que vio a don Quijote atravesado en el asno, le preguntó a Sancho qué mal traía. Sancho le respondió que no era nada, sino que había dado una caída por una peña, y que venía con las costillas algo magulladas. El ventero tenía por mujer a una, no de la condición que suelen tener las de semejante oficio, porque naturalmente era caritativa y se dolía de las calamidades ajenas; y así, acudió luego a curar a don Quijote, e hizo que una hija suya, doncella, muchacha y de muy buen parecer, la ayudara a curar al huésped. Servía también en la venta una moza asturiana, ancha de cara, llana de cogote, de nariz roma, de un ojo tuerta y del otro no muy sana. Verdad es que la gallardía del cuerpo suplía las demás faltas: no tenía siete palmos de los pies a la cabeza, y las espaldas, algo cargadas, la hacían mirar al suelo más de lo que ella quisiera. Esta gentil moza, pues, ayudó a la doncella, y las dos le hicieron a don Quijote una muy mala cama en un camaranchón que, en otros tiempos, daba claros indicios de haber servido de pajar muchos años; en el cual también se alojaba un arriero, que tenía su cama hecha un poco más allá de la de don Quijote. Y aunque la suya era de las enjalmas y mantas de sus machos, hacía mucha ventaja a la de don Quijote, que solo contenía cuatro mal lisas tablas sobre dos bancos desiguales, y un colchón que, por lo fino, parecía colcha, lleno de bodoques que, si no mostraran ser de lana por algunas roturas, al tacto, por su dureza, parecían guijarros; y dos sábanas hechas de cuero de adarga, y una frazada cuyos hilos, si se quisieran contar, no se perdería uno solo de la cuenta.

En esta maldita cama se acostó don Quijote, y luego la ventera y su hija le emplastaron de arriba abajo, alumbrándoles Maritornes, que así se llamaba la asturiana; y, como al vendarlo vio la ventera tan acardenalado a don Quijote por muchas partes, dijo que aquello parecía más golpes que caída.

—No fueron golpes —dijo Sancho—, sino que la peña tenía muchos picos y tropiezos, y cada uno le hizo su cardenal.

Y también dijo:

—Haga el favor, señora, de dejar algunas estopas, que no faltará quien las necesite; que a mí también me duelen un poco los lomos.

—De esa manera —respondió la ventera—, también debiste caer.

—No caí —dijo Sancho Panza—; pero del sobresalto que me dio ver caer a mi amo, me duele el cuerpo de tal modo que me parece que me han dado mil palos.

—Bien puede ser eso —dijo la doncella—; que a mí me ha pasado muchas veces soñar que caía de una torre, y que nunca acababa de llegar al suelo; y cuando despertaba, hallarme tan molida y quebrantada como si de veras hubiera caído.

—Ahí está el detalle, señora —respondió Sancho Panza—: que yo, sin soñar nada, y estando más despierto que ahora, me encuentro con pocos menos cardenales que mi señor don Quijote.

—¿Cómo se llama ese caballero? —preguntó Maritornes.

—Don Quijote de la Mancha —respondió Sancho Panza—; y es caballero aventurero, y de los mejores y más fuertes que en mucho tiempo se han visto en el mundo.

—¿Qué es un caballero aventurero? —replicó la moza.

—¿Tan nueva eres en el mundo que no lo sabes? —respondió Sancho Panza—. Pues mira, hermana mía: un caballero aventurero es cosa que, en dos palabras, hoy se ve apaleado y mañana emperador; hoy es la criatura más desdichada y más necesitada, y mañana tiene dos o tres coronas de reinos para darle a su escudero.

—Entonces, ¿cómo tú, siendo escudero de tan buen señor —dijo la ventera—, no tienes, por lo que se ve, ni siquiera un condado?

—Todavía es temprano —respondió Sancho—, porque no hace más de un mes que andamos buscando aventuras, y hasta ahora no hemos dado con ninguna que lo sea. Y a veces se busca una cosa y se halla otra. Con todo, si mi señor don Quijote sana de esta herida o caída y yo no quedo contrahecho, no cambiaría mis esperanzas por el mejor título de España.

Todas estas pláticas las escuchaba don Quijote con mucha atención; y, incorporándose en el lecho como pudo, tomó de la mano a la ventera y le dijo:

—Créame, hermosa señora: usted puede llamarse venturosa por haber alojado en este castillo a mi persona, que es tal que, si no la alabo, es por aquello de que la alabanza propia envilece; pero mi escudero le dirá quién soy. Solo le digo que llevaré eternamente en la memoria el servicio que me han hecho, para agradecérselo mientras la vida me dure; y quisiera el cielo que el amor no me tuviera tan rendido y sujeto a sus leyes, y los ojos de aquella hermosa ingrata que digo entre dientes; que los de esta hermosa doncella serían dueños de mi libertad.

Quedaron confusas la ventera, su hija y la buena de Maritornes, oyendo las razones del caballero andante, que las entendían como si hablara en griego; aunque bien alcanzaron que todo iba encaminado a ofrecimientos y requiebros. Y como no estaban acostumbradas a semejante lenguaje, lo miraban con admiración, y les parecía otro hombre distinto de los que se usaban. Y, agradeciéndole con razones de ventera sus ofrecimientos, lo dejaron; y la asturiana Maritornes curó a Sancho, que no menos lo necesitaba que su amo.

El arriero había quedado concertado con ella en que aquella noche se refocilarían juntos, y ella le había dado palabra de que, en estando sosegados los huéspedes y durmiendo los dueños, lo iría a buscar y le cumpliría el gusto en cuanto él mandase. Y se cuenta de esa buena moza que jamás dio palabra semejante sin cumplirla, aunque la diera en un monte y sin testigo alguno, porque se preciaba mucho de hidalga, y no tenía por afrenta estar en aquel oficio de servir en la venta, pues decía que desgracias y malos sucesos la habían puesto en ese estado.

La cama dura, estrecha, pobre y maldita de don Quijote estaba primero, en mitad de aquel estrellado establo; y luego, junto a ella, hizo la suya Sancho, que solo contenía una estera de enea y una manta que antes parecía de anjeo tundido que de lana. Seguía a estos dos lechos el del arriero, hecho —como se ha dicho— de las enjalmas y con todo el adorno de los dos mejores mulos que traía, aunque eran doce, lucios, gordos y famosos; porque era uno de los ricos arrieros de Arévalo, según lo dice el autor de esta historia, que hace particular mención de él, porque lo conocía muy bien, y aun quieren decir que era algo pariente suyo. Además, Cide Hamete Benengeli fue historiador muy curioso y puntual en todas las cosas, y bien se echa de ver, pues no quiso pasar en silencio las que quedan referidas, por mínimas y rateras que parezcan; de donde podrían tomar ejemplo los historiadores graves, que nos cuentan las acciones tan corta y sucintamente que apenas nos llegan a los labios, dejando en el tintero —ya por descuido, por malicia o por ignorancia— lo más sustancial. ¡Bendito mil veces el autor de Tablante de Ricamonte, y el de aquel otro libro donde se cuentan los hechos del conde Tomillas, y con qué puntualidad lo describen todo!

Digo, pues, que después de haber visitado el arriero a su recua y de haberle dado el segundo pienso, se tendió en sus enjalmas y se puso a esperar a su puntualísima Maritornes. Ya estaba Sancho vendado y acostado, y, aunque quería dormir, no se lo consentía el dolor de las costillas; y don Quijote, con el dolor de las suyas, tenía los ojos abiertos como liebre. Toda la venta estaba en silencio, y no había otra luz que la de una lámpara colgada en medio del portal.

Esta maravillosa quietud, y los pensamientos que siempre traía el caballero, nacidos de los sucesos que a cada paso cuentan los libros —autores de su desgracia—, le llevaron a la imaginación una de las más extrañas locuras que pueden imaginarse: se figuró haber llegado a un famoso castillo (porque, como se ha dicho, castillos le parecían todas las ventas), y que la hija del ventero era hija del señor del castillo, la cual, vencida por su gentileza, se había enamorado de él y le había prometido que aquella noche, a escondidas de sus padres, vendría a acostarse con él un buen rato. Y, teniendo por cierto todo aquel enredo que su fantasía había fabricado, empezó a inquietarse y a pensar en el peligroso trance en que su honestidad iba a verse, y se propuso no cometer alevosía contra su señora Dulcinea del Toboso, aunque la misma reina Ginebra, con su dueña Quintañona, se le pusieran delante.

Pensando en estos disparates, llegó el tiempo y la hora —que para él fue desgraciada— de la venida de la asturiana, la cual, en camisa y descalza, con los cabellos recogidos en una albanega de fustán, y con pasos callados y cautelosos, entró en el aposento donde se alojaban los tres, buscando al arriero; pero apenas llegó a la puerta, don Quijote la sintió, y, sentándose en la cama a pesar de las vendas y con dolor de costillas, tendió los brazos para recibir a su hermosa doncella.

Maritornes, que iba recogida y en silencio, con las manos por delante buscando a su querido, topó con los brazos de don Quijote, quien la asió con fuerza de una muñeca y, tirándola hacia sí, sin que ella se atreviera a decir palabra, la hizo sentar sobre la cama. Luego le tanteó la camisa, y aunque era de harpillera, a él le pareció de finísimo y delgado cendal. Traía en las muñecas unas cuentas de vidrio, pero a él le dieron vislumbre de preciosas perlas orientales. Los cabellos, que en algo tiraban a crines, él los marcó por hebras de lucidísimo oro de Arabia, cuyo resplandor oscurecía al del mismo sol. Y el aliento, que sin duda olía a ensalada fría y trasnochada, a él le pareció que despedía un olor suave y aromático. Y, en fin, la pintó en su imaginación de la misma traza y modo que había leído en sus libros de aquella princesa que fue a visitar al caballero herido, vencida de amor, con todos los adornos que aquí se han dicho. Y era tal la ceguera del pobre hidalgo, que ni el tacto, ni el aliento, ni otras señales que traía en sí la buena moza lo desengañaban (cosas que harían vomitar a otro que no fuera arriero); antes le parecía que tenía entre los brazos a la diosa de la hermosura.

Y teniéndola bien asida, con voz baja y amorosa, comenzó a decirle:

—Quisiera hallarme en términos, hermosa y alta señora, de poder pagar tan gran merced como la que me han hecho con la vista de su gran hermosura; pero la fortuna, que no se cansa de perseguir a los buenos, me puso en este lecho, donde estoy tan molido y quebrantado que, aunque quisiera satisfacer su voluntad, sería imposible. Y todavía se añade a esta imposibilidad otra mayor, que es la palabra que tengo dada a la sin par Dulcinea del Toboso, única señora de mis más escondidos pensamientos; que si eso no estuviera de por medio, no sería yo tan necio caballero que dejara pasar en blanco la venturosa ocasión en que su bondad me pone.

Maritornes estaba congojadísima y sudando, al verse tan asida por don Quijote; y, sin entender ni atender a sus razones, procuraba, sin decir palabra, soltarse.

El buen arriero, a quien tenían despiertos sus malos deseos, desde el punto en que entró su amiga por la puerta la sintió; estuvo atento escuchando lo que don Quijote decía, y, celoso de que la asturiana le hubiera faltado a la palabra por otro, se fue acercando al lecho de don Quijote y se quedó quedo, hasta ver en qué paraban aquellas razones, que no entendía. Pero como vio que la moza forcejeaba por soltarse y don Quijote trabajaba por retenerla, le pareció mal la burla: alzó el brazo y descargó tal puñetazo sobre las quijadas del caballero enamorado, que le bañó toda la boca en sangre. Y no contento con eso, se le subió encima de las costillas y, con los pies, más que de paseo, se las caminó de cabo a rabo.

El lecho, que era endeble y de fundamento flojo, no pudo sufrir el peso añadido del arriero, y se vino al suelo; con cuyo gran ruido despertó el ventero, y luego imaginó que debían de ser pendencias de Maritornes, porque, habiéndola llamado a voces, no respondía. Con esta sospecha se levantó y, encendiendo un candil, fue hacia donde había sentido la trifulca.

La moza, al ver venir a su amo —de condición terrible—, toda medrosa y alborotada, se metió en la cama de Sancho Panza, que aún dormía, y allí se acurrucó haciéndose un ovillo. El ventero entró diciendo:

—¿Dónde estás, puta? A buen seguro que estas son cosas tuyas.

En esto despertó Sancho, y, sintiendo aquel bulto casi encima de sí, pensó que le había dado la pesadilla, y comenzó a dar puñadas a una y otra parte; y, entre otras, le acertó no sé cuántas a Maritornes. Ella, sintiéndose herida, y echando a rodar la honestidad, le devolvió a Sancho tantos golpes que, a su pesar, le quitó el sueño; y él, viéndose tratar así y sin saber por quién, se incorporó como pudo, se abrazó con Maritornes, y comenzaron entre los dos la más reñida y graciosa escaramuza del mundo.

Viendo el arriero, a la luz del candil del ventero, el estado en que andaba su dama, dejó a don Quijote y acudió a socorrerla. Lo mismo hizo el ventero, aunque con intención distinta, porque fue a castigar a la moza, creyendo, sin duda, que ella sola era la causa de toda aquella música. Y así, como suele decirse: "el gato al rato, el rato a la cuerda, la cuerda al palo", daba el arriero a Sancho, Sancho a la moza, la moza a él, el ventero a la moza, y todos golpeaban con tanta prisa que no se daban un punto de reposo. Y lo mejor fue que al ventero se le apagó el candil, y, quedando a oscuras, se dieron tan sin compasión, todos a bulto, que dondequiera que ponían la mano no dejaban cosa sana.

Alojaba aquella noche en la venta un cuadrillero de los de la Santa Hermandad Vieja de Toledo, el cual, oyendo el extraño estruendo de la pelea, asió su media vara y la caja de lata de sus credenciales, y entró a oscuras en el aposento diciendo:

—¡Deténganse a la justicia! ¡Deténganse a la Santa Hermandad!

Y el primero con quien topó fue don Quijote, aporreado, que estaba en su lecho derribado, tendido boca arriba, sin sentido; y, echándole a tientas la mano a las barbas, no cesaba de decir: "¡Auxilio a la justicia!". Pero, viendo que el que tenía asido no se movía ni se meneaba, entendió que estaba muerto, y que los de dentro eran sus matadores; y con esa sospecha reforzó la voz diciendo:

—¡Cierren la puerta de la venta! ¡Miren que no se vaya nadie, que han matado aquí a un hombre!

Aquella voz sobresaltó a todos, y cada cual dejó la pendencia en el punto en que la tomó. Se retiró el ventero a su aposento, el arriero a sus enjalmas, la moza a su rincón; solo los desventurados don Quijote y Sancho no pudieron moverse de donde estaban. Soltó entonces el cuadrillero la barba de don Quijote y salió a buscar luz para prender a los culpables; pero no la halló, porque el ventero, a propósito, había apagado la lámpara al retirarse a su estancia, y le fue necesario acudir a la chimenea, donde, con mucho trabajo y tiempo, encendió el cuadrillero otro candil.

CAPÍTULO XVII: DONDE SE PROSIGUEN LOS INNUMERABLES TRABAJOS QUE EL BRAVO DON QUIJOTE Y SU BUEN ESCUDERO SANCHO PANZA PASARON EN LA VENTA QUE, POR SU MAL, PENSÓ QUE ERA CASTILLO

Había ya vuelto don Quijote de su pasmo, y, con el mismo tono de voz con que el día antes había llamado a su escudero cuando estaba tendido en el valle de las estacas, comenzó a llamarlo, diciendo:

—Sancho, amigo, ¿duermes? ¿Duermes, amigo Sancho?

—¿Cómo voy a dormir, mala suerte la mía —respondió Sancho, lleno de pesadumbre y despecho—, si no parece sino que todos los diablos han andado conmigo esta noche?

—Puedes creerlo, sin duda —respondió don Quijote—; porque, o yo sé poco, o este castillo está encantado. Porque has de saber... Pero esto que ahora quiero decirte me lo tienes que jurar: que lo guardarás en secreto hasta después de mi muerte.

—Sí, lo juro —respondió Sancho.

—Lo digo —replicó don Quijote— porque soy enemigo de que se le quite la honra a nadie.

—Digo que sí, lo juro —volvió a decir Sancho—; que lo callaré hasta después de los días de usted, y ojalá Dios me deje descubrirlo mañana.

—¿Tan malas obras te hago, Sancho —respondió don Quijote—, que me querrías ver muerto tan pronto?

—No es por eso —respondió Sancho—, sino porque soy enemigo de guardar cosas mucho tiempo, y no quisiera que se me pudrieran de guardadas.

—Sea por lo que sea —dijo don Quijote—, yo confío en tu cariño y en tu cortesía; y así, has de saber que esta noche me ha sucedido una de las más extrañas aventuras que se puedan encarecer. Para contártela en breve: sabrás que hace poco vino a mí la hija del señor de este castillo, la más airosa y hermosa doncella que en gran parte de la tierra se puede hallar. ¿Qué te diré del adorno de su persona? ¿Qué de su gallardo entendimiento? ¿Qué de otras cosas ocultas, que por guardar la fidelidad que debo a mi señora Dulcinea del Toboso dejaré intactas y en silencio? Solo te digo que, envidioso el cielo del bien que la ventura me puso entre las manos, o quizá —y esto es lo más cierto— que, como te he dicho, este castillo está encantado: cuando yo estaba con ella en dulcísimos y amorosísimos coloquios, sin verla venir ni saber por dónde entraba, vino una mano pegada a un brazo de algún gigante descomunal y me asentó un puñetazo en las quijadas, tal, que las tengo bañadas en sangre; y después me molió de tal suerte que estoy peor que ayer, cuando los arrieros, por los excesos de Rocinante, nos hicieron el agravio que sabes. De donde saco que el tesoro de la hermosura de esa doncella lo guarda algún moro encantado, y no debe de ser para mí.

—Ni para mí tampoco —respondió Sancho—, porque más de cuatrocientos moros me han aporreado a mí, de modo que lo de las estacas fue tortas y pan pintado. Pero dígame, señor: ¿cómo llama a esto buena y rara aventura, habiendo quedado como quedamos? Usted, al menos, no tan mal, porque tuvo en sus manos esa hermosura incomparable que dice; pero yo, ¿qué tuve sino los mayores porrazos que pienso recibir en toda mi vida? ¡Desdichado de mí y de la madre que me parió, que ni soy caballero andante, ni pienso serlo jamás, y de todas las desventuras me toca la mayor parte!

—¿Así que tú también estás aporreado? —respondió don Quijote.

—¿No le he dicho que sí, mal haya mi linaje? —dijo Sancho.

—No tengas pena, amigo —dijo don Quijote—; que ahora haré el bálsamo precioso con que sanaremos en un abrir y cerrar de ojos.

En esto acabó de encender el candil el cuadrillero, y entró a ver al que pensaba que estaba muerto; y apenas lo vio entrar Sancho, yendo aquel hombre en camisa, con su pañuelo en la cabeza, el candil en la mano y mala cara, cuando le preguntó a su amo:

—Señor, ¿será, por casualidad, este el moro encantado que vuelve a castigarnos, si se dejó algo pendiente?

—No puede ser el moro —respondió don Quijote—, porque los encantados no se dejan ver de nadie.

—Si no se dejan ver, se dejan sentir —dijo Sancho—; si no, que lo digan mis espaldas.

—También lo podrían decir las mías —respondió don Quijote—; pero no basta eso para creer que el que vemos sea el moro encantado.

Llegó el cuadrillero, y como los halló hablando con tanta calma, quedó suspenso. Es verdad que don Quijote seguía boca arriba, sin poderse menear, de puro molido y emplastado. Se acercó el cuadrillero y le dijo:

—Entonces, ¿cómo va, buen hombre?

—Yo hablaría con más cortesía —respondió don Quijote— si usted lo hiciera. ¿Se usa en esta tierra hablar así a los caballeros andantes, majadero?

El cuadrillero, que se vio tratado tan mal por un hombre de tan mal aspecto, no lo pudo sufrir; y alzando el candil con todo su aceite, le dio con él en la cabeza, de modo que lo dejó bien descalabrado. Y como todo quedó a oscuras, salió luego.

Entonces Sancho Panza dijo:

—Sin duda, señor, este es el moro encantado: guarda el tesoro para otros y para nosotros solo guarda puñadas y candilazos.

—Así es —respondió don Quijote—; y no hay que hacer caso de estas cosas de encantamientos, ni para qué tomar cólera: como son invisibles y fantásticas, no hallaremos de quién vengarnos, por más que lo intentemos. Levántate, Sancho, si puedes, y llama al alcaide de esta fortaleza; procura que se me dé un poco de aceite, vino, sal y romero para hacer el bálsamo saludable, que creo que lo necesito, porque se me va mucha sangre de la herida que esa fantasma me ha dado.

Se levantó Sancho con harto dolor en los huesos, y fue a oscuras donde estaba el ventero; y, encontrándose con el cuadrillero, que estaba escuchando en qué paraba su enemigo, le dijo:

—Señor, quienquiera que sea, hágame el favor de darnos un poco de romero, aceite, sal y vino, que hace falta para curar a uno de los mejores caballeros andantes que hay en la tierra, el cual está en aquella cama, malherido por manos del moro encantado que anda en esta venta.

Cuando el cuadrillero oyó aquello, lo tuvo por hombre sin juicio; y porque ya empezaba a amanecer, abrió la puerta de la venta y, llamando al ventero, le dijo lo que aquel buen hombre pedía. El ventero le dio lo que quiso, y Sancho se lo llevó a don Quijote, que estaba con las manos en la cabeza, quejándose del dolor del candilazo; pero no le había hecho más que levantarle dos chichones algo crecidos, y lo que él pensaba que era sangre no era sino sudor, que sudaba con la congoja de la pasada tormenta.

En fin, don Quijote tomó sus ingredientes y los mezcló todos, y los tuvo cociendo un buen rato, hasta que le pareció que estaban en su punto. Pidió luego alguna redoma para echarlo, y como no la había en la venta, se resolvió a ponerlo en una alcuza o aceitera de hoja de lata, que el ventero le regaló. Y luego dijo sobre la alcuza más de ochenta padrenuestros y otras tantas avemarías, salves y credos; y a cada palabra acompañaba una cruz, a modo de bendición. A todo esto estuvieron presentes Sancho, el ventero y el cuadrillero; porque el arriero ya andaba, muy tranquilo, atendiendo a sus machos.

Hecho esto, quiso probar de inmediato la virtud del bálsamo precioso que él se figuraba, y se bebió de lo que no cupo en la alcuza y quedaba en la olla donde se había cocido, casi media azumbre. Y apenas lo acabó de beber, cuando empezó a vomitar, de manera que no le quedó nada en el estómago; y con las ansias y el vaivén del vómito le vino un sudor copiosísimo, por lo cual mandó que lo arroparan y lo dejaran solo. Así lo hicieron, y se durmió más de tres horas; al cabo de las cuales despertó, se sintió aliviadísimo del cuerpo, y tan mejor de su quebrantamiento que se tuvo por sano. Y verdaderamente creyó que había dado con el bálsamo de Fierabrás, y que con aquel remedio podría acometer desde entonces, sin temor, cualesquiera ruinas, batallas y pendencias, por peligrosas que fueran.

Sancho Panza, que también tuvo por milagro la mejoría de su amo, le rogó que le diera lo que quedaba en la olla, que no era poca cantidad. Se lo concedió don Quijote, y Sancho, tomándola a dos manos, con buena fe y mejor ánimo, se la echó al pecho, y se bebió casi tanto como su amo.

Pero el caso fue que el estómago del pobre Sancho no debía de ser tan delicado como el de su amo; y así, antes de vomitar, le dieron tales ansias y bascas, con tantos sudores y desmayos, que pensó de veras que le había llegado la última hora. Y viéndose tan afligido, maldecía el bálsamo y al ladrón que se lo había dado. Viéndolo así don Quijote, le dijo:

—Yo creo, Sancho, que todo este mal te viene de no haber sido armado caballero; porque tengo para mí que este licor no aprovecha a los que no lo son.

—Si eso sabía usted —replicó Sancho—, ¡mal haya yo y toda mi parentela! ¿Para qué consintió que lo probara?

En esto hizo su operación el brebaje, y el pobre escudero comenzó a desaguarse por ambas partes con tal prisa que ni la estera de enea donde se había vuelto a echar, ni la manta de anjeo con que se cubría, le sirvieron de mucho. Sudaba y trasudaba con tales pasmos y accidentes, que no solo él, sino todos creyeron que se le acababa la vida. Le duró aquella borrasca casi dos horas, al cabo de las cuales no quedó como su amo, sino tan molido y quebrantado que no se podía tener.

Pero don Quijote, que se sentía sano y aliviado, quiso partirse de inmediato a buscar aventuras, porque le parecía que todo el tiempo que allí se perdía era quitárselo al mundo y a los necesitados de su amparo; y más con la seguridad que le daba el bálsamo. Y así, forzado por ese deseo, él mismo ensilló a Rocinante y enalbardó el jumento de su escudero, a quien también ayudó a vestirse y a subirse en el asno. Luego se montó a caballo y, yéndose a un rincón de la venta, asió un lanzón que allí estaba para que le sirviera de lanza.

Lo miraban todos los que había en la venta, que pasaban de veinte personas. También lo miraba la hija del ventero; y él no le quitaba los ojos, y de cuando en cuando soltaba un suspiro que parecía arrancado del fondo de las entrañas. Todos pensaban que sería por el dolor de las costillas; al menos, lo pensaban los que la noche antes lo habían visto vendado.

Ya puestos los dos a caballo, en la puerta de la venta, llamó al ventero y, con voz reposada y grave, le dijo:

—Muchas y muy grandes son las mercedes, señor alcaide, que en este castillo he recibido, y quedo muy obligado a agradecérselas todos los días de mi vida. Si puedo pagarlas vengándole algún agravio que le haya hecho algún soberbio, sepa que mi oficio no es otro que amparar a los que poco pueden, vengar a los agraviados y castigar alevosías. Revise su memoria; y si halla algo de ese tipo que encargarme, no tiene sino decirlo, que yo le prometo, por la orden de caballero que recibí, dejarlo satisfecho a su gusto.

El ventero le respondió con el mismo sosiego:

—Señor caballero, yo no necesito que usted me vengue agravio alguno, porque yo sé vengarme cuando me conviene. Solo necesito que me pague lo que se debe por lo de esta noche: la paja y la cebada de sus dos bestias, y la cena y las camas.

—Entonces, ¿esto es venta? —replicó don Quijote.

—Y muy honrada —respondió el ventero.

—Engañado he vivido hasta aquí —respondió don Quijote—; porque, en verdad, pensé que era castillo, y no malo. Pero si es venta y no castillo, lo que puedo hacer ahora es que me perdone el pago, porque yo no puedo ir contra la orden de los caballeros andantes, de los cuales sé cierto (y no he leído nada en contrario) que jamás pagaron posada ni otra cosa en venta donde se alojaran; porque se les debe, por ley y por derecho, cualquier buen acogimiento, en paga del insufrible trabajo que padecen buscando aventuras de noche y de día, en invierno y verano, a pie y a caballo, con sed y con hambre, con calor y con frío, sujetos a todas las inclemencias del cielo y a todos los incomodos de la tierra.

—Yo no tengo nada que ver con eso —respondió el ventero—: páguese me lo que se debe y dejémonos de cuentos y caballerías, que yo solo entiendo de cobrar lo mío.

—Usted es un necio y mal posadero —respondió don Quijote.

Y poniendo piernas a Rocinante y terciando el lanzón, salió de la venta sin que nadie lo detuviera; y él, sin mirar si su escudero lo seguía, se alejó un buen trecho.

El ventero, al verlo irse sin pagar, fue a cobrárselo a Sancho Panza; pero Sancho dijo que, si su señor no había pagado, él tampoco pagaría, porque siendo escudero de caballero andante, la misma regla corría para él que para su amo. Se enfadó mucho el ventero y lo amenazó con cobrarse de modo que le pesara. Sancho respondió que, por la ley de caballería que su amo había recibido, no pagaría ni un solo cornado, aunque le costara la vida; porque no iba a perder por él la buena y antigua usanza, ni quería que en adelante se quejaran de él los escuderos futuros, reprochándole haber quebrantado un fuero tan justo.

Quiso la mala suerte del desdichado Sancho que entre la gente de la venta estuvieran cuatro perailes de Segovia, tres aguadores del Potro de Córdoba y dos vecinos de la Haza de Sevilla, gente alegre, bien intencionada, maleante y juguetona; los cuales, como movidos por un mismo espíritu, se le acercaron a Sancho, y apeándolo del asno, uno entró por la manta de la cama del huésped y, envolviéndolo en ella, alzaron los ojos y vieron que el techo era más bajo de lo que convenía para su intención; y determinaron salir al corral, que tenía por límite el cielo. Allí, puesto Sancho en mitad de la manta, comenzaron a levantarlo en alto y a divertirse con él, como con perro en carnestolendas.

Fueron tantos los gritos del mísero manteado, que llegaron a los oídos de su amo. Don Quijote se detuvo a escuchar, y creyó que alguna nueva aventura se le ofrecía, hasta que entendió claramente que el que gritaba era su escudero; y volviendo las riendas, con galope penoso llegó a la venta. Hallándola cerrada, la rodeó para ver si encontraba por dónde entrar; pero antes de llegar a las paredes del corral —que no eran muy altas— vio el mal juego que le hacían a Sancho: lo vio bajar y subir por el aire con tanta presteza, que, si la cólera lo dejara, tengo para mí que se reiría.

Probó a subir desde el caballo a las bardas, pero estaba tan molido y quebrantado que ni siquiera pudo apearse; y así, desde encima del caballo empezó a lanzar tantos insultos y maldiciones a los que manteaban a Sancho, que no es posible acertar a escribirlos. Pero no por eso dejaban ellos la risa ni la faena, ni el volador Sancho cesaba sus quejas, mezcladas ya con amenazas, ya con ruegos; y todo aprovechó poco, hasta que, de puro cansados, lo soltaron.

Le trajeron el asno, lo subieron encima, lo arroparon con su gabán; y la compasiva Maritornes, viéndolo tan fatigado, pensó que era bien socorrerlo con un jarro de agua, y así se lo trajo del pozo, por ser más fría. Sancho lo tomó, y al llevárselo a la boca, se detuvo por las voces de su amo, que le decía:

—Hijo Sancho, no bebas agua; hijo, no la bebas, que te matará. Mira: aquí tengo el santísimo bálsamo —le mostraba la alcuza del brebaje—, que con dos gotas sanarías sin duda.

A esas voces Sancho volvió los ojos de reojo, y dijo más fuerte:

—¿Se le olvidó que yo no soy caballero, o quiere que acabe de vomitar las entrañas que me quedaron de anoche? Guarde ese licor con todos los diablos y déjeme a mí.

Y el decirlo y ponerse a beber fue todo uno; pero al primer trago vio que era agua, y no quiso seguir. Le pidió a Maritornes que le trajera vino, y ella se lo trajo de muy buena voluntad, pagándolo de su propio dinero; porque, en efecto, se dice de ella que, aunque estaba en aquel oficio, tenía sombras y asomos de cristiana.

Apenas bebió Sancho, dio de los talones al asno, y abriéndole la puerta de la venta de par en par, se salió, contentísimo de no haber pagado nada y de haber salido con su intención, aunque fuera a costa de sus fiadores acostumbrados, que eran sus espaldas. Es verdad que el ventero se quedó con las alforjas, en pago de lo que se le debía; pero Sancho no las echó de menos, según salió tan turbado. Quiso el ventero atrancar bien la puerta apenas lo vio fuera; mas no se lo consintieron los manteadores, que eran gente que, aunque don Quijote hubiera sido de los caballeros de la Tabla Redonda, no lo habrían estimado en dos cuartos.

CAPÍTULO XVIII: DONDE SE CUENTAN LAS RAZONES QUE PASÓ SANCHO PANZA CON SU SEÑOR DON QUIJOTE, CON OTRAS AVENTURAS DIGNAS DE SER CONTADAS

Llegó Sancho hasta su amo, marchito y casi desmayado, tanto que no podía arrear a su jumento. Cuando don Quijote lo vio así, le dijo:

—Ahora sí termino de creer, Sancho bueno, que aquel castillo —o venta— estaba encantado, sin duda; porque los que tan atrozmente se divertían contigo, ¿qué podían ser sino fantasmas y gente del otro mundo? Y confirmo esto porque, cuando yo estaba por las bardas del corral mirando los actos de tu triste tragedia, no me fue posible subir por ellas; ni tampoco pude apearse de Rocinante, porque me debían tener encantado. Te juro por la fe de quien soy que, si hubiera podido subir o apearse, yo te habría vengado de modo que aquellos bribones y malandrines se acordaran de la burla para siempre, aunque con eso tuviera que ir contra las leyes de la caballería, que —como ya muchas veces te he dicho— no consienten que un caballero ponga mano contra quien no lo es, salvo en defensa de su vida y persona, en caso urgente y de gran necesidad.

—También me habría vengado yo si hubiera podido, fuera o no fuera caballero armado; pero no pude. Y tengo para mí que aquellos que se burlaron de mí no eran fantasmas ni encantados, como usted dice, sino gente de carne y hueso, como nosotros. Y todos —según los oí nombrar mientras me volteaban— tenían nombre: uno se llamaba Pedro Martínez, otro Tenorio Hernández; y al ventero le oí que le decían Juan Palomeque el Zurdo. Así que, señor, el no poder saltar las bardas del corral ni apearse del caballo no tuvo nada que ver con encantamientos. Y lo que yo saco en limpio de todo esto es que estas aventuras que andamos buscando, al final, nos van a traer tantas desventuras, que no vamos a saber cuál es nuestro pie derecho. Y lo mejor, según mi poco entendimiento, sería volvernos a casa, ahora que es tiempo de la siega y de atender la hacienda, y dejar de andar de un lado a otro, como dicen.

—¡Qué poco sabes, Sancho —respondió don Quijote—, de asuntos de caballería! Calla y ten paciencia; que día vendrá en que verás con tus ojos cuán honroso es este ejercicio. Si no, dime: ¿qué mayor contento puede haber en el mundo, o qué gusto puede igualarse al de vencer una batalla y triunfar del enemigo? Ninguno, sin duda.

—Así debe ser —respondió Sancho—, aunque yo no lo sé. Solo sé que desde que usted se hizo caballero andante (porque yo no debo contarme en número tan honroso), jamás hemos vencido batalla alguna, sino la del vizcaíno, y aun de esa salió usted con media oreja y media celada menos. Y desde entonces todo ha sido palos y más palos, puñadas y más puñadas; y yo, por añadidura, el manteamiento, y además por gente de la que no puedo vengarme, para saber hasta dónde llega ese gusto del vencimiento del enemigo del que usted habla.

—Esa es la pena que yo tengo, y la que tú también debes tener, Sancho —respondió don Quijote—; pero de aquí en adelante procuraré conseguir alguna espada hecha con tal maestría que, al que la lleve, no le pueda hacer ningún género de encantamiento. Y aún podría ser que la ventura me deparara aquella de Amadís, cuando se llamaba el Caballero de la Ardiente Espada: una de las mejores espadas que tuvo caballero en el mundo, porque, además de esa virtud, cortaba como navaja, y no había armadura, por fuerte y encantada que fuera, que se le pusiera por delante.

—Yo soy tan venturoso —dijo Sancho— que, aunque eso pasara y usted encontrara una espada así, solo serviría para los caballeros armados, como el bálsamo; y a los escuderos, que se los trague el dolor.

—No temas eso, Sancho —dijo don Quijote—; que el cielo lo hará mejor contigo.

En estos coloquios iban don Quijote y su escudero cuando don Quijote vio que por el camino venía hacia ellos una grande y espesa polvareda; y apenas la vio, se volvió a Sancho y le dijo:

—Este es el día, Sancho, en que se ha de ver el bien que me tiene guardado mi suerte; este es el día, digo, en que se ha de mostrar —como en ninguno otro— el valor de mi brazo, y en que tengo que hacer obras que queden escritas en el libro de la Fama por los siglos venideros. ¿Ves aquella polvareda que se levanta? Pues toda está cuajada de un copiosísimo ejército de diversas e innumerables gentes que viene marchando.

—Entonces dos deben ser —dijo Sancho—, porque por la parte contraria se levanta otra polvareda semejante.

Don Quijote volvió a mirar y vio que era verdad; y, alegrándose sobremanera, creyó sin duda que eran dos ejércitos que venían a embestirse y encontrarse en mitad de aquella espaciosa llanura. Porque tenía a todas horas la fantasía llena de batallas, encantamientos, sucesos, desatinos, amores y desafíos de los libros de caballerías; y todo cuanto decía, pensaba o hacía iba encaminado a esas cosas. Y la polvareda que veía la levantaban dos grandes manadas de ovejas y carneros que venían por aquel mismo camino desde dos partes distintas; pero el polvo no dejaba ver lo que eran hasta que llegaron cerca. Y con tanta firmeza afirmaba don Quijote que eran ejércitos, que Sancho llegó a creerlo y le dijo:

—Señor, ¿y qué tenemos que hacer nosotros?

—¿Qué? —dijo don Quijote—. Favorecer y ayudar a los menesterosos y desvalidos. Has de saber, Sancho, que este que viene por nuestra frente lo conduce el gran emperador Alifanfarón, señor de la gran isla Trapobana; y el que marcha a mis espaldas es su enemigo, el rey de los garamantas, Pentapolín del Arremangado Brazo, porque siempre entra en batalla con el brazo derecho desnudo.

—¿Y por qué se odian tanto esos dos señores? —preguntó Sancho.

—Se odian —respondió don Quijote— porque este Alifanfarón es un furibundo pagano, y está enamorado de la hija de Pentapolín, que es hermosísima y muy agraciada, y además cristiana; y su padre no quiere dársela al rey pagano si no deja antes la ley de su falso profeta Mahoma y se vuelve a la verdadera.

—¡Por mis barbas! —dijo Sancho—. Si no hace bien Pentapolín, y yo tengo que ayudarlo en cuanto pueda.

—En eso harás lo que debes, Sancho —dijo don Quijote—, porque para entrar en batallas como estas no hace falta ser caballero armado.

—Eso lo entiendo —respondió Sancho—; pero, ¿dónde dejamos el asno para estar seguros de hallarlo después de la refriega? Porque entrar en batalla montado en un animal así no creo que se use.

—Es verdad —dijo don Quijote—. Lo que puedes hacer es dejarlo a su suerte, se pierda o no; porque serán tantos los caballos que tendremos cuando salgamos vencedores, que hasta corre peligro Rocinante de que yo lo cambie por otro. Pero estate atento y mira, que te quiero dar cuenta de los caballeros principales que vienen en estos ejércitos. Y para que los veas mejor, subamos a aquel altillo, desde donde se han de descubrir.

Lo hicieron, y se pusieron sobre una loma, desde la cual se verían bien las dos manadas que a don Quijote se le figuraban ejércitos, si las nubes del polvo no les turbaran la vista; pero, aun así, viendo en su imaginación lo que no veía, con voz levantada comenzó a decir:

—Aquel caballero que ves de armas amarillas, que trae en el escudo un león coronado rendido a los pies de una doncella, es el valeroso Laurcalco, señor de la Puente de Plata; el otro, de armas con flores de oro, que trae tres coronas de plata en campo azul, es el temido Micocolembo, gran duque de Quirocia; el de miembros gigantescos, a su derecha, es el nunca medroso Brandabarbarán de Boliche, señor de las tres Arabias, armado de cuero de serpiente y con un escudo de una puerta, que —según fama— es una de las del templo que derribó Sansón cuando se vengó con su muerte. Pero vuelve los ojos a este lado, y verás al siempre vencedor Timonel de Carcajona, príncipe de la Nueva Vizcaya, con armas cuarteladas azules, verdes, blancas y amarillas, y un gato de oro en campo leonado, con una letra que dice: "Miau", principio del nombre de su dama, la sin par Miulina, hija del duque Alfeñiquén del Algarbe; aquel otro que oprime los lomos de esa poderosa yegua, con armas blancas como la nieve y escudo sin empresa, es un caballero novel francés, Pierres Papín, señor de las baronías de Utrique; y el que bate las ijadas con los carcaños en aquella pintada y ligera cebra y trae armas de veros azules es el poderoso duque de Nerbia, Espartafilardo del Bosque, que trae por empresa una esparraguera y una letra en castellano que dice: "Rastrea mi suerte".

Y de esta manera fue nombrando muchos caballeros de uno y otro bando, y a todos les dio armas, colores, empresas y motes, de improviso, llevado por la imaginación de su nunca vista locura. Y sin parar, prosiguió:

—A este escuadrón frontero lo componen gentes de diversas naciones: aquí están los que beben las dulces aguas del famoso Janto; los montuosos que pisan los masílicos campos; los que criban el finísimo oro en la feliz Arabia; los que gozan las riberas del claro Termodonte; los que sangran por muchas vías al dorado Pactolo; los númidas, dudosos en sus promesas; los persas, famosos en arcos y flechas; los partos y los medos, que pelean huyendo; los árabes, de casas mudables; los escitas, tan crueles como blancos; los etíopes, de labios horadados; y otras infinitas naciones, cuyos rostros conozco y veo, aunque de sus nombres no me acuerdo. Y en el otro escuadrón vienen los que beben las corrientes del olivífero Betis; los que tersan sus rostros con el licor del siempre rico Tajo; los que gozan las provechosas aguas del divino Genil; los que pisan los campos tartesios, de pastos abundantes; los que se alegran en los prados jerezanos; los manchegos, ricos y coronados de rubias espigas; los de hierro vestidos, reliquias de la sangre goda; los que se bañan en el Pisuerga; los que apacientan su ganado en las dehesas del tortuoso Guadiana; los que tiemblan con el frío del silvoso Pirineo y con los copos del Apenino; finalmente, cuantos toda Europa encierra.

¡Válgame Dios, cuántas provincias dijo y cuántas naciones nombró, dando a cada una con maravillosa presteza los atributos que le pertenecían, absorto y empapado en lo que había leído en sus libros mentirosos! Sancho Panza iba colgado de sus palabras, sin hablar, y de cuando en cuando volvía la cabeza a ver si veía los caballeros y gigantes que su amo nombraba; pero como no descubría ninguno, le dijo:

—Señor, le encomiendo al diablo: ni gigante, ni caballero, ni nada de lo que usted dice aparece por ningún lado. Al menos yo no los veo. Quizá todo esto sea encantamiento, como las fantasmas de anoche.

—¿Cómo dices eso? —respondió don Quijote—. ¿No oyes el relinchar de los caballos, el tocar de los clarines, el ruido de los atambores?

—No oigo otra cosa —respondió Sancho— sino muchos balidos de ovejas y carneros.

Y así era la verdad, porque ya llegaban cerca los dos rebaños.

—El miedo que tienes —dijo don Quijote— hace que no veas ni oigas bien; porque uno de los efectos del miedo es turbar los sentidos y hacer que las cosas no parezcan lo que son. Y si tanto temes, apártate y déjame solo, que yo basto para dar la victoria a la parte a la que yo dé mi ayuda.

Y diciendo esto, puso espuelas a Rocinante y, con la lanza en ristre, bajó de la cuesta como un rayo.

Sancho le gritaba:

—¡Vuelva, señor don Quijote! Le juro a Dios que son carneros y ovejas a los que va a embestir. ¡Vuelva, por su vida! ¿Qué locura es esta? Mire que no hay gigantes ni caballeros, ni gatos, ni armas, ni escudos, ni veros azules ni nada de eso. ¿Qué está haciendo, por Dios?

Pero don Quijote no volvió. Antes, a voces, decía:

—¡Ea, caballeros, los que siguen y militan bajo las banderas del valeroso emperador Pentapolín del Arremangado Brazo, síganme! Verán cuán fácilmente le doy venganza de su enemigo Alifanfarón de la Trapobana.

Y con eso se metió por medio del escuadrón de ovejas, y comenzó a alancearlas con tanto coraje como si de veras embistiera a enemigos

119

mortales. Los pastores y ganaderos le gritaban que se detuviera; pero viendo que no servía, sacaron las hondas y comenzaron a saludarle los oídos con piedras como puños. Don Quijote no se cuidaba de ellas; antes, corriendo de una parte a otra, decía:

—¿Dónde estás, soberbio Alifanfarón? ¡Vente a mí! Un caballero solo soy, y deseo probar tus fuerzas mano a mano y quitarte la vida por el agravio que haces al valeroso Pentapolín.

En esto, una piedra de honda le dio en un costado y le hundió dos costillas. Viéndose tan maltrecho, creyó que estaba muerto o muy malherido; y acordándose del licor, sacó su alcuza y se la puso a la boca, y comenzó a echar el bálsamo en el estómago. Pero antes de terminar, llegó otra piedra y le dio en la mano y en la alcuza, tan de lleno que la hizo pedazos, y de paso le arrancó tres o cuatro dientes y muelas, y le machacó malamente dos dedos. Tal fue un golpe y tal el otro, que el pobre caballero cayó del caballo.

Se acercaron los pastores, creyeron que lo habían muerto, y con mucha prisa recogieron el ganado, cargaron las reses muertas —que pasaban de siete— y sin averiguar más se fueron.

Todo este tiempo Sancho estaba en la cuesta mirando las locuras de su amo, tirándose de las barbas y maldiciendo la hora en que la fortuna se lo dio a conocer. Al verlo caído y ya lejos los pastores, bajó y se le acercó, y lo halló en muy mal estado, aunque no había perdido el sentido, y le dijo:

—¿No le decía yo que volviera, que no eran ejércitos, sino manadas de carneros?

—Eso lo puede trastocar aquel ladrón del sabio mi enemigo. Debes saber, Sancho, que es cosa fácil para esos hacer que las cosas parezcan lo que ellos quieren; y este maligno que me persigue, envidioso de la gloria que vio que yo iba a ganar en esta batalla, ha vuelto los escuadrones en manadas de ovejas. Haz una cosa: sube en tu asno y síguelos despacio, y verás cómo, al alejarse de aquí un poco, vuelven a su ser primero y dejan de ser carneros para ser hombres hechos y derechos, como yo los vi. Pero no vayas ahora, que necesito tu ayuda: acércate y mira cuántas muelas y dientes me faltan, que me parece que no me queda ninguno.

Sancho se acercó tanto que casi metía los ojos en su boca; y fue justo cuando el bálsamo ya obraba en el estómago de don Quijote, porque al momento en que Sancho le miraba, don Quijote arrojó de sí, más recio que una escopeta, cuanto tenía dentro, y se lo echó en las barbas al compasivo escudero.

—¡Santa María! —dijo Sancho—. ¿Y qué es esto que me pasa? Sin duda este pecador está herido de muerte, pues vomita sangre por la boca.

Pero, mirándolo mejor, notó por el color, el sabor y el olor que no era sangre, sino el bálsamo de la alcuza que había visto beber. Le dio tal asco que se le revolvió el estómago y vomitó sobre su propio señor; y quedaron ambos como recién salidos de una ciénaga.

Sancho fue a su asno, buscando en las alforjas con qué limpiarse y con qué curar a su amo; y como no las halló, estuvo a punto de perder el juicio. Volvió a maldecirse y decidió en su corazón dejar a su amo y regresar a su tierra, aunque perdiera el salario y las esperanzas del gobierno de la ínsula.

Entre tanto, don Quijote se levantó; se puso la mano izquierda en la boca para que no se le acabaran de salir los dientes, y con la otra asió las riendas de Rocinante, que no se había movido de junto a su amo (tan leal era). Fue donde estaba su escudero, recostado sobre el asno con la mano en la mejilla, como hombre profundamente pensativo; y viéndolo tan triste, le dijo:

—Debes saber, Sancho, que un hombre no vale más que otro si no hace más que otro. Todas estas borrascas son señal de que pronto ha de serenarse el tiempo y han de sucedernos cosas buenas; porque no es posible que ni el mal ni el bien duren para siempre. Y de aquí se sigue que, habiendo durado tanto el mal, el bien ya está cerca. Así que no debes afligirte por las desgracias que a mí me pasan, pues a ti no te corresponde parte en ellas.

—¿Cómo que no? —respondió Sancho—. ¿Acaso al que mantearon ayer no era al hijo de mi padre? ¿Y las alforjas que hoy me faltan, con todas mis cosas, no son del mismo?

—¿Que te faltan las alforjas, Sancho? —dijo don Quijote.

—Sí, me faltan —respondió Sancho.

—Entonces hoy no tenemos qué comer —replicó don Quijote.

—Eso sería —respondió Sancho— si faltaran por estos prados las hierbas que usted dice que conoce, con que suelen remediar semejantes faltas los caballeros andantes tan desdichados como usted.

—Con todo eso —respondió don Quijote—, yo preferiría ahora un cuartillo de pan, o una hogaza y dos cabezas de arenque, antes que cuantas hierbas describa Dioscórides, aunque lo comentara el doctor Laguna. Pero, en fin, sube en tu jumento, Sancho bueno, y ven detrás de mí: Dios, que provee todas las cosas, no nos faltará; y menos andando como andamos en su servicio, pues no le falta a los mosquitos del aire, ni a los gusanos de la tierra, ni a los renacuajos del agua; y es tan piadoso que hace salir el sol sobre buenos y malos, y llover sobre justos e injustos.

—Usted sería mejor predicador que caballero andante —dijo Sancho.

—De todo sabían, y deben saber, los caballeros andantes, Sancho —dijo don Quijote—; porque hubo caballero en los siglos pasados que se paraba a dar sermón o plática en mitad de un campo de batalla como si fuera graduado por la Universidad de París. De donde se infiere que nunca la lanza embotó la pluma, ni la pluma la lanza.

—Está bien, sea como usted dice —respondió Sancho—; vámonos de aquí y busquemos dónde alojarnos esta noche, y quiera Dios que sea en un lugar donde no haya mantas, ni manteadores, ni fantasmas, ni moros encantados; porque si los hay, que se los lleve el diablo.

—Pídeselo a Dios, hijo —dijo don Quijote—; y guía por donde quieras, que esta vez dejo en tu elección el alojamiento. Pero dame acá la mano: tócame con el dedo y mira bien cuántos dientes y muelas me faltan de este lado derecho de la quijada de arriba, que ahí siento el dolor.

Metió Sancho los dedos, y mientras tanteaba, le dijo:

—¿Cuántas muelas solía tener usted en esta parte?

—Cuatro —respondió don Quijote—, sin contar la cordal; todas enteras y muy sanas.

—Mire bien lo que dice, señor —respondió Sancho.

—Digo cuatro, si no eran cinco —respondió don Quijote—; porque en toda mi vida me han sacado diente ni muela, ni se me ha caído, ni se me ha podrido por caries ni por reuma.

—Pues en esta parte de abajo —dijo Sancho— no tiene usted más que dos muelas y media; y en la de arriba, ni media ni ninguna: está rasa como la palma de la mano.

—¡Desdichado yo! —dijo don Quijote, oyendo las tristes nuevas—. Más quisiera que me hubieran cortado un brazo, con tal que no fuera el de la espada. Porque debes saber, Sancho, que la boca sin muelas es como molino sin piedra, y que vale más un diente que un diamante. Pero a todo esto estamos sujetos los que profesamos la estrecha orden de la caballería. Sube, amigo, y guía; que yo te seguiré al paso que quieras.

Sancho lo hizo y se encaminó hacia donde le pareció que podría hallar acogida, sin salir del camino real, que por allí iba muy transitado.

Y así fueron, despacio, porque el dolor de las quijadas no dejaba a don Quijote sosegar ni apresurarse. Entonces Sancho, por entretenerlo y distraerlo, quiso decirle alguna cosa; y entre otras, le contó lo que se dirá en el siguiente capítulo.

CAPÍTULO XIX: DE LAS DISCRETAS RAZONES QUE SANCHO PASABA CON SU AMO, Y DE LA AVENTURA QUE LE SUCEDIÓ CON UN CUERPO MUERTO, CON OTROS ACONTECIMIENTOS FAMOSOS

—Me parece, señor mío, que todas estas desventuras que en estos días nos han sucedido, sin duda han sido castigo por el pecado que usted cometió contra la orden de caballería: no cumplió el juramento de no comer pan a manteles ni holgar con reina, con todo lo demás que se sigue y que usted juró cumplir, hasta quitar aquel yelmo de Malandrino —o como se llamara el moro, que ya no me acuerdo bien.

—Tienes mucha razón, Sancho —dijo don Quijote—. Pero, para decirte la verdad, se me había ido de la memoria. Y también puedes tener por cierto que, por no habérmelo recordado tú a tiempo, te sucedió aquello de la manta. Pero yo haré la enmienda: en la caballería hay modos de arreglarlo todo.

—¿Y yo juré algo, por casualidad? —respondió Sancho.

—No importa que no hayas jurado —dijo don Quijote—. Basta con que yo entiendo que, en esto, tú no estás muy seguro; y por si acaso, no será malo que nos procuremos remedio.

—Pues si es así —dijo Sancho—, mire no se le vuelva a olvidar esto, como lo del juramento: quizá les vuelva la gana a las fantasmas de burlarse otra vez conmigo, y hasta con usted, si lo ven tan terco.

En estas y otras pláticas los alcanzó la noche a mitad del camino, sin hallar ni descubrir dónde recogerse. Y lo peor era que ya se morían de hambre: con la falta de las alforjas se les acabó toda la despensa y el matalotaje. Y para acabar de confirmar la desgracia, les sucedió una aventura que, sin artificio alguno, verdaderamente lo parecía.

La noche cerró con mucha oscuridad; pero, aun así, caminaban, creyendo Sancho que, por ser camino real, a una o dos leguas hallaría alguna venta. Iban así: la noche oscura, el escudero hambriento y el amo con ganas de comer, cuando vieron venir hacia ellos, por el mismo camino, gran multitud de luces, que no parecían sino estrellas moviéndose.

Sancho se pasmó al verlas, y don Quijote tampoco estaba del todo seguro: uno tiró del cabestro del asno y el otro de las riendas de Rocinante, y se quedaron quietos, mirando qué podía ser aquello. Vieron que las luces se acercaban, y mientras más se acercaban, más grandes parecían. A esa vista, Sancho comenzó a temblar como si le hubieran echado mercurio, y a don Quijote se le erizaron los cabellos; pero animándose un poco, dijo:

—Esta, sin duda, Sancho, debe de ser una aventura grandísima y peligrosísima, donde será necesario que yo muestre todo mi valor y mi esfuerzo.

—¡Desdichado de mí! —respondió Sancho—. Si esta aventura fuera de fantasmas, como me va pareciendo, ¿de dónde vamos a sacar costillas que la aguanten?

—Por más fantasmas que sean —dijo don Quijote—, no consentiré que te toquen ni un pelo. Si la otra vez se burlaron de ti fue porque yo no pude saltar las paredes del corral; pero ahora estamos en campo abierto, donde podré manejar mi espada como se me antoje.

—Y si a usted lo encantan y lo entumecen, como la otra vez —dijo Sancho—, ¿de qué servirá estar en campo abierto o no?

—Con todo eso —replicó don Quijote—, te ruego que tengas buen ánimo; la experiencia te mostrará el que yo tengo.

—Sí tendré, si a Dios le place —respondió Sancho.

Se apartaron los dos a un lado del camino y volvieron a mirar atentamente qué serían aquellas luces que caminaban. Y al poco rato vieron muchos encamisados; y aquella visión, de tan temerosa, remató por completo el ánimo de Sancho Panza, que comenzó a castañetear los dientes como quien tiene frío de fiebre. Y creció más el temblor cuando ya distinguieron bien lo que era: vieron hasta veinte encamisados, todos a caballo, con hachas encendidas en las manos; detrás venía una litera cubierta de luto, seguida de otros seis de a caballo, enlutados hasta los pies de las mulas (que bien se notaba que no eran caballos por lo sosegado del paso). Iban los encamisados murmurando entre sí, con voz baja y compasiva.

A tales horas y en tal despoblado, aquella visión bastaba para helar el corazón de Sancho, y aun el de su amo. En lo que tocaba a Sancho, ya se le había venido el mundo encima; pero a don Quijote le sucedió lo contrario: en ese instante se le pintó en la imaginación, como vivo, que aquella era una de las aventuras de sus libros.

Se imaginó que la litera eran andas donde debía ir algún caballero muerto o malherido, cuya venganza a él solo estaba reservada. Y sin más discurso, puso el lanzón en ristre, se afirmó en la silla, y con buen brío se plantó en mitad del camino por donde forzosamente habían de pasar. Cuando los vio cerca, alzó la voz y dijo:

—¡Deténganse, caballeros, o quienquiera que sean, y denme cuenta de quiénes son, de dónde vienen, adónde van y qué llevan en esas andas! Porque, según las señales, o ustedes hicieron algún desaguisado, o se lo hicieron a ustedes; y conviene que yo lo sepa, o para castigarlos por el mal que hicieron, o para vengarlos del agravio que les hicieron.

—Vamos con prisa —respondió uno de los encamisados—, y la venta está lejos; no podemos detenernos a dar tanta cuenta como pide.

Y picó la mula y quiso pasar adelante.

Don Quijote se sintió ofendido, y trabando del freno a la mula, dijo:

—¡Deténganse, y sean más educados, y denme cuenta de lo que he preguntado! Si no, conmigo están todos en batalla.

La mula era asombradiza, y al tomarla del freno se espantó tanto que se alzó de manos y dio con su dueño por las ancas en el suelo. Un mozo que iba a pie, al ver caer al encamisado, comenzó a insultar a don Quijote; y don Quijote, ya encolerizado, sin esperar más, arremetió con el lanzón contra uno de los enlutados y lo derribó malherido. Luego se volvió contra los demás, y era cosa de ver con qué presteza los acometía y desbarataba: parecía que a Rocinante le acababan de nacer alas, por lo ligero y altivo que andaba.

Los encamisados eran gente miedosa y sin armas; así que, con facilidad, en un instante dejaron la refriega y se echaron a correr por el campo con las hachas encendidas en las manos, como si fueran de las máscaras que corren en noches de regocijo. Los enlutados, además, revueltos en sus lobas y faldamentos, no podían moverse con presteza; de modo que don Quijote, a su salvo, los apaleó y los obligó a dejar el sitio muy a pesar suyo, porque todos pensaron que aquel no era hombre, sino algún diablo del infierno que salía a quitarles el cuerpo muerto de la litera.

Todo esto lo miraba Sancho, admirado del ardimiento de su amo, y decía para sí:

—Sin duda, mi amo es tan valiente y esforzado como él dice.

Quedó una hacha ardiendo en el suelo, junto al primero que la mula derribó. A esa luz lo pudo ver don Quijote. Se acercó, y poniéndole la punta del lanzón en el rostro, le dijo que se rindiera, si no quería morir. El caído respondió:

—Ya estoy rendido, porque no puedo moverme: tengo una pierna quebrada. Le suplico, si es caballero cristiano, que no me mate, porque cometería un sacrilegio: soy licenciado y tengo las primeras órdenes.

—¿Y quién demonios lo trajo aquí —dijo don Quijote— siendo hombre de Iglesia?

—¿Quién, señor? —respondió el caído—. Mi desventura.

—Pues otra mayor le amenaza —dijo don Quijote— si no me satisface en todo lo que pregunté.

—Con facilidad quedará satisfecho —respondió el licenciado—. Sepa usted que, aunque antes dije licenciado, no soy sino bachiller. Me llamo Alonso López; soy natural de Alcobendas; vengo de la ciudad de Baeza con otros once sacerdotes (los que huyeron con las hachas). Vamos a Segovia acompañando un cuerpo muerto, el que va en esa litera: era de un caballero que murió en Baeza, donde fue depositado, y ahora llevamos sus huesos a su sepultura, que está en Segovia, de donde era natural.

—¿Y quién lo mató? —preguntó don Quijote.

—Dios —respondió el bachiller—, por medio de unas calenturas pestilentes.

—Entonces —dijo don Quijote— nuestro Señor me quita el trabajo de vengar su muerte, porque si otro lo hubiera matado, a mí me tocaba vengarlo. Pero habiéndolo muerto quien lo murió, no queda sino callar y encoger los hombros, pues lo mismo haría si me matara a mí. Y sepa su reverencia que yo soy caballero de la Mancha, llamado don Quijote, y mi oficio es andar por el mundo enderezando entuertos y deshaciendo agravios.

—No sé cómo puede ser eso de enderezar entuertos —dijo el bachiller—, porque a mí, muy derechito, usted me dejó torcido: me quebró una pierna, que no se enderezará en todos los días de mi vida. Y el agravio que usted "deshizo" en mí fue dejarme agraviado para siempre. Y bastante desventura ha sido topar con usted, que anda buscando aventuras.

—No todas las cosas —respondió don Quijote— suceden de un mismo modo. El daño estuvo, señor bachiller Alonso López, en venir como venían: de noche, vestidos con sobrepellices, con hachas encendidas, rezando y cubiertos de luto, que parecían, propiamente, cosa mala y del otro mundo. Así que no pude dejar de cumplir con mi obligación acometiéndolos; y los habría acometido aunque hubiera sabido que eran los mismos demonios del infierno, porque por tales los tuve.

—Ya que así lo quiso mi suerte —dijo el bachiller—, le suplico, señor caballero andante (que tan mala andanza me ha dado), que me ayude a salir de debajo de esta mula, que me tiene la pierna presa entre el estribo y la silla.

—¡Con razón! —dijo don Quijote—. ¿Y hasta cuándo pensaba decirme su afán?

Entonces llamó a voces a Sancho Panza para que viniera. Pero Sancho tardaba, porque estaba ocupado desvalijando una acémila de repuesto que traían aquellos señores, bien abastecida de comida. Hizo costal con su gabán, recogió todo lo que pudo y lo cargó en el talego; luego lo puso sobre su jumento y acudió a las voces de su amo. Ayudó a sacar al bachiller de la opresión de la mula, lo sentó encima de ella, le devolvió el hacha, y don Quijote le dijo que siguiera el camino de sus compañeros, y que de su parte les pidiera perdón por el agravio, que no había estado en su mano evitar.

Y Sancho añadió:

—Si acaso esos señores quieren saber quién fue el valiente que los dejó así, dígales que es el famoso don Quijote de la Mancha, que por otro nombre se llama el Caballero de la Triste Figura.

Con eso se fue el bachiller. Y don Quijote preguntó a Sancho qué se le había dado por llamarlo Caballero de la Triste Figura, y más en ese momento que nunca.

—Yo se lo diré —respondió Sancho—: porque lo estuve mirando un rato a la luz de esa hacha, y, la verdad, usted tiene la peor cara que yo he visto en mi vida. Debe de ser, o por el cansancio de la pelea, o por la falta de muelas y dientes.

—No es eso —respondió don Quijote—; sino que el sabio a cuyo cargo está escribir la historia de mis hazañas habrá tenido por bien que yo tome algún nombre, como lo tomaban los caballeros de antaño: uno era el de la Ardiente Espada, otro el del Unicornio, aquel el de las Doncellas, este el del Ave Fénix, el otro el del Grifo, el de la Muerte, y así. Y por esos nombres eran conocidos en todo el mundo. Así que ese sabio te habrá puesto en la lengua que me llames Caballero de la Triste Figura, como pienso llamarme desde hoy; y para que mejor me cuadre, determino que, cuando haya ocasión, mandare pintar en mi escudo una figura muy triste.

—No hace falta gastar tiempo ni dinero en pintar nada —dijo Sancho—; con que usted muestre la cara y deje que lo vean, sin más imagen ni escudo, lo van a llamar el de la Triste Figura. Y créame: se lo digo de veras. Porque, aunque lo diga en broma, le hace tan mala cara el hambre y la falta de muelas que bien se puede ahorrar la pintura.

Don Quijote se rio del ingenio de Sancho; pero, con todo, se propuso llamarse así en cuanto pudiera pintar su escudo o rodela, como había imaginado. Y le dijo:

—Yo entiendo, Sancho, que he quedado excomulgado por haber puesto manos violentas en cosa sagrada... aunque sé bien que no puse las manos, sino este lanzón. Además, yo no pensé que ofendía a sacerdotes ni a cosas de la Iglesia —a quienes respeto y adoro como católico y fiel cristiano—, sino a fantasmas y espantos del otro mundo. Y aun si fuera verdad, me acuerdo de lo que le pasó al Cid Rui Díaz cuando quebró la silla del embajador de aquel rey delante de Su Santidad: lo excomulgó el Papa, y aun así anduvo aquel día Rodrigo de Vivar como caballero muy honrado y valiente.

En esto, el bachiller se fue, como queda dicho, sin replicar palabra.

Don Quijote quiso mirar si el cuerpo de la litera eran huesos o no, pero Sancho no lo consintió, diciéndole:

—Señor, usted ha acabado esta peligrosa aventura con más seguridad que ninguna de las que yo he visto. Esta gente, aunque vencida y desbaratada, podría caer en la cuenta de que los venció una sola persona; y, avergonzados, podrían volver a buscar venganza. El jumento está como debe; la montaña está cerca; el hambre aprieta: no hay sino retirarnos con buen compás de pies, y como dicen, váyase el muerto a la sepultura y el vivo a la hogaza.

Y adelantándose con su asno, rogó a su amo que lo siguiera. Don Quijote, pareciéndole que Sancho tenía razón, lo siguió sin replicar. Y al poco trecho, entre dos montañuelas, hallaron un valle escondido y espacioso.

Allí se apearon, Sancho descargó al jumento y, tendidos sobre la yerba verde, con la salsa del hambre, almorzaron, comieron, merendaron y cenaron de una sola vez, satisfaciendo el estómago con más de una fiambrera que aquellos clérigos del difunto (que pocas veces se dejan pasar hambre) llevaban en la acémila de repuesto.

Pero aún les vino otra desgracia, y Sancho la tuvo por la peor: no tenían vino que beber, ni agua que llevarse a la boca. Y acosados de sed, Sancho, viendo que el prado estaba colmado de yerba verde y menuda, dijo lo que se contará en el siguiente capítulo.

CAPÍTULO XX: DE LA JAMÁS VISTA NI OÍDA AVENTURA QUE, CON MENOS PELIGRO, FUE ACABADA POR FAMOSO CABALLERO EN EL MUNDO, COMO LA QUE ACABÓ EL VALEROSO DON QUIJOTE DE LA MANCHA

—No es posible, señor mío, sino que estas yerbas dan testimonio de que por aquí cerca debe de haber alguna fuente o arroyo que las humedece; así que será bueno que vayamos un poco más adelante. Ya encontraremos dónde mitigar esta terrible sed que nos fatiga, que, sin duda, causa más pena que el hambre.

Le pareció bien el consejo a don Quijote y, tomando él de la rienda a Rocinante, y Sancho del cabestro a su asno, después de haber puesto sobre este los restos de la cena, comenzaron a caminar por el prado arriba, a tientas, porque la oscuridad de la noche no les dejaba ver cosa alguna. Pero no habían andado doscientos pasos cuando llegó a sus oídos un gran ruido de agua, como si se despeñara desde algunos riscos altos.

El ruido los alegró mucho; y, parándose a escuchar de qué parte venía, oyeron de pronto otro estruendo que les aguó el gusto del agua, especialmente a Sancho, que por naturaleza era miedoso y de poco ánimo. Oyeron golpes a compás, con cierto crujir de hierros y cadenas, acompañados del furioso estruendo del agua: cosas que habrían puesto pavor en cualquier corazón que no fuera el de don Quijote.

La noche, como se ha dicho, era oscura, y acertaron a entrar entre unos árboles altos, cuyas hojas, movidas por el viento suave, hacían un ruido temeroso y manso. De manera que la soledad, el sitio, la oscuridad, el ruido del agua y el susurro de las hojas, todo junto causaba horror y espanto; y más cuando vieron que ni los golpes cesaban, ni el viento dormía, ni llegaba la mañana; y a todo esto se añadía que ignoraban dónde estaban.

Pero don Quijote, acompañado de su intrépido corazón, saltó sobre Rocinante; embrazó su rodela, terció el lanzón y dijo:

—Sancho, amigo: has de saber que yo nací, por voluntad del cielo, en esta edad de hierro, para resucitar en ella la de oro, o la dorada, como también se llama. Yo soy aquel para quien están guardados los peligros, las grandes hazañas y los valerosos hechos. Yo soy, lo digo otra vez, quien ha de resucitar a los de la Tabla Redonda, a los Doce de Francia y a los Nueve de la Fama, y quien ha de dejar en olvido a los Platires, los Tablantes, Olivantes y Tirantes, los Febos y Belianises, con toda la caterva de los famosos caballeros andantes del pasado, haciendo en este tiempo tales grandezas, rarezas y hechos de armas, que oscurezcan los más claros que ellos hicieron.

»Bien notas, escudero fiel y leal, las tinieblas de esta noche, su extraño silencio, el sordo y confuso estruendo de estos árboles, el temeroso ruido de aquella agua que venimos buscando, que parece que se despeña desde los altos montes de la Luna, y aquel incesante golpear que nos hiere y lastima los oídos. Todas estas cosas, juntas o cada una por sí, bastan para infundir miedo y espanto en el pecho del mismo Marte, cuanto más en el de quien no está acostumbrado a semejantes aventuras.

»Pues todo esto que te pinto son incentivos y despertadores de mi ánimo, que ya hace que el corazón me reviente en el pecho con el deseo de acometer esta aventura, por más dificultosa que se muestre. Así que, aprieta bien las cinchas a Rocinante, y quédate con Dios, y espérame aquí hasta tres días, no más; y si no vuelvo, puedes volver a nuestra aldea, y desde allá, por hacerme favor y buena obra, irás al Toboso y dirás a la incomparable Dulcinea que su cautivo caballero murió por acometer cosas que lo hicieran digno de poder llamarse suyo.

Cuando Sancho oyó estas palabras, comenzó a llorar con la mayor ternura del mundo y a decirle:

—Señor, yo no sé por qué quiere usted acometer una aventura tan temerosa. Ahora es de noche; aquí nadie nos ve. Podemos torcer el camino y apartarnos del peligro, aunque no bebamos en tres días. Y como no hay quien nos vea, menos habrá quien nos note de cobardes. Además, yo he oído predicar al cura de nuestro lugar —que usted bien conoce— que quien busca el peligro, perece en él. Así que no es bueno tentar a Dios con un hecho tan desatinado, donde no se puede escapar sino por milagro; y ya bastan los que el cielo ha hecho con usted: librarlo de ser manteado como lo fui yo, y sacarlo vencedor, libre y salvo, de entre tantos enemigos como acompañaban al difunto.

»Y si nada de esto le mueve ni le ablanda ese corazón duro, muévalo al menos pensar que apenas se aparte usted de aquí, yo, de puro miedo, entregaré el alma al primero que quiera llevársela. Yo salí de mi tierra y dejé mujer e hijos por venir a servirle, creyendo ganar más, no menos; pero como la codicia rompe el saco, a mí se me han rasgado las esperanzas, porque cuando más vivas las tenía de alcanzar aquella negra y malhadada ínsula que tantas veces me prometió, veo que, en pago, ahora me quiere dejar en un lugar apartado del trato humano.

»Por un solo Dios, señor mío, que no me haga tal desaguisado; y ya que no quiera desistir de acometer este hecho, dilátelo al menos hasta la mañana, que, según lo que aprendí cuando era pastor, no debe de haber desde aquí al alba tres horas: la boca de la bocina está sobre la cabeza y hace la medianoche en la línea del brazo izquierdo.

—¿Cómo puedes tú, Sancho —dijo don Quijote—, ver dónde hace esa línea, ni dónde está esa boca o ese colodrillo que dices, si la noche es tan oscura que no se ve en el cielo estrella alguna?

—Así es —dijo Sancho—; pero el miedo tiene muchos ojos, y ve las cosas aun debajo de tierra, cuanto más encima, en el cielo. Y, además, por buen juicio, bien se entiende que falta poco para el día.

—Falte lo que falte —respondió don Quijote—, no se dirá de mí, ahora ni nunca, que lágrimas ni ruegos me apartaron de hacer lo que debo como caballero. Así que te ruego, Sancho, que calles; que Dios, que me ha puesto en el corazón acometer ahora esta aventura tan nunca vista y tan temerosa, cuidará de mi salud y consolará tu tristeza. Lo que tienes que hacer es apretar bien las cinchas a Rocinante y quedarte aquí; que yo vuelvo pronto, vivo o muerto.

Viendo Sancho la última resolución de su amo, y cuán poco valían con él lágrimas, consejos y ruegos, determinó valerse de su industria y hacerlo esperar hasta el día, si podía. Así, cuando apretaba las cinchas, despacito y sin ser sentido, ató con el cabestro de su asno ambos pies de Rocinante, de manera que cuando don Quijote quiso partir, no pudo, porque el caballo no podía moverse sino a saltos.

Viendo Sancho el buen suceso de su engaño, dijo:

—Vamos, señor: el cielo, conmovido por mis lágrimas y plegarias, ha ordenado que Rocinante no se pueda mover. Y si usted quiere porfiar, espolear y forzarlo, será enojar a la Fortuna y dar coces, como dicen, contra el aguijón.

Se desesperaba don Quijote, y cuanto más apretaba las piernas, menos podía mover al caballo. Sin caer en la cuenta de la ligadura, tuvo por bien sosegarse y esperar a que amaneciera, o a que Rocinante se moviera, creyendo que aquello venía de otra parte y no de la industria de Sancho. Así le dijo:

—Pues si Rocinante no puede moverse, me conformo con esperar a que ría el alba, aunque yo llore cuanto ella tarde en venir.

—No hay que llorar —respondió Sancho—; yo lo entretendré contándole cuentos hasta que amanezca, si no es que quiere usted apearse y dormir un poco sobre la yerba verde, como hacen los caballeros andantes, para hallarse más descansado cuando llegue el día y el punto de acometer esta aventura que lo espera.

—¿Qué es eso de apearse, o qué es eso de dormir? —dijo don Quijote—. ¿Soy yo de esos caballeros que descansan en los peligros? Duerme tú, que naciste para dormir, o haz lo que quieras; que yo haré lo que vea que más conviene a mi intención.

—No se enoje conmigo, señor —respondió Sancho—; que no lo dije por tanto.

Y acercándose, puso una mano en el arzón delantero y la otra en el trasero, de modo que quedó abrazado al muslo izquierdo de su amo, sin osar apartarse ni un dedo: tal era el miedo que le daban los golpes que todavía sonaban a intervalos.

Don Quijote le dijo que contara algún cuento para entretenerlo, como lo había prometido. Sancho respondió que lo haría si el miedo le dejara.

—Pero con todo eso —dijo—, haré el esfuerzo de contar una historia que, si la acierto y no me cortan, es la mejor de las historias. Esté atento, que ya comienzo: "Érase que se era; el bien que viniere para todos sea, y el mal para quien lo fuere a buscar...".

Y advierta usted, señor mío, que este principio no lo inventaron por gusto los antiguos: es sentencia de Catón Zonzorino, romano, que dice: "y el mal para quien lo fuere a buscar". Y viene aquí como anillo al dedo, para que usted se esté quieto y no vaya a buscar el mal, sino que nos volvamos por otro camino, porque nadie nos obliga a seguir este donde tantos miedos nos sobresaltan.

—Sigue tu cuento, Sancho —dijo don Quijote—; y del camino que hemos de seguir déjamelo a mí.

—Digo, pues —prosiguió Sancho—, que en un lugar de Extremadura había un pastor cabrero, quiero decir, que guardaba cabras; y este pastor se llamaba Lope Ruiz. Y Lope Ruiz andaba enamorado de una pastora que se llamaba Torralba, la cual era hija de un ganadero rico. Y este ganadero rico...

—Si de ese modo cuentas el cuento, Sancho —dijo don Quijote—, repitiendo dos veces lo mismo, no lo acabarás en dos días. Dilo seguido, y cuéntalo como hombre con entendimiento; y si no, no digas nada.

—Así se cuentan en mi tierra todas las consejas —respondió Sancho—, y yo no sé contarlas de otra manera. Y no es justo que usted me pida que use modos nuevos.

—Dilo como quieras —respondió don Quijote—; y, ya que la suerte quiere que no pueda dejar de escucharte, prosigue.

—Así que, señor de mi alma —prosiguió Sancho—, que este pastor andaba enamorado de Torralba, que era moza rolliza, algo arisca, y tiraba a hombruna, porque tenía unos pocos bigotes, que parece que la veo ahora.

—¿Entonces tú la conociste? —dijo don Quijote.

—No la conocí —respondió Sancho—; pero quien me contó este cuento me dijo que era tan cierto, que yo podría jurar que lo vi. Así que, andando los días, el diablo —que no duerme y todo lo enreda— hizo que el amor del pastor se volviera en enojo y mala voluntad. La causa fue, según dicen malas lenguas, que ella le dio ciertos celillos, tales que pasaron de la raya y llegaron a lo prohibido. Y tanto la aborreció el pastor, que por no verla quiso ausentarse y ponerse donde sus ojos no la viesen jamás. La Torralba, al verse desdeñada, entonces sí lo quiso más que nunca.

—Esa es condición natural de mujeres —dijo don Quijote—: desdeñar al que las quiere y amar al que las aborrece. Sigue.

—Sucedió —dijo Sancho— que el pastor puso por obra su determinación, y, adelantando sus cabras, se encaminó por los campos de Extremadura para pasar a Portugal. La Torralba, al saberlo, se fue tras él, siguiéndolo a pie y descalza desde lejos, con un bordón en la mano y unas alforjas al cuello, donde llevaba —según fama— un pedazo de espejo, un peine y no sé qué botecito de ungüentos para la cara; pero llevase lo que llevase, no me meto ahora a averiguarlo.

»Dicen que el pastor llegó con su ganado al río Guadiana, que entonces iba crecido y casi fuera de madre; y por donde llegó no había barca ni quien lo pasara a él ni al ganado. Se afligió mucho, porque vio que Torralba venía ya cerca, y le pesaban los ruegos y las lágrimas. Tanto miró, que vio un pescador con un barquito tan pequeño que apenas cabía una persona y una cabra. Aun así, habló con él y concertó que lo pasara a él y a las trescientas cabras que llevaba.

»Entró el pescador en el barco y pasó una cabra; volvió y pasó otra; tornó a volver y pasó otra. Tenga usted la cuenta de las cabras que va pasando, porque si se pierde una de la memoria, se acaba el cuento y no se puede decir más palabra. Sigo, pues: el desembarcadero de la otra parte estaba lleno de cieno y resbalaba, y el pescador tardaba mucho en ir y volver. Con todo eso, volvió por otra cabra, y otra, y otra...

—Da por hecho que las pasó todas —dijo don Quijote—; no vayas con ese ir y venir, que no acabarás en un año.

—¿Cuántas han pasado hasta ahora? —preguntó Sancho.

—¿Y yo qué demonios sé? —respondió don Quijote.

—Ahí está lo que yo decía: que llevara buena cuenta. Pues, por Dios, se acabó el cuento; no hay cómo seguir.

—¿Cómo puede ser eso? —respondió don Quijote—. ¿Es tan esencial saber una por una las cabras, que si se yerra el número no puede seguir la historia?

—No, señor —respondió Sancho—; pero como yo le pregunté y usted me dijo que no sabía, en ese instante se me fue de la memoria todo lo que me quedaba por decir, y a fe que era cosa de mucha gracia y provecho.

—¿De modo —dijo don Quijote— que ya se acabó la historia?

—Tan acabada como mi madre —dijo Sancho.

—Te digo la verdad —respondió don Quijote—: has contado una de las consejas más nuevas que se han oído, y con tal modo de empezarla y dejarla que no se verá otra en la vida. Aunque no me maravillo: quizá esos golpes que no cesan te tienen turbado el entendimiento.

—Puede ser —respondió Sancho—; pero yo sé que, en lo del cuento, no hay más que decir: allí se acaba donde se yerra la cuenta del pasaje de las cabras.

—Pues acábese donde quieras —dijo don Quijote—, y veamos si se puede mover Rocinante.

Le volvió a apretar las piernas, y Rocinante volvió a dar saltos y a quedarse quieto: tan bien atado estaba.

En esto —fuera por el frío de la mañana que ya venía, o porque Sancho hubiera cenado cosas blandas, o por ser cosa natural, que es lo más creíble— le entró a Sancho un deseo que no podía tolerar. Pero era tanto el miedo que tenía, que no se atrevía a apartarse ni un dedo de su amo. Y tampoco podía dejar de hacerlo. Así que, por salir del aprieto sin escándalo, soltó la mano derecha con que se asía al arzón trasero y, muy quedo, desató la lazada con que los calzones se sostenían; y en soltarse, se le fueron abajo y se le quedaron a medio muslo como grilletes. Luego alzó la camisa cuanto pudo y echó al aire ambas posaderas, que no eran pequeñas.

Hecho esto —que él creyó que era lo más que tenía que hacer— le vino otra angustia: le pareció que no podría aliviarse sin hacer ruido. Comenzó a apretar los dientes, a encoger los hombros y a contener el aliento cuanto pudo; pero fue tan desdichado, que al fin hizo un ruido, bien distinto de aquel que a él le tenía tan asustado.

Don Quijote lo oyó y dijo:

—¿Qué rumor es ese, Sancho?

—No sé, señor —respondió él—. Alguna cosa nueva debe de ser; porque las aventuras y desventuras nunca comienzan por poco.

Probó otra vez, y le salió tan bien, que sin más ruido que el pasado se vio libre de la carga que tanto lo apretaba. Pero como don Quijote tenía el olfato tan vivo como el oído, y Sancho estaba tan pegado a él, que casi en línea recta subían los vapores, no pudo evitar que algo llegara a sus narices; y apenas le llegó, se las apretó con dos dedos y, con voz algo gangosa, dijo:

—Me parece, Sancho, que tienes mucho miedo.

—Sí —respondió Sancho—; pero ¿cómo se dio cuenta usted ahora más que nunca?

—Porque ahora más que nunca hueles… y no a ámbar —respondió don Quijote.

—Bien puede ser —dijo Sancho—; pero la culpa no es mía, sino de usted, que me trae a deshoras y por estos pasos tan poco acostumbrados.

—Aléjate tres o cuatro pasos, amigo —dijo don Quijote, sin soltar la nariz—; y desde ahora ten más cuidado de tu persona y de lo que le debes a la mía, que la mucha conversación contigo ha criado este menosprecio.

—Apuesto —replicó Sancho— que usted piensa que yo hice de mi persona alguna cosa que no debía.

—Peor es meneallo, Sancho —respondió don Quijote.

En estos coloquios pasaron la noche amo y mozo. Pero viendo Sancho que ya venía la mañana, con mucho tiento desató a Rocinante y se subió los calzones. Rocinante, al verse libre, aunque no era brioso, como si se resintiera comenzó a dar manotadas; porque corvetas —con perdón— no sabía hacer.

Don Quijote, viéndolo moverse, lo tomó por buena señal, y creyó que era aviso de acometer la temerosa aventura. Ya despuntaba el alba, y se distinguían las cosas: vio que estaban entre árboles altos, que eran castaños, de sombra muy oscura. Oyó también que el golpear no cesaba, pero no veía quién lo causaba. Así que, sin más detenerse, hizo sentir las espuelas a Rocinante y, despidiéndose de Sancho, le mandó que lo aguardara allí tres días, a lo más. Volvió a decirle el recado que debía llevar a Dulcinea; y en lo de la paga, que no temiera: antes de salir de su lugar había dejado hecho testamento, donde se hallaría gratificado de lo tocante a su salario, a prorrata del tiempo servido. Pero si Dios lo sacaba de aquel peligro sano y salvo, podía tener por segurísima la ínsula prometida.

Sancho volvió a llorar, oyendo otra vez aquellas razones lastimosas, y determinó no dejarlo hasta el último trance.

De estas lágrimas y determinación, dice el autor de esta historia que Sancho debía de ser bien nacido y, por lo menos, cristiano viejo. Aquello enterneció algo a don Quijote; pero no tanto que mostrara flaqueza: antes, disimulando lo mejor que pudo, comenzó a caminar hacia donde le pareció que venían el ruido del agua y del golpear.

Seguía Sancho a pie, llevando del cabestro a su jumento, compañero perpetuo de sus fortunas buenas y malas. Anduvieron un buen trecho entre aquellos castaños y árboles sombríos, hasta que dieron en un pradecillo al pie de unas peñas altas, desde las cuales se precipitaba un gran golpe de agua. Al pie de las peñas había unas casas mal hechas, que más parecían ruinas que casas, y de entre ellas salía el ruido y estruendo de los golpes, que aún no cesaban.

Rocinante se alborotó con el estruendo del agua y de los golpes; don Quijote lo sosegó y se acercó poco a poco a las casas, encomendándose de todo corazón a su señora, suplicándole que lo favoreciera en aquella jornada; y, de camino, se encomendaba también a Dios, para que no lo olvidara.

Sancho no se le apartaba; estiraba el cuello y la vista cuanto podía por entre las piernas de Rocinante, por ver aquello que los había tenido en vilo toda la noche. Andarían otros cien pasos cuando, al doblar una punta, se descubrió clara y patente la causa del horrísono y espantable ruido que los había tenido suspensos y medrosos: eran seis mazos de batán, que con sus golpes alternados formaban aquel estruendo.

Cuando don Quijote vio lo que era, enmudeció y se quedó helado. Sancho lo miró y vio que tenía la cabeza inclinada sobre el pecho, como avergonzado. Miró don Quijote a Sancho y lo vio con los carrillos hinchados y la boca llena de risa, a punto de reventar; y no pudo su tristeza con él: al verlo, se echó a reír. Y al ver Sancho que su amo había empezado, soltó la risa con tanta fuerza que tuvo que apretarse las ijadas con los puños para no reventar. Cuatro veces se sosegó, y otras tantas volvió a reír con el mismo ímpetu; y ya don Quijote se desesperaba, más aún cuando oyó que Sancho, en son de burla, repetía:

—"Has de saber, ¡oh Sancho amigo!, que yo nací por voluntad del cielo en esta edad de hierro para resucitar en ella la de oro. Yo soy aquel para quien están guardados los peligros, las grandes hazañas...".

Y fue repitiendo muchas de las razones que don Quijote había dicho la primera vez.

Viendo don Quijote que Sancho se burlaba, se avergonzó y se enojó tanto que alzó el lanzón y le dio dos palos, que si le hubieran dado en la cabeza en vez de las espaldas, lo habría dejado libre de salario, si no era para sus herederos. Sancho, viendo tan malas veras, le dijo con humildad:

—Sosiéguese, señor; que, por Dios, que me río, sí, pero no por mal.

—Pues porque tú te ríes, no me río yo —respondió don Quijote—. Ven acá, señor alegre: ¿te parece que si en vez de mazos de batán fuera otra aventura peligrosa, yo no habría mostrado el ánimo para emprenderla y acabarla? ¿Estoy yo obligado, por ser caballero, a distinguir si el ruido es de batán o no? Y además, bien puede ser —y lo es— que yo no los haya visto en mi vida, como tú sí, villano, criado entre ellos. Si no, haz tú que estos seis mazos se vuelvan en seis gigantes y échamelos a las barbas uno a uno, o todos juntos; y si yo no los dejo a todos patas arriba, entonces burlarte de mí cuanto quieras.

—No haya más, señor —replicó Sancho—; confieso que me reí más de la cuenta. Pero dígame ahora, ya que estamos en paz: así Dios lo saque de todas las aventuras tan sano como lo sacó de esta, ¿no ha sido cosa de risa —y lo es de contar— el gran miedo que hemos tenido? Al menos el mío; porque el suyo ya sé que no conoce temor.

—No niego —respondió don Quijote— que lo sucedido no sea digno de risa; pero no es digno de contarse, porque no todos saben poner las cosas en su punto.

—Al menos —dijo Sancho—, usted sí supo "poner en su punto" el lanzón, apuntándome a la cabeza y dándome en las espaldas, gracias a Dios y a que me ladeé. Pero vaya, que todo sale en la colada: yo he oído decir "te quiere bien quien te hace llorar"; y también que los grandes señores, después de una mala palabra, suelen dar luego unas calzas. Aunque no sé qué dan después de haber dado palos... si no es que los caballeros andantes dan tras palos ínsulas o reinos.

—Bien podría correr el dado —dijo don Quijote— y que todo lo que dices salga verdadero. Perdona lo pasado, pues eres discreto y sabes que los primeros movimientos no siempre están en mano del hombre. Y desde hoy, adviértete en una cosa: modera el hablar demasiado conmigo, porque en cuantos libros de caballerías he leído —que son infinitos— jamás hallé escudero que hablase tanto con su señor como tú con el tuyo. Y lo tengo por falta tuya y mía: tuya, porque me estimas poco; mía, porque no me hago estimar más.

»Mira: Gandalín, escudero de Amadís de Gaula, llegó a ser conde de la Ínsula Firme, y se lee que siempre hablaba a su señor con la gorra en la mano, la cabeza inclinada y el cuerpo doblado, como turco. ¿Y qué diremos de Gasabal, escudero de don Galaor, tan callado que para mostrar su silencio apenas se nombra su nombre una sola vez en toda aquella grande y verdadera historia?

»De todo esto has de sacar que conviene diferenciar amo y mozo, señor y criado, caballero y escudero. Así que desde hoy nos trataremos con más respeto, sin darnos cuerda; porque de cualquier modo que yo me enoje contigo, será mal para el cántaro. Las mercedes y beneficios que te he prometido llegarán a su tiempo; y si no llegaren, el salario no se perderá, como ya te dije.

—Está bien lo que dice —respondió Sancho—; pero quisiera saber, por si acaso no llegan las mercedes y toca acudir al salario, cuánto ganaba un escudero de caballero andante en aquellos tiempos: si se pagaban por meses o por días, como peones.

—No creo —respondió don Quijote— que los escuderos andantes hayan estado nunca a salario, sino a merced. Y si yo te señalé salario en el testamento cerrado que dejé en casa, fue por lo que pudiera suceder; que aún no sé cómo se lleva en estos tiempos la caballería, y no quisiera que por poca cosa penara mi alma en el otro mundo. Porque has de saber, Sancho, que no hay estado más peligroso que el de los aventureros.

—Eso es verdad —dijo Sancho—, porque solo el ruido de unos mazos de batán pudo alborotar el corazón de un aventurero tan valiente como usted. Pero esté seguro: desde hoy no abro la boca para burlarme de usted, sino para honrarlo, como a mi amo y señor natural.

—De esa manera —replicó don Quijote— vivirás sobre la faz de la tierra; porque después de los padres, a los amos se les ha de respetar como si lo fueran.

CAPÍTULO XXI: QUE TRATA DE LA ALTA AVENTURA Y RICA GANANCIA DEL YELMO DE MAMBRINO, CON OTRAS COSAS SUCEDIDAS A NUESTRO INVENCIBLE CABALLERO

Empezó a llover un poco, y Sancho quería que se metieran en el molino de los batanes; pero don Quijote les había tomado tal aborrecimiento, por la pesada burla, que de ningún modo quiso entrar. Así que, torciendo el camino a mano derecha, dieron en otro parecido al que habían llevado el día antes.

De allí a poco, don Quijote descubrió a un hombre a caballo, que traía en la cabeza una cosa que relumbraba como si fuera de oro. Y apenas lo vio, se volvió a Sancho y le dijo:

—Me parece, Sancho, que no hay refrán que no sea verdadero, porque todos son sentencias sacadas de la experiencia, madre de todas las ciencias; especialmente aquel que dice: "Donde una puerta se cierra, otra se abre". Lo digo porque si anoche la suerte nos cerró la puerta de la aventura que buscábamos, engañándonos con los batanes, ahora nos abre de par en par otra, mejor y más cierta. Y si yo no acierto a entrar por ella, la culpa será mía, y no podré echársela ni a la oscuridad de la noche ni a que no sé distinguir batanes.

—Señor, mire bien lo que dice y mejor lo que hace —señaló Sancho—, que no quisiera que fueran otros batanes y nos acabaran de aporrear el juicio.

—¡Llévete el diablo, hombre! —replicó don Quijote—. ¿Qué tiene que ver un yelmo con batanes?

—Yo no sé nada —respondió Sancho—; pero, a fe mía, si yo pudiera hablar tanto como solía, quizá diría cosas que le harían ver que se engaña en lo que dice.

—¿Cómo puedo engañarme en lo que digo, escrupuloso desconfiado? —dijo don Quijote—. Dime: ¿no ves aquel caballero que viene hacia nosotros, sobre un caballo rucio rodado, y que trae en la cabeza un yelmo de oro?

—Lo que yo veo —respondió Sancho— no es sino un hombre sobre un asno, pardo como el mío, que trae en la cabeza una cosa que relumbra.

—Pues ese es el yelmo de Mambrino —dijo don Quijote—. Apártate y déjame con él a solas: verás cómo, sin perder tiempo en palabras, concluyo la aventura y me quedo con el yelmo que tanto he deseado.

—Yo me aparto con gusto —respondió Sancho—; pero quiera Dios que sea orégano y no batanes.

—Ya te he dicho, hermano, que no me nombres, ni por pensamiento, esos batanes —dijo don Quijote—; que juro… y no digo más, sino que te bataneo el alma.

Calló Sancho, temiendo que su amo cumpliera el juramento que le había echado, redondo como una bola.

Y es el caso que el yelmo, el caballo y el caballero que don Quijote veía, era lo siguiente: en aquellos contornos había dos lugares, uno tan pequeño que no tenía ni botica ni barbero, y el otro, que estaba junto, sí. De modo que el barbero del mayor servía también al menor. En el menor, un enfermo necesitó sangrarse, y otro, afeitarse; y para eso venía el barbero, trayendo una bacía de azófar. Quiso la suerte que, al venir, empezara a llover, y para que no se le manchara el sombrero —que debía de ser nuevo— se puso la bacía sobre la cabeza; y, como estaba limpia, relumbraba desde media legua.

Venía sobre un asno pardo, como Sancho dijo. Y esta fue la razón por la que a don Quijote le pareció caballo rucio rodado, y caballero, y yelmo de oro: que todo lo acomodaba con facilidad a sus desvaríos caballerescos.

Y cuando vio que el pobre hombre llegaba cerca, sin ponerse a razonar con él, a todo correr de Rocinante le bajó el lanzón, con intención de atravesarlo; y al llegarle, sin aflojar la furia, le gritó:

—¡Defiéndete, cautiva criatura, o entrégame de tu voluntad lo que con tanta razón se me debe!

El barbero, que sin pensarlo ni temerlo vio venir aquella figura sobre sí, no halló otro remedio para guardarse del golpe que dejarse caer del asno. Y apenas tocó el suelo, se levantó más ligero que un gamo y echó a correr por el llano, que no lo alcanzara el viento.

Dejó la bacía en el suelo. Con eso se contentó don Quijote, y dijo que el pagano había sido discreto, y que había imitado al castor, que, viéndose acosado, se mutila con los dientes aquello por lo que sabe que lo persiguen.

Mandó a Sancho que alzara el yelmo. Sancho lo tomó en las manos y dijo:

—Por Dios, que la bacía es buena, y vale un real de a ocho como un maravedí.

Se la dio a su amo, y don Quijote se la puso en la cabeza, moviéndola de un lado a otro, buscándole encaje; y como no lo hallaba, dijo:

—Sin duda el pagano a cuya medida se forjó esta famosa celada debía de tener una cabeza grandísima; y lo peor es que le falta la mitad.

Cuando Sancho lo oyó llamar "celada", no pudo contener la risa; pero se acordó del enojo de su amo y se tragó la risa a medias.

—¿De qué te ríes, Sancho? —dijo don Quijote.

—Me río —respondió él— de imaginar la cabeza que tenía el pagano dueño de este yelmo, que no parece sino una bacía de barbero, igualita.

—¿Sabes qué imagino, Sancho? —dijo don Quijote—. Que esta famosa pieza, este yelmo encantado, por algún extraño accidente debió de venir a manos de quien no supo conocer ni estimar su valor; y sin saber lo que hacía, viéndolo de oro finísimo, fundió la otra mitad para aprovecharse del precio, y de la mitad que quedó hizo esta que parece bacía de barbero, como tú dices. Pero sea lo que sea, a mí, que lo conozco, no me importa su cambio: yo lo arreglaré en el primer lugar donde haya herrero, y lo dejaré de modo que no le haga ventaja, ni aun se le acerque, el que forjó el dios de las herrerías para el dios de las batallas.

—Y mientras tanto —continuó— lo llevaré como pueda, que más vale algo que nada; y además, bien bastará para defenderme de alguna pedrada.

—Eso será —dijo Sancho—, si no tiran con honda, como tiraron en la pelea de los dos ejércitos, cuando le santiguaron las muelas y le rompieron el alcuza del bendito brebaje que me hizo vomitar hasta las entrañas.

—No me da mucha pena haberlo perdido —dijo don Quijote—; ya sabes que yo tengo la receta en la memoria.

—También la tengo yo —respondió Sancho—; pero si yo lo hago o lo pruebo otra vez en mi vida, que se me pare el reloj. Y no pienso ponerme en ocasión de necesitarlo, porque pienso guardarme con mis cinco sentidos de ser herido o de herir a nadie. Lo del manteo no lo digo, porque esas desgracias mal se pueden prevenir, y si vienen, no queda sino encoger los hombros, aguantar el aliento, cerrar los ojos y dejarse llevar por donde la suerte y la manta quieran.

—Mal cristiano eres, Sancho —dijo don Quijote al oírlo—, porque nunca olvidas una injuria. Pues has de saber que es de pechos nobles no hacer caso de niñerías. ¿Qué pierna te quedó coja, qué costilla quebrada, qué cabeza rota, para que no se te olvide aquella burla? Que, bien mirado, burla fue y pasatiempo; y si yo no lo entendiera así, ya habría vuelto allá y en tu venganza habría hecho más daño que el que hicieron los griegos por la robada Elena. La cual, si hubiera sido en este tiempo, o mi Dulcinea en aquel, pudiera estar segura de que no tendría tanta fama de hermosa como tiene.

Aquí dio un suspiro, y se le fue el pensamiento por las nubes.

Dijo Sancho:

—Pase por burla, pues la venganza no puede pasar por cosa seria; pero yo sé de qué calidad fueron las burlas y las veras, y sé que no se me borrarán de la memoria, como no se me borrarán de las espaldas. Pero dejando eso aparte, dígame qué haremos con ese caballo rucio rodado, que parece asno pardo, que dejó aquí aquel Martín, al que usted derribó; que, según cómo echó a correr, no tiene pinta de volver jamás. Y, para mis barbas, si no es bueno el rucio.

—Yo no acostumbro —dijo don Quijote— a despojar a los vencidos, ni es uso de caballería quitarles los caballos y dejarlos a pie, si no es que el vencedor haya perdido el suyo en la pelea; porque entonces sí es lícito tomar el del vencido, como ganado en guerra justa. Así que, Sancho, deja ese caballo, o asno, o lo que tú quieras, que cuando su dueño nos vea lejos, volverá por él.

—Dios sabe si quisiera llevármelo —dijo Sancho—, o al menos cambiarlo por este mío, que no me parece tan bueno. De veras que son estrechas las leyes de caballería, pues ni siquiera dejan cambiar un asno por otro. Y quisiera saber si al menos podría cambiar los aparejos.

—De eso no estoy muy seguro —respondió don Quijote—; y en caso de duda, hasta informarme mejor, digo que lo hagas si tienes necesidad extrema.

—Tan extrema —respondió Sancho—, que si fuera para mi propia persona no la necesitaría más.

Y con esa licencia, hizo el trueque de aparejos y dejó a su jumento mejorado en tercio y quinto. Hecho esto, almorzaron de las sobras del real que habían sacado de la acémila, y bebieron del agua del arroyo de los batanes, sin volver la cara a mirarlos: tal era el aborrecimiento que les tenían por el miedo que les habían metido.

Pasada la cólera, y aun la melancolía, montaron y, sin tomar camino fijo —porque es muy propio de caballeros andantes no tomar ninguno determinado— se pusieron a caminar por donde quiso Rocinante, que arrastraba tras de sí la voluntad de su amo, y aun la del asno, que siempre lo seguía, en buena compañía. Con todo, volvieron al camino real, y siguieron por él a la ventura, sin otro designio.

Yendo así, dijo Sancho:

—Señor, ¿me da licencia para hablar un poco? Porque desde que me puso ese mandato áspero del silencio, se me han podrido más de cuatro cosas en el estómago, y una que ahora tengo en la punta de la lengua no quisiera que se echara a perder.

—Dila —dijo don Quijote—, y sé breve; que no hay gusto en lo largo.

—Digo, señor —respondió Sancho—, que desde hace días he considerado cuán poco se gana andando a buscar aventuras por estos desiertos y encrucijadas, donde, aun cuando se venzan las más peligrosas, no hay quien las vea ni las sepa; y así se quedan en perpetuo silencio, en perjuicio de su intención y de lo que ellas merecen.

»Así que me parece —con permiso de su mejor juicio— que sería mejor irnos a servir a algún emperador o príncipe grande que tenga guerra; y en ese servicio usted muestre su valor, sus fuerzas y su entendimiento. Que viéndolo el señor a quien sirvamos, por fuerza nos ha de premiar a cada cual según su mérito, y no faltará quien ponga por escrito sus hazañas para memoria perpetua. De las mías no digo nada, porque no han de salir de lo escuderil; aunque sé decir que si se acostumbra escribir hazañas de escuderos, no creo que las mías se queden entre renglones.

—No dices mal, Sancho —respondió don Quijote—; pero antes de llegar a eso, conviene andar por el mundo, como en prueba, buscando aventuras, para que, acabando algunas, se cobre nombre y fama. Así, cuando uno vaya a la corte de un gran monarca, ya será conocido por sus obras; y apenas lo vean entrar los muchachos por la puerta de la ciudad, todos lo seguirán y rodearán dando voces: "¡Este es el Caballero del Sol!", o "de la Sierpe", o de otra insignia bajo la cual haya acabado grandes hazañas.

"Este es —dirán— el que venció en singular batalla al gigantazo Brocabruno de la Gran Fuerza; el que desencantó al Gran Mameluco de Persia del largo encantamiento en que estuvo casi novecientos años".

Así, de boca en boca, irán pregonando sus hechos; y al alboroto de los muchachos y de la gente, se asomará a las ventanas del palacio el rey de aquel reino, y en cuanto vea al caballero —ya por las armas, ya por la empresa del escudo— dirá: "¡Vamos! Salgan mis caballeros a recibir a la flor de la caballería, que allí viene". Y saldrán todos, y el rey lo abrazará estrechamente, y le dará paz besándolo en el rostro, y lo llevará de la mano ante la reina y la infanta, su hija, que será una de las doncellas más hermosas y perfectas que a duras penas se hallen en gran parte de lo descubierto del mundo.

Y sucederá luego que ella ponga los ojos en el caballero, y él en los de ella, y cada cual le parezca al otro más divino que humano; y sin saber cómo, quedarán presos en la red amorosa, con gran cuita en el corazón por no saber cómo hablar para descubrir sus ansias.

Después lo llevarán a un cuarto ricamente aderezado, le quitarán las armas, le pondrán un rico manto de escarlata; y si bien parecía armado, mejor parecerá en jubón. Llegada la noche, cenará con el rey, la reina y la infanta; y él no le quitará los ojos a ella, mirándola a escondidas, y ella hará lo mismo con igual discreción.

Se alzarán las mesas, y entrará de pronto un enano feo y pequeño, con una dueña hermosa; detrás vendrán dos gigantes, trayendo una aventura hecha por un antiquísimo sabio: el que la acabare será tenido por el mejor caballero del mundo. Mandará el rey que la prueben todos, y ninguno la concluirá sino el caballero huésped, para gloria de su fama. De esto quedará contentísima la infanta, pagada de haber puesto sus pensamientos tan alto.

Y lo bueno es que ese rey tiene guerra con otro poderoso, y el caballero le pedirá licencia —al cabo de algunos días en la corte— para servirle. El rey le daría la licencia de buen talante, y el caballero le besará las manos. Y aquella noche se despedirá de la infanta por las rejas de un jardín que da al aposento donde duerme; por allí ya habían hablado, y una doncella muy fiel había sido medianera.

Suspirará él, desmayará ella, traerá agua la doncella; y se afligirán porque amanece y temen ser descubiertos por la honra de la princesa. Finalmente, la infanta volverá en sí y dará sus blancas manos por la reja al caballero, que se las besará mil veces, bañándolas en lágrimas. Quedará concertado el modo de avisarse sus sucesos; y ella le rogará que tarde lo menos posible. Jurará él que así lo hará, la besará de nuevo y se despedirá con tanto sentimiento, que casi se le irá la vida.

Irá a su aposento, se echará en el lecho sin poder dormir, madrugará, se despedirá del rey y de la reina; y le dirán que la infanta está indispuesta y no recibe visitas. Pensará que es pena por su partida; se le traspasará el corazón, y apenas podrá disimular. La medianera lo notará, se lo dirá a su señora, y la infanta llorará diciendo que su mayor pena es no saber quién es su caballero y si es de linaje real. La doncella la asegurará de que tanta cortesía y valentía no caben sino en sujeto de sangre grande, y con eso se consolará la cuitada.

El caballero se irá a la guerra, vencerá, ganará ciudades, triunfará en batallas; volverá a la corte; volverá a ver a su señora; y se concertará que pida su mano al rey, en pago de sus servicios. El rey se la negará por no saber quién es; pero, con todo, o por rapto o por otra suerte, la infanta vendrá a ser su esposa. Y el padre acabará teniéndolo por gran ventura cuando se averigüe que el caballero es hijo de un valeroso rey de no sé qué reino, que quizá ni aparece en los mapas. Muere el padre, hereda la infanta, y en dos palabras queda rey el caballero.

Y aquí entran las mercedes para su escudero y para quienes lo ayudaron a subir: casará al escudero con una doncella de la infanta, que será hija de un duque muy principal.

—Eso quiero, y sin rodeos —dijo Sancho—. A eso me aferro, porque todo, tal como lo contó, ha de suceder con usted, llamándose el Caballero de la Triste Figura.

—No lo dudes, Sancho —replicó don Quijote—, porque por esos mismos pasos han subido muchos caballeros andantes a ser reyes y emperadores. Solo falta ver qué rey, cristiano o pagano, tiene guerra y tiene hija hermosa. Pero ya habrá tiempo: primero hay que ganar fama por otras partes, antes de acudir a la corte.

»También me falta otra cosa: aunque haya rey con hija hermosa, y aunque yo sea famoso, no sé cómo se podrá hallar que soy de linaje de reyes, o al menos primo segundo de emperador; porque el rey no querrá darme a su hija si no está bien enterado de eso, aunque mis hechos lo merezcan. Por esa falta temo perder lo que mi brazo tiene ganado. Bien es verdad que soy hidalgo de solar conocido, y podría ser que el sabio que escriba mi historia deslinde mi parentela de tal modo que me halle quinto o sexto nieto de rey.

»Porque has de saber, Sancho, que hay dos maneras de linajes: unos descienden de príncipes y monarcas, y el tiempo los va deshaciendo hasta quedar en punta, como pirámide al revés; otros comienzan en gente baja y van subiendo poco a poco hasta ser grandes señores. Así que unos fueron y ya no son, y otros son y no fueron. Y bien podría ser yo de estos últimos.

»Y si no, la infanta me querrá tanto que, a pesar de su padre, aunque sepa que soy hijo de un aguador, me admitirá por esposo. Y si tampoco, ahí entra robársela y llevársela donde me parezca; que el tiempo o la muerte acabarán el enojo de sus padres.

—Ahí entra bien también —dijo Sancho— eso que dicen: "No pidas de favor lo que puedes tomar por fuerza"; aunque mejor sería: "Más vale salto de mata que ruego de hombres buenos". Si el rey, suegro de usted, no se ablanda, no hay sino robarla y ponerla a salvo. Pero está el daño en que, hasta que haya paz y se goce el reino, el pobre escudero puede quedarse a dos velas con las mercedes… a menos que la doncella tercera, que ha de ser mi mujer, se venga con la infanta, y yo pase con ella mi mala ventura hasta que el cielo disponga otra cosa; porque usted bien podría dármela ya por esposa legítima.

—Eso nadie te lo quita —dijo don Quijote.

—Pues siendo así —respondió Sancho—, no hay sino encomendarse a Dios y dejar correr la suerte por donde mejor la encamine.

—Hágalo Dios —respondió don Quijote— como yo deseo y tú necesitas; y mal haya quien se tenga por ruin.

—Sea por Dios —dijo Sancho—, que cristiano viejo soy, y para ser conde con eso me basta.

—Y aun te sobra —dijo don Quijote—; y aunque no lo fueras, no importaría, porque siendo yo rey bien puedo darte nobleza sin que la compres ni me sirvas con nada. Porque en haciéndote conde, ya estás hecho caballero, y digan lo que digan; te llamarán "señoría", les pese lo que les pese.

—Y tanto que sabría yo autorizar el dictado —dijo Sancho.

—Dictado has de decir, y no "litado" —dijo su amo.

—Así sea —respondió Sancho—. Digo que sabría acomodarlo bien, porque, por vida mía, un tiempo fui muñidor de una cofradía, y me sentaba tan bien la ropa, que todos decían que tenía presencia para ser prioste de la misma. Pues, ¿qué será cuando me ponga un ropón ducal, o me vista de oro y perlas, como conde extranjero? Para mí que han de venir a verme de cien leguas.

—Bien parecerás —dijo don Quijote—, pero será necesario que te afeites las barbas a menudo; que, como las tienes tan espesas y mal puestas, si no te las arreglas a navaja cada dos días, a tiro de escopeta se verá lo que eres.

—¿Qué hay más —dijo Sancho— sino tomar un barbero y tenerlo asalariado en casa? Y si hace falta, haré que ande detrás de mí, como caballerizo de grande.

—¿Y cómo sabes tú —preguntó don Quijote— que los grandes llevan detrás de sí a sus caballerizos?

—Yo se lo digo —respondió Sancho—: hace años estuve un mes en la corte, y vi que un señor muy pequeño, al que decían muy grande, se paseaba, y un hombre lo seguía a caballo a todas las vueltas, como si fuera su rabo. Pregunté por qué no se le juntaba, y me respondieron que era su caballerizo, y que era uso de grandes llevarlos detrás. Desde entonces lo sé, y no se me ha olvidado.

—Tienes razón —dijo don Quijote—, y así puedes llevar tu barbero; que los usos no nacieron todos juntos. Y puedes ser tú el primer conde que lleve tras sí a su barbero; y además es más confianza hacer la barba que ensillar un caballo.

—De lo del barbero me encargo yo —dijo Sancho—; y usted encárguese de venir a ser rey y hacerme conde.

—Así será —respondió don Quijote.

Y alzando los ojos, vio lo que se dirá en el siguiente capítulo.

CAPÍTULO XXII: DE LA LIBERTAD QUE DIO DON QUIJOTE A MUCHOS DESDICHADOS QUE, MUY A SU PESAR, LOS LLEVABAN ADONDE NO QUERÍAN IR

Cuenta Cide Hamete Benengeli, autor arábigo y manchego, en esta gravísima, altisonante, mínima, dulce e imaginada historia, que después de que don Quijote de la Mancha y Sancho Panza, su escudero, tuvieron aquellas razones que al fin del capítulo XXI quedan referidas, don Quijote alzó los ojos y vio que por el camino que llevaba venían hasta doce hombres a pie, ensartados como cuentas en una gran cadena de hierro, con argollas al cuello, y todos con esposas en las manos. Venían también con ellos dos hombres a caballo y dos a pie: los de a caballo con escopetas de rueda, y los de a pie con dardos y espadas. Y apenas Sancho los vio, dijo:

—Esa es cadena de galeotes: gente forzada del rey, que va a las galeras.

—¿Cómo "gente forzada"? —preguntó don Quijote—. ¿Es posible que el rey haga fuerza a alguien?

—No digo eso —respondió Sancho—, sino que es gente que por sus delitos va condenada a servir al rey en las galeras, por fuerza.

—En resumen —replicó don Quijote—, sea como sea, esta gente, aunque la lleven, va por fuerza y no por voluntad.

—Así es —dijo Sancho.

—Pues de esa manera —dijo su amo—, aquí encaja la ejecución de mi oficio: deshacer fuerzas, socorrer y acudir a los miserables.

—Advierta —dijo Sancho— que la justicia, que es el mismo rey, no hace fuerza ni agravio a esa gente, sino que la castiga por sus delitos.

Llegó en esto la cadena de galeotes, y don Quijote, con razones corteses, pidió a los que iban en su guarda que fueran servidos de informarle y decirle la causa o causas por las que llevaban aquella gente de aquella manera. Una de las guardas de a caballo respondió que eran galeotes, gente de Su Majestad, que iba a galeras, y que no había más que decir ni él tenía más que saber.

—Aun así —replicó don Quijote—, quisiera saber de cada uno en particular la causa de su desgracia.

Añadió a esto otras razones tan comedidas para moverlos a que dijeran lo que deseaba, que la otra guarda de a caballo le dijo:

—Aunque llevamos aquí el registro y la fe de las sentencias de cada uno de estos malaventurados, no es tiempo de detenernos a sacarlas ni leerlas. Acérquese y pregúnteles usted mismo: ellos lo dirán si quieren. Y seguro querrán, porque es gente que recibe gusto de hacer y decir bellacadas.

Con esta licencia —que don Quijote se habría tomado aunque no se la dieran— se llegó a la cadena y le preguntó al primero por qué iba de tan mala manera. Él respondió que por enamorado iba así.

—¿Por eso nada más? —replicó don Quijote—. Pues si por enamorados echan a galeras, hace tiempo que yo estaría remando en ellas.

—No son los amores como los que usted piensa —intervino el galeote—; los míos fueron que quise tanto a una canasta de colar, llena de ropa blanca, que la abracé con tal fuerza que, si la justicia no me la quita por la fuerza, aún hoy no la habría soltado. Me agarraron con las manos en la masa; no hubo lugar de tormento; se acabó la causa; me acomodaron las espaldas con cien azotes, y además, tres años precisos de gurapas, y se terminó la historia.

—¿Qué son gurapas? —preguntó don Quijote.

—Gurapas son galeras —respondió el galeote.

Era un mozo de unos veinticuatro años, natural de Piedrahíta. Don Quijote preguntó lo mismo al segundo, pero el otro no respondió palabra, tan triste y melancólico iba. Respondió por él el primero y dijo:

—Este, señor, va por "canario"; es decir, por músico y cantor.

—¿Cómo? —repitió don Quijote—. ¿Por músicos y cantores van también a galeras?

—Sí, señor —respondió el galeote—: que no hay peor cosa que cantar en el ansia.

—Yo he oído decir —dijo don Quijote— que quien canta, espanta sus males.

—Aquí es al revés —dijo el galeote—: quien canta una vez, llora toda la vida.

—No lo entiendo —dijo don Quijote.

Pero una de las guardas le explicó:

—Señor caballero: "cantar en el ansia" quiere decir, entre esta gente poco santa, confesar en el tormento. A este pecador le dieron tormento, confesó su delito —que era ser cuatrero, o sea, ladrón de bestias—, y por haber confesado lo condenaron a seis años de galeras, además de doscientos azotes, que ya los lleva en las espaldas. Va triste porque los otros ladrones lo maltratan y se burlan de él, porque confesó y no tuvo ánimo de decir "no". Dicen ellos que un "no" tiene tantas letras como un "sí", y que grande ventura es que esté en la lengua la vida o la muerte del delincuente, y no en testigos y probanzas. Y a mí me parece que no van del todo descaminados.

—Yo lo entiendo así —respondió don Quijote.

Pasó al tercero y le preguntó lo mismo. Este, de pronto y con mucho descaro, respondió:

—Yo voy cinco años a las señoras gurapas por faltarme diez ducados.

—Yo daré veinte con gusto —dijo don Quijote— por librarte de esa pesadumbre.

—Eso me parece —respondió el galeote— como quien tiene dinero en mitad del mar y se muere de hambre, sin tener dónde comprar lo que necesita. Si a su tiempo hubiera tenido yo esos veinte ducados, habría untado con ellos la pluma del escribano y avivado el ingenio del procurador, de modo que hoy me vería en mitad de la plaza de Zocodover, en Toledo, y no en este camino, amarrado como galgo. Pero Dios es grande: paciencia, y basta.

Pasó don Quijote al cuarto, un hombre de rostro venerable, barba blanca que le bajaba del pecho. Al preguntarle, comenzó a llorar y no respondió; pero el quinto le sirvió de lengua:

—Este hombre honrado va por cuatro años a galeras, después de haber recibido el paseo acostumbrado, vestido con pompa y a caballo.

—Eso —dijo Sancho— es lo que a mí me parece haber salido a la vergüenza.

—Así es —respondió el galeote—; y la culpa por la que le dieron esa pena es por haber sido "corredor de oreja", y aun de todo el cuerpo. En fin: va por alcahuete, y además por tener sus puntas y collar de hechicero.

—Si no le hubieran añadido esas puntas y collar —dijo don Quijote—, por solo el alcahuete limpio no merecía ir a remar en galeras, sino a mandarlas y ser general de ellas. Porque el oficio de alcahuete no es cualquier cosa: es oficio de discretos, y necesario en una república bien ordenada; y no debería ejercerlo sino gente bien nacida. Aun debería haber veedor y examinador, como en otros oficios, con número señalado y conocido, como los corredores de lonja; y así se evitarían muchos males, pues hoy lo ejercen gente torpe y sin juicio: mujercillas, pajecillos y truhanes sin experiencia, que cuando conviene trazar algo de importancia, se les hielan las ideas y no saben ni dónde tienen la mano derecha.

Quiso pasar adelante con otras razones sobre por qué convendría escoger a quienes habían de tener tan necesario oficio; pero dijo que no era aquel lugar para ello, y que otro día lo diría a quien pudiera remediarlo. Y añadió:

—Solo digo que la pena que me dio ver esas canas y ese rostro venerable en tanta fatiga por alcahuete, me la quita el agregado de ser hechicero. Aunque bien sé que no hay hechizos en el mundo que puedan forzar la voluntad, como algunos simples creen: libre es nuestro albedrío, y no hay yerba ni encanto que lo obligue. Lo que hacen algunas mujeres simples y algunos embusteros es dar mezclas y venenos con que vuelven locos a los hombres, y luego hacen creer que tienen fuerza para hacer amar; siendo, como digo, imposible forzar la voluntad.

—Así es —dijo el buen viejo—; y de verdad, señor, en lo de hechicero no tuve culpa; en lo de alcahuete no lo pude negar. Pero nunca pensé que hiciera mal: mi intención era que todo el mundo se alegrara y viviera en paz, sin pleitos ni penas. Y nada me valió ese deseo para no ir adonde no espero volver, según pesan los años y este mal de orina que llevo, que no me deja reposar un rato.

Y volvió a llorar como antes. A Sancho le dio tanta compasión que sacó un real de a cuatro y se lo dio de limosna.

Pasó don Quijote a otro y le preguntó su delito. Respondió con más gallardía que el anterior:

—Yo voy aquí porque me burlé demasiado con dos primas hermanas mías, y con otras dos hermanas que no lo eran; en fin, tanto me burlé con todas, que de la burla creció la parentela de manera tan enredada que no hay diablo que la aclare. Me lo probaron todo; faltó favor; no tuve dinero; ya me veía a punto de perder hasta el resuello. Me sentenciaron a seis años de galeras: lo acepté. Castigo es de mi culpa. Joven soy: dure la vida, que con ella todo se alcanza. Y si usted, señor caballero, trae algo con que socorrer a estos pobres, Dios se lo pagará en el cielo y nosotros pediremos a Dios por su vida y salud, tan larga y tan buena como su presencia merece.

Iba vestido de estudiante, y dijo una de las guardas que era gran hablador y muy gentil latino.

Tras todos venía un hombre de buen parecer, de unos treinta años, aunque al mirar metía un ojo en el otro un poco. Venía atado de otro modo que los demás: traía una cadena al pie, tan grande que se la enrollaba por el cuerpo, y dos argollas a la garganta, una en la cadena y otra de las que llaman "guardaamigo" o "pie de amigo". De allí bajaban dos hierros hasta la cintura, donde se sujetaban dos esposas que le cerraban las manos con un grueso candado: ni podía llevarse las manos a la boca ni bajar la cabeza hacia ellas.

Preguntó don Quijote por qué aquel hombre llevaba más prisiones que los otros. Respondió la guarda que aquel solo tenía más delitos que todos juntos, y que era tan atrevido y tan bellaco, que aunque lo llevaban así, no iban seguros de él, porque temían que se les escapara.

—¿Qué delitos puede tener —dijo don Quijote— si no merecen más pena que mandarlo a galeras?

—Va por diez años —replicó la guarda—, que es como muerte civil. No quiera saber más: este buen hombre es el famoso Ginés de Pasamonte, a quien por otro nombre llaman Ginesillo de Parapilla.

—Señor comisario —dijo entonces el galeote—, vaya despacio y no andemos ahora separando nombres y apodos. Ginés me llamo, y no Ginesillo; Pasamonte es mi apellido, y no Parapilla, como usted dice. Y cada uno que se dé una vuelta a la redonda y verá que no es poco.

—Hable con menos tono —replicó el comisario—, señor ladrón de marca mayor, si no quiere que lo haga callar, le guste o no.

—Bien se ve —respondió el galeote— que cada quien va como Dios quiere; pero algún día sabrá alguien si me llamo Ginesillo de Parapilla o no.

—¿Pues no te llaman así, embustero? —dijo la guarda.

—Me llaman —respondió Ginés—; pero yo haré que no me lo llamen, o me las veré donde yo sé. Señor caballero, si tiene algo que darnos, dénoslo ya y siga su camino; que ya cansa con querer saber vidas ajenas. Y si quiere saber la mía, sepa que yo soy Ginés de Pasamonte, y mi vida está escrita por estos pulgares.

—Dice verdad —dijo el comisario—: él mismo ha escrito su historia, y dejó empeñado el libro en la cárcel por doscientos reales.

—Y pienso sacarlo —dijo Ginés— aunque estuviera en doscientos ducados.

—¿Tan bueno es? —preguntó don Quijote.

—Tan bueno —respondió Ginés—, que mal año para el Lazarillo de Tormes y para cuantos de ese género se han escrito o se escriban. Le digo que trata verdades, y verdades tan donosas que no puede haber mentiras que se le igualen.

—¿Y cómo se titula el libro? —preguntó don Quijote.

—La vida de Ginés de Pasamonte —respondió él.

—¿Y está terminado? —preguntó don Quijote.

—¿Cómo va a estar terminado —respondió Ginés— si mi vida aún no ha terminado? Lo que está escrito va desde mi nacimiento hasta el punto en que esta última vez me han mandado a galeras.

—Entonces, ¿otra vez ha estado allí? —dijo don Quijote.

—Para servir a Dios y al rey, ya estuve cuatro años, y sé a qué sabe el bizcocho y el látigo —respondió Ginés—; y no me pesa mucho volver, porque allí tendré lugar de acabar el libro. Me faltan muchas cosas, y en las galeras de España hay más sosiego del que se cree, aunque no hace falta mucho para lo que tengo que escribir, porque me lo sé de memoria.

—Hábil pareces —dijo don Quijote.

—Y desdichado —respondió Ginés—; porque las desdichas persiguen al buen ingenio.

—Persiguen a los bellacos —dijo el comisario.

—Ya le dije, señor comisario —respondió Pasamonte—, que vaya despacio. Esos señores no le dieron esa vara para maltratar a estos pobres, sino para guiarnos adonde Su Majestad manda. Si no, por vida de… —basta—, que quizá algún día salgan a la luz cosas que se hicieron en la venta. Que calle todo el mundo, vivamos bien, hablemos mejor y caminemos, que ya es demasiado regodeo.

Alzó el comisario la vara para darle a Pasamonte en respuesta, pero don Quijote se puso en medio y le rogó que no lo maltratara, pues no era extraño que quien llevaba las manos tan atadas tuviera algo suelta la lengua.

Y volviéndose a todos los de la cadena, dijo:

—De todo lo que me han dicho, hermanos carísimos, saco en limpio que aunque los han castigado por sus culpas, las penas que van a padecer no les dan gusto, y que van a ellas muy de mala gana y contra su voluntad. Y bien podría ser que el poco ánimo de aquel en el tormento, la falta de dinero de este, el poco favor de otro y, finalmente, el torcido juicio del juez, hayan sido causa de su perdición, y de no haber alcanzado la justicia que de su parte creían tener.

»Todo esto se me representa de modo que me persuade —y casi me fuerza— a mostrar con ustedes el efecto para el cual el cielo me arrojó al mundo y me hizo profesar la orden de caballería y el voto que hice de favorecer a los menesterosos y oprimidos por los poderosos.

»Pero, porque sé que una parte de la prudencia es no hacer por mal lo que se puede hacer por bien, quiero rogar a estos señores guardianes y al comisario que sean servidos de desatarlos y dejarlos ir en paz. No faltarán otros que sirvan al rey en mejores ocasiones; porque me parece duro hacer esclavos a quienes Dios y naturaleza hicieron libres.

»Y además, señores guardas, estos pobres no han cometido nada contra ustedes. Allá se las vea cada cual con su pecado. Dios está en el cielo, y no se descuida de castigar al malo ni de premiar al bueno; y no es bien que hombres honrados sean verdugos de otros hombres, no yéndoles nada en ello. Pido esto con mansedumbre, para que, si lo cumplen, yo tenga algo que agradecerles; y si no lo hacen de buena gana, esta lanza y esta espada, con el valor de mi brazo, harán que lo hagan por fuerza.

—¡Linda majadería! —respondió el comisario—. ¡Bueno es el chiste con que sale al cabo de rato! ¿Que dejemos libres a los forzados del rey, como si tuviéramos autoridad para soltarlos, o como si usted la tuviera para mandarlo? Siga su camino, señor, y enderece esa bacía que trae en la cabeza, y no ande buscando tres pies al gato.

—¡Usted es el gato, el rato y el bellaco! —respondió don Quijote.

Y dicho y hecho, arremetió tan presto contra él, que, sin darle tiempo a defenderse, lo derribó en el suelo, malherido de una lanzada. Le vino bien al comisario, porque era el de la escopeta. Las demás guardas quedaron atónitas del suceso; pero, volviendo en sí, echaron mano a las armas: los de a caballo a las espadas, y los de a pie a los dardos, y arremetieron a don Quijote, que los aguardó con sosiego. Y sin duda la habría pasado mal, si los galeotes, viendo la ocasión de conseguir libertad, no hubieran ayudado a romper la cadena.

La revuelta fue tal que las guardas, ya por acudir a los galeotes que se desataban, ya por acometer a don Quijote, no hicieron cosa de provecho. Sancho, por su parte, ayudó a soltar a Ginés de Pasamonte, que fue el primero en quedar libre; y este, arremetiendo al comisario caído, le quitó la espada y la escopeta, y con ella, apuntando a uno y amedrentando a otro, aunque jamás disparó, no dejó guarda en el campo: todos huyeron, tanto por la escopeta de Pasamonte como por las pedradas de los galeotes sueltos.

Se entristeció Sancho al instante, porque se le representó que los que huían darían aviso a la Santa Hermandad, que saldría a buscarlos a campana herida. Se lo dijo a su amo, y le rogó que se fueran enseguida y se emboscaran en la sierra cercana.

—Está bien —dijo don Quijote—; pero yo sé lo que ahora conviene hacer.

Y llamando a los galeotes, que andaban alborotados y habían despojado al comisario hasta dejarlo en cueros, se pusieron todos alrededor para ver qué les mandaba. Y don Quijote les dijo:

—De gente bien nacida es agradecer los beneficios, y uno de los pecados que más ofenden a Dios es la ingratitud. Lo digo porque ya han visto lo que han recibido de mí. En pago, quiero y es mi voluntad que, cargados con esa cadena que quité de sus cuellos, se pongan luego en camino hacia la ciudad del Toboso; y allí se presenten ante la señora Dulcinea del Toboso, y le digan que su caballero, el de la Triste Figura, la saluda y se encomienda, y le cuenten punto por punto esta aventura hasta dejarlos en la libertad deseada; y hecho esto, podrán irse adonde quieran, con la buena fortuna.

Respondió por todos Ginés de Pasamonte:

—Lo que usted manda, señor libertador, es imposible. No podemos ir juntos por los caminos, sino solos y divididos, cada uno procurando meterse en la tierra por no ser hallado por la Santa Hermandad, que sin duda saldrá a buscarnos. Lo que usted puede hacer, y es justo, es cambiar ese servicio de la señora Dulcinea por alguna cantidad de avemarías y credos, que nosotros diremos por su intención: eso sí se puede cumplir de noche y de día, huyendo o descansando, en paz o en guerra. Pero pensar que volvamos ahora a las ollas de Egipto —digo, a tomar la cadena y encaminarnos al Toboso— es como decir que es de noche cuando aún no son ni las diez de la mañana; y es pedirnos peras al olmo.

—Pues juro… —dijo don Quijote, ya encendido en cólera—, hijo de mala madre, Ginésillo de Paropillo —o como se llame—, que ha de ir usted solo, con el rabo entre las piernas, con toda la cadena a cuestas.

Pasamonte, que era de mal sufrir, y que ya había entendido que don Quijote no estaba muy cuerdo —pues tal disparate había cometido al darles libertad—, viéndose tratado así, hizo señas a sus compañeros. Se apartaron un poco y comenzó a llover una nube de piedras sobre don Quijote. No se daba abasto a cubrirse con la rodela; y el pobre Rocinante no hacía más caso de la espuela que si fuera de bronce.

Sancho se puso detrás de su asno, y con él se defendía del pedrisco. Don Quijote no pudo cubrirse tan bien que no le dieran muchos guijarros en el cuerpo, con tanta fuerza que lo derribaron. Apenas cayó, el estudiante se le echó encima, le quitó la bacía de la cabeza y le dio con ella tres o cuatro golpes en las espaldas, y otros tantos contra el suelo, hasta hacerla pedazos.

Le quitaron la ropilla que llevaba sobre las armas, y quisieron quitarle también las medias calzas, si las grebas no lo impidieran. A Sancho le quitaron el gabán y, dejándolo en cueros, se repartieron los despojos y se fueron cada uno por su lado, con más cuidado de escapar de la Hermandad que de cargar cadenas e ir a presentarse ante Dulcinea del Toboso.

Solos quedaron jumento y Rocinante, Sancho y don Quijote: el jumento, cabizbajo y pensativo, sacudiendo de cuando en cuando las orejas, como si aún le siguieran las piedras; Rocinante, tendido junto a su amo, pues también cayó por otra pedrada; Sancho, en cueros y temeroso de la Santa Hermandad; y don Quijote, mohíno de verse tan malparado por los mismos a quienes tanto bien había hecho.

CAPÍTULO XXIII: DE LO QUE LE ACONTECIÓ AL FAMOSO DON QUIJOTE EN SIERRA MORENA, QUE FUE DE LAS MÁS RARAS AVENTURAS QUE EN ESTA VERDADERA HISTORIA SE CUENTAN

Viéndose tan malparado don Quijote, le dijo a su escudero:

—Siempre, Sancho, he oído decir que hacerle bien a villanos es echar agua en el mar. Si te hubiera creído cuando me lo advertiste, me habría ahorrado esta pesadumbre; pero ya está hecho. Paciencia, y que sirva de escarmiento desde hoy en adelante.

—Así escarmentará usted —respondió Sancho— como yo soy turco; pero, ya que dice que si me hubiera creído se habría evitado este daño, créame ahora y evitará otro mayor. Porque le digo que con la Santa Hermandad no se puede usar de caballerías: a esa gente no le importan dos maravedíes todos los caballeros andantes que haya. Y sepa que ya me parece que sus saetas me zumban por los oídos.

—Por naturaleza eres cobarde, Sancho —dijo don Quijote—; pero, para que no digas que soy porfiado y que nunca hago caso de tus consejos, esta vez tomaré el tuyo y me apartaré de la furia que tanto temes. Pero con una condición: que jamás, ni en vida ni en muerte, le dirás a nadie que me retiré de este peligro por miedo, sino solo por complacerte a ti y a tus ruegos. Porque si dijeras otra cosa, mentirías; y desde ahora para entonces, y desde entonces para ahora, te desmiento, y digo que mientes y mentirás cuantas veces lo pienses o lo digas. Y no me respondas más; que con solo pensar que me aparto de un peligro —y más de este, que parece tener algo de sombra de miedo—, ya me dan ganas de quedarme aquí, y de esperar yo solo no solo a esa Santa Hermandad que temes, sino a los hermanos de las doce tribus de Israel, y a los siete Macabeos, y a Cástor y Pólux, y a todos los hermanos y hermandades que hay en el mundo.

—Señor —respondió Sancho—, retirarse no es huir, y esperar no siempre es cordura cuando el peligro es mayor que la esperanza. De sabios es guardarse hoy para mañana y no jugarse todo en un día. Y sepa que, aunque yo sea zafio y villano, todavía se me alcanza algo de eso que llaman buen gobierno. Así que no se arrepienta de haber tomado mi consejo: suba a Rocinante, si puede; y si no, yo le ayudo; y sígame, porque el juicio me dice que ahora vamos a necesitar más los pies que las manos.

Subió don Quijote sin replicar, y guiando Sancho sobre su asno se metieron por una parte de Sierra Morena, que estaba allí mismo. Sancho llevaba intención de atravesarla y salir al Viso o a Almodóvar del Campo, y esconderse algunos días por aquellas asperezas, para no ser hallados si la Hermandad los buscaba. Animóle a ello haber visto que, del alboroto con los galeotes, se había salvado la despensa que venía sobre su asno; cosa que le pareció milagro, según lo que aquellos llevaron y buscaron.

Aquella noche llegaron a lo más hondo de Sierra Morena, y a Sancho le pareció bien pasar allí esa noche y aun algunos días, por lo menos mientras durara el matalotaje. Así que hicieron noche entre dos peñas y muchos alcornoques.

Pero la suerte fatal —que, según opinión de quienes no tienen la luz de la verdadera fe, todo lo guía, lo compone y lo arregla a su manera— ordenó que Ginés de Pasamonte, el famoso embustero y ladrón que por virtud y locura de don Quijote se había escapado de la cadena, llevado del miedo a la Santa Hermandad (a la que con razón temía), resolvió esconderse en aquellas montañas. Y lo llevaron su suerte y su miedo a la misma parte adonde habían llevado a don Quijote y a Sancho Panza, a tiempo y ocasión en que pudo reconocerlos, y tan a punto que los dejó dormidos.

Y como los malos suelen ser desagradecidos, y la necesidad empuja a lo que no se debe, y el remedio presente vence al temor de lo por venir, Ginés —que ni era agradecido ni bien intencionado— decidió robarle el asno a Sancho Panza, sin ocuparse de Rocinante, por ser tan mala prenda para empeñada como para vendida. Sancho dormía: Ginés le robó el jumento, y antes del amanecer ya estaba lejos, de modo que no podían alcanzarlo.

Salió la aurora alegrando la tierra y entristeciendo a Sancho, porque notó que le faltaba su rucio. Y, viéndose sin él, empezó a hacer el llanto más triste del mundo. Fue tal, que don Quijote despertó con sus voces, y oyó que decía:

—¡Oh hijo de mis entrañas, nacido en mi misma casa, brinco de mis hijos, regalo de mi mujer, envidia de mis vecinos, alivio de mis cargas, y, en fin, sustentador de la mitad de mi persona, porque con veintiséis maravedíes que ganabas cada día yo sostenía media despensa!

Don Quijote, al ver el llanto y saber la causa, consoló a Sancho con las mejores razones que pudo, y le rogó que tuviera paciencia, prometiéndole darle una cédula de cambio para que en su casa le dieran tres asnos por cinco de los que decía haber dejado allí.

Con esto se consoló Sancho: se limpió las lágrimas, templó los sollozos y agradeció la merced. Don Quijote, en cambio, al entrar por aquellas montañas se alegró de corazón, pareciéndole aquellos lugares hechos a propósito para las aventuras que buscaba. Se le venían a la memoria los maravillosos sucesos de caballeros andantes en soledades y asperezas semejantes, y iba tan embebido en esto que de nada más se acordaba.

Ni Sancho llevaba otro cuidado —después de sentirse por terreno seguro— sino el de satisfacer el estómago con los restos del despojo clerical. Iba tras su amo cargado con lo que debía haber llevado el rucio, sacando del costal y echándose a la panza lo que podía; y, mientras marchaba así, no habría dado un ardite por encontrar otra aventura.

En esto alzó los ojos y vio que su amo estaba parado, levantando con la punta del lanzón no sé qué bulto caído en el suelo. Sancho se apresuró a llegar por si hacía falta; y llegó justo cuando don Quijote alzaba un cojín y una maleta unida a él, medio podridos o del todo deshechos, pero tan pesados que Sancho tuvo que apearse para tomarlos. Don Quijote le mandó que viera qué traía la maleta.

Sancho lo hizo con presteza; y aunque venía cerrada con cadena y candado, por lo roto y podrido vio lo que había dentro: cuatro camisas de fina holanda y otras piezas de lienzo tan curiosas como limpias; y en un pañizuelo encontró un buen montón de escudos de oro. Apenas los vio, dijo:

—¡Bendito sea el cielo, que nos ha deparado una aventura de provecho!

Buscó más, y halló un librillo de memoria, ricamente guarnecido. Don Quijote se lo pidió, y mandó a Sancho que guardara el dinero y lo tomara para sí. Sancho le besó las manos por la merced; y, vaciando la lencería, la metió en el costal de la despensa.

Visto esto, don Quijote dijo:

—Me parece, Sancho —y no puede ser otra cosa— que algún caminante perdido debió pasar por esta sierra, y al asaltarlo malandrines lo mataron y lo trajeron a enterrar en este lugar tan escondido.

—No puede ser —respondió Sancho—; porque si hubieran sido ladrones, no habrían dejado aquí este dinero.

—Dices verdad —dijo don Quijote—; y así, no acierto a entender qué puede ser esto. Pero espera: veremos si en este librillo hay algo escrito por donde podamos seguir la pista.

Lo abrió, y lo primero que halló escrito —como borrador, pero de muy buena letra— fue un soneto, que leyó en voz alta para que Sancho también lo oyera. Decía así:

O le falta al Amor conocimiento,
o le sobra crueldad, o no es mi pena
igual a la ocasión que me condena
al género más duro de tormento.

Pero si Amor es dios, es argumento
que nada ignora, y es razón muy buena
que un dios no sea cruel. Pues ¿quién ordena
el terrible dolor que adoro y siento?

Si digo que eres tú, Filis, no acierto;
que tanto mal en tanto bien no cabe,
ni me viene del cielo esta ruina.

Presto habré de morir, que es lo más cierto;
que al mal cuya causa no se sabe,
milagro es acertar la medicina.

—Con esa trova —dijo Sancho— no se puede saber gran cosa, a menos que por ese hilo se saque el ovillo.

—¿Qué hilo? —preguntó don Quijote.

—Me pareció que usted nombró "hilo".

—No dije "hilo", sino "Filis" —respondió don Quijote—, y ese es, sin duda, el nombre de la dama de quien se queja el autor del soneto. Y a fe que debía de ser poeta razonable, o yo sé poco del arte.

—Entonces —dijo Sancho—, ¿usted también entiende de trovas?

—Y más de lo que imaginas —respondió don Quijote—; y lo verás cuando lleves una carta, escrita en verso de cabo a rabo, a mi señora Dulcinea del Toboso. Porque quiero que sepas que casi todos los caballeros andantes de la edad pasada eran grandes trovadores y grandes músicos: estas dos habilidades, o gracias, por mejor decir, van pegadas a los enamorados andantes. Es verdad que las coplas de aquellos caballeros tienen más espíritu que primor.

—Lea más —dijo Sancho—; que ya hallará algo que nos aclare.

Don Quijote volvió la hoja y dijo:

—Esto es prosa, y parece carta.

—¿Carta, señor? —preguntó Sancho.

—Por el principio parece cosa de amores —respondió don Quijote.

—Pues léala en voz alta —dijo Sancho—; que me gustan mucho esas cosas.

—Con gusto —dijo don Quijote.

Y leyéndola en voz alta, como Sancho se lo rogaba, decía así:

«Tu falsa promesa y mi cierta desventura me llevan a parte donde antes volverán a tus oídos nuevas de mi muerte que razones de mis quejas. Me desechaste, ingrata, por quien tiene más, no por quien vale más que yo; mas si la virtud fuera riqueza estimada, no envidiaría dicha ajena ni lloraría desdicha propia. Lo que levantó tu hermosura han derribado tus obras: por ella entendí que eras ángel, y por ellas conozco que eres mujer. Quédate en paz, causadora de mi guerra, y quiera el cielo que los engaños de tu esposo estén siempre encubiertos, para que tú no te arrepientas de lo que hiciste y yo no tome venganza de lo que no deseo.»

Acabada la carta, dijo don Quijote:

—Por esta se saca menos que por los versos, pero al menos se entiende que quien la escribió es un amante desdeñado.

Y hojeando casi todo el librillo, halló otros versos y cartas que algunas pudo leer y otras no; pero todo era lo mismo: quejas, lamentos, desconfianzas, sabores y sinsabores; favores y desdenes, celebrados unos y llorados otros.

Mientras don Quijote leía, Sancho revisaba la maleta sin dejar rincón que no registrara, ni costura que no tanteara, ni lana que no desmenuzara, por ver si quedaba algo escondido: tan goloso lo habían puesto los escudos hallados, que pasaban de ciento. Y aunque no halló más, dio por bien pagados los vuelos de la manta, el vomitar del brebaje, las bendiciones de las estacas, los golpes del arriero, la pérdida de las alforjas, el robo del gabán y toda el hambre, sed y cansancio pasados, pareciéndole que estaba sobradamente recompensado con la merced de quedarse con aquel hallazgo.

Con gran deseo quedó el Caballero de la Triste Figura por saber quién era el dueño de la maleta. Conjeturaba, por el soneto y la carta, por el oro y por las camisas tan finas, que debía de ser algún principal enamorado, a quien los desdenes y malos tratos de su dama habían conducido a algún extremo desesperado. Pero como en aquel lugar áspero y deshabitado no parecía persona alguna de quien informarse, siguió adelante, sin otro camino que el que Rocinante quería, siempre imaginando que no podía faltar entre aquellas malezas alguna aventura extraña.

Yendo así, vio que por lo alto de una loma que se le ofrecía delante iba saltando un hombre de risco en risco y de mata en mata, con extraña ligereza. Le pareció que iba casi desnudo: barba negra y espesa, cabellos largos y revueltos, pies descalzos y piernas descubiertas; los muslos apenas cubiertos por unos calzones, al parecer de terciopelo leonado, pero tan hechos pedazos que por muchas partes se le veía la carne. Llevaba la cabeza descubierta. Aunque pasó con aquella ligereza, don Quijote notó todo; y, aunque lo intentó, no pudo seguirlo, porque Rocinante no estaba para andar por aquellas asperezas, y menos siendo de suyo corto de paso y flemático.

Entonces imaginó don Quijote que aquel hombre era el dueño del cojín y la maleta, y se propuso buscarlo aunque tuviera que andar un año por aquellas sierras. Mandó a Sancho que se bajara del asno y atajara por un lado de la loma, mientras él iría por el otro, para ver si con esa diligencia lo encontraban.

—No puedo —respondió Sancho—; porque apenas me aparto de usted, me cae encima el miedo con mil sobresaltos y visiones. Que esto le sirva de aviso: de aquí en adelante no me aparto un dedo de su lado.

—Así será —dijo el de la Triste Figura—; y me alegra que quieras ampararte en mi ánimo, que no te faltará, aunque a ti te falte el aliento. Ven tras mí, poco a poco, como puedas; y haz de los ojos linternas. Rodearemos esta loma: quizá demos con aquel hombre, que sin duda es el dueño de nuestro hallazgo.

—Mejor sería no buscarlo —respondió Sancho—; porque si lo hallamos y resulta ser dueño del dinero, está claro que tendré que devolverlo. Y más valía, sin hacer esa diligencia, poseerlo yo de buena fe hasta que por otra vía menos curiosa apareciera su verdadero dueño; y quizá para entonces ya lo habría gastado, y el rey me dejaba en paz.

—Te equivocas, Sancho —respondió don Quijote—; porque, ya que sospechamos de quién es, estamos obligados a buscarlo y devolvérselo. Y aun si no lo buscáramos, la sospecha fuerte que tenemos nos hace culpables casi como si estuviéramos ciertos. Así que no te pese buscarlo: a mí se me quitará el pesar si lo hallo.

Y así picó a Rocinante, y Sancho lo siguió a pie y cargado, por culpa de Ginesillo de Pasamonte. Y habiendo rodeado parte de la montaña, hallaron en un arroyo una mula ensillada y enfrenada, caída, muerta, medio comida de perros y picada de grajos. Todo esto les confirmó que el que huía era el dueño de la mula, del cojín y de la maleta.

Mientras la miraban, oyeron un silbo como de pastor, y de pronto, a la izquierda, aparecieron muchas cabras; y tras ellas, por lo alto, el cabrero que las guardaba: un hombre anciano. Don Quijote le dio voces y le rogó que bajara. El cabrero respondió a gritos quién los había traído a aquel lugar, casi nunca pisado sino por cabras, lobos y fieras. Sancho le dijo que bajara, que le darían buena cuenta. Bajó, y al llegar, dijo:

—Apuesto que están mirando la mula de alquiler que está muerta ahí. A fe que ya hace seis meses que está en ese sitio. Díganme: ¿han encontrado por ahí a su dueño?

—A nadie —respondió don Quijote—; solo hallamos un cojín y una maleta no lejos de aquí.

—Yo también los hallé —respondió el cabrero—; pero nunca quise tocarlos, por miedo a un mal paso y a que me los pidieran como robados. El diablo es sutil, y bajo los pies se le levanta a uno cosa donde tropieza y cae, sin saber cómo.

—Eso mismo digo yo —respondió Sancho—; que también los vi, y no quise acercarme ni a tiro de piedra. Allí estaban y allí se quedaban: no quiero perro con cencerro.

—Dígame, buen hombre —dijo don Quijote—, ¿sabe usted quién es el dueño de estas cosas?

—Lo que sé decir —respondió el cabrero— es que hará unos seis meses, poco más o menos, llegó a una majada de pastores —a unas tres leguas de aquí— un joven de gentil talle y apostura, montado en esa misma mula que está muerta, y con ese mismo cojín y maleta. Nos preguntó qué parte de la sierra era la más áspera y escondida. Le dijimos que esta; y es verdad, porque si entran media legua más adentro, quizá ya no acierten a salir. Me maravilla que hayan llegado, porque no hay camino ni senda.

»En oyendo nuestra respuesta, volvió riendas y se encaminó hacia acá con prisa. Desde entonces no lo vimos, hasta que, algunos días después, salió al camino, se le fue encima a uno de nuestros pastores y, sin decirle nada, le dio muchas puñadas y patadas; luego fue a la borrica del hato y le quitó cuanto pan y queso llevaba. Y, con ligereza, volvió a meterse en la sierra.

»Cuando lo supimos, algunos cabreros lo buscamos casi dos días por lo más cerrado de la sierra, hasta que lo hallamos metido en el hueco de un alcornoque grueso. Salió manso, ya con el vestido roto y el rostro desfigurado y quemado del sol, de modo que apenas lo reconocíamos; pero por los vestidos —aunque rotos— entendimos que era el que buscábamos.

»Nos saludó cortésmente y en pocas y buenas razones dijo que no nos sorprendiéramos de verlo así, porque de ese modo le convenía cumplir cierta penitencia por muchos pecados. Le rogamos que nos dijera quién era, pero no hubo manera. Le pedimos también que, cuando necesitara sustento, nos avisara dónde hallarlo, para llevárselo con cuidado; y si no le gustaba, al menos que saliera a pedirlo y no a quitarlo. Agradeció el ofrecimiento, pidió perdón por los asaltos y prometió que de ahí en adelante lo pediría por amor de Dios, sin molestar a nadie. Sobre dónde dormía, dijo que donde lo sorprendía la noche.

»Acabó con un llanto tan tierno que si no lo acompañábamos, habría que haber sido de piedra. Porque, como les digo, era un joven muy bien parecido y, por su hablar, se veía bien nacido y de trato cortesano. Y en lo mejor de su plática se quedó callado; clavó los ojos en el suelo un buen rato, y nosotros quedamos suspensos, con lástima, porque por su modo de mirar y callar conocimos que le venía un ataque de locura.

»Y así fue: de pronto se levantó con furia y se abalanzó sobre el primero que tenía cerca, con tal rabia que, si no se lo quitamos, lo mata a puñadas y mordiscos; y decía: "¡Ah, traidor Fernando! ¡Aquí me pagarás la sinrazón que me hiciste! ¡Estas manos te sacarán el corazón donde anidan todas las maldades, sobre todo el fraude y el engaño!" Y decía otras cosas, todas contra ese Fernando, llamándolo traidor.

»Lo apartamos con trabajo, y él, sin decir más, se fue corriendo entre jarales y malezas, de modo que fue imposible seguirlo. Por esto conjeturamos que la locura le viene por tiempos, y que un tal Fernando le debió hacer un daño grande, según el extremo al que lo ha llevado.

»Esto se confirmó después, porque muchas veces ha salido al camino: unas a pedir comida, y otras a quitarla por fuerza. Cuando está con el ataque, aunque se lo ofrezcan, no lo acepta: lo toma a golpes; y cuando está en su juicio, lo pide por amor de Dios, con mucha cortesía, y da gracias con lágrimas.

»Y la verdad, señores —prosiguió el cabrero—, es que ayer decidimos yo y cuatro zagales (dos criados y dos amigos míos) buscarlo hasta hallarlo, y después de hallado, llevarlo a Almodóvar —que está a ocho leguas—, ya por fuerza, ya por voluntad, para curarlo si se puede, o al menos saber quién es cuando esté en su juicio, y dar noticia a sus parientes.

»Eso es lo que puedo decirles. Y entiendan que el dueño de las cosas que hallaron es el mismo que vieron pasar con tanta ligereza, casi desnudo.

Don Quijote quedó admirado de lo oído, y con más deseo de saber quién era aquel desdichado. Se reafirmó en lo que ya pensaba: buscarlo por toda la montaña, sin dejar rincón ni cueva sin mirar, hasta hallarlo. Pero la suerte lo hizo mejor de lo que esperaba, porque en ese mismo instante apareció por una quebrada el joven que buscaban, viniendo hacia ellos, hablando consigo palabras que no se entendían ni de cerca.

Venía como se ha dicho; y al llegar más cerca, vio don Quijote que el coleto hecho pedazos que traía era de ámbar, con lo cual acabó de entender que no debía de ser persona de baja condición.

Al llegar a ellos, el joven los saludó con voz destemplada y bronca, pero con mucha cortesía. Don Quijote le respondió con igual comedimiento, y bajándose de Rocinante, con gentil continente, fue a abrazarlo, y lo tuvo un buen rato estrechado entre sus brazos, como si lo conociera de hace años.

El otro —a quien podemos llamar el Roto de la Mala Figura, así como a don Quijote se le llama el de la Triste—, después de dejarse abrazar, lo apartó un poco y, con las manos en los hombros de don Quijote, se quedó mirándolo como si quisiera reconocerlo; no menos admirado quizá de la figura, talle y armas de don Quijote, que don Quijote lo estaba de verle a él.

En fin, el primero que habló después del abrazo fue el Roto, y dijo lo que se dirá adelante.

CAPÍTULO XXIV: DONDE SE PROSIGUE LA AVENTURA DE LA SIERRA MORENA

Dice la historia que era grandísima la atención con que don Quijote escuchaba al astroso Caballero de la Sierra; y él, prosiguiendo su plática, dijo:

—Por cierto, señor, quienquiera que sea usted, aunque yo no lo conozca, le agradezco las muestras y la cortesía que ha tenido conmigo. Yo quisiera hallarme en términos de poder servirle, no solo con la voluntad, sino con algo más que correspondiera al buen recibimiento que me ha hecho; pero mi suerte no quiere darme otra cosa con que pague las buenas obras que me hacen, sino buenos deseos de satisfacerlas.

—Los míos —respondió don Quijote— son de servirle; tanto, que tenía resuelto no salir de estas sierras hasta dar con usted y saber si al dolor que muestra en lo extraño de su vida se le puede hallar algún remedio; y si fuera menester buscarlo, buscarlo con toda la diligencia posible. Y si su desventura fuera de aquellas que cierran la puerta a todo consuelo, pensaba ayudarle a llorarla y a lamentarla como mejor pudiera; que también es consuelo, en las desgracias, hallar quien se duela de ellas. Y si mi buen intento merece ser agradecido con alguna cortesía, le suplico, señor —por la que veo que hay en usted—, y lo conjuro por lo que más ha amado o ama en esta vida, que me diga quién es y qué causa lo ha traído a vivir y a morir en estas soledades como un bruto, tan ajeno de sí mismo como lo muestran su traje y su persona. Y juro —añadió don Quijote— por la orden de caballería que recibí, aunque indigno y pecador, y por la profesión de caballero andante, que si usted me complace en esto, yo lo serviré con toda verdad, ya remediando su desgracia, si tiene remedio, ya ayudándole a llorarla, como se lo he prometido.

El Caballero del Bosque, que oyó hablar así al de la Triste Figura, no hacía sino mirarlo y volverlo a mirar, de arriba abajo; y después de haberlo considerado bien, dijo:

—Si tienen algo que darme de comer, por amor de Dios, denme; que después, ya comido, haré todo lo que se me manda, en agradecimiento de tan buenos deseos como aquí se me muestran.

Entonces sacaron Sancho de su costal y el cabrero de su zurrón, y con eso satisfizo el Roto su hambre. Comía como persona atontada, tan aprisa que no daba lugar de un bocado al otro: más los engullía que los tragaba. Y mientras comía, ni él ni los demás dijeron palabra. Acabado de comer, les hizo señas de que lo siguieran; lo hicieron, y los condujo a un pradecillo verde, al rodeo de una peña, no muy lejos de allí. Llegados, se tendió sobre la hierba, y los demás hicieron lo mismo. Todo fue en silencio, hasta que el Roto, ya acomodado, dijo:

—Si quieren, señores, que les diga en pocas razones la inmensidad de mis desventuras, han de prometerme que con ninguna pregunta ni con otra cosa interrumpirán el hilo de mi triste historia; porque en el punto en que lo hagan, ahí mismo se quedará lo que vaya contando.

Estas razones del Roto le trajeron a don Quijote a la memoria el cuento que le contó Sancho cuando perdió la cuenta de las cabras que pasaban el río, y dejó la historia colgada. Pero el Roto prosiguió:

—Hago esta advertencia porque quiero pasar con brevedad por la cuenta de mis desgracias: traerlas a la memoria no me sirve sino para añadir otras nuevas. Y mientras menos me pregunten, más pronto acabaré; aunque no dejaré de contar nada que importe, para satisfacer por completo su deseo.

Don Quijote se lo prometió en nombre de todos, y él, con esa seguridad, comenzó así:

—Mi nombre es Cardenio; mi patria, una de las mejores ciudades de Andalucía; mi linaje, noble; mis padres, ricos; mi desventura, tanta, que debieron llorarla mis padres y sentirla mi linaje, sin poder remediarla con su riqueza; porque para desdichas del cielo poco valen los bienes de fortuna. Vivía en esta misma tierra un cielo donde el amor puso toda la gloria que yo pudiera desear: tal era la hermosura de Luscinda, doncella tan noble y tan rica como yo, pero con más ventura, y con menos firmeza de la que mis honrados pensamientos merecían.

»A Luscinda la amé, la quise y la adoré desde mis primeros años; y ella me quiso a mí, con esa sencillez y buen ánimo que su poca edad permitía. Nuestros padres sabían nuestros intentos y no les pesaba, porque veían que, si todo iba adelante, no podía tener otro fin que el casamiento, cosa que casi dejaba acordada la igualdad de nuestro linaje y riquezas.

»Creció la edad, y con ella el amor de ambos; y al padre de Luscinda le pareció, por ciertos respetos, que estaba obligado a negarme la entrada de su casa, casi imitando a los padres de aquella Tisbe tan celebrada por los poetas. Y aquella negación fue echar llama a la llama y deseo al deseo; porque, aunque pusieron silencio a las lenguas, no se lo pudieron poner a las plumas, que suelen decir con más libertad lo que el alma encierra. Muchas veces la presencia de lo amado turba y enmudece la intención más firme y la lengua más atrevida.

»¡Ay, cielos, cuántos billetes le escribí! ¡Cuántas respuestas, regaladas y honestas, recibí! ¡Cuántas canciones compuse y cuántos versos enamorados, donde el alma declaraba sus sentimientos, pintaba deseos encendidos, entretenía memorias y recreaba la voluntad!

»En fin, viéndome apretado y consumido del deseo de verla, resolví acabar de una vez lo que me pareció más conveniente para alcanzar mi premio: pedírsela a su padre por esposa legítima. Así lo hice, y él me respondió que agradecía mi voluntad de honrarlo y de honrarme con prendas suyas; pero que, viviendo mi padre, a él le tocaba por derecho hacer esa demanda, porque si no era con su gusto, Luscinda no era mujer para tomarse ni darse a escondidas.

»Yo le agradecí su buena disposición, pareciéndome que decía con razón, y confié en que mi padre lo aceptaría en cuanto yo se lo contara. Con ese pensamiento fui en el acto a hablar con mi padre; y al entrar en el aposento donde estaba, lo hallé con una carta abierta en la mano. Antes de que yo dijera palabra, me la dio y me dijo: "Por esa carta verás, Cardenio, la voluntad que el duque Ricardo tiene de hacerte merced".

»Ese duque Ricardo —como ustedes deben saber— es un grande de España, con estado en lo mejor de Andalucía. Tomé y leí la carta; venía tan encarecida, que a mí mismo me pareció mal si mi padre dejaba de cumplir lo que se le pedía: que me enviara en seguida donde el duque estaba, porque quería que yo fuese compañero, no criado, de su hijo mayor, y que tomaba a su cargo ponerme en estado conforme a la estimación en que me tenía.

»Leí, enmudecí; y más cuando oí a mi padre decir: "Dentro de dos días te vas, Cardenio, a cumplir la voluntad del duque; y da gracias a Dios, que te va abriendo camino para alcanzar lo que yo sé que mereces". Y añadió otras razones de padre consejero.

»Llegó el término de mi partida. Una noche hablé con Luscinda, le dije todo lo que pasaba; y lo mismo hice con su padre, suplicándole que entretuviera algunos días el darle estado, hasta que yo viera qué quería Ricardo de mí. Él me lo prometió, y ella me lo confirmó con mil juramentos y mil desmayos.

»Llegué, por fin, donde el duque Ricardo estaba. Fui tan bien recibido y tratado, que desde luego la envidia empezó a hacer su oficio: los criados antiguos me tenían ojeriza, pareciéndoles que las muestras de favor que el duque me hacía iban en perjuicio de ellos.

»Pero quien más se alegró de mi llegada fue un hijo segundo del duque, llamado Fernando: mozo gallardo, gentil, liberal y enamorado. En poco tiempo quiso que yo fuese tan su amigo, que daba que decir a todos; y aunque el mayor me quería bien y me hacía merced, no llegó al extremo con que don Fernando me quería y me trataba.

»El caso fue que, como entre amigos no suele haber secreto, don Fernando me declaraba todos sus pensamientos, y en especial uno de amor que lo traía inquieto. Quería a una labradora, vasalla de su padre: ella era de padres ricos y tan hermosa, recatada, discreta y honesta, que nadie sabía en cuál virtud se aventajaba más.

»Esas partes llevaron a don Fernando a tal punto, que se determinó, para conquistar la entereza de la labradora, a darle palabra de esposo; porque de otra manera era buscar lo imposible.

»Yo, por amistad, con las mejores razones y ejemplos que supe, intenté apartarlo de tal propósito; pero viendo que no aprovechaba, resolví decírselo al duque Ricardo, su padre. Mas don Fernando, astuto y discreto, lo receló y temió, pensando que yo estaba obligado, como buen criado, a no encubrir cosa que tocaba la honra del duque. Así que, para desviarme y engañarme, me dijo que no hallaba mejor remedio para apartar de la memoria aquella hermosura que lo tenía rendido, que ausentarse algunos meses; y quiso que esa ausencia fuese que los dos fuéramos a casa de mi padre, con la ocasión de que el duque venía a ver y comprar unos caballos muy buenos que en mi ciudad había.

»Apenas lo oí, cuando, movido de mi afición —aunque su determinación no fuera buena—, la aprobé por excelente, por la ocasión que se me ofrecía de volver a ver a Luscinda. Con ese deseo reforcé su propósito y le animé a ponerlo en obra con brevedad, porque la ausencia hace su efecto aun contra los pensamientos más firmes.

»Pero ya, cuando me dijo esto —como después se supo—, había gozado a la labradora con título de esposo, y esperaba ocasión de asegurar lo hecho, temeroso de lo que el duque haría si supiera el disparate.

»Y como el amor de los mozos, casi siempre, no es amor sino apetito —que tiene por fin el deleite—, en alcanzarlo se acaba; quiero decir que así como don Fernando gozó a la labradora, se le aplacaron los deseos y se le enfriaron los ahíncos. Si antes fingía querer ausentarse para remediarlos, ahora de veras quería irse para no ponerlos en ejecución.

»El duque le dio licencia y mandó que yo lo acompañara. Venimos a mi ciudad; mi padre lo recibió como merecía. Yo vi luego a Luscinda, y revivieron —aunque nunca habían muerto— mis deseos. Y por mi desgracia, se lo conté a don Fernando, creyendo que la amistad que me mostraba no debía admitir secretos.

»Le alabé la hermosura, donaire y discreción de Luscinda de tal modo, que mis alabanzas le despertaron el deseo de ver a una doncella tan adornada. Y yo, por mala fortuna, se la mostré una noche, a la luz de una vela, por una ventana por donde solíamos hablar.

»La vio en sayo, y con eso bastó para que todas las bellezas que hasta entonces había visto quedaran en olvido. Enmudeció, se quedó absorto y, en fin, quedó tan enamorado como verán en el curso de mi desventura.

»Y para encenderle aún más el deseo —que a mí me celaba, y al cielo, a solas, le confesaba—, la fortuna quiso que un día hallara un billete suyo, donde me pedía que la pidiera a su padre por esposa: tan discreto, tan honesto y tan enamorado, que al leerlo dijo que en Luscinda se juntaban todas las gracias de hermosura y entendimiento que en otras mujeres andaban repartidas.

»Es verdad que confieso: aunque yo veía cuán justas eran las alabanzas de don Fernando, me pesaba oírlas de su boca, y empecé a temer y a recelar; no por desconfiar de la bondad y fidelidad de Luscinda, sino porque mi suerte me hacía temer lo mismo que ella me aseguraba.

»Don Fernando procuraba leer los papeles que yo le enviaba a Luscinda y los que ella me respondía, con el pretexto de que le gustaba la discreción de ambos. Sucedió, pues, que Luscinda me pidió un libro de caballerías en que leer —porque era muy aficionada—, que era el de Amadís de Gaula...

No bien oyó don Quijote nombrar libro de caballerías, cuando dijo:

—Si al principio de su historia usted me hubiera dicho que la señora Luscinda era aficionada a libros de caballerías, no habría hecho falta otra exageración para darme a entender la alteza de su entendimiento. Porque yo no la tendría por tan discreta como usted la pinta, si careciera del gusto de tan sabrosa lectura. Así que conmigo no es menester gastar más palabras en declararme su hermosura, valor y juicio: con solo entender su afición, la confirmo por la más hermosa y más discreta mujer del mundo.

—Yo quisiera, señor, que le hubiera enviado junto con Amadís de Gaula al bueno de don Rugel de Grecia; que sé que la señora Luscinda habría gustado mucho de Daraida y Garaya, y de las discreciones del pastor Darinel, y de aquellos versos admirables de sus bucólicas, cantadas y representadas por él con tanto donaire, discreción y desenvoltura. Pero tiempo podrá venir en que se remedie esa falta; y no cuesta más la enmienda que lo que usted quiera venir conmigo a mi aldea, donde le podré dar más de trescientos libros, que son el regalo de mi alma y el entretenimiento de mi vida; aunque sospecho que ya no tengo ninguno, por la malicia de encantadores envidiosos.

—Y perdóneme haber faltado a lo prometido de no interrumpir su plática; pero, en oyendo cosas de caballerías y caballeros andantes, me es tan imposible callar como al sol dejar de calentar o a la luna dejar de humedecer. Así que perdón, y prosiga, que es lo que más importa.

Mientras don Quijote hablaba, a Cardenio se le había caído la cabeza sobre el pecho, con señales de quedar profundamente pensativo. Dos veces le dijo don Quijote que siguiera; no alzó la cabeza ni respondió palabra. Pero al cabo de un buen rato la levantó y dijo:

—No se me quita de la cabeza, ni habrá quien me lo quite en el mundo, ni quien me haga creer otra cosa —y sería un majadero el que lo creyera—, sino que aquel bellacón del maestro Elisabat estaba amancebado con la reina Madásima.

—¡Eso no, por vida mía! —respondió don Quijote con mucha cólera—. Esa es una gran malicia, o mejor dicho, una bellaquería. La reina Madásima fue señora muy principal, y no se ha de presumir que una princesa tan alta se amancebara con un don nadie; y quien lo creyera, miente como gran bellaco. ¡Y yo se lo haré entender, a pie o a caballo, armado o desarmado, de noche o de día, o como más le guste!

Cardenio lo miraba atentamente. Ya le había venido el arrebato de su locura, y no estaba para proseguir la historia; y don Quijote tampoco para escucharla, según lo que le había disgustado oír de Madásima. Extraño caso: defendió a esa reina como si de veras fuera señora suya; tal poder tenían en él aquellos libros.

Y como Cardenio ya estaba fuera de sí, al oír hablar de mentiroso y bellaco y otros denuestos semejantes, le pareció burla intolerable: alzó un guijarro que halló junto a sí y le dio a don Quijote un golpe en el pecho tan recio, que lo derribó de espaldas.

Sancho, al ver caer así a su amo, arremetió al loco con el puño cerrado; pero el Roto lo recibió de modo que con un solo golpe lo derribó a sus pies, y luego se le subió encima y le molió las costillas a placer. El cabrero, que quiso defenderlo, corrió la misma suerte. Y después de dejarlos a todos rendidos y maltrechos, los abandonó y, con gran sosiego, se emboscó en la montaña.

Se levantó Sancho, y con la rabia de verse aporreado sin merecerlo, quiso desquitarse con el cabrero, diciéndole que él tenía la culpa por no haberles advertido que a ese hombre le venía la locura por tiempos; que, de saberlo, habrían estado sobre aviso. El cabrero respondió que sí lo había dicho, y que si Sancho no lo había oído, no era culpa suya.

Sancho replicó, el cabrero volvió a replicar, y acabaron por agarrarse de las barbas y darse tales puñadas, que si don Quijote no los separa, se habrían hecho pedazos. Decía Sancho, sujetando al cabrero:

—Déjeme, señor Caballero de la Triste Figura: con este, que es villano como yo y no está armado caballero, puedo yo, a mi salvo, satisfacerme del agravio que me ha hecho, peleando con él mano a mano, como hombre honrado.

—Así es —dijo don Quijote—; pero yo sé que él no tiene ninguna culpa de lo sucedido.

Con esto los apaciguó. Luego don Quijote preguntó al cabrero si sería posible hallar a Cardenio, porque le quedaba grandísimo deseo de saber el fin de su historia.

El cabrero le respondió lo mismo que antes: que no sabía con certeza su paradero; pero que si andaban mucho por aquellos contornos, no dejarían de hallarlo, ya cuerdo, ya loco.

CAPÍTULO XXV: DE LAS EXTRAÑAS COSAS QUE EN SIERRA MORENA SUCEDIERON AL VALIENTE CABALLERO DE LA MANCHA, Y DE LA IMITACIÓN QUE HIZO DE LA PENITENCIA DE BELTENEBROS

Se despidió del cabrero don Quijote y, subiendo otra vez a Rocinante, le mandó a Sancho que lo siguiera. Sancho obedeció, con su jumento, de muy mala gana. Se fueron metiendo poco a poco en lo más áspero de la sierra, y Sancho iba muerto por conversar con su amo, deseando que él empezara la plática para no contravenir lo que le tenía mandado; pero, como no pudo sufrir tanto silencio, le dijo:

—Señor don Quijote, deme su bendición y déme licencia, porque desde aquí quiero volverme a mi casa, con mi mujer y mis hijos, con quienes, por lo menos, hablaré y conversaré cuanto se me antoje. Porque querer que yo ande con usted por estas soledades, de día y de noche, y que no le hable cuando me dé la gana, es enterrarme en vida. Si la suerte quisiera que los animales hablaran, como hablaban en tiempos de Isopete, todavía sería menos malo, porque podría conversar con mi jumento lo que se me viniera a la cabeza, y así pasaría mi mala ventura. Pero es cosa recia —y que no se puede llevar con paciencia— andar buscando aventuras toda la vida y no hallar sino coces, manteos, pedradas y puñadas; y con todo eso, cosernos la boca, sin atrevernos a decir lo que uno trae en el corazón, como si fuera mudo.

—Ya te entiendo, Sancho —respondió don Quijote—: te mueres por que te levante el entredicho que te tengo puesto en la lengua. Pues lo doy por levantado y di lo que quieras, con condición de que este permiso no dure más que mientras andemos por estas sierras.

—Así sea —dijo Sancho—. Hablo ahora, y después Dios sabrá lo que venga. Y, comenzando a gozar de ese salvoconducto, digo: ¿qué le importaba a usted tanto salir en defensa de aquella reina Magimasa, o como se llame? ¿O qué venía al caso que aquel abad fuera su amigo o no? Porque, si usted lo hubiera dejado pasar —pues no era su juez—, bien creo yo que el loco habría seguido con su historia y nos habríamos ahorrado el guijarrazo, las patadas y más de seis revolcones.

—Te aseguro, Sancho —respondió don Quijote—, que si tú supieras, como yo lo sé, cuán honrada y cuán principal señora fue la reina Madásima, tú dirías que tuve mucha paciencia en no romper la boca por donde salieron tales blasfemias. Porque es gran blasfemia decir, o pensar siquiera, que una reina esté amancebada con un cirujano. La verdad es que aquel maestro Elisabat fue hombre prudente y de sanos consejos, y sirvió de ayo y de médico a la Reina; pero imaginar que ella fuera su amiga en ese sentido es disparate digno de castigo. Y para que veas que Cardenio no sabía lo que decía, has de advertir que cuando lo dijo ya estaba fuera de juicio.

—Eso digo yo —dijo Sancho—: que no había para qué hacer caso de palabras de un loco. Porque si la buena suerte no ayuda a usted y el guijarro le da en la cabeza, como pudo, en vez de darle en el pecho, ¡bonitos quedamos por defender a esa señora que Dios guarde! ¡Y aseguro que Cardenio no se habría librado por loco!

—Contra cuerdos y contra locos está obligado cualquier caballero andante a defender la honra de las mujeres, sean quienes sean; cuanto más la de reinas de tan alta condición como fue la reina Madásima, a quien yo tengo particular afición por sus buenas cualidades. Porque, fuera de haber sido hermosa, fue prudente y muy sufrida en sus calamidades, que las tuvo muchas; y la compañía y consejos del maestro Elisabat le fueron de mucho provecho para llevar sus trabajos con paciencia. De ahí tomó ocasión el vulgo ignorante y malintencionado para decir y pensar que ella era su manceba; y mienten, lo digo otra vez, y mentirán doscientas veces más todos los que tal piensen o digan.

—Yo ni lo digo ni lo pienso —respondió Sancho—; allá se las entiendan. Con su pan se lo coman. Si lo fueron o no, a Dios habrán dado cuenta. Yo de mis viñas vengo: no sé nada. No soy amigo de saber vidas ajenas; y el que compra y miente, en su bolsa lo siente. Y además: desnudo nací, desnudo estoy; ni pierdo ni gano. Y aunque lo fueran, ¿qué se me da a mí? Muchos creen que hay tocinos y no hay estacas. Y, en fin, ¿quién puede ponerle puertas al campo? Y peor aún: de Dios también hablaron.

—¡Dios me valga! —dijo don Quijote—, ¡qué sarta de disparates vas ensartando, Sancho! ¿Qué tiene que ver lo que tratamos con los refranes que vas hilando? Por tu vida, cállate, y de aquí en adelante ocúpate en apretar el paso a tu asno, y deja de meterte en lo que no te importa. Y entiende bien que todo cuanto yo he hecho, hago y haga, va puesto en razón y conforme a las reglas de la caballería, que yo las sé mejor que cuantos caballeros las profesaron en el mundo.

—Señor —respondió Sancho—, ¿y es buena regla de caballería andar perdidos por estas montañas, sin senda ni camino, buscando a un loco, al que, después de hallado, quizá le venga en gana acabar lo que dejó comenzado, no de su cuento, sino de la cabeza de usted y de mis costillas, y nos las deje hechas trizas?

—Cállate, te digo otra vez, Sancho —dijo don Quijote—; porque debes saber que no solo me trae por aquí el deseo de hallar al loco, sino el de hacer en estas sierras una hazaña con la que he de ganar nombre y fama perpetuos en toda la tierra; y será tal, que pondré con ella el sello a todo lo que puede hacer perfecto y famoso a un caballero andante.

—¿Y es de mucho peligro esa hazaña? —preguntó Sancho Panza.

—No —respondió el de la Triste Figura—; aunque bien podría correr el dado de tal modo que sacáramos mala suerte donde esperábamos buena. Pero todo depende de tu diligencia.

—¿De mi diligencia? —dijo Sancho.

—Sí —dijo don Quijote—; porque si vuelves pronto de donde pienso enviarte, pronto se acabará mi pena y pronto comenzará mi gloria. Y para que no te tenga más en suspenso, quiero que sepas que el famoso Amadís de Gaula fue el más perfecto caballero andante. Mejor dicho: no fue uno de los más perfectos; fue el solo, el primero, el único, el señor de todos los de su tiempo. ¡Mal año y mal mes para don Belianís y para todos los que dijeran que se le igualó en algo, porque mienten, te lo juro!

»También sucede que, cuando un pintor quiere salir famoso, procura imitar los originales de los mejores maestros; y la misma regla corre en todos los oficios y ejercicios de provecho, que sirven de adorno a las repúblicas. Así debe hacer quien quiera alcanzar nombre de prudente y sufrido, imitando a Ulises, en quien Homero pintó un retrato vivo de prudencia y sufrimiento; como también Virgilio nos mostró, en Eneas, el valor del hijo piadoso y la sagacidad del capitán entendido, no describiéndolos como fueron, sino como debían ser, para quedar ejemplo a los venideros.

»De esa misma manera, Amadís fue el norte, el lucero, el sol de los valientes y enamorados caballeros, y todos los que militamos bajo la bandera del amor y de la caballería debemos imitarlo. Siendo esto así, hallo yo, Sancho amigo, que el caballero andante que más lo imite estará más cerca de la perfección. Y una de las cosas en que más mostró prudencia, valor, firmeza y amor fue cuando se retiró, desdeñado de la señora Oriana, a hacer penitencia en la Peña Pobre, mudando su nombre por el de Beltenebros, nombre bien propio para la vida que escogió.

»Así que a mí me es más fácil imitarlo en eso que en partir gigantes, descabezar serpientes, matar endriagos, desbaratar ejércitos, destrozar armadas y deshacer encantamientos. Y pues estos lugares son tan acomodados para semejantes efectos, no hay para qué dejar pasar la ocasión que ahora, con tanta comodidad, me ofrece sus guedejas.

—Entonces —dijo Sancho—, ¿qué es lo que usted quiere hacer en este lugar tan apartado?

—¿No te lo he dicho? —respondió don Quijote—. Quiero imitar a Amadís haciendo aquí del desesperado, del simple y del furioso; y a la vez imitar al valiente don Roldán cuando halló, junto a una fuente, señales de que Angélica la Bella había cometido vileza con Medoro. De esa pena se volvió loco, arrancó árboles, enturbió aguas claras, mató pastores, destruyó ganados, abrasó chozas, derribó casas, arrastró yeguas e hizo otras mil insolencias dignas de eterna memoria.

—Y aunque yo no pienso imitarlo punto por punto en todas sus locuras, haré, como pueda, el bosquejo de las que me parezcan más esenciales. Y puede ser que me contente con imitar a Amadís, que, sin hacer locuras de daño, sino de llanto y sentimiento, alcanzó tanta fama como el que más.

—A mí me parece —dijo Sancho— que esos caballeros hicieron tales necedades porque los provocaron y tenían causa. Pero usted, ¿qué causa tiene para volverse loco? ¿Qué dama lo ha desdeñado, o qué señales ha hallado que le hagan creer que Dulcinea del Toboso hizo alguna travesura con moro o cristiano?

—Ahí está la gracia —respondió don Quijote—, y esa es la fineza de mi negocio: volverse loco con causa no tiene mérito; el toque está en perder el juicio sin ocasión y dar a entender a mi dama que, si en seco hago esto, ¿qué haría en mojado? Y además, bastante ocasión me da la larga ausencia que he tenido de mi señora Dulcinea; porque, como oí decir a aquel pastor, Ambrosio, quien está ausente teme y padece todos los males.

»Así que, Sancho, no gastes tiempo en aconsejarme que deje tan rara, tan feliz y tan nunca vista imitación. Loco soy, loco he de ser hasta que vuelvas con la respuesta de una carta que pienso enviarte para mi señora Dulcinea; y si la respuesta fuera como debe ser, acabará mi simpleza y mi penitencia; y si fuera al contrario, seré loco de veras, y, siéndolo, no sentiré nada. De modo que, responda como responda, salgo del conflicto: o gozo el bien que me traigas, por cuerdo, o no siento el mal, por loco.

»Pero dime: ¿traes bien guardado el yelmo de Mambrino? Ya vi que lo levantaste del suelo cuando aquel desagradecido quiso hacerlo pedazos; pero no pudo, con lo cual se ve lo fino de su temple.

A esto respondió Sancho:

—Vive Dios, señor Caballero de la Triste Figura, que no puedo sufrir algunas cosas que usted dice; y por ellas se me viene a la cabeza que todo eso de caballerías, de alcanzar reinos e imperios, de dar ínsulas y hacer mercedes y grandezas, como dicen que hacen los caballeros andantes, debe de ser viento y mentira, pura patraña. Porque quien oye decir que una bacía de barbero es el yelmo de Mambrino, y ve que usted no sale de ese error en cuatro días, ¿qué ha de pensar sino que quien lo afirma tiene el juicio agujereado? La bacía la llevo en el costal, toda abollada, y la llevo para arreglarla en mi casa y usarla para afeitarme, si Dios me da gracia de verme algún día con mi mujer y mis hijos.

—Mira, Sancho —dijo don Quijote—, te juro por el mismo juramento que hiciste antes que tienes el entendimiento más corto que tuvo escudero en el mundo. ¿Es posible que, en todo el tiempo que andas conmigo, no hayas notado que las cosas de los caballeros andantes parecen quimeras, necedades y desatinos, y que van todas al revés? Y no porque sea así, sino porque entre nosotros anda siempre una caterva de encantadores que mudan y truecan nuestras cosas según les place, y las vuelven como quieren, ya para favorecernos, ya para destruirnos.

»Así, lo que a ti te parece bacía me parece a mí el yelmo de Mambrino; a otro le parecerá otra cosa. Y fue rara providencia del sabio que está de mi parte hacer que a todos les parezca bacía lo que, en verdad y en realidad, es el yelmo de Mambrino, para que, siendo de tanto precio, no me persigan por quitármelo. Porque, viendo que no es más que un bacín, no se molestan en llevárselo, como se vio en el que quiso romperlo y lo dejó en el suelo. Que, a fe, si lo hubiera conocido, no lo habría soltado.

»Guárdalo, amigo, que ahora no lo necesito; que antes he de quitarme estas armas y quedarme desnudo como cuando nací, si se me antoja seguir en mi penitencia más a Roldán que a Amadís.

En estas pláticas llegaron al pie de una alta montaña, casi como peñón tajado, que se alzaba sola entre otras muchas. Corría por su falda un arroyo manso, y alrededor se extendía un prado tan verde y frondoso que daba gusto a los ojos. Había por allí muchos árboles silvestres y algunas plantas y flores, que hacían el lugar apacible.

Ese sitio escogió el Caballero de la Triste Figura para su penitencia; y, en viéndolo, empezó a decir en voz alta, como si ya estuviera fuera de juicio:

—¡Este es el lugar, cielos, que elijo para llorar la desventura en que ustedes mismos me han puesto! Este es el sitio donde el llanto de mis ojos aumentará las aguas de este arroyo, y mis suspiros moverán sin descanso las hojas de estos árboles montaraces, en señal de la pena que mi corazón padece.

—¡Oh ustedes, rústicos dioses que habitan en este lugar inhabitable, oigan las quejas de este desdichado amante, a quien una larga ausencia y unos celos imaginados han traído a lamentarse entre estas asperezas, y a quejarse de la dura condición de aquella ingrata y bella, término y fin de toda hermosura humana!

—¡Oh ninfas y dríadas, que habitan en las espesuras de los montes; y también ustedes, sátiros ligeros y lascivos, que en vano las aman: no perturben jamás su dulce sosiego, y ayúdenme a llorar mi desventura, o al menos no se cansen de oírla!

—¡Oh Dulcinea del Toboso, día de mi noche, gloria de mi pena, norte de mis caminos, estrella de mi ventura: así el cielo te conceda cuanto pidas, que consideres el lugar y el estado a que tu ausencia me ha conducido, y correspondas con buen término a lo que mi fe merece!

—¡Oh árboles solitarios, que desde hoy han de hacer compañía a mi soledad, den indicio con el blando movimiento de sus ramas de que no les desagrada mi presencia!

—¡Oh escudero mío, compañero en mis buenos y malos sucesos, grábate bien en la memoria lo que aquí me veas hacer, para que lo cuentes a la causa total de todo ello!

Dicho esto, se apeó de Rocinante y en un instante le quitó el freno y la silla; y dándole una palmada en las ancas, le dijo:

—Libertad te da el que sin ella queda, ¡oh caballo tan extremado en tus obras como desdichado por tu suerte! Vete por donde quieras, que en la frente llevas escrito que no te igualó en ligereza el Hipogrifo de Astolfo, ni el nombrado Frontino, que tan caro le costó a Bradamante.

Al ver esto, dijo Sancho:

—Bendito sea quien nos quitó ahora el trabajo de desenalbardar al rucio; que, a fe, no le habrían faltado palmaditas ni palabras de alabanza. Pero si él estuviera aquí, yo no habría consentido que nadie le quitara los aparejos, porque no había necesidad: a él no le tocaban esas generalidades de enamorado ni de desesperado, pues no lo estaba su amo —que era yo— cuando Dios quería.

—Y, en verdad, señor Caballero de la Triste Figura, si mi partida y su locura van de veras, conviene volver a ensillar a Rocinante para que supla la falta del rucio, porque así ahorraré tiempo en la ida y vuelta. Que si voy a pie, no sé cuándo llego ni cuándo vuelvo: yo, en fin, soy mal caminante.

—Digo, Sancho —respondió don Quijote—, que sea como quieras: no me parece mal tu idea. Pero te irás de aquí a tres días, porque quiero que en ese tiempo veas lo que por ella hago y digo, para que se lo cuentes.

—¿Qué más tengo que ver —dijo Sancho— que lo que ya he visto?

—¡Muy listo estás! —respondió don Quijote—. Ahora me falta rasgarme las vestiduras, esparcir las armas y darme de golpes con la cabeza en estas peñas, y otras cosas de ese estilo que te han de dejar asombrado.

—Por amor de Dios —dijo Sancho—, mire cómo se da esos golpes; que puede dar con una peña tan mala y en un punto tal, que con el primero se acabe toda la máquina de esta penitencia. Yo sería de parecer que, ya que a usted le parece que son necesarios los golpes, y que no se puede hacer esta obra sin ellos, pues todo es fingido y de burla, se contente con dárselos en el agua, o en algo blando, como algodón; y déjeme a mí lo demás, que yo le diré a mi señora que usted se los daba en la punta de una peña más dura que un diamante.

—Te agradezco la intención, Sancho —respondió don Quijote—, pero quiero que sepas que todo esto que hago no es burla, sino muy de veras. De otra manera, iría contra las órdenes de la caballería, que mandan no decir mentira alguna, so pena de castigo; y hacer una cosa por otra viene a ser mentir.

—Así que mis golpes han de ser verdaderos, firmes y de ley, sin nada de artificio. Y será necesario que me dejes unas hilas para curarme, ya que la ventura quiso que nos faltara el bálsamo que perdimos.

—Peor fue perder el asno —respondió Sancho—, porque con él se perdieron las hilas y todo. Y le ruego que no se acuerde más de ese maldito brebaje, que con solo oírlo nombrar se me revuelve el alma, por no decir el estómago.

—Y todavía le ruego más: cuente como pasados los tres días que me dio para ver sus locuras; que ya las doy por vistas y juzgadas, y le diré maravillas a mi señora. Escriba la carta y despácheme en seguida, que tengo gran deseo de sacarlo de este purgatorio donde lo dejo.

—¿Purgatorio le llamas, Sancho? —dijo don Quijote—. Mejor harías en llamarlo infierno, y aún peor, si hay algo peor que eso.

—Quien tiene infierno —respondió Sancho—, "nula es retención", según he oído decir.

—No entiendo qué quiere decir "retención" —dijo don Quijote.

—Retención —respondió Sancho— quiere decir que quien está en el infierno nunca sale de allí, ni puede. Pero con usted será al revés —o a mí me andarán mal los pies—, si es que llevo espuelas para avivar a Rocinante. Y ojalá me vea yo, una por una, en el Toboso, delante de mi señora Dulcinea, porque le diré tales cosas de las necedades y locuras —que, al fin, todo es uno— que usted ha hecho y está haciendo, que la pondré más blanda que un guante, aunque la encuentre más dura que un alcornoque. Y con esa respuesta, dulce y melosa, volveré por los aires como brujo y lo sacaré a usted de este purgatorio, que parece infierno y no lo es, pues hay esperanza de salir; esperanza que, como dije, no tienen los que están en el infierno. Y no creo que usted diga otra cosa.

—Así es la verdad —dijo el de la Triste Figura—. Pero ¿qué haremos para escribir la carta?

—¿Y la libranza de los pollinos también? —añadió Sancho.

—Todo irá incluido —dijo don Quijote—. Y sería bueno, ya que no hay papel, que la escribiéramos como hacían los antiguos: en hojas de árboles o en tablillas de cera; aunque tan difícil será hallar eso ahora como el papel. Pero ya me acuerdo de dónde conviene —y más que conviene— escribirla: en el librillo de memoria que fue de Cardenio. Y tú tendrás cuidado de mandarla copiar en papel, con buena letra, en el primer lugar donde encuentres maestro de escuela, y si no, cualquier sacristán te la copiará. Pero no se la des a copiar a ningún escribano, que hacen letra procesal y no la entiende ni el diablo.

—¿Y qué hacemos con la firma? —dijo Sancho.

—Las cartas de Amadís nunca se firmaron —respondió don Quijote.

—Está bien —dijo Sancho—, pero la libranza sí tiene que ir firmada; y si la copian, dirán que la firma es falsa, y me quedo sin pollinos.

—La libranza irá en el mismo librillo, firmada; y con verla mi sobrina no pondrá reparo en cumplirla. Y en cuanto a la carta de amores, pondrás por firma: "Tuyo hasta la muerte, el Caballero de la Triste Figura". Y poco importa que vaya escrita por mano ajena, porque, hasta donde yo recuerdo, Dulcinea no sabe leer ni escribir, ni en su vida ha visto letra mía ni carta mía; porque sus amores y los míos han sido siempre platónicos, sin pasar de un mirar honesto. Y aun eso, tan de cuando en cuando, que me atrevo a jurar que, en doce años que la quiero más que a la luz de estos ojos que han de comer la tierra, no la he visto cuatro veces; y puede ser que de esas cuatro no advirtiera ella ni una que yo la miraba: tal es el recato y recogimiento con que su padre, Lorenzo Corchuelo, y su madre, Aldonza Nogales, la criaron.

—¡Ajá! —dijo Sancho—. ¿Con que la hija de Lorenzo Corchuelo es la señora Dulcinea del Toboso, y se llama, por otro nombre, Aldonza Lorenzo?

—Esa misma —dijo don Quijote—, y es la que merece ser señora de todo el universo.

—Bien la conozco —dijo Sancho—, y sé que tira una barra tan bien como el zagal más forzudo del pueblo. ¡Vive el Dador, que es moza recia, hecha y derecha, y con bríos de sobra; y puede sacar la barba del lodo a cualquier caballero andante —o por andar— que la tenga por señora! ¡Hijo de mala madre, qué fuerza tiene, y qué voz! Sé decir que un día se subió al campanario de la aldea a llamar a unos zagales suyos que andaban en un barbecho de su padre; y aunque estaban a más de media legua, la oyeron como si estuvieran al pie de la torre.

Y lo mejor es que no es nada melindrosa, porque tiene mucho de cortesana: con todos se burla y de todo hace gesto y donaire. Ahora digo, señor Caballero de la Triste Figura, que no solo puede y debe usted hacer locuras por ella, sino que con justo título puede desesperarse y ahorcarse; que nadie, al saberlo, dejará de decir que hizo demasiado bien, aunque se lo lleve el diablo.

Y ya quisiera verme en camino, solo por verla; que hace muchos días que no la veo y debe de haber cambiado, porque el campo, el sol y el aire gastan la cara de las mujeres. Y le confieso una verdad, señor don Quijote: hasta aquí he vivido en gran ignorancia, porque yo pensaba, de buena fe, que la señora Dulcinea era alguna princesa de la que usted estaba enamorado, o persona tal que mereciera los ricos presentes que usted le ha enviado: el del vizcaíno, el de los galeotes, y otros muchos que deben de existir, porque, según debe ser, han sido muchas las victorias que usted ha ganado en el tiempo en que yo aún no era su escudero.

Pero, mirándolo bien, ¿qué se le da a Aldonza Lorenzo —quiero decir, a Dulcinea del Toboso— de que vayan a hincarse de rodillas delante de ella los vencidos que usted le envía y ha de enviar? Porque puede suceder que cuando ellos lleguen esté ella rastrillando lino o trillando en las eras; y ellos se avergüencen de verla, y ella se ría y se enfade del presente.

—Ya te he dicho muchas veces —dijo don Quijote— que eres un gran hablador y que, aunque de ingenio torpe, a veces tienes puntas de agudeza. Pero para que veas cuán necio eres tú y cuán discreto soy yo, quiero que oigas un cuento breve.

Has de saber que una viuda hermosa, moza, libre y rica, y sobre todo desembarazada, se enamoró de un mozo rapado, rollizo y de buen cuerpo. Lo supo su confesor, y un día le dijo a la viuda, a modo de reprensión fraterna:

"Estoy maravillado, señora, y con razón, de que una mujer tan principal, tan hermosa y tan rica como usted se haya enamorado de un hombre tan grosero, tan bajo y tan ignorante como fulano, habiendo en esta casa tantos maestros, tantos beneficiados y tantos teólogos, entre los cuales podría escoger, como entre peras, y decir: 'este quiero, este no'".

Pero ella respondió con donaire y soltura:

"Usted, señor mío, está muy engañado, y piensa a la antigua si cree que he escogido mal en fulano por ignorante que le parezca; porque para lo que yo lo quiero, sabe tanta filosofía —y más— como Aristóteles".

Así que, Sancho, para lo que yo quiero a Dulcinea del Toboso, tanto vale como la más alta princesa de la tierra. Y no todos los poetas que alaban damas con nombres que ellos mismos les ponen las tienen de verdad. ¿Piensas tú que las Amarilis, las Filis, las Silvias, las Dianas, las Galateas, las Fílidas y otras de las que están llenos los libros, los romances, las barberías y los teatros, fueron realmente mujeres de carne y hueso de quienes las celebran o celebraron? No, por cierto: la mayoría las inventan para dar asunto a sus versos y para que se los tenga por enamorados y por hombres con valor para serlo.

Y a mí me basta pensar y creer que la buena de Aldonza Lorenzo es hermosa y honesta; y lo del linaje importa poco, porque no van a hacer información para darle hábito. Yo me la figuro como la princesa más alta del mundo. Porque debes saber que dos cosas, más que otras, incitan a amar: la mucha hermosura y la buena fama; y ambas se hallan consumadamente en Dulcinea, porque en hermosura no hay quien la iguale, y en buena fama pocas le llegan.

Y para rematarlo, yo imagino que todo cuanto digo es así, sin que sobre ni falte nada, y la pinto en mi pensamiento como la deseo, en belleza y en grandeza; y no la alcanza Elena, ni la iguala Lucrecia, ni ninguna otra de las famosas mujeres de los tiempos pasados, griega, bárbara o latina. Y que diga cada cual lo que quiera: si por esto me reprenden los ignorantes, no me castigarán los que saben.

—Digo que en todo tiene usted razón —respondió Sancho—, y que yo soy un asno. Aunque no sé para qué nombro asno, pues no se debe mentar la soga en casa del ahorcado. Pero venga la carta, y a Dios, que me mudo.

Sacó don Quijote el librillo de memoria y, apartándose a un lado, con mucha calma, comenzó a escribir la carta. Y cuando la acabó, llamó a Sancho y le dijo que quería leérsela para que la aprendiera de memoria, por si se le perdía en el camino, que de su mala suerte podía esperarse cualquier cosa.

A lo cual respondió Sancho:

—Escríbala dos o tres veces ahí mismo en el libro y démelo, que yo lo llevaré bien guardado. Porque pensar que voy a aprendérmela de memoria es disparate: la tengo tan mala, que a veces se me olvida hasta cómo me llamo. Pero, con todo eso, léamela, que me dará gusto oírla; que debe de ir como salida de molde.

—Escucha, que dice así —dijo don Quijote:

Carta de don Quijote a Dulcinea del Toboso

"Señora soberana y alta:

El herido por la punta de la ausencia y el llagado en lo más fino del corazón, dulcísima Dulcinea del Toboso, te envía la salud que él no tiene. Si tu hermosura me desprecia, si tu valor no me favorece, si tus desdenes me aprietan, aunque yo sea muy sufrido, mal podré sostener esta pena, que además de fuerte es duradera. Mi buen escudero Sancho te dará entera relación, oh bella ingrata, amada enemiga mía, del modo en que por tu causa quedo. Si quieres socorrerme, tuyo soy; y si no, haz lo que se te antoje, que con acabar mi vida habré satisfecho a tu crueldad y a mi deseo.

Tuyo hasta la muerte,
El Caballero de la Triste Figura."

—Por vida de mi padre —dijo Sancho al oír la carta—, ¡es lo más alto que he escuchado jamás! ¡Mal haya yo, y cómo le dice usted ahí todo lo que quiere! Y qué bien encaja al final lo de "Caballero de la Triste Figura". Digo de verdad que usted es el mismo diablo, y no hay cosa que no sepa.

—Todo eso hace falta —respondió don Quijote— para el oficio que traigo.

—Pues bien —dijo Sancho—: ponga en la otra hoja la cédula de los tres pollinos, y fírmela muy claro, para que la reconozcan en cuanto la vean.

—Con gusto —dijo don Quijote.

Y habiéndola escrito, se la leyó, que decía así:

"Mandará usted, por esta primera de pollinos, señora sobrina, dar a Sancho Panza, mi escudero, tres de los cinco que dejé en casa y que están a su cargo. Esos tres pollinos se los mando entregar y pagar por otros tantos que aquí constan como recibidos al contado; y con esta orden y su recibo quedarán bien pagados. Hecho en las entrañas de Sierra Morena, a veintidós de agosto de este presente año."

—Está buena —dijo Sancho—. Fírmela.

—No hace falta firmarla —dijo don Quijote—: basta con poner mi rúbrica, que vale lo mismo que firma; y para tres asnos —y aun para trescientos— sobra.

—Yo me fío —respondió Sancho—. Déjeme ir a ensillar a Rocinante, y prepárese para darme su bendición, que pienso partirme de inmediato, sin ver las locuras que usted ha de hacer; yo diré que lo vi hacer tantas que no quise ver más.

—Al menos quiero, Sancho —y porque es necesario— que me veas en cueros y que haga una o dos docenas de locuras, y las haré en menos de media hora; para que, viéndolas tú con tus ojos, puedas jurar con seguridad las demás que quieras añadir. Y te aseguro que no dirás tú tantas como yo pienso hacer.

—Por amor de Dios, señor mío, no me haga verle en cueros, que me dará mucha lástima y no podré dejar de llorar. Ya traigo la cabeza hecha polvo del llanto de anoche por el rucio y no estoy para nuevos lloros. Y si usted quiere que yo vea algunas locuras, hágalas vestido, breves y las que le vengan mejor.

Y además, a mi parecer, no hacía falta nada de eso, y como dije, sería ahorrar el camino de mi vuelta, que ha de ser con las nuevas que usted desea y merece. Y si no, que se prepare Dulcinea; porque si no responde como debe, hago voto solemne a quien puedo de sacarle la buena respuesta del estómago a coces y bofetones. Porque ¿cómo se ha de sufrir que un caballero tan famoso se vuelva loco, sin motivo, por una…? No me haga decirlo, que por Dios que despotrico y lo suelto todo, aunque no se venda. ¡Bonito soy yo para eso! ¡Mal me conoce! ¡Pues si me conociera, me temería!

—Te aseguro, Sancho —dijo don Quijote—, que, por lo que veo, tú no estás más cuerdo que yo.

—No estoy tan loco —respondió Sancho—, pero sí ando más colérico. Pero dejando eso aparte, ¿qué va a comer usted mientras yo vuelvo? ¿Va a salir al camino, como Cardenio, a quitárselo a los pastores?

—No te preocupes por eso —respondió don Quijote—, porque, aunque tuviera ganas, no comería otra cosa que las hierbas y los frutos que este prado y estos árboles me den; que la fineza de mi asunto está en no comer y en hacer otras asperezas equivalentes. Anda con Dios.

—Pero ¿sabe qué temo? —dijo Sancho—. Que no voy a dar con este lugar cuando vuelva, de lo escondido que está.

—Fíjate bien en las señas; yo procuraré no apartarme de estos contornos —dijo don Quijote—, y hasta tendré cuidado de subir a esos riscos más altos para ver si te diviso cuando regreses. Y lo más acertado será, para que no te equivoques ni te pierdas, que cortes algunas retamas de las muchas que hay por aquí, y las vayas poniendo de trecho en trecho hasta salir a lo raso; te servirán de mojones y señales para hallarme cuando vuelvas, a imitación del hilo del laberinto de Teseo.

—Así lo haré —respondió Sancho Panza.

Y cortando algunas ramas, pidió la bendición a su señor y, no sin muchas lágrimas de ambos, se despidió de él. Y montando en Rocinante —a quien don Quijote recomendó mucho, encargándole que mirara por Sancho como por su propia persona— tomó el camino del llano, dejando de trecho en trecho los ramos de retama, como su amo le había aconsejado.

Y así se fue, aunque todavía don Quijote lo importunaba con que viera siquiera dos locuras. Pero no hubo andado cien pasos cuando volvió y dijo:

—Digo, señor, que usted ha dicho muy bien: para que yo pueda jurar, sin cargo de conciencia, que lo vi hacer locuras, conviene que vea al menos una, aunque bien grande ya he visto la suya, con quedarse aquí.

—¿No te lo decía yo? —dijo don Quijote—. Espérate, Sancho, que en un credo las hago.

Y desnudándose con toda prisa los calzones, quedó en carne y en pañales; y luego, sin más ni más, dio dos zapateados en el aire y dos volteretas, cabeza abajo y pies arriba, mostrando cosas que, por no verlas otra vez, Sancho volvió riendas a Rocinante y se dio por satisfecho, pudiendo jurar que su amo quedaba loco. Y así, lo dejaremos ir su camino hasta la vuelta, que fue breve.

CAPÍTULO XXVI: DONDE SE PROSIGUEN LAS FINEZAS QUE, DE ENAMORADO, HIZO DON QUIJOTE EN SIERRA MORENA

Y, volviendo a contar lo que hizo el de la Triste Figura después que se vio solo, dice la historia que, en cuanto acabó de dar las volteretas —medio desnudo y medio vestido— y vio que Sancho se había ido sin querer esperar más sandeces, se subió a la punta de una alta peña y volvió a pensar lo que tantas veces había pensado, sin resolverse jamás: cuál le convenía más, si imitar a Roldán en sus locuras desaforadas o a Amadís en sus tristezas melancólicas.

Y hablando consigo mismo, decía:

—Si Roldán fue tan buen caballero y tan valiente como todos dicen, ¿qué maravilla? Al fin, estaba encantado y no podía matarlo nadie, si no era metiéndole un alfiler de a blanca por la planta del pie; y él llevaba siempre zapatos con siete suelas de hierro. Aunque no le valieron esas tretas contra Bernardo del Carpio, que se las entendió y lo ahogó entre los brazos en Roncesvalles.

Pero, dejando a un lado su valentía, vayamos a lo de perder el juicio: es cierto que lo perdió por las señales que halló en la fuente y por las nuevas que le dio el pastor de que Angélica había dormido más de dos siestas con Medoro, un morillo de cabellos rizados y paje de Agramante. Y si entendió que eso era verdad y que su dama le había hecho semejante desaguisado, no hizo mucho en volverse loco.

¿Pero yo cómo puedo imitarlo en las locuras, si no lo imito en la ocasión? Porque de mi Dulcinea del Toboso me atrevo a jurar que no ha visto en todos los días de su vida moro alguno, tal como él es, ni en su mismo traje; y que hoy está como la madre que la parió. Y sería hacerle un agravio manifiesto si, imaginando otra cosa de ella, me volviera loco de esa clase de locura de Roldán el Furioso.

Por otra parte, veo que Amadís de Gaula, sin perder el juicio y sin hacer locuras dañosas, alcanzó tanta fama de enamorado como el que más; porque lo que hizo, según su historia, no fue otra cosa sino que, viéndose desdeñado de su señora Oriana —que le mandó que no apareciese ante ella hasta que fuera su voluntad— se retiró a la Peña

Pobre, en compañía de un ermitaño, y allí se hartó de llorar y de encomendarse a Dios, hasta que el cielo lo socorrió en medio de su mayor pena y necesidad.

Y si esto es verdad, como lo es, ¿para qué quiero yo tomar trabajo ahora de desnudarme del todo, ni dar pesadumbre a estos árboles, que no me han hecho mal alguno, ni enturbiar el agua clara de estos arroyos, que me han de dar de beber cuando tenga sed? Viva la memoria de Amadís, e imítelo don Quijote de la Mancha en todo lo que pueda. De mí se dirá lo que del otro se dijo: que si no acabó grandes cosas, murió por acometerlas. Y si yo no he sido desechado ni desdeñado por Dulcinea del Toboso, me basta, como ya he dicho, con estar ausente de ella.

Ea, manos a la obra: vengan a mi memoria las cosas de Amadís y enséñenme por dónde he de comenzar a imitarlo. Pero ya sé que lo principal que él hizo fue rezar y encomendarse a Dios. ¿Y qué haré de rosario, si no tengo?

En esto le vino el modo: rasgó una gran tira de las faldas de la camisa, que le colgaban, y le hizo once nudos, uno más grande que los demás; y con eso se sirvió de rosario el tiempo que estuvo allí, donde rezó un millón de avemarías.

Y lo que más lo fatigaba era no hallar por allí otro ermitaño que lo confesara y con quien consolarse. Así que se entretenía paseándose por el prado, escribiendo y grabando en las cortezas de los árboles y en la arena menuda muchos versos, todos acomodados a su tristeza, y algunos en alabanza de Dulcinea.

Pero los únicos que después se hallaron enteros y se pudieron leer fueron estos:

Árboles, hierbas y plantas
que en este sitio están,
tan altas, verdes y tantas,
si de mi mal no se alegran,
escuchen mis quejas santas.

Mi dolor no los alborote,
aunque más terrible sea;
pues, por pagarles el escote,
aquí lloró don Quijote
ausencias de Dulcinea
del Toboso.

Aquí es el lugar adonde
el amador más leal
de su señora se esconde,
y ha llegado a tanto mal
sin saber cómo ni por dónde.

Lo trae amor al estricote,
que es de muy mala ralea;
y así, hasta llenar un pipote,
aquí lloró don Quijote
ausencias de Dulcinea
del Toboso.

Buscando las aventuras
por entre las duras peñas,
maldiciendo entrañas duras,
que entre riscos y entre breñas
halla el triste desventuras;

hiriólo amor con su azote,
no con su blanda correa;
y, al tocarle en el cogote,
aquí lloró don Quijote
ausencias de Dulcinea
del Toboso.

No causó poca risa a los que hallaron estos versos el añadido "del Toboso" al nombre de Dulcinea, porque imaginaron que don Quijote creía que, si no decía también "del Toboso", no se entendería la copla; y así era, como él después confesó. Otros muchos escribió, pero no se pudieron sacar en limpio ni enteros más que estas tres coplas.

En esto, y en suspirar, y en llamar a los faunos y silvanos de aquellos bosques, a las ninfas de los ríos y a la dolorosa y húmeda Eco para que le respondiera, lo consolara y lo escuchara, se entretenía; y también en buscar hierbas con que sustentarse mientras Sancho volvía. Y si, como tardó tres días, hubiera tardado tres semanas, el Caballero de la Triste Figura habría quedado tan desfigurado que no lo hubiera conocido ni la madre que lo parió.

Y conviene dejarlo envuelto en sus suspiros y versos para contar lo que le ocurrió a Sancho Panza en su mandadería. Apenas salió al camino real, se puso en busca del Toboso; y al día siguiente llegó a la venta donde le había sucedido la desgracia del manteo. Y no bien la vio, cuando le pareció que otra vez andaba por los aires; y no quiso entrar, aunque llegó a una hora en que podía y debía hacerlo, porque era la de comer, y venía con ganas de algo caliente, que hacía días que todo lo suyo era fiambre.

La necesidad lo forzó a acercarse, todavía dudando si entraría o no; y, en esto, salieron de la venta dos personas que luego lo reconocieron. Y dijo uno al otro:

—Dígame, señor licenciado: ¿aquel del caballo no es Sancho Panza, el que dijo el ama de nuestro aventurero que había salido con su señor por escudero?

—Sí es —dijo el licenciado—; y aquel es el caballo de don Quijote.

Eran el cura y el barbero de su aldea, los mismos que habían hecho el escrutinio de los libros. Y, así como acabaron de reconocer a Sancho y a Rocinante, deseosos de saber de don Quijote, se llegaron a él; y el cura lo llamó por su nombre:

—Amigo Sancho Panza, ¿dónde queda tu amo?

Los reconoció Sancho al instante y determinó encubrir el lugar y la suerte en que quedaba don Quijote. Así que respondió que su amo estaba ocupado en cierta parte y en cierta cosa de gran importancia, que él no podía descubrir, por los ojos que tenía en la cara.

—No, no —dijo el barbero—: si no nos dices dónde queda, imaginaremos, como ya imaginamos, que lo has muerto y robado, pues vienes encima de su caballo. En verdad, nos has de dar el dueño de ese rocín, o por eso, morena.

—No me amenace —respondió Sancho—, que yo no soy hombre de robar ni de matar a nadie. A cada uno lo mata su ventura, o Dios, que lo hizo. Mi amo queda haciendo penitencia en mitad de esta montaña, muy a su gusto.

Y luego, de corrido y sin parar, les contó cómo quedaba, las aventuras que les habían sucedido y que llevaba una carta para Dulcinea del Toboso, hija de Lorenzo Corchuelo, de quien su amo estaba enamorado hasta los hígados.

Quedaron maravillados los dos de lo que Sancho les contaba; y aunque ya conocían la locura de don Quijote y su modo, siempre que la oían se admiraban de nuevo. Le pidieron a Sancho que les enseñara la carta. Él dijo que iba escrita en un librillo de memoria, y que era orden de su amo que la hiciera copiar en papel en el primer lugar donde llegara.

—Muéstramela —dijo el cura—; yo la copiaré con buena letra.

Sancho metió la mano en el pecho buscando el librillo; pero no lo halló, ni lo habría hallado aunque lo buscara hasta hoy, porque se lo había quedado don Quijote y no se lo había dado, ni a Sancho se le acordó pedírselo.

Cuando Sancho vio que no lo encontraba, se le quedó el rostro como muerto; y, palpándose todo el cuerpo con prisa, volvió a comprobar que no estaba. Y, sin más, se echó ambos puños a las barbas y se arrancó la mitad; y luego, sin detenerse, se dio media docena de puñadas en el rostro y en las narices, hasta bañárselas en sangre.

Viendo esto, el cura y el barbero le preguntaron qué le pasaba, que se ponía tan mal.

—¿Qué me ha de pasar —respondió Sancho— sino que he perdido, en un instante, tres pollinos, y cada uno valía como un castillo?

—¿Cómo es eso? —replicó el barbero.

—He perdido el librillo de memoria —respondió Sancho— donde venían la carta para Dulcinea y una cédula firmada de mi amo para que su sobrina me diera tres pollinos de cuatro o cinco que estaban en casa.

Y con esto les contó también la pérdida del rucio. El cura lo consoló y le dijo que, en hallando a su amo, lo haría renovar la orden, y que esta vez haría la libranza en papel, como era costumbre, porque las que se hacían en libros de memoria nunca se aceptaban ni se cumplían.

Con eso se consoló Sancho y dijo que, siendo así, no le dolía tanto la pérdida de la carta, porque la sabía casi de memoria y se podría escribir de nuevo cuando quisieran.

—Dila, Sancho —dijo el barbero—, y luego la copiamos.

Sancho se rascó la cabeza para sacarla de la memoria; ora se ponía sobre un pie, ora sobre el otro; unas veces miraba al suelo y otras al cielo. Y, al cabo de haberse mordido media yema de un dedo, y de tenerlos a ambos en suspenso, dijo por fin:

—Por Dios, señor licenciado, que se lleven los diablos lo que me acuerdo de la carta. Solo sé que al principio decía: "Alta y... sobajada señora".

—No diría "sobajada" —dijo el barbero—, sino "soberana" o "sobrehumana señora".

—Eso es —dijo Sancho—. Luego, si no me falla la memoria, seguía...: "el falto de sueño y el herido besa las manos... ingrata y muy desconocida hermosa"; y no sé qué decía de salud y de enfermedad, y por ahí se iba deslizando, hasta que acababa: "Tuyo hasta la muerte, el Caballero de la Triste Figura".

Mucho les gustó ver la memoria de Sancho Panza; lo alabaron, y le pidieron que repitiera la carta un par de veces más para aprendérsela también. La volvió a decir tres veces; y otras tantas dijo, además, otros tres mil disparates.

Luego contó más cosas de su amo, pero no dijo palabra del manteo que le habían dado en aquella venta, razón por la cual se negaba a entrar. Contó también que, si Dulcinea le daba buen despacho, su amo se pondría en camino de llegar a ser emperador, o al menos monarca; que así lo tenían concertado, y era cosa facilísima, según el valor de su persona y la fuerza de su brazo. Y que, ya siendo emperador, lo casaría a él —porque ya sería viudo, como no podía ser menos—, y le daría por mujer una doncella de la emperatriz, heredera de un grande y rico estado en tierra firme, sin islas ni ínsulas, que ya no las quería.

Decía Sancho todo esto con tanta calma, limpiándose de cuando en cuando las narices, y con tan poco juicio, que ambos volvieron a maravillarse, considerando cuán vehemente era la locura de don Quijote, pues había arrastrado consigo el entendimiento de aquel pobre hombre. No quisieron cansarse en sacarlo del error, porque les parecía que no dañaba su conciencia, y que, además, les daba gusto oír sus disparates.

Así que le dijeron que rogara a Dios por la salud de su amo, pues bien podía suceder, con el tiempo, que llegara a ser emperador como él decía, o al menos arzobispo, o alguna dignidad semejante.

—Señores —respondió Sancho—, si la fortuna torciera las cosas de modo que a mi amo le viniera en gana no ser emperador, sino arzobispo, quisiera yo saber: ¿qué suelen dar los arzobispos andantes a sus escuderos?

—Suelen darles —respondió el cura— algún beneficio, simple o curado, o alguna sacristanía, que vale mucho de renta, además del pie de altar, que también se estima en buen precio.

—Para eso hará falta —replicó Sancho— que el escudero no sea casado y que sepa ayudar a misa, al menos. Y si es así... ¡desdichado de mí, que soy casado y no sé ni la primera letra del abecedario! ¿Qué será de mí si a mi amo se le antoja ser arzobispo y no emperador, como es uso y costumbre de los caballeros andantes?

—No te apures, Sancho amigo —dijo el barbero—. Nosotros hablaremos con tu amo, se lo aconsejaremos, y hasta se lo pondremos como asunto de conciencia: que sea emperador y no arzobispo, porque le será más fácil, ya que es más valiente que estudiante.

—Eso mismo me parece —respondió Sancho—, aunque sé que sirve para todo. Y lo que yo haré es rogarle a Nuestro Señor que lo lleve por donde más le convenga a Él y donde a mí más mercedes me hagan.

—Lo dices con discreción —dijo el cura—, y lo harás como buen cristiano. Pero ahora hay que ordenar cómo sacar a tu amo de esa penitencia inútil que dices que está haciendo; y para pensar el modo —y para comer, que ya es hora— será bien que entremos en esta venta.

Sancho dijo que ellos entraran, que él esperaría fuera, y que luego les diría por qué no entraba ni le convenía; pero les rogó que le sacaran algo de comer caliente y también cebada para Rocinante.

Ellos entraron y lo dejaron; y al poco el barbero le sacó comida. Y después, habiendo pensado bien entre los dos el modo de conseguir lo que querían, al cura se le ocurrió un plan muy a propósito para el gusto de don Quijote y para lo que ellos buscaban. Dijo al barbero que él se vestiría con traje de doncella andante, y que el barbero procurara vestirse lo mejor que pudiera como su escudero; y así irían adonde estaba don Quijote, fingiendo ser ella una doncella afligida y necesitada, y le pediría un don, el cual él, como caballero andante, no podría negarle.

Y el don que pensaba pedir era que se fuera con ella adonde ella lo guiara, para deshacer un agravio que un mal caballero le había hecho. Y además le suplicaría que no le hiciera quitar el antifaz ni le preguntara cosa alguna sobre su persona hasta que le hiciera justicia de aquel caballero. Y que no dudaba que don Quijote aceptaría todo lo que se le pidiera en esos términos; y que así lo sacarían de allí y lo llevarían a su aldea, donde procurarían ver si tenía remedio su extraña locura.

CAPÍTULO XXVII: DE CÓMO SALIERON CON SU INTENCIÓN EL CURA Y EL BARBERO, CON OTRAS COSAS DIGNAS DE CONTARSE EN ESTA GRAN HISTORIA

No le pareció mal al barbero la invención del cura; antes le pareció tan buena, que al punto la pusieron por obra. Le pidieron a la ventera una saya y unas tocas, dejando en prenda una sotana nueva del cura. El barbero, por su parte, se hizo una gran barba con una cola bermeja —o tirando a roja— de buey, de las que el ventero tenía colgadas junto al peine.

La ventera les preguntó para qué querían aquellas cosas. El cura le contó, en pocas palabras, la locura de don Quijote y cómo convenía aquel disfraz para sacarlo de la montaña donde, por entonces, estaba. Luego el ventero y la ventera cayeron en que aquel loco era el huésped del bálsamo y el amo del escudero manteado; y le contaron al cura todo lo que con él les había pasado, sin callar lo que tanto callaba Sancho.

En fin, la ventera vistió al cura de un modo que daba gusto verlo: le puso una saya de paño, llena de fajas de terciopelo negro de un palmo de ancho, todas acuchilladas, y unos corpiños de terciopelo verde, guarnecidos con ribetes de raso blanco; aquella saya y aquellos corpiños debieron de hacerse en tiempos del rey Wamba. El cura no consintió que le pusieran tocas; se caló en la cabeza un birretillo de lienzo acolchado que llevaba para dormir, y se ciñó por la frente una liga de tafetán negro; con otra liga se hizo un antifaz con que se cubrió muy bien las barbas y el rostro. Se encasquetó el sombrero —tan grande que le podía servir de quitasol— y, cubriéndose con su herreruelo, subió a la mula a mujeriegas. El barbero montó en la suya, con la barba que le caía hasta la cintura, entre roja y blanca, como ya se ha dicho, porque era de cola de buey barroso.

Se despidieron de todos, y también de la buena de Maritornes, que prometió rezar un rosario —aunque pecadora— para que Dios les diera buen suceso en negocio tan arduo y tan cristiano como el que habían emprendido.

Pero apenas salieron de la venta cuando al cura le asaltó un pensamiento: que estaba haciendo mal al vestirse de aquel modo, por ser indecente que un sacerdote se disfrazara así, aunque le fuera mucho en ello. Se lo dijo al barbero y le pidió que cambiaran los trajes: era más justo que el barbero hiciera de doncella necesitada y que él fuera el escudero; de esa manera se menoscababa menos su dignidad. Y añadió que, si el barbero no quería, él no seguía adelante, aunque a don Quijote se lo llevara el diablo.

En eso llegó Sancho y, al verlos con aquellos atavíos, no pudo contener la risa. Al fin, el barbero aceptó todo lo que el cura quiso, y, cambiada la invención, el cura le fue enseñando el modo y las palabras que debía decirle a don Quijote para moverlo y forzarlo a que se viniera con ellos y dejara la querencia del lugar que había escogido para su vana penitencia. El barbero respondió que, sin que le dieran lección, lo pondría todo en su punto.

No quiso vestirse todavía, hasta estar cerca de donde estaba don Quijote; así que dobló los vestidos, el cura se acomodó la barba, y siguieron su camino, guiados por Sancho Panza. Sancho les iba contando lo que les había sucedido con el loco que hallaron en la sierra, pero calló el hallazgo de la maleta y todo lo que dentro venía, porque, aunque no era muy listo, sí era algo codicioso el muchacho.

Al día siguiente llegaron al lugar donde Sancho había dejado las señales de las ramas para poder dar con el sitio donde dejó a su amo. En cuanto lo reconoció, les dijo que aquella era la entrada y que ya podían vestirse, si es que eso era necesario para la libertad de su señor. Porque antes ellos le habían dicho que aquel disfraz era lo principal para sacarlo de la mala vida que había escogido, y le encargaron mucho que no le dijera a su amo quiénes eran ni que los conocía. Y que, si su amo le preguntaba —como era de esperar— si había dado la carta a Dulcinea, dijera que sí; y que, como ella no sabía leer, le había respondido de palabra, mandándole, so pena de su desgracia, que al momento se fuera a verla, porque era cosa que le importaba mucho. Con esto, y con lo que ellos pensaban decirle, daban por seguro que lo reducirían a mejor vida, y que luego lo pondrían en camino para ir a ser emperador o monarca, que en lo de arzobispo no había de qué temer.

Todo lo oyó Sancho, lo guardó bien en la memoria y les agradeció mucho la intención de aconsejar a su señor que fuera emperador y no arzobispo, porque él tenía para sí que para hacer mercedes a los escuderos podían más los emperadores que los arzobispos andantes.

También les dijo que sería buena idea que él fuera delante a buscar a don Quijote y darle la respuesta de Dulcinea: con eso bastaría para sacarlo de aquel lugar, sin que ellos se tomaran tanto trabajo. A ellos les pareció bien lo que Sancho decía, y así determinaron esperarlo hasta que volviera con noticias del hallazgo de su amo.

Sancho se metió por aquellas quebradas de la sierra, dejando al cura y al barbero en un sitio por donde corría un arroyuelo manso, a cuya orilla daban sombra fresca unas peñas y algunos árboles. Hacía calor: el día era de los de agosto, que por aquellas partes arde con fuerza; la hora, las tres de la tarde. Todo eso hacía el sitio más agradable y convidaba a esperar allí la vuelta de Sancho, como hicieron.

Estaban los dos sosegados y a la sombra cuando les llegó una voz que, sin acompañamiento de instrumento alguno, sonaba dulce y regaladamente. No se maravillaron poco, porque les parecía que aquel no era lugar para que hubiera quien cantara tan bien. Y aunque suele decirse que por selvas y campos se hallan pastores de voces extremadas, eso suele ser más exageración de poetas que verdad; y más cuando advirtieron que lo que se cantaba eran versos, no de rústico ganadero, sino de cortesano discreto. Y lo confirmaron al oír estas coplas:

¿Quién menoscaba mis bienes?
Desdenes.
¿Y quién aumenta mis duelos?
Los celos.
¿Y quién pone a prueba mi paciencia?
La ausencia.
De este modo, en mi dolencia
ningún remedio se alcanza,
pues me matan la esperanza
desdenes, celos y ausencia.

¿Quién me causa este dolor?
Amor.
¿Y quién mi gloria combate?
Fortuna.
¿Y quién consiente mi duelo?
El cielo.
De este modo, yo recelo
morir de este mal extraño,

pues se juntan en mi daño
amor, fortuna y el cielo.

¿Quién mejorará mi suerte?
La muerte.
¿Y el bien de amor quién lo alcanza?
Mudanza.
¿Y sus males quién los cura?
Locura.
De este modo, no es cordura
querer curar la pasión,
cuando los remedios son
muerte, mudanza y locura.

La hora, el tiempo, la soledad, la voz y la destreza del que cantaba les causaron a ambos admiración y gusto. Se quedaron quietos, esperando si oían algo más; pero, como duró el silencio, determinaron salir a buscar al músico. Y cuando ya lo iban a hacer, la misma voz los detuvo, volviendo a sonar con este soneto:

SONETO
Santa amistad, que con ligeras alas,
tu apariencia quedándose en el suelo,
entre benditas almas, en el cielo,
subiste alegre a las empíreas salas;

desde allá, cuando quieres, nos señalas
la justa paz cubierta con un velo,
por quien a veces se trasluce el celo
de buenas obras que, al fin, son malas.

Deja el cielo, ¡oh amistad!, o no permitas
que el engaño se vista tu librea,
con que destruye la intención sincera;

que si tus apariencias no le quitas,
presto ha de verse el mundo en la pelea
de la discorde confusión primera.

El canto terminó con un profundo suspiro. Luego, los dos se quedaron atentos, por si volvía la música; pero como se trocó en sollozos y lastimeros ayes, acordaron saber quién era aquel triste, tan extremado en la voz como doloroso en los gemidos.

No anduvieron mucho cuando, al doblar una punta de una peña, vieron a un hombre del mismo talle y figura que Sancho les había descrito al contarles la historia de Cardenio. Al verlos, el hombre no se sobresaltó: se quedó quieto, con la cabeza inclinada sobre el pecho, como quien está pensando, y no levantó los ojos para mirarlos más que la primera vez, cuando llegaron de improviso.

El cura, que era hombre bien hablado y ya tenía noticia de su desgracia, pues por las señas lo reconoció, se le acercó y, con razones breves pero muy discretas, le rogó y persuadió que dejara aquella vida miserable, no fuera a perderla allí, que es la mayor de las desdichas.

Cardenio estaba entonces en su juicio entero, libre del furioso accidente que tan a menudo lo sacaba de sí. Y al verlos con un traje tan extraño en aquellas soledades, no dejó de admirarse; y más todavía cuando oyó que le hablaban de su asunto como cosa sabida (porque las palabras del cura lo daban a entender). Respondió así:

—Bien veo, señores, sean quienes sean, que el cielo —que se ocupa en socorrer a los buenos y aun a los malos muchas veces—, sin yo merecerlo, me envía a estos lugares tan apartados del trato común a algunas personas que, con razones vivas y diversas, me ponen delante cuán fuera de mí ando con la vida que hago, y procuran sacarme de ella a otra mejor. Pero como no saben que, saliendo de este mal, caigo en otro mayor, quizá me tienen por hombre de flacos discursos, o —lo que sería peor— por hombre sin juicio.

Y no sería extraño, porque yo mismo veo que la fuerza con que mi imaginación se aferra a mis desgracias es tan intensa, que, sin poder yo impedirlo, vengo a quedar como piedra, falto de sentido y de conocimiento. Y vengo a caer en la cuenta de esta verdad cuando algunos me muestran señales de lo que he hecho mientras ese terrible accidente me domina. Y no sé más que dolerme, en vano, y maldecir mi fortuna, sin provecho; y disculpar mis locuras diciendo la causa de ellas a quien quiera oírla.

Porque, viendo los cuerdos cuál es la causa, no se maravillarán de los efectos; y si no me dan remedio, al menos no me culparán: se les trocará el enojo por la lástima. Y si ustedes vienen con la misma intención que otros han traído, antes de que sigan con sus persuasiones, les ruego que escuchen el cuento —que casi no lo tiene— de mis desventuras: quizá, una vez entendido, se ahorren el trabajo de querer consolar un mal que no admite consuelo.

Los dos, que no deseaban otra cosa sino oír de su propia boca la causa de su daño, le rogaron que lo contara, ofreciéndole no hacer sino lo que él quisiera, para su remedio o consuelo. Y con esto, el triste caballero comenzó su lastimera historia, casi con las mismas palabras y pasos con que la había contado a don Quijote y al cabrero pocos días antes, cuando, por el asunto del maestro Elisabat y la puntualidad de don Quijote en guardar el decoro de la caballería, el cuento quedó imperfecto, como ya la historia lo deja dicho.

Pero ahora quiso la suerte que el accidente de la locura se detuviera y le diera lugar de contarla hasta el fin. Y así, llegando al billete que don Fernando halló dentro del libro de Amadís de Gaula, dijo Cardenio que lo tenía bien en la memoria y que decía así:

Luscinda a Cardenio

«Cada día descubro en ustedes valores que me obligan y me fuerzan a estimarlos más; y así, si quieren sacarme de esta deuda sin poner en riesgo mi honra, pueden hacerlo muy bien. Tengo un padre que los conoce y que me quiere, el cual, sin forzar mi voluntad, cumplirá la que sea justo que ustedes tengan, si es que me estiman como dicen y como yo creo».

—Por este billete me animé a pedir a Luscinda por esposa, como ya les he contado. Y este fue el que dejó a Luscinda, a los ojos de don Fernando, por una de las mujeres más discretas y avisadas de su tiempo. Y este billete fue el que le despertó el deseo de destruirme, antes de que lo mío llegara a cumplirse.

Yo le dije a don Fernando lo que detenía al padre de Luscinda: que mi padre fuese quien la pidiera. Yo no me atrevía a decírselo al mío, temiendo que no accediera; no porque no conociera la calidad, bondad, virtud y hermosura de Luscinda —y que tenía prendas bastantes para ennoblecer cualquier linaje—, sino porque yo entendía que mi padre quería que no me casara tan pronto, hasta ver lo que el duque Ricardo hacía conmigo.

En suma, le dije que no me aventuraba a hablarle, por aquel inconveniente y por otros muchos que me acobardaban sin saber cuáles eran; solo sentía que lo que yo deseaba jamás habría de tener efecto.

A todo eso me respondió don Fernando que él se encargaría de hablar con mi padre y hacer que hablara con el de Luscinda. ¡Oh ambicioso Mario, cruel Catilina, facineroso Sila, embustero Galalón, traidor Vellido, vengativo Julián, codicioso Judas! Traidor, cruel, vengativo y embustero: ¿qué mal te había hecho este triste, que con tanta llaneza te descubrió los secretos y contentos de su corazón? ¿Qué ofensa te hice? ¿Qué palabra te dije, o qué consejo te di, que no estuviera encaminado a aumentar tu honra y tu provecho?

Pero ¿de qué me quejo, desventurado de mí, si es cosa cierta que cuando las desgracias vienen arrastradas por la corriente de las estrellas, cayendo de alto abajo con furia y violencia, no hay fuerza en la tierra que las detenga, ni industria humana que las prevenga? ¿Quién hubiera imaginado que don Fernando —caballero ilustre, discreto, obligado por mis servicios y poderoso para alcanzar lo que el deseo le pidiera— se enconaría en quitarme una sola oveja que yo todavía no poseía?

Dejemos esas consideraciones aparte, que no aprovechan, y volvamos a anudar el roto hilo de mi desdichada historia.

Digo, pues, que como a don Fernando le parecía inconveniente mi presencia para ejecutar su falso y mal pensamiento, determinó enviarme a su hermano mayor con pretexto de pedirle dinero para pagar seis caballos, que, adrede y solo para ese fin —para ausentarme y poder él salir con su dañado intento— compró el mismo día en que se ofreció a hablar con mi padre. Quiso que yo fuera por el dinero.

¿Pude yo prever esta traición? ¿Pude siquiera imaginarla? No. Antes, con grandísimo gusto, me ofrecí a partir al instante, contento de la compra.

Aquella noche hablé con Luscinda y le dije lo que con don Fernando quedaba concertado, y que tuviera firme esperanza de que nuestros buenos y justos deseos se cumplirían. Ella me dijo —tan segura como yo de la traición— que procurara volver pronto, porque creía que no se tardaría en concluir lo nuestro más de lo que tardara mi padre en hablar con el suyo.

Pero algo ocurrió: al acabar de decirme eso se le llenaron los ojos de lágrimas y se le hizo un nudo en la garganta que no le dejó decir palabra de otras muchas cosas que me pareció que quería decirme. Yo quedé admirado de aquel nuevo accidente, jamás visto en ella hasta entonces, porque siempre nos hablábamos, cuando la fortuna y mi diligencia lo permitían, con regocijo y contento, sin mezclar lágrimas, suspiros, celos, sospechas ni temores.

Yo engrandecía mi ventura por haberme dado el cielo tal señora: exageraba su belleza y me asombraba de su valor y entendimiento. Ella me pagaba el recambio alabando en mí lo que, como enamorada, le parecía digno de alabanza. Con eso nos contábamos mil niñerías de vecinos y conocidos; y a lo más que llegaba mi atrevimiento era a tomarle, casi a la fuerza, una de sus manos blancas y hermosas, y llevarla a la boca, según lo permitía la estrechez de una reja baja que nos separaba.

Pero la noche que precedió al triste día de mi partida, ella lloró, gimió y suspiró, y se fue dejándome lleno de confusión y sobresalto. Espantado estaba de ver en Luscinda tan nuevas y tristes muestras de dolor; pero, por no quebrar mis esperanzas, lo atribuí a la fuerza del amor y al dolor que suele causar la ausencia a los que bien se quieren.

En fin, me fui triste y pensativo, el alma llena de imaginaciones y sospechas, sin saber qué sospechaba ni qué imaginaba: claros indicios de la desventura que me estaba esperando.

Llegué al lugar adonde me habían enviado; entregué las cartas al hermano de don Fernando. Me recibió bien, pero no me despachó con la misma buena voluntad, porque, muy a mi disgusto, me mandó esperar ocho días, y además en un sitio donde el duque, su padre, no pudiera verme, pues su hermano le escribía que le enviara cierto dinero sin que él lo supiera. Todo aquello fue invención del falso don Fernando, porque a su hermano no le faltaba dinero para despacharme al instante. A mí aquel mandato me puso en tal apuro que estuve a punto de desobedecer, porque me parecía imposible sostener tantos días de vida en la ausencia de Luscinda, y más habiéndola dejado con la tristeza que ya les conté; pero obedecí, como buen criado, aunque veía que lo hacía a costa de mi salud.

A los cuatro días de haber llegado, vino a buscarme un hombre con una carta. Me la dio, y en el sobre reconocí que era de Luscinda, porque la letra era suya. La abrí con temor y sobresalto, pensando que grave debía de ser lo que la había movido a escribirme, pues ni estando yo presente lo hacía muchas veces. Antes de leerla le pregunté al hombre quién se la había dado y cuánto tiempo había tardado en el camino. Me dijo que, por caso, al pasar por una calle de la ciudad a la hora del mediodía, una señora muy hermosa lo llamó desde una ventana, con los ojos llenos de lágrimas, y con mucha prisa le dijo:

—Hermano: si es cristiano, como parece, por amor de Dios le ruego que lleve ahora mismo esta carta al lugar y a la persona que dice el sobre, que todo es bien conocido, y en ello hará un gran servicio a Nuestro Señor. Y para que no le falte comodidad de hacerlo, tome lo que va en este pañuelo.

Y diciendo esto —prosiguió el hombre—, me arrojó por la ventana un pañuelo donde venían atados cien reales y esta sortija de oro que traigo aquí, junto con esa carta que le he entregado. Y sin esperar respuesta se apartó de la ventana; aunque antes vio cómo yo recogía el pañuelo y la carta, y por señas le hice entender que haría lo que mandaba. Y así, viéndome tan bien pagado del trabajo, y reconociendo en el sobre que era usted a quien se enviaba —porque yo, señor, lo conozco muy bien—, y movido también por las lágrimas de aquella señora, determiné no fiarme de otra persona y venir yo mismo a dársela. Y en dieciséis horas desde que me la dieron he hecho el camino, que ustedes saben que es de dieciocho leguas.

Mientras aquel nuevo correo me hablaba, yo quedé prendido de sus palabras; me temblaban las piernas, de modo que apenas podía sostenerme. En fin, abrí la carta y vi que decía, en sustancia, lo siguiente:

«La palabra que don Fernando le dio de hablar con su padre para que hablara con el mío, la ha cumplido más en su gusto que en su provecho. Sepa usted, señor, que él me ha pedido por esposa, y mi padre, llevado de la ventaja que cree que don Fernando le hace, ha aceptado con tanto empeño que de aquí a dos días ha de hacerse el desposorio, tan secreto y tan a solas, que solo serán testigos los cielos y alguna gente de casa. Cómo quedo yo, imagínelo; si le conviene venir, véngase; y si lo quiero o no, el suceso de este negocio se lo dará a entender. Dios quiera que esta carta llegue a sus manos antes de que la mía se vea en condición de juntarse con la de quien tan mal sabe guardar la fe que promete».

Estas razones me hicieron ponerme en camino sin esperar respuesta ni buscar otros dineros. Y entendí claramente entonces que no la compra de los caballos, sino la de su gusto, había movido a don Fernando a enviarme donde me envió. El enojo que concebí contra él, junto con el temor de perder la prenda que con tantos años de servicio y deseos tenía ganada, me puso alas: casi como volando, al día siguiente me hallé ya en mi tierra, a tiempo y hora de ir a hablar con Luscinda.

Entré a escondidas, dejé la mula con el mismo hombre que me había traído la carta, y quiso la suerte favorecerme en eso: hallé a Luscinda puesta a la reja, como otras veces, testigo de nuestros amores. Me conoció al instante, y yo a ella; pero no como debíamos conocernos. Porque ¿quién hay en el mundo que pueda jactarse de haber penetrado el confuso pensamiento y la condición mudable de una mujer? Nadie, por cierto.

Apenas me vio, me dijo:

—Cardenio, estoy vestida de boda. Ya me aguardan en la sala don Fernando, el traidor, y mi padre, el codicioso, con otros testigos, que antes lo serán de mi muerte que de mi desposorio. No te turbes, amigo: procura hallarte presente a este sacrificio, el cual, si no puede estorbarse con mis razones, una daga que llevo escondida podrá estorbarlo con fuerzas más resueltas, dando fin a mi vida y principio a que conozcas la voluntad que te he tenido y te tengo.

Yo, turbado y de prisa, temiendo que no me quedara lugar para responderle, le dije:

—Señora, que tus obras vuelvan verdaderas tus palabras. Si tú llevas daga para acreditarte, aquí llevo yo espada para defenderte, o para matarme si la suerte nos es contraria.

No creo que pudiera oírlo todo, porque la llamaron con prisa: el desposado la esperaba. Y con eso se cerró la noche de mi tristeza: se me puso el sol de mi alegría; quedé sin luz en los ojos y sin juicio en el entendimiento.

No acertaba a entrar en su casa, ni podía moverme a parte alguna. Pero, considerando cuánto importaba mi presencia para lo que allí pudiera suceder, me animé cuanto pude y entré. Yo conocía bien sus entradas y salidas, y más con el alboroto de secreto que en la casa andaba, así que nadie me advirtió. Tuve lugar de meterme en el hueco que hacía una ventana de la misma sala, cubierto con las puntas y remates de dos tapices. Desde allí podía ver, sin ser visto, todo lo que se hacía.

¿Quién podría decir ahora los sobresaltos del corazón mientras estuve allí, los pensamientos que me vinieron, las consideraciones que hice? Fueron tantas, y tan extremas, que ni se pueden decir ni conviene decirlas. Baste saber que entró el desposado sin más adorno que los mismos vestidos ordinarios que solía traer. Llevaba por padrino a un primo hermano de Luscinda, y en toda la sala no había gente de fuera, sino criados de la casa.

Al poco rato salió Luscinda de una recámara, acompañada de su madre y de dos doncellas, tan bien compuesta como su calidad y hermosura pedían, y como quien era la perfección de la gala y la bizarría cortesana. Mi suspensión no me dejó notar en particular lo que llevaba: solo pude advertir los colores —encarnado y blanco— y los brillos de piedras y joyas del tocado y del vestido; aunque a todo se adelantaba la singular belleza de sus cabellos rubios, que, en competencia con las piedras y con la luz de las cuatro hachas encendidas en la sala, parecían dar mayor resplandor.

¡Oh memoria, enemiga mortal de mi descanso! ¿Para qué me representas ahora aquella incomparable hermosura de la adorada enemiga mía? ¿No fuera mejor que me recordaras lo que entonces hizo, para que, movido de tan claro agravio, procure —si no venganza— al menos perder la vida? No se cansen, señores, de estas digresiones: mi pena no es de las que se cuentan en pocas palabras, porque cada circunstancia me parece digna de largo discurso.

A eso respondió el cura que no solo no se cansaban de escucharlo, sino que les daba mucho gusto que contara esas menudencias, porque eran tales que merecían no pasarse en silencio, y pedían la misma atención que lo principal de la historia.

—Digo, pues —prosiguió Cardenio—, que estando todos en la sala entró el cura de la parroquia, y tomando a los dos de la mano para hacer lo que se requiere, al decir: "¿Quiere, señora Luscinda, al señor don Fernando, que está presente, por esposo legítimo, como lo manda la Santa Madre Iglesia?", yo saqué la cabeza y el cuello de entre los tapices, y con el alma turbada y los oídos atentos me puse a escuchar su respuesta, esperando en ella sentencia de muerte o confirmación de vida.

¡Ah, quién se hubiera atrevido entonces a salir gritando: "¡Luscinda, mira lo que haces! Considera lo que me debes; mira que eres mía y no puedes ser de otro. Advierte que el decir 'sí' y acabárseme la vida será todo a un tiempo. ¡Traidor don Fernando, ladrón de mi gloria, muerte de mi vida! ¿Qué pretendes? Mira que no puedes, como cristiano, llegar al fin de tus deseos, porque Luscinda es mi esposa y yo soy su marido".

¡Ah, loco de mí! Ahora, que estoy lejos del peligro, digo lo que hubiera hecho y no hice. Ahora, que me dejaron robar mi prenda, maldigo al robador, de quien hubiera podido vengarme si hubiera tenido corazón para ello, como lo tengo para quejarme. En fin, si entonces fui cobarde y necio, no es mucho que muera ahora corrido, arrepentido y loco.

El cura aguardaba la respuesta de Luscinda, que tardó un buen espacio. Yo pensé que iba a sacar la daga para cumplir lo que había dicho, o que iba a desatar la lengua para decir alguna verdad en mi provecho. Pero oí que, con voz desmayada y flaca, dijo:

—Sí quiero.

Y lo mismo dijo don Fernando. Le dio el anillo y quedaron ligados en nudo indisoluble. Se acercó el desposado a abrazarla, y ella, poniéndose la mano sobre el corazón, cayó desmayada en brazos de su madre.

Resta decir cómo quedé yo al oír aquel "sí": vi burladas mis esperanzas, falsas las palabras y promesas de Luscinda, e imposible recobrar jamás el bien que en aquel instante perdía. Quedé sin consejo, desamparado del cielo, enemigo de la tierra que me sustentaba. El aire me negaba aliento para suspirar, el agua me negaba lágrimas; solo el fuego creció en mí de tal modo que todo ardía de rabia y de celos.

Se alborotaron todos con el desmayo. La madre, al desabrocharle el pecho para darle aire, descubrió un papel cerrado. Don Fernando lo tomó al instante y lo leyó a la luz de una de las hachas. Y cuando acabó, se sentó en una silla, se puso la mano en la mejilla y quedó pensativo, sin acudir a los remedios con que procuraban volverla en sí.

Yo, viendo revuelta la casa, me atreví a salir, me vieran o no, con determinación de hacer un desatino que hiciera entender a todos la justa indignación de mi pecho, castigando al falso don Fernando, y aun a la mudable traidora. Pero mi suerte —que para males mayores parece guardarme— ordenó que en aquel punto me sobrara el juicio que después me ha faltado. Y así, en vez de vengarme de mis enemigos (que, tan desprevenidos, fácil hubiera sido), quise vengarme de mí mismo y ejecutar en mí la pena que ellos merecían; y quizá con más rigor, porque la muerte repentina acaba presto la pena, pero la que se dilata en tormentos mata siempre, sin acabar la vida.

Salí de aquella casa y fui a la del hombre donde había dejado la mula. Le hice que me la ensillara; sin despedirme monté y salí de la ciudad, sin atreverme —como otro Lot— a volver la vista. Y cuando me vi en el campo solo, y la oscuridad y el silencio me convidaron a quejarme sin temor de ser oído, solté la voz y desaté la lengua en maldiciones contra Luscinda y don Fernando, como si con ellas pagara el agravio.

La llamé cruel, ingrata, falsa, desagradecida; y sobre todo, codiciosa, porque la riqueza de mi enemigo le cerró los ojos de la voluntad para quitárseme a mí y entregarse al que la fortuna trató con más liberalidad.

Y en medio de esas maldiciones, de pronto la disculpaba: no era mucho —decía— que una doncella criada en recogimiento, hecha a obedecer a sus padres, cediera a su gusto, dándole por esposo un caballero tan principal, rico y gentil; y que, si no lo aceptaba, podrían pensar que estaba sin juicio o que tenía la voluntad en otra parte, en perjuicio de su fama.

Luego volvía sobre mí la rabia, diciendo que, aun si ella hubiera declarado que yo era su esposo, verían todos que no había hecho mala elección, y que antes de ofrecerse don Fernando no hubieran sabido desear mejor partido que yo, si midieran el deseo con razón. Y que bien pudo ella, antes de dar la mano en trance tan forzoso, decir que ya me la había dado a mí; y yo hubiera venido a sostener cuanto ella acertara a fingir. En fin, me resolví en esto: poco amor, poco juicio, mucha ambición y deseo de grandezas la hicieron olvidar las palabras con que me engañó y sostuvo mis esperanzas.

Con esa inquietud caminé lo que quedaba de noche, y al amanecer di con la entrada de estas sierras. Anduve por ellas tres días, sin senda ni camino, hasta dar con unos prados —no sé en qué parte de estas montañas—, y pregunté a unos ganaderos dónde estaba lo más áspero. Me dijeron que hacia aquí. Me encaminé sin tardanza, con intención de acabar la vida; y al entrar por estas asperezas, de cansancio y de hambre cayó mi mula muerta… o, lo que yo más creo, quiso sacudirse de una carga tan inútil como yo.

Quedé a pie, rendido, atravesado de hambre, sin buscar ni pensar quién me socorriera. Estuve así no sé cuánto tiempo tendido en el suelo; luego me levanté sin hambre, y hallé junto a mí a unos cabreros que, sin duda, remediaron mi necesidad. Me dijeron cómo me habían encontrado y cómo yo decía tantos disparates que daba claros indicios de haber perdido el juicio. Y desde entonces siento que no siempre lo tengo entero: lo traigo flaco y desmedrado, y hago mil locuras, rompiéndome la ropa, dando voces por estas soledades, maldiciendo mi ventura y repitiendo en vano el nombre amado de mi enemiga, sin más intento entonces que acabar la vida a gritos. Y cuando vuelvo en mí, me hallo tan cansado y molido que apenas puedo moverme.

Mi habitación más común está en el hueco de un alcornoque capaz de cubrir este miserable cuerpo. Vaqueros y cabreros, movidos de caridad, me sustentan dejando el alimento por los caminos y por las peñas donde creen que acaso pase y lo halle. Y así, aunque se me nuble el juicio, la necesidad natural me hace reconocer el sustento y me despierta el deseo de buscarlo y tomarlo.

Otras veces —me dicen ellos—, cuando me encuentran con juicio, salgo a los caminos y se lo quito por fuerza, aunque me lo ofrezcan de buena gana, a los pastores que vienen del lugar a las majadas. De esta manera paso mi vida miserable, hasta que el cielo quiera conducirla a su fin, o me conceda tal olvido que no me acuerde de la hermosura y traición de Luscinda ni del agravio de don Fernando. Si me concede ese olvido sin quitarme la vida, volverán mis pensamientos a mejor juicio; y si no, solo me queda rogarle que tenga misericordia de mi alma, porque yo no siento fuerzas para sacar el cuerpo de esta estrechez en que por mi gusto lo he puesto.

Esta es, señores, la amarga historia de mi desgracia. Díganme si puede oírse con menos sentimiento del que en ustedes he visto. Y no se cansen en persuadirme ni en aconsejarme lo que la razón les dicte para mi remedio: en mí aprovecha tanto la medicina del médico más famoso como en el enfermo que no quiere tomarla.

No quiero salud sin Luscinda. Y pues ella quiso ser ajena, siendo —o debiendo ser—, mía, quiero yo ser de la desventura, pudiendo haber sido de la buena dicha. Ella quiso, con su mudanza, hacer estable mi perdición; yo querré, procurando perderme, contentar su voluntad. Y sea ejemplo para los que vengan: a mí solo me falta lo que a los desdichados suele sobrar, que es el consuelo; porque en ellos la imposibilidad de tenerlo consuela, y en mí la posibilidad lo vuelve causa de mayores penas, pues aun pienso que no han de acabarse con la muerte.

Aquí dio fin Cardenio a su larga plática, tan desdichada como amorosa. Y cuando el cura se disponía a decirle algunas razones de consuelo, lo interrumpió una voz que llegó a sus oídos, en acentos lastimados; y oyeron lo que se dirá en la cuarta parte de esta narración, porque en este punto dio fin a la tercera el sabio y atento historiador Cide Hamete Benengeli.

CAPÍTULO XXVIII: QUE TRATA DE LA NUEVA Y AGRADABLE AVENTURA QUE AL CURA Y AL BARBERO LES SUCEDIÓ EN LA MISMA SIERRA

Felicísimos y venturosos fueron los tiempos en que salió al mundo el audacísimo caballero don Quijote de la Mancha; porque, gracias a aquella honrada determinación suya de resucitar y devolver al mundo la ya perdida y casi muerta orden de la caballería andante, disfrutamos ahora, en esta edad necesitada de alegres entretenimientos, no solo de la dulzura de su verdadera historia, sino también de sus cuentos y episodios, que en parte no son menos agradables, artificiosos y verdaderos que la misma historia.

La cual, siguiendo el enmarañado, torcido y áspero hilo de su relato, cuenta que, así como el cura empezó a disponerse para consolar a Cardenio, lo impidió una voz que llegó a sus oídos y que, con tristes acentos, decía de esta manera:

—¡Ay, Dios! ¿Será posible que ya haya hallado un lugar que pueda servirme de escondida sepultura para la pesada carga de este cuerpo, que sostengo tan contra mi voluntad? Quizá sí, si la soledad que prometen estas sierras no me engaña. ¡Ay, desdichada! ¡Y cuán más agradable compañía harán estos riscos y malezas a mi propósito, pues me darán lugar para que, con quejas, comunique mi desgracia al cielo y no a ningún ser humano! Porque no hay nadie en la tierra de quien se pueda esperar consejo en las dudas, alivio en las quejas ni remedio en los males.

Estas razones las oyeron con claridad el cura y los que con él estaban; y como les pareció (y era así) que se decían allí cerca, se levantaron a buscar a quien las pronunciaba. No habían andado veinte pasos cuando, detrás de un peñasco, vieron sentado al pie de un fresno a un muchacho vestido como labrador. Tenía el rostro inclinado, porque se estaba lavando los pies en el arroyo que corría por allí, y por eso no se le pudo ver la cara en ese momento.

Llegaron con tanto silencio que él no los sintió, ni estaba atento a otra cosa que a lavarse los pies, los cuales eran tan blancos y delicados que no parecían sino dos pedazos de cristal nacidos entre las piedras del arroyo. Los dejó suspensos la blancura y hermosura de aquellos pies, porque no parecían hechos para pisar terrones ni para andar tras el arado y los bueyes, como indicaba el traje.

Viendo que no habían sido sentidos, el cura, que iba delante, les hizo señas a los otros dos para que se agazaparan o se escondieran detrás de unas peñas. Así lo hicieron, mirando con atención lo que el mozo hacía.

Traía puesto un capotillo pardo de dos faldones, ceñido al cuerpo con una toalla blanca. Llevaba también calzones y polainas de paño pardo, y en la cabeza una montera del mismo color. Tenía las polainas subidas hasta la mitad de la pierna, que sin duda parecía de blanco alabastro.

Cuando acabó de lavarse los hermosos pies, sacó de debajo de la montera un paño con que se los secó. Y al querer quitárselo, alzó el rostro, y los que lo observaban pudieron ver una hermosura incomparable; tanto, que Cardenio dijo al cura en voz baja:

—Esta, si no es Luscinda, no es persona humana: es divina.

El mozo se quitó la montera y, sacudiendo la cabeza a un lado y a otro, se soltaron y se desparramaron unos cabellos que podían despertar envidia al sol. Con esto entendieron que aquel labrador era mujer, delicada, y aún la más hermosa que hasta entonces habían visto los ojos del cura y del barbero, y aun los de Cardenio, si no hubiera mirado y conocido a Luscinda; porque después afirmó que solo la belleza de Luscinda podía competir con aquella.

Los cabellos largos y rubios no solo le cubrieron la espalda, sino que la rodearon toda, escondiéndola bajo su manto de oro; de manera que, si no fueran los pies, ninguna otra parte del cuerpo se veía: tan abundantes eran. En esto le sirvieron de peine unas manos que, si los pies en el agua parecían cristal, las manos en el cabello semejaban nieve apretada. Todo ello aumentaba la admiración y el deseo de saber quién era aquella persona.

Por eso decidieron mostrarse. Pero al menor movimiento que hicieron al ponerse en pie, la hermosa muchacha alzó la cabeza y, apartándose el cabello de los ojos con ambas manos, miró hacia donde venía el ruido. Apenas los vio, se levantó de golpe y, sin calzarse ni recogerse el cabello, tomó con rapidez un bulto, como de ropa, que tenía junto a sí, y quiso huir, turbada y sobresaltada. No había dado seis pasos cuando, como aquellos pies delicados no pudieron resistir la aspereza de las piedras, cayó al suelo.

Al verla caer, salieron los tres y corrieron hacia ella. El cura fue el primero que le dijo:

—Deténgase, señora, quienquiera que sea. Los que aquí ve solo quieren servirle. No hay razón para ponerse en esa huida, porque ni sus pies la resistirán ni nosotros lo permitiremos.

Ella no respondía palabra, atónita y confusa. Llegaron, pues, a donde estaba, y el cura, tomándola de la mano, prosiguió:

—Lo que su traje, señora, nos niega, su cabello nos lo descubre: señal clara de que no deben de ser pequeñas las causas que han disfrazado su belleza con un hábito tan indigno y la han traído a una soledad como esta. Ha sido ventura hallarla, si no para remediar sus males, al menos para darle consejo; porque no hay mal que pueda apretar tanto ni llegar a tal extremo mientras no acaba la vida, que rechace siquiera oír el consejo que se le da con buena intención. Así que, señora mía —o señor mío, como prefiera ser—, pierda el sobresalto que nuestra vista le ha causado y cuéntenos su buena o mala suerte: que en nosotros juntos, o en cada uno, hallará quien la acompañe en el sentimiento de sus desgracias.

Mientras el cura decía esto, ella permanecía como embelesada, mirándolos sin mover los labios, como un aldeano rústico a quien, de pronto, le muestran cosas extrañas jamás vistas. Pero cuando el cura volvió a insistir con nuevas razones del mismo propósito, ella suspiró hondo, rompió el silencio y dijo:

—Ya que la soledad de estas sierras no ha bastado para encubrirme, ni el descuido de mi cabello ha permitido que mi lengua mienta, sería inútil fingir de nuevo; y aunque se me creyera, sería más por cortesía que por otra cosa. Dicho esto, señores, les agradezco el ofrecimiento que me han hecho, y me obliga a satisfacerlos en lo que me han pedido; aunque temo que el relato de mis desdichas les cause, junto con la compasión, pesadumbre, porque no hallarán remedio para curarlas ni consuelo para sobrellevarlas. Pero, con todo, para que mi honra no ande vacilando en su pensamiento, ya que me han conocido por mujer y me ven joven, sola y en este traje —cosas que juntas, y aun cada una por sí, podrían echar por tierra cualquier crédito honesto—, les diré lo que quisiera callar, si me fuera posible.

Dijo todo esto sin detenerse, con lengua suelta, voz suave y tal cordura que no admiró menos su discreción que su hermosura. Y como el cura y los otros le renovaran los ruegos y ofrecimientos para que cumpliera lo prometido, ella —sin hacerse rogar más— se calzó con toda honestidad, recogió el cabello, se sentó en una piedra, y los tres se acomodaron alrededor. Entonces, haciendo esfuerzo por contener unas

221

lágrimas que ya se le venían a los ojos, con voz reposada y clara comenzó la historia de su vida de esta manera:

—En esta Andalucía hay un lugar de cuyo nombre toma título un duque, y por ello es de los que llaman grandes en España. Tiene dos hijos: el mayor, heredero de su estado y, al parecer, de sus buenas costumbres; y el menor, no sé yo de qué es heredero, si no es de las traiciones de Vellido y de los embustes de Galalón.

De ese señor son vasallos mis padres: humildes de linaje, pero tan ricos, que si los bienes de su sangre igualaran a los de su fortuna, ni ellos tendrían más que desear ni yo temería verme en la desdicha en que me veo. Quizá mi mala ventura nace de la poca que ellos tuvieron al no haber nacido ilustres; aunque, en verdad, no son tan bajos que deban avergonzarse de su estado, ni tan altos que a mí me quiten la idea de que mi desgracia viene de su humildad.

Mis padres son, en fin, labradores, gente llana, sin mezcla de mala sangre y, como suele decirse, cristianos viejos; y tan ricos, que su riqueza y el buen trato van ganándoles, poco a poco, nombre de hidalgos y aun de caballeros. Pero de la mayor riqueza y nobleza que se preciaban era de tenerme a mí por hija; y como no tenían otra que heredara, y por ser padres cariñosos, fui una de las hijas más regaladas que padres han criado.

Yo era el espejo en que se miraban, el báculo de su vejez, el blanco hacia el cual, midiendo con el cielo, dirigían todos sus deseos; y como eran tan buenos, los míos no se apartaban de los suyos. Así como yo era señora de su ánimo, lo era también de su hacienda: por mí se recibía y despedía a los criados; por mi mano pasaba la cuenta de lo sembrado y lo cogido; los molinos de aceite, los lagares de vino, el ganado mayor y menor, las colmenas… En fin, de todo lo que un labrador rico puede tener, yo llevaba razón y cuenta: era la mayordoma y señora, con tanta diligencia mía y tanto gusto de ellos, que no sabría exagerarlo.

Los ratos del día que me quedaban, después de dar a los mayorales, capataces y jornaleros lo que convenía, los ocupaba en ejercicios lícitos y necesarios para una doncella: la aguja, la almohadilla y muchas veces la rueca. Y si alguna vez, por recrear el ánimo, dejaba esos oficios, me acogía a leer un libro devoto o a tañer un arpa, porque la experiencia me enseñó que la música compone los ánimos alterados y alivia los trabajos del espíritu.

Esta era la vida que yo llevaba en casa de mis padres; y si la he contado con tanta particularidad, no ha sido por ostentación ni para dar a entender que soy rica, sino para que se note cuán sin culpa he venido de aquel buen estado al infeliz en que ahora me hallo.

Y es el caso que, viviendo yo tan ocupada y tan encerrada, que podía compararse mi casa a un monasterio; sin ser vista, a mi parecer, por nadie fuera de los criados (porque los días que iba a misa salía muy temprano, tan acompañada de mi madre y de otras criadas, y yo tan cubierta y recatada, que mis ojos apenas veían más tierra que aquella donde ponían los pies), aun así los ojos del amor —o de la ociosidad, por mejor decir— , a los cuales ni los de un lince se igualan, me vieron y me pusieron en la mira de don Fernando, que es el nombre del hijo menor del duque de quien les hablé.

Apenas Dorotea pronunció el nombre de don Fernando, cuando a Cardenio se le mudó el color del rostro y empezó a sudar, con tal alteración, que el cura y el barbero temieron que le viniera aquel acceso de locura del que habían oído hablar. Pero Cardenio no hizo más que sudar y quedarse quieto, mirando fijamente a la muchacha, procurando imaginar quién era. Dorotea, sin advertirlo, continuó su historia:

—Apenas me vio, según él dijo después, quedó preso de mis amores; y se le notó en las demostraciones. Pero por acabar pronto el relato de mis desdichas, pasaré en silencio las diligencias con que don Fernando quiso declarar su voluntad: sobornó a toda la gente de mi casa; dio y ofreció dádivas y promesas a mis parientes; los días parecían fiestas en mi calle; las noches no dejaban dormir a nadie con músicas; los billetes que, sin saber cómo, venían a mis manos, eran infinitos, llenos de razones enamoradas y ofrecimientos, con menos letras que juramentos.

Todo eso, no solo no me ablandaba, sino que me endurecía, como si fuera mi enemigo mortal, y como si lo hiciera todo para el efecto contrario. No porque a mí me pareciera mal su gentileza ni me sobraran sus solicitudes: me daba, no sé cómo, cierto gusto verme tan estimada de un caballero tan principal, y no me pesaba leer en sus papeles mis alabanzas; que, en esto, por feas que seamos las mujeres, siempre agrada oír que nos llaman hermosas.

Pero a todo se oponía mi honestidad y los consejos continuos de mis padres, que ya sabían sin disimulo la voluntad de don Fernando, pues a él ya no le importaba que todo el mundo la supiera. Me decían mis padres que en mi virtud depositaban su honra y su fama; que mirara la desigualdad entre él y yo, y que entendiera que sus pensamientos —aunque él dijera otra cosa— iban más a su gusto que a mi provecho. Y que, si yo quería poner algún obstáculo para que él se apartara de su injusta pretensión, ellos me casarían con quien yo más quisiera, ya fuera de los principales de nuestro lugar o de los vecinos, pues todo se podía esperar de su hacienda y de mi buena fama.

Con esas seguridades y con la verdad de sus palabras fortificaba yo mi entereza, y jamás quise responder a don Fernando con palabra que, ni de lejos, pudiera darle esperanza de alcanzar su deseo.

Estos recatos míos, que él debía de tomar por desdenes, fueron tal vez la causa de avivar más su apetito, al que yo quiero dar ese nombre, porque si su voluntad hubiera sido la que debía, ustedes no la sabrían ahora, y no habría ocasión de contársela. Finalmente, don Fernando supo que mis padres andaban por darme estado, para quitarle a él la esperanza de poseerme o, al menos, para ponerme más guardas. Y esa noticia —o sospecha— fue causa de lo que ahora oirán.

Una noche, estando yo en mi aposento, sola con una doncella que me servía, y teniendo bien cerradas las puertas por temor de que por descuido mi honestidad peligrara, sin saber ni imaginar cómo, en medio de tantas prevenciones y en la soledad de aquel silencio y encierro, me lo hallé delante. Su vista me turbó de tal modo que me quitó la claridad de los ojos y me ató la lengua. No pude dar voces; y aun creo que él no me las hubiera permitido, porque luego se acercó y, tomándome entre sus brazos —pues yo no tuve fuerzas para defenderme de lo turbada que estaba—, comenzó a decirme tales razones, que no sé cómo la mentira tiene habilidad para componerlas de modo que parezcan verdaderas.

El traidor hacía que las lágrimas acreditaran sus palabras y los suspiros su intención. Yo, pobre y sola, mal enseñada entre los míos para casos semejantes, empecé, no sé cómo, a tomar por verdaderas tantas falsedades. No de modo que me movieran a compasión, sino porque me parecieron sinceras sus lágrimas y suspiros. Pasado el primer sobresalto, recobré algo mis fuerzas y, con más ánimo del que pensé tener, le dije:

—Si como estoy, señor, entre tus brazos, estuviera entre los de un león, y el librarme dependiera de hacer o decir algo contra mi honestidad, tan posible sería hacerlo como dejar de haber sido lo que fue. Así que, si tú tienes ceñido mi cuerpo con tus brazos, yo tengo atada mi alma con mis buenos deseos, que son tan distintos de los tuyos como lo verás si, con fuerza, quieres pasar adelante. Soy tu vasalla, pero no tu esclava. La nobleza de tu sangre no tiene ni debe tener poder para deshonrar y despreciar la humildad de la mía. Y en tanto me estimo yo, labradora y villana, como tú, señor y caballero. Conmigo no tendrán efecto tus fuerzas, ni valor tus riquezas, ni podrán engañarme tus palabras, ni ablandarme tus suspiros y lágrimas. Si yo viera todas estas cosas en aquel que mis padres me dieran por esposo, mi voluntad se ajustaría a la suya y no se apartaría de ella. Y así, como quedaría con honra, aunque sin gusto, de buena gana le entregaría lo que tú ahora procuras con tanta fuerza. Todo esto lo digo para que entiendas que no obtendrá nada de mí quien no sea mi legítimo esposo.

—Si solo te detiene eso, hermosísima Dorotea —dijo el desleal caballero (que este es el nombre de esta desdichada)—, mira: aquí te doy la mano de ser tu esposo; y sean testigos los cielos, a quienes nada se oculta, y esta imagen de Nuestra Señora que aquí tienes.

Cuando Cardenio oyó que se llamaba Dorotea, volvió a sobresaltarse y confirmó del todo su sospecha; pero no quiso interrumpir el relato, por ver en qué paraba lo que él ya casi sabía. Solo dijo:

—¿Dorotea es tu nombre, señora? Otra Dorotea he oído yo nombrar, que quizá iguala tus desdichas. Sigue; que tiempo vendrá en que te diga cosas que te asombren tanto como te lastimen.

Dorotea reparó en sus palabras, en su extraño traje y en su agitación, y le pidió que, si sabía algo de su caso, se lo dijera al instante; porque si algo le había dejado bueno la fortuna, era el ánimo para sufrir cualquier golpe, segura de que ninguno podía aumentar un punto el dolor que traía.

—No perdería yo, señora —respondió Cardenio—, en decirte lo que pienso, si fuera verdad lo que imagino; pero hasta ahora no se pierde ocasión, y a ti no te importa saberlo.

—Sea lo que sea —dijo Dorotea—, lo que sucedió fue que don Fernando, tomando una imagen que había en mi aposento, la puso por testigo de nuestro desposorio. Con palabras muy eficaces y juramentos extraordinarios me dio palabra de ser mi marido. Pero antes de que acabara de decirlos, le rogué que mirara bien lo que hacía, que pensara en el enojo que su padre habría de recibir al verlo casado con una labradora, vasalla suya; que no lo cegara mi hermosura —la que tuviera—, pues no bastaba para disculpar su falta; y que si de verdad quería hacerme bien, lo mejor era dejar que mi suerte corriera conforme a mi condición, porque los casamientos tan desiguales ni se gozan ni duran mucho con el gusto con que empiezan.

Le dije esas razones, y otras muchas que ya no recuerdo; pero nada bastó para detenerlo: iba como quien no piensa pagar, que al cerrar un trato no repara en inconvenientes.

Entonces hice un breve discurso conmigo y me dije: "No seré yo la primera que por matrimonio haya subido de estado humilde a grande; ni será don Fernando el primero a quien la hermosura, o una afición ciega —que es lo más cierto—, haya hecho tomar compañía desigual a su grandeza. Y si no hago cosa nueva, bien será acudir a la honra que la suerte me ofrece, aunque dure su voluntad lo que dure el cumplimiento de su deseo; que al fin, ante Dios, seré su esposa. Y si lo despido con desdenes, lo veo en tal término que, no usando el que debe, usará el de la fuerza, y yo quedaré deshonrada y sin defensa; porque ¿qué razones bastarán para persuadir a mis padres y a otros que este caballero entró en mi aposento sin mi consentimiento?"

Todo eso lo revolví en un instante, y por encima de todo me forzaron a inclinarme —sin pensar que era mi perdición— los juramentos de don Fernando, los testigos que ponía, las lágrimas que derramaba y, finalmente, su disposición y gentileza, que, con tantas señales de amor verdadero, pudieron rendir a otro corazón más libre y recatado que el mío.

Llamé a mi criada para que, en la tierra, acompañara a los testigos del cielo. Don Fernando reiteró y confirmó sus juramentos; añadió nuevos santos por testigos; echó sobre sí futuras maldiciones si no cumplía lo prometido; volvió a humedecer los ojos, a acrecentar los suspiros, y me apretó más entre sus brazos, de los cuales nunca me había soltado. Y con eso, y al salir otra vez mi doncella del aposento... yo dejé de ser doncella, y él acabó de ser traidor y perjuro.

El día siguiente a la noche de mi desgracia llegó, aunque no tan deprisa como creo que don Fernando lo deseaba; porque, después de cumplido aquello que pide el apetito, el mayor gusto que suele venir es apartarse de donde se logró. Digo esto porque don Fernando se dio prisa en irse de mi lado, y, por diligencia de mi doncella (la misma que lo había traído), antes de amanecer ya estaba en la calle. Al despedirse de mí —aunque no con la misma vehemencia con que había venido— me dijo que estuviera segura de su palabra y de que sus juramentos serían firmes y verdaderos; y, para confirmarlo más, se sacó un rico anillo del dedo y me lo puso en el mío.

En fin, él se fue y yo quedé sin saber si triste o alegre; pero sí sé que quedé confusa, pensativa y casi fuera de mí con aquel suceso. No tuve ánimo —o no se me ocurrió— reñir a mi doncella por la traición de haber metido a don Fernando en mi propio aposento, porque aún no acababa de decidir si lo que me había pasado era bien o mal. Le dije, al partir, a don Fernando que por el mismo camino por donde entró podría verme otras noches, pues ya era suyo, hasta que, cuando él quisiera, aquello se hiciera público. Pero no volvió ninguna otra vez, sino solo la noche siguiente; y después no pude verlo ni en la calle ni en la iglesia en más de un mes. En vano me cansé buscándolo, aunque supe que estaba en el pueblo y que la mayoría de los días iba de caza, ejercicio del que era muy aficionado.

Esos días y esas horas sé bien que para mí fueron aciagos y mezquinos. Sé que empecé a dudar, y hasta a desconfiar, de la fe de don Fernando. Sé también que mi doncella oyó entonces las palabras de reprensión por su atrevimiento, palabras que antes no había escuchado; y sé que me vi obligada a vigilar mis lágrimas y la compostura del rostro para no dar ocasión a que mis padres me preguntaran de qué estaba descontenta y me forzaran a inventar mentiras.

Pero todo eso se acabó en un instante: en uno solo se atropellaron los respetos, se derrumbaron los discursos honrados, se perdió la paciencia y salieron a la plaza mis secretos pensamientos. Y fue porque, pocos días después, se dijo en el lugar que en una ciudad cercana don Fernando se había casado con una doncella hermosísima, de padres muy principales, aunque no tan rica como para que por la dote pudiera aspirar a tan alto casamiento. Se decía que se llamaba Luscinda, y se contaban otras cosas de sus bodas, dignas de admiración.

Cardenio oyó el nombre de Luscinda y no hizo más que encogerse de hombros, morderse los labios, arquear las cejas y, al poco, dejar que se le derramaran por los ojos dos manantiales de lágrimas; pero Dorotea no por eso dejó de seguir su relato, diciendo:

—Llegó a mis oídos esa nueva triste, y en vez de helárseme el corazón, fue tanta la cólera y rabia que se encendió en él, que poco faltó para que saliera por las calles dando voces y publicando la traición que se me había hecho. Pero por entonces se templó aquella furia con pensar en ejecutar esa misma noche lo que ejecuté: me vestí con este traje, que me dio uno de esos que en casas de labradores llaman zagales, criado de mi padre. A él le conté toda mi desventura y le rogué que me acompañara a la ciudad donde entendí que estaba mi enemigo.

Él, después de reprender mi atrevimiento y afear mi determinación, viéndome resuelta, se ofreció a acompañarme —como dijo— hasta el cabo del mundo. En el mismo momento encerré en una almohada de lienzo un vestido de mujer y algunas joyas y dinero, por lo que pudiera suceder; y en el silencio de aquella noche, sin dar aviso a mi doncella traidora, salí de mi casa acompañada de mi criado, y de mil imaginaciones, y me puse camino de la ciudad a pie, llevada casi en vuelo por el deseo de llegar y, si no estorbar lo que ya daba por hecho, al menos, obligar a don Fernando a que me dijera con qué alma lo había hecho.

Llegué en dos días y medio. Y apenas entré en la ciudad, pregunté por la casa de los padres de Luscinda; y el primero a quien lo pregunté me respondió más de lo que yo hubiera querido oír. Me señaló la casa y me contó todo lo sucedido en el desposorio de su hija; asunto tan público que se hacían corrillos por toda la ciudad para relatarlo.

Me dijo que la noche en que don Fernando se desposó con Luscinda, después de que ella dio el sí, le vino un fuerte desmayo; y que, al llegar su esposo a desabrocharle el pecho para que le diera el aire, halló un papel escrito de la misma letra de Luscinda, en el cual declaraba que ella no podía ser esposa de don Fernando, porque lo era de Cardenio —que, según me dijo, era un caballero muy principal de esa misma ciudad—; y que si había dado el sí a don Fernando, fue por obedecer a sus padres.

En suma, dijo que el papel contenía razones que daban a entender que ella pensaba quitarse la vida en cuanto acabara el desposorio, y añadía allí por qué lo haría. Todo eso, decía, lo confirmaba una daga que le hallaron escondida, no sé en qué parte del vestido.

Viendo aquello don Fernando, y creyendo que Luscinda lo había burlado, escarnecido y tenido en poco, arremetió contra ella antes de que volviera en sí del desmayo; y con la misma daga quiso apuñalarla, y lo habría hecho si sus padres y los presentes no se lo hubieran impedido. Me dijeron también que don Fernando se ausentó luego, y que Luscinda no volvió de su desvanecimiento hasta el día siguiente, cuando contó a sus padres que era verdadera esposa de aquel Cardenio.

Supe además que Cardenio —según afirmaban— estuvo presente en la boda; y que, al verla desposada (cosa que él jamás imaginó), salió de la ciudad desesperado, dejando primero escrita una carta donde declaraba el agravio que Luscinda le había hecho y cómo se iba a un lugar donde nadie lo viera.

Todo esto era público, notorio, y todos hablaban de ello. Y aún se habló más cuando supieron que Luscinda había desaparecido de casa de sus padres y de la ciudad, porque no la hallaron en parte alguna; de lo cual sus padres perdían el juicio y no sabían qué medio tomar para encontrarla.

Esto que supe dejó en suspenso mis esperanzas. Y tuve por mejor no haber dado con don Fernando que hallarlo casado: me pareció que la puerta de mi remedio no estaba del todo cerrada. Me hice creer que el cielo había puesto aquel estorbo en su segundo matrimonio para traerlo a reconocer lo que debía al primero, y a caer en la cuenta de que era cristiano, y que estaba más obligado a su alma que a los respetos humanos.

Con esas ideas revolviendo en mi cabeza, me consolaba sin consuelo, inventando esperanzas largas y apagadas solo para entretener la vida… vida que ya aborrezco.

Estando, pues, en la ciudad sin saber qué hacer, porque no hallaba a don Fernando, llegó a mis oídos un pregón público: prometían gran recompensa a quien me encontrara, dando señas de mi edad y del mismo traje que llevaba. Y oí decir que se afirmaba que me había sacado de casa de mis padres el mozo que venía conmigo. Eso me llegó al alma: no bastaba con perder el crédito por mi salida; aún se le añadía el "con quién", siendo un sujeto tan bajo y tan indigno de mis pensamientos.

Apenas oí el pregón, salí de la ciudad con mi criado, que ya empezaba a mostrar señales de flaquear en la fidelidad prometida; y aquella misma noche nos metimos por lo espeso de esta montaña, con el miedo de ser hallados. Pero, como suele decirse, un mal llama a otro, y el fin de una desgracia suele ser el principio de otra mayor; y así me pasó a mí.

Mi criado —hasta entonces fiel—, en cuanto se vio en esta soledad, incitado más por su mala entraña que por mi hermosura, quiso aprovecharse de la ocasión que estos yermos, según él, le ofrecían. Sin vergüenza y con menos temor de Dios aún, me habló de amores. Y al ver que yo respondía con palabras duras y justas a la desvergüenza de sus propósitos, dejó los ruegos —con los que primero pensó lograrlo— y quiso usar la fuerza.

Pero el cielo justo, que pocas veces deja de favorecer las intenciones limpias, favoreció las mías: con mis pocas fuerzas, y con poco trabajo, lo eché por un barranco, donde lo dejé sin saber si muerto o vivo. Y luego, con más ligereza de la que mi sobresalto y cansancio pedían, me interné por estas montañas sin otro pensamiento ni otro propósito que esconderme en ellas y huir de mi padre y de los que andaban buscándome.

Con ese deseo entré hace no sé cuántos meses. Allí hallé a un ganadero que me llevó como criado a un lugar metido en lo más hondo de esta sierra. Le he servido de zagal todo este tiempo, procurando estar siempre en el campo para ocultar estos cabellos que ahora, sin pensarlo, me han delatado.

Pero toda mi industria y solicitud fueron inútiles. Mi amo vino a entender que yo no era varón, y le nació el mismo pensamiento torcido que a mi criado. Y como no siempre la fortuna, junto con los trabajos, trae los remedios, no hallé barranco donde arrojar al amo como al criado. Así que me pareció menor daño dejarlo y esconderme de nuevo entre estas asperezas, que probar con él mis fuerzas o mis excusas.

Digo, pues, que volví a emboscarme y a buscar un lugar donde, sin estorbo, pudiera con suspiros y lágrimas rogar al cielo que se doliera de mi desventura y me diera camino y favor para salir de ella… o para dejar la vida en estas soledades, sin que quede memoria de esta triste, que tan sin culpa habrá dado materia para que murmuren de ella en su tierra y en las ajenas.

CAPÍTULO XXIX: DEL INGENIOSO ARTIFICIO Y ORDEN CON QUE SACARON A NUESTRO CABALLERO ENAMORADO DE LA DURÍSIMA PENITENCIA EN QUE SE HABÍA PUESTO

—Esta es, señores, la verdadera historia de mi tragedia. Miren y juzguen ahora si los suspiros que escucharon, las palabras que oyeron y las lágrimas que me salían tenían motivo bastante para mostrarse, y aún con mayor abundancia. Y, considerada la condición de mi desgracia, verán que será inútil el consuelo, porque el remedio es imposible. Solo les ruego —cosa que con facilidad pueden y deben hacer— que me aconsejen dónde podré pasar la vida sin que me acabe el temor y sobresalto de ser hallada por quienes me buscan; porque, aunque sé que el amor de mis padres me asegura que seré bien recibida por ellos, es tanta la vergüenza que me toma solo al pensar que he de presentarme ante su vista no como ellos creían, que tengo por mejor desterrarme para siempre, antes que verles el rostro, pensando que ellos mirarán el mío como ajeno de la honestidad que de mí debían esperar.

Calló al decir esto, y el rostro se le cubrió de un color que dejó ver, con claridad, el sentimiento y vergüenza del alma. Quienes la escuchaban sintieron tanta lástima como admiración por su desgracia; y aunque el cura quiso consolarla y aconsejarla de inmediato, se adelantó Cardenio, tomando la palabra:

—Entonces, señora... ¿eres la hermosa Dorotea, hija única del rico Clenardo?

Dorotea quedó admirada al oír el nombre de su padre y, viendo lo pobremente vestido que estaba quien se lo decía, respondió:

—¿Y quién eres tú, hermano, que sabes el nombre de mi padre? Porque yo, si no me equivoco, en todo el relato de mi desdicha no lo he nombrado.

—Soy —respondió Cardenio— aquel desventurado de quien, según has dicho, Luscinda declaró que era su esposo. Soy el triste Cardenio, a quien el mal proceder de ese mismo que te ha puesto en el estado en que estás me ha traído a que me veas como me ves: roto, casi desnudo, falto de todo consuelo humano y —lo que es peor— falto de juicio, pues solo lo tengo cuando al cielo se le antoja dármelo por un breve espacio.

Yo, Dorotea, soy el que estuvo presente en las sinrazones de don Fernando y el que aguardó a oír el "sí" con que Luscinda lo aceptó por esposo. Yo soy el que no tuvo ánimo para ver en qué acababa su desmayo, ni lo que resultaba del papel que le hallaron en el pecho, porque el alma no me dio para soportar tantas desventuras juntas. Por eso dejé la casa, dejé la paciencia y dejé una carta, encargada a un huésped mío para que la pusiera en manos de Luscinda; y me vine a estas soledades con intención de acabar aquí la vida, que desde aquel punto aborrecí como enemiga mortal.

Pero la suerte no ha querido quitármela, contentándose con quitarme el juicio, quizá por guardarme para la buena ventura de hallarlos. Porque, si es verdad —como creo que lo es— lo que aquí has contado, aún podría ser que a los dos el cielo nos guardara mejor suceso del que imaginamos.

Porque, dado que Luscinda no puede casarse con don Fernando por ser mía, ni don Fernando con ella por ser tuyo —y habiéndolo ella declarado tan claramente—, bien podemos esperar que el cielo nos restituya lo que es nuestro, pues todavía existe y no se ha perdido del todo. Y con este consuelo, que no nace de una esperanza remota ni se funda en fantasías, te suplico, señora, que tomes otra resolución en tus pensamientos honrados, así como yo pienso tomarla en los míos, y te dispongas a esperar mejor fortuna.

Yo te juro, por fe de caballero y de cristiano, que no te abandonaré hasta verte en poder de don Fernando; y si con razones no logro traerlo a que reconozca lo que te debe, usaré entonces la libertad que me concede ser caballero, y podré, con justo título, desafiarlo por la injusticia que te hace, sin acordarme de mis propios agravios, cuya venganza dejaré al cielo, por acudir en la tierra a los tuyos.

Con lo que dijo Cardenio se acabó de admirar Dorotea; y, por no saber cómo agradecer tan grandes ofrecimientos, quiso besarle los pies, pero Cardenio no lo consintió. El licenciado habló por ambos y aprobó el buen juicio de Cardenio; y, sobre todo, les rogó, aconsejó y persuadió que se fueran con él a su aldea, donde podrían reponerse de lo que les faltaba y donde se daría orden para buscar a don Fernando, o llevar a Dorotea con sus padres, o hacer lo que pareciera más conveniente.

Cardenio y Dorotea se lo agradecieron y aceptaron la ayuda. El barbero, que había estado callado y atento, hizo también su razonamiento y se ofreció con no menos voluntad que el cura a servirlos en todo lo que fuera bueno. Contó, además, con brevedad la causa que los había llevado hasta allí: la extraña locura de don Quijote, y cómo esperaban a su escudero, que había ido a buscarlo.

A Cardenio se le vino a la memoria, como en sueño, la riña que había tenido con don Quijote; la contó a los demás, aunque no supo decir por qué se originó. En esto oyeron voces y reconocieron que quien las daba era Sancho Panza, que, como no los había hallado donde los dejó, los llamaba a gritos.

Salieron a su encuentro, y al preguntarle por don Quijote, dijo que lo había hallado en camisa, flaco, amarillo, muerto de hambre, suspirando por Dulcinea; y que, aunque le dijo que ella le mandaba salir de allí y volver al Toboso, donde lo esperaba, don Quijote respondió que estaba resuelto a no presentarse ante su hermosura hasta haber hecho hazañas que lo hicieran digno de su gracia.

—Y si eso sigue —añadió Sancho—, corre peligro de no llegar a ser emperador, como está obligado, ni siquiera arzobispo, que es lo menos que puede ser. Así que miren qué se hará para sacarlo.

El licenciado le dijo que no se afligiera: que ellos lo sacarían, aunque le pesara. Luego contó a Cardenio y Dorotea el plan que tenían para remediar a don Quijote, o al menos para llevarlo a su casa. Dorotea dijo que ella haría de doncella menesterosa mejor que el barbero, y que además tenía allí ropa para hacerlo con todo el decoro; y pidió que le dieran a ella el encargo de representar lo necesario para cumplir el intento, pues había leído muchos libros de caballerías y conocía bien el estilo de las doncellas afligidas cuando pedían dones a los caballeros andantes.

—No hace falta más —dijo el cura—: hay que ponerlo en obra ahora mismo; la buena suerte nos favorece, pues a ustedes se les abre puerta para su remedio, y a nosotros se nos facilita lo que necesitábamos.

Dorotea sacó de su almohada una saya entera de una tela rica, una mantellina verde de vistosa labor y, de una cajita, un collar y otras joyas; y en un instante se adornó de modo que parecía una gran señora. Dijo que todo aquello lo había sacado de su casa "por si se ofrecía algo", y que hasta entonces no lo había necesitado.

A todos les pareció admirable su gracia, donaire y hermosura, y confirmaron que don Fernando debía de tener poco juicio para desechar tanta belleza. Pero quien más se asombró fue Sancho Panza, porque le pareció —y era verdad— que nunca en su vida había visto criatura tan hermosa. Y con gran insistencia preguntó al cura quién era aquella señora y qué buscaba por aquellos caminos.

—Esta señora —respondió el cura— es, como quien no dice nada… la heredera por línea recta del gran reino de Micomicón, y viene a buscar a tu amo para pedirle un don: que le deshaga un agravio que un mal gigante le ha hecho. Y como la fama de buen caballero de tu amo corre por todas partes, ha venido desde Guinea, como princesa, a buscarlo.

—¡Dichosa búsqueda y dichoso hallazgo! —dijo Sancho—. Y más si mi amo deshace ese agravio y endereza ese tuerto, matando a ese… gigante que dicen; que sí lo matará si lo encuentra, si no es fantasma, porque contra fantasmas no puede mi señor.

Pero una cosa quiero suplicar, señor licenciado: que, para que a mi amo no le dé por ser arzobispo —que es lo que yo temo—, ustedes le aconsejen que se case en seguida con esta princesa, y así quedará imposibilitado de recibir órdenes; y llegará con facilidad a su imperio y yo al fin de mis deseos. Porque yo he pensado bien: no me conviene que mi amo sea arzobispo, ya que yo no sirvo para la Iglesia, porque soy casado. Y andarme buscando dispensas para tener renta eclesiástica, teniendo mujer e hijos, sería no acabar nunca. Así que todo está en que mi amo se case; y hasta ahora no sé cómo se llama esta señora, por eso no la nombro.

—Se llama —respondió el cura— la princesa Micomicona; porque si el reino se llama Micomicón, es claro que ella ha de llamarse así.

—No hay duda —dijo Sancho—. Yo he visto muchos tomar el apellido del lugar donde nacieron: Pedro de Alcalá, Juan de Úbeda, Diego de Valladolid… pues allá en Guinea será igual: que las reinas tomen el nombre de sus reinos.

—Así debe ser —dijo el cura—; y en lo de que se case tu amo, haré todo lo que pueda.

Con eso quedó Sancho tan contento, y el cura tan admirado de su simpleza y de lo bien que llevaba en la cabeza los mismos disparates de su amo, pues sin dudar se imaginaba que había de llegar a ser emperador.

Ya para entonces Dorotea estaba sobre la mula del cura; el barbero se había acomodado la barba hecha con cola de buey; y mandaron a Sancho que los guiara hasta donde estaba don Quijote. Le advirtieron que no dijera que conocía al licenciado ni al barbero, porque en eso se sostenía "todo el asunto" de que su amo llegara a ser emperador. El cura y Cardenio decidieron no ir delante —para que no se recordara la riña con Cardenio y porque la presencia del cura no era necesaria por entonces—; así que los dejaron adelantarse y ellos fueron detrás, a pie y sin prisa.

El cura avisó a Dorotea lo que debía hacer. Ella respondió que no se cuidaran: que todo saldría punto por punto como lo pintaban los libros de caballerías. Anduvieron tres cuartos de legua cuando vieron a don Quijote entre unas peñas enredadas; ya estaba vestido, aunque no armado. Apenas Dorotea lo vio, y Sancho le confirmó que aquel era don Quijote, dio un azote a la mula y se le acercó seguida del bien barbado barbero. Al llegar, el escudero se arrojó de la mula y fue a recibirla en brazos. Dorotea bajó con gran desenvoltura, se hincó de rodillas ante don Quijote; y aunque él se esforzaba por levantarla, ella, sin alzarse, habló de este modo:

—De aquí no me levantaré, valeroso y esforzado caballero, hasta que tu bondad y cortesía me otorguen un don que redundará en honra tuya y en provecho de la más desconsolada y agraviada doncella que el sol ha visto. Y si el valor de tu brazo corresponde a tu inmortal fama, estás obligado a favorecer a esta desventurada que viene de tierras lejanas, guiada por el olor de tu nombre, buscándote para remedio de sus desdichas.

—No te responderé palabra, hermosa señora —dijo don Quijote— ni oiré nada de tus asuntos hasta que te levantes.

—No me levantaré, señor —respondió ella— si primero no me conceden el don que pido.

—Te lo otorgo y concedo —dijo don Quijote— con tal que no sea en daño de mi rey, de mi patria y de aquella que tiene la llave de mi corazón y de mi libertad.

—No será en daño de ninguno de esos —replicó la doncella.

Entonces Sancho se acercó al oído de su amo y, muy bajito, le dijo:

—Puede concederlo sin cuidado, señor: no es gran cosa. Solo es matar a un gigantazo; y quien lo pide es la alta princesa Micomicona, reina del gran reino Micomicón de Etiopía.

—Sea quien sea —respondió don Quijote—, yo haré lo que me obliga mi oficio y lo que me dicta la conciencia, conforme a lo que he profesado.

Y volviéndose a la doncella:

—Levántate, que te concedo el don que quieras pedirme.

—Pues lo que pido —dijo ella— es que tu magnánima persona venga luego conmigo adonde yo te lleve, y me prometas que no te mezclarás en otra aventura ni demanda hasta darme venganza de un traidor que, contra derecho divino y humano, me tiene usurpado el reino.

—Así lo concedo —respondió don Quijote—. Desde hoy puedes desterrar la melancolía y recobrar bríos, porque con ayuda de Dios y de mi brazo, pronto te verás restituida en tu reino y sentada en tu trono, a despecho de los villanos que lo contradigan. Y manos a la obra: que en la tardanza suele estar el peligro.

La doncella quiso besarle las manos, pero don Quijote —comedido y cortés— no lo consintió; antes la levantó y la abrazó con comedimiento. Luego mandó a Sancho que ajustara las cinchas de Rocinante y lo armara al punto. Sancho colgó las armas —que estaban como trofeo en un árbol— y en un instante armó a su señor; y don Quijote, viéndose armado, dijo:

—Vámonos, en el nombre de Dios, a favorecer a esta gran señora.

El barbero todavía estaba de rodillas, cuidando de disimular la risa y, sobre todo, de que no se le cayera la barba, pues con su caída se vendría abajo el artificio. En cuanto vio que el don estaba concedido y que don Quijote se alistaba para cumplirlo, se levantó y, tomando a Dorotea de la mano, la subieron a la mula; luego don Quijote montó a Rocinante, el barbero a su cabalgadura, y Sancho quedó a pie, renovándosele la pena por la pérdida del rucio, que entonces le hacía mucha falta. Con todo, lo llevaba con gusto, porque se figuraba que su amo estaba ya a punto de ser emperador; y pensaba, sin dudar, que se casaría con la princesa y sería, al menos, rey de Micomicón.

Solo le inquietaba que el reino fuera en tierra de negros y que sus vasallos fueran negros; pero se dio pronto un remedio en la cabeza: "¿Qué me importa a mí que sean negros? Los traigo a España, los vendo, me pagan al contado, y con ese dinero compro un título u oficio para vivir descansado". Y con ese pensamiento iba tan contento que se le olvidaba lo pesado de caminar a pie.

Cardenio y el cura miraban todo desde unos matorrales, sin saber cómo unirse a ellos. Pero el cura, que era gran trazador, imaginó al momento lo que harían: sacó unas tijeras de un estuche y, con rapidez, le cortó la barba a Cardenio; luego le puso un capotillo pardo que llevaba y le dio un herreruelo negro. El cura quedó en calzas y jubón, y Cardenio tan cambiado que ni él mismo se habría reconocido.

Hecho esto, como los de a caballo avanzaban despacio por las malezas y malos pasos, el cura y Cardenio pudieron salir al camino real y llegar al llano antes que ellos. Y, en efecto, se plantaron en la salida de la sierra. Apenas salió don Quijote con su compañía, el cura se detuvo a mirarlo largo rato, como reconociéndolo; y al fin, abrió los brazos y, acercándose a voces, dijo:

—¡Sea bien hallado el espejo de la caballería, mi buen paisano don Quijote de la Mancha, flor y nata de la gentileza, amparo y remedio de los menesterosos, quintaesencia de los caballeros andantes!

Diciendo esto, se abrazó a su pierna izquierda, como si no pudiera soltarse. Don Quijote, sorprendido, lo miró con atención; al fin lo reconoció y quedó pasmado, queriendo apearse, pero el cura no lo dejó. Y don Quijote dijo:

—Déjeme, señor licenciado, que no es razón que yo vaya a caballo y una persona tan reverenda como usted vaya a pie.

—Eso no lo consentiré yo —respondió el cura—. Quédese tu grandeza a caballo, que así acabas las mayores hazañas. A mí me bastará subir en las ancas de una de estas mulas, si no les molesta; y haré cuenta que voy sobre Pegaso, o sobre la cebra o alfana en que cabalgaba aquel moro Muzaraque, que aún yace encantado en la cuesta Zulema, cerca de la gran Compluto.

—Ahora caigo en ello —dijo don Quijote—: mi señora la princesa mandará, por amor mío, que su escudero le ceda la silla de su mula; y él podrá ir en las ancas, si ella lo permite.

—Lo permite, creo yo —respondió la princesa—; y no hará falta mandárselo, porque es tan cortés que no consentirá que un eclesiástico vaya a pie pudiendo ir a caballo.

—Así es —respondió el barbero.

Se apeó en un instante, convidó al cura con la silla y el cura la tomó sin mucho reparo. Pero al subir el barbero a las ancas, la mula —de alquiler, y con eso basta para decirlo todo— levantó un poco las patas traseras y dio dos coces al aire, que si las hubiera dado en el pecho o en la cabeza de maese Nicolás, lo habría mandado a pasear con el diablo. Con todo, lo sobresaltó de modo que cayó al suelo, con tan poco cuidado de sus barbas que se le vinieron abajo; y al verse sin ellas, no tuvo otro remedio que cubrirse la cara con las manos y quejarse de que le habían derribado las muelas.

Don Quijote, al ver aquel montón de barbas lejos del rostro del escudero caído, dijo:

—¡Por Dios, qué milagro! ¡Le han arrancado las barbas del rostro como si se las hubieran quitado a propósito!

El cura, viendo el peligro de que se descubriera el artificio, recogió las barbas y corrió a donde estaba maese Nicolás. Con un movimiento, le bajó la cabeza al pecho y le pegó las barbas, murmurando unas palabras, diciendo que eran un ensalmo apropiado para pegar barbas. Apenas se las colocó, se apartó: el escudero quedó tan barbado y tan "sano" como antes. Don Quijote se admiró de ver aquello y le pidió al cura que, cuando hubiera ocasión, le enseñara aquel ensalmo, porque le parecía que, si pegaba barbas y no dejaba la carne llagada, debía de servir para más.

—Así es —dijo el cura—, y se lo enseñaré en la primera oportunidad.

Acordaron que por entonces el cura iría en la mula y que, de trecho en trecho, se irían turnando los tres hasta llegar a la venta, que estaría a unas dos leguas.

Ya puestos en marcha —don Quijote, la princesa y el cura a caballo; y Cardenio, el barbero y Sancho a pie—, don Quijote dijo:

—Princesa mía, guíen sus pasos por donde más le plazca.

Y antes de que ella respondiera, el licenciado dijo:

—¿Hacia qué reino quiere encaminar su señoría? ¿Hacia el de Micomicón, quizá? Porque debe de ser, o yo sé poco de reinos.

Ella, que lo entendió al punto, respondió:

—Sí, señor: hacia ese reino va mi camino.

—Si es así —dijo el cura—, tenemos que pasar por la mitad de mi pueblo, y desde allí tomará usted ruta a Cartagena, donde podrá embarcar; y si hay buen viento y mar tranquilo, en poco menos de nueve años se podrá estar a vista de la gran laguna Meona... quiero decir, Meótides, que está poco más de cien jornadas antes del reino de su señoría.

—Usted se equivoca, señor —respondió ella—, porque no hace ni dos años que salí de allá, y aunque no tuve buen tiempo, he llegado a ver lo que tanto deseaba: al señor don Quijote de la Mancha, de quien supe noticias apenas puse los pies en España. Y por eso vine a buscarlo, para ponerme en su cortesía y fiar mi justicia al valor de su invencible brazo.

—Basta, que cesen las alabanzas —dijo entonces don Quijote—. Yo soy enemigo de la adulación; y aunque esto no lo sea, aun así me ofenden tales pláticas. Solo diré, señora mía, que tenga o no valor, lo poco o mucho que tenga se empleará en su servicio hasta perder la vida. Y ahora, dejando eso para su momento, ruego al señor licenciado que me diga qué lo trae por estos lugares tan solo, sin criados, y tan ligero, que me causa asombro.

—Eso lo diré en breve —respondió el cura—. Sepa, don Quijote, que maese Nicolás, nuestro barbero y amigo, y yo íbamos a Sevilla a cobrar cierto dinero que un pariente mío, que hace muchos años pasó a Indias, me había enviado; no tan poco que no llega a sesenta mil pesos ensayados. Y pasando ayer por estos lugares, nos salieron al encuentro cuatro salteadores y nos quitaron hasta las barbas; y de tal manera, que el barbero tuvo que ponérselas postizas, y aun a este mozo —dijo señalando a Cardenio— lo dejaron como "nuevo".

Y lo peor es que por todos estos contornos corre la fama de que los que nos robaron son de unos galeotes que, dicen, libertó casi en este mismo sitio un hombre tan osado que, a pesar del comisario y de las guardas, los soltó a todos. Y sin duda ese hombre debía de estar fuera de juicio, o ser tan gran bellaco como ellos, o alguien sin alma ni conciencia, pues soltó al lobo entre las ovejas, a la zorra entre las gallinas, a la mosca entre la miel. Quiso defraudar la justicia, ir contra su rey natural, pues quebrantó sus justos mandamientos; quiso quitar a las galeras sus pies y alborotar la Santa Hermandad; quiso, en fin, hacer un hecho por el cual se pierda su alma y no se gane su cuerpo.

Sancho ya les había contado la aventura de los galeotes; por eso cargaba el cura la mano, para ver qué decía o hacía don Quijote, que a cada palabra mudaba de color y no se atrevía a confesar que él había sido el libertador.

—Esos, pues —concluyó el cura—, fueron los que nos robaron. Que Dios, por su misericordia, se lo perdone al que no los dejó ir al debido castigo.

CAPÍTULO XXX: DE LA DISCRECIÓN DE LA HERMOSA DOROTEA, CON OTRAS COSAS DE MUCHO GUSTO Y PASATIEMPO

Apenas terminó el cura, cuando Sancho dijo:

—Pues, por mi fe, señor licenciado: el que hizo esa hazaña fue mi amo. Y no porque yo no le dije antes y le advertí que mirara lo que hacía, y que era pecado darles libertad, porque todos iban allí por grandísimos bellacos.

—¡Majadero! —dijo entonces don Quijote—. A los caballeros andantes no les toca averiguar si los afligidos, encadenados y oprimidos que encuentran por los caminos van así por sus culpas o por su inocencia. Lo que les toca es socorrerlos como a menesterosos, poniendo los ojos en sus penas y no en sus maldades. Yo hallé una sarta de gente triste y desdichada, e hice con ellos lo que mi oficio me manda; y lo demás, que se arregle como se arregle. Y a quien le ha parecido mal, con el debido respeto a la santa dignidad del señor licenciado y a su honrada persona, digo que sabe poco de achaques de caballería y que miente como un mal nacido; y se lo haré conocer con mi espada, donde más largamente convenga.

Dijo esto afirmándose en los estribos y calándose el morrión, porque la bacía del barbero —que para él era el yelmo de Mambrino— la llevaba colgada del arzón delantero, después de haberla compuesto como pudo tras el mal trato que le dieron los galeotes.

Dorotea, que era discreta y de gran donaire, y que ya sabía el pobre humor de don Quijote y que todos se burlaban de él, salvo Sancho Panza, no quiso quedarse atrás; y viéndolo tan enojado, le dijo:

—Señor caballero, acuérdese del don que me tiene prometido, y que, conforme a él, no puede meterse en otra aventura, por urgente que sea. Soiegue el pecho; que si el señor licenciado hubiera sabido que ese brazo invicto fue el que libró a los galeotes, se habría dado tres golpes en la boca, y se habría mordido tres veces la lengua antes de decir palabra que pudiera ofenderlo.

—Eso lo juro yo —dijo el cura—, y hasta me habría quitado un bigote.

—Callaré, señora mía —dijo don Quijote—, y reprimiré la justa cólera que ya se me había alzado; e iré quieto y pacífico hasta cumplirle el don prometido. Pero, en pago de este buen servicio, le suplico que me diga, si no le causa molestia, cuál es su pena, y cuántas, quiénes y cuáles son las personas de quienes debo darle debida y entera venganza.

—Eso haré con gusto —respondió Dorotea—, si no la enfadan los lamentos y desgracias.

—No me enfadará, señora mía —respondió don Quijote.

Y Dorotea dijo:

—Pues si es así, estén atentos.

No bien dijo esto, cuando Cardenio y el barbero se le pusieron al lado, deseosos de ver cómo fingía su historia aquella mujer tan discreta; y lo mismo hizo Sancho, tan engañado como su amo. Y Dorotea, después de acomodarse bien en la silla y prepararse con una tos y otros ademanes, con mucho donaire comenzó a decir:

—Primeramente, quiero que ustedes sepan, señores míos, que a mí me llaman…

Y se detuvo un instante, porque se le olvidó el nombre que el cura le había puesto. Pero él lo remedió al punto, entendiendo en qué tropezaba:

—No es maravilla, señora mía, que su grandeza se turbe contando sus desventuras; que suelen ser tales que a veces quitan la memoria a quien las padece, hasta el extremo de hacerle olvidar su propio nombre. Así le ha pasado a su majestad, que ha olvidado que se llama la princesa Micomicona, legítima heredera del gran reino de Micomicón. Con este aviso podrá volver a la memoria, sin dificultad, lo que quiera contar.

—Así es la verdad —respondió Dorotea—, y desde aquí en adelante creo que no hará falta que me apunten nada, porque saldré a buen puerto con mi verdadera historia. Y es esta:

El rey mi padre, que se llamaba Tinacrio el Sabidor, fue muy entendido en eso que llaman el arte mágica, y alcanzó por su ciencia que mi madre, la reina Jaramilla, moriría antes que él, y que poco después él también dejaría esta vida, quedando yo huérfana de padre y madre.

Pero decía que no le fatigaba tanto eso, como lo ponía en confusión saber con certeza que un descomunal gigante, señor de una gran ínsula que casi linda con nuestro reino, llamado Pandafilando de la Fosca Vista —porque está probado que, aunque tiene los ojos en su lugar, siempre mira al revés, como si fuera bizco, y lo hace por malicia para meter espanto a quien mira—, decía, supo mi padre que ese gigante, apenas supiera de mi orfandad, habría de pasar con gran poder sobre mi reino y quitármelo todo, sin dejarme una aldea donde recogeme. Y que esa ruina solo se evitaría si yo quisiera casarme con él; mas, según entendía mi padre, jamás se me pasaría por la cabeza un casamiento tan desigual. Y dijo la pura verdad, porque nunca he pensado casarme con aquel gigante, ni con otro alguno, por grande y desaforado que fuera.

Dijo también mi padre que, después de su muerte, al ver yo que Pandafilando empezaba a entrar en mi reino, no debía esperar a ponerme en defensa, porque sería destruirme; sino dejarle el reino sin resistencia, si quería evitar la muerte y total perdición de mis buenos y leales vasallos, porque sería imposible resistir la endiablada fuerza del gigante. Y que, en cambio, yo debía ponerme en camino hacia las Españas con algunos de los míos, donde hallaría remedio buscando a un caballero andante cuya fama se extendería por estos tiempos; y que ese caballero se llamaría, si no me equivoco, don Azote o don Jigote.

—Don Quijote, señora —dijo entonces Sancho Panza—, o por otro nombre: el Caballero de la Triste Figura.

—Así es —dijo Dorotea—. Dijo más: que había de ser alto, seco de rostro, y que en el lado derecho, debajo del hombro izquierdo, o por allí cerca, tendría un lunar pardo, con ciertos cabellos a modo de cerdas.

Al oír esto don Quijote dijo a su escudero:

—Mira, Sancho, ayúdame a desnudarme, que quiero ver si soy el caballero que ese sabio rey dejó anunciado.

—¿Y para qué quiere desnudarse? —dijo Dorotea.

—Para ver si tengo ese lunar que dijo tu padre —respondió don Quijote.

—No hace falta desnudarse —dijo Sancho—; que yo sé que usted tiene un lunar de esas señas en la mitad de la espalda, señal de ser hombre fuerte.

—Eso basta —dijo Dorotea—; porque con los amigos no se debe reparar en cosas pequeñas. Que esté en el hombro o en la espalda importa poco: basta que haya lunar, y que esté donde esté, es la misma carne. Y sin duda mi buen padre acertó en todo, y yo acerté en encomendarme al señor don Quijote. Él es el de la profecía: las señales del cuerpo van con la fama que tiene, no solo en España, sino en toda la Mancha. Porque apenas desembarqué en Osuna, cuando oí contar tantas hazañas suyas, que el alma me dijo al instante que era el mismo a quien venía buscando.

—¿Y cómo desembarcó usted en Osuna, señora mía —preguntó don Quijote—, si Osuna no es puerto de mar?

Antes de que Dorotea respondiera, tomó el cura la palabra:

—Debe de querer decir la princesa que, después de desembarcar en Málaga, la primera parte donde oyó noticias de usted fue en Osuna.

—Eso quise decir —dijo Dorotea.

—Y esto va bien encaminado —dijo el cura—. Siga su majestad.

—No hay más que seguir —respondió Dorotea—, sino que mi suerte ha sido tan buena en hallar al señor don Quijote, que ya me cuento por reina y señora de todo mi reino; pues él, por su cortesía y grandeza, me ha prometido el don de irse conmigo adonde yo lo lleve, que será a ponerlo delante de Pandafilando de la Fosca Vista para que lo mate y me restituya lo que, contra toda razón, me tiene usurpado.

Y todo esto ha de suceder como si lo pidiéramos a gusto, porque así lo dejó profetizado Tinacrio el Sabidor, mi padre; quien además dejó escrito —en letras caldeas o griegas, que yo no sé leer— que si este caballero, después de degollar al gigante, quisiera casarse conmigo, yo debía aceptarlo sin réplica, como su legítima esposa, y darle la posesión de mi reino junto con la de mi persona.

—¿Qué te parece, Sancho amigo? —dijo don Quijote—. ¿No oyes lo que pasa? ¿No te lo dije yo? Mira si ya tenemos reino que mandar y reina con quien casarnos.

—¡Eso lo juro yo! —dijo Sancho—. ¡Que reviente el que no se case en cuanto le abra el gaznate a Pandahilado! ¡Y vaya si es buena la reina! ¡Así se me vuelvan las pulgas de la cama!

Dijo esto, dio dos brincos en el aire con grandísimas muestras de contento, y luego fue a tomar las riendas de la mula de Dorotea. La detuvo, se hincó de rodillas ante ella y le suplicó que le diera las manos para besárselas, en señal de que la recibía por reina y señora.

¿Quién no habría reído, viendo la locura del amo y la simpleza del criado? Dorotea le dio las manos y le prometió hacerlo gran señor en su reino cuando el cielo se lo permitiera. Sancho se lo agradeció con tales palabras que renovó la risa de todos.

—Esta, señores —prosiguió Dorotea—, es mi historia. Solo falta decirles que, de toda la gente que saqué de mi reino, no me ha quedado sino este buen escudero barbado, porque todos se ahogaron en una gran borrasca que nos dio a la vista del puerto, y él y yo llegamos a tierra sobre dos tablas, como por milagro. Así que todo es milagro y misterio en mi vida, como habrán notado. Y si en algo he dicho de más, o no tan acertadamente como debiera, echen la culpa a lo que el señor licenciado dijo al principio: que los trabajos continuos y extraordinarios quitan la memoria al que los padece.

—A mí no me la quitarán, alta y valerosa señora —dijo don Quijote—, por grandes que sean los trabajos que pase en servirle. Así que confirmo de nuevo el don que le prometí y juro ir con usted hasta el cabo del mundo, hasta verme con su fiero enemigo, a quien, con ayuda de Dios y de mi brazo, pienso cortar la soberbia cabeza con los filos de esta… no diré "buena espada", por culpa de Ginés de Pasamonte, que me robó la mía.

Lo dijo entre dientes, y prosiguió:

—Y después de cortarle la cabeza y dejarla a usted en pacífica posesión de su estado, quedará en su voluntad disponer de su persona como más le plazca. Porque mientras yo tenga la memoria ocupada y la voluntad cautiva, y el entendimiento perdido en aquella… y no digo más, no me es posible ni por pensamiento casarme, aunque fuera con el ave fénix.

A Sancho le sentó muy mal aquello de que no quisiera casarse, y alzando la voz con enojo dijo:

—¡Voto a mí, y juro por mí, que usted, señor don Quijote, no está en su juicio! ¿Cómo es posible que dude casarse con una princesa tan alta como esta? ¿Piensa que la fortuna le va a ofrecer semejante ventura tras cada piedra del camino? ¿Acaso mi señora Dulcinea es más hermosa? No, por cierto, ni la mitad; y me atrevo a decir que no le llega ni al zapato a la que está delante.

Así que se me va a ir al demonio el condado que espero si usted se pone a buscar imposibles. ¡Cásese, cásese ya! Yo se lo encomiendo a Satanás: tome ese reino que se le viene a las manos sin esfuerzo, y cuando sea rey, hágame marqués o adelantado; y luego, aunque se lo lleve el diablo todo.

Don Quijote, al oír semejantes palabras contra Dulcinea, no lo pudo sufrir: alzó el lanzón y, sin hablarle a Sancho ni decir palabra, le dio dos golpes tan recios que lo tumbó en el suelo; y si Dorotea no hubiera gritado que no le pegara más, quizá allí mismo lo mataba.

—¿Piensas —le dijo al rato—, villano ruin, que siempre habrá lugar para ponerme la mano en la bragueta y que todo ha de ser errar tú y perdonarte yo? No lo pienses, bellaco excomulgado (que sin duda lo estás), pues has puesto lengua en la sin par Dulcinea.

¿No sabes, gañán, que si no fuera por el valor que ella infunde en mi brazo, yo no tendría fuerza ni para matar una pulga? Dime, lengua de víbora: ¿quién crees tú que ha ganado este reino, cortado la cabeza al gigante y hecho a ti marqués —que todo lo doy ya por hecho—, si no es el valor de Dulcinea, que toma mi brazo por instrumento de sus hazañas? Ella pelea en mí y vence en mí; yo vivo y respiro en ella. ¡Y mira cómo pagas: tú, levantado del polvo a señor de título, y respondes con hablar mal de quien te levantó!

Sancho, aunque golpeado, oyó todo. Se levantó con presteza y se fue tras la mula de Dorotea; desde allí dijo:

—Mire, señor: si usted está decidido a no casarse con la princesa, está claro que el reino no será suyo; y si no es suyo, ¿qué mercedes me puede hacer? De eso me quejo. Cásese, cásese, aunque sea una vez, con esta reina, ahora que la tenemos aquí como caída del cielo; y después puede volverse con mi señora Dulcinea. Reyes ha habido que han tenido querida. En lo de la hermosura no me meto: a bulto, las dos me parecen bien, aunque yo nunca he visto a la señora Dulcinea.

—¿Cómo que no la has visto, traidor blasfemo? —dijo don Quijote—. ¿No acabas de traerme ahora un recado suyo?

—Digo que no la he visto tan de cerca —respondió Sancho— como para notar punto por punto sus gracias; pero así, a bulto, me pareció bien.

—Ahora te disculpo —dijo don Quijote—, y perdóname el enojo; que los primeros impulsos no están en manos de los hombres.

—Ya lo entiendo —respondió Sancho—: y así, en mí la gana de hablar siempre es el primer impulso, y no puedo dejar de decir, al menos una vez, lo que se me viene a la lengua.

—Con todo —dijo don Quijote—, mira bien lo que dices, Sancho; que muchas veces va el cántaro a la fuente… y no te digo más.

—Está bien —respondió Sancho—: Dios está en el cielo, ve las trampas y será juez de quién hace más mal: yo por no hablar bien, o usted por obrarlo.

—Basta —dijo Dorotea—. Vaya, Sancho, bese la mano de su señor, pídele perdón, y de aquí en adelante ande con más cuidado en sus alabanzas y vituperios. No hable mal de esa señora del Toboso, a quien yo no conozco sino para servirla, y confíe en Dios: no le faltará un estado donde viva como un príncipe.

Sancho, cabizbajo, pidió la mano a su amo; don Quijote se la dio con reposo. Sancho se la besó, y don Quijote le echó la bendición. Luego le dijo que se adelantaran un poco, pues tenía que preguntarle cosas de mucha importancia. Así lo hicieron, se apartaron algo, y don Quijote le dijo:

—Desde que volviste, no he tenido ocasión de preguntarte muchas cosas de tu embajada y de la respuesta. Ahora que la fortuna nos da tiempo y lugar, no me niegues la dicha de oír buenas nuevas. Dime: ¿dónde, cómo y cuándo hallaste a Dulcinea? ¿Qué hacía? ¿Qué le dijiste? ¿Qué te respondió? ¿Qué gesto hizo cuando leyó mi carta? ¿Quién te la trasladó? Y todo lo demás que sea digno de saberse y preguntarse; pero sin que añadas ni inventes para darme gusto, ni te acortes por quitármelo.

—Señor —respondió Sancho—, si digo la verdad, la carta no me la copió nadie, porque yo no llevé carta.

—Eso es cierto —dijo don Quijote—, porque el cuadernillo de memoria donde yo la escribí lo hallé en mi poder a los dos días de tu partida. Eso me dio grandísima pena, por no saber qué ibas a hacer al verte sin carta; y siempre creí que te volverías desde el lugar donde notaras la falta.

—Así habría sido —respondió Sancho—, si yo no me la hubiera aprendido de memoria cuando usted me la leyó, de modo que se la dije a un sacristán, y él la copió del entendimiento tan punto por punto que dijo que en toda su vida —aunque había leído muchas cartas de excomunión— no había visto ni leído carta tan linda.

—¿Y aún la recuerdas, Sancho? —dijo don Quijote.

—No, señor —respondió Sancho—, porque después que la entregué, como vi que no iba a servir de mucho, se me fue olvidando. Y si algo me queda, es aquello de "soberana señora" y el final: "Vuestro hasta la muerte, el Caballero de la Triste Figura". Y entre esas dos cosas le metí más de trescientas "almas", "vidas" y "ojos míos".

CAPÍTULO XXXI: DE LOS SABROSOS RAZONAMIENTOS QUE PASARON ENTRE DON QUIJOTE Y SANCHO PANZA, SU ESCUDERO, CON OTROS SUCESOS

—Todo eso no me desagrada; sigue adelante —dijo don Quijote—. Llegaste, ¿y qué hacía aquella reina de la hermosura? A buen seguro que la hallaste ensartando perlas, o bordando alguna empresa con oro de canutillo para este su cautivo caballero.

—No la hallé —respondió Sancho—, sino aventando dos fanegas de trigo en un corral de su casa.

—Pues imagina —dijo don Quijote— que los granos de aquel trigo eran granos de perlas, tocados por sus manos. Y si miraste, amigo, el trigo, ¿era candeal o trechel?

—No era sino rubión —respondió Sancho.

—Pues yo te aseguro —dijo don Quijote— que, aventado por sus manos, se hizo pan candeal, sin duda. Pero sigue: cuando le diste mi carta, ¿la besó? ¿Se la puso sobre la cabeza? ¿Hizo alguna ceremonia digna de tal carta, o qué hizo?

—Cuando yo se la iba a dar —respondió Sancho—, ella estaba en el meneo de una buena parte de trigo que tenía en la criba, y me dijo: "Ponga, amigo, esa carta sobre aquel costal; que no la puedo leer hasta que acabe de acribar todo lo que está aquí".

—¡Discreta señora! —dijo don Quijote—. Eso debió de ser por leerla despacio y recrearse con ella. Adelante, Sancho. Y mientras estaba en su oficio, ¿qué pláticas tuvo contigo? ¿Qué te preguntó de mí? Y tú, ¿qué le respondiste? Vamos, cuéntamelo todo: no se te quede en el tintero ni lo más mínimo.

—Ella no me preguntó nada —dijo Sancho—; pero yo le dije cómo usted, por servirla, se quedaba haciendo penitencia, desnudo de la cintura arriba, metido en estas sierras como si fuera salvaje; durmiendo en el suelo, sin comer a manteles, sin peinarse la barba, llorando y maldiciendo su fortuna.

—En decir que maldecía mi fortuna, dijiste mal —dijo don Quijote—; porque antes la bendigo, y la bendeciré todos los días de mi vida, por haberme hecho digno de amar a tan alta señora como Dulcinea del Toboso.

—Tan alta es —respondió Sancho—, que, a buena fe, me saca a mí más de un coto.

—¿Cómo, Sancho? —dijo don Quijote—. ¿Te mediste con ella?

—Me medí de esta manera —respondió Sancho—: que, al ayudarle a poner un costal de trigo sobre un jumento, quedamos tan juntos que vi que me sacaba más de un gran palmo.

—Pues es verdad —replicó don Quijote— que a esa grandeza la acompañan y la adornan mil millones de gracias del alma. Pero no me negarás una cosa: cuando llegaste junto a ella, ¿no sentiste un olor sabroso, una fragancia aromática, un no sé qué de bueno que no acierto a nombrar? Digo, ¿un tufo como si estuvieras en la tienda de algún guantero curioso?

—Lo que sé decir —dijo Sancho— es que sentí un olorcillo algo hombruno; y debía de ser que ella, con el mucho ejercicio, estaba sudada y algo correosa.

—No sería eso —respondió don Quijote—, sino que tú debías de estar resfriado, o te oliste a ti mismo; porque yo sé bien a qué huele aquella rosa entre espinas, aquel lirio del campo, aquel ámbar desleído.

—Todo puede ser —respondió Sancho—; que muchas veces sale de mí ese olor que entonces me pareció que salía de su merced, la señora Dulcinea. Pero no hay de qué asombrarse: un diablo se parece a otro.

—Y bien —prosiguió don Quijote—: acabó de limpiar su trigo y de enviarlo al molino. ¿Qué hizo cuando leyó la carta?

—La carta —dijo Sancho— no la leyó, porque dijo que no sabía leer ni escribir; antes la rompió y la hizo menudas piezas, diciendo que no quería dársela a leer a nadie, para que no se supieran en el lugar sus secretos; y que bastaba lo que yo le había dicho de palabra acerca del amor que usted le tenía y de la penitencia extraordinaria que por su causa andaba haciendo. Y, en fin, me dijo que le dijera a usted que le besaba las manos, y que se quedaba con más deseo de verlo que de escribirle; y que, por eso, le suplicaba y le mandaba que, vista la presente, saliera de esos matorrales, dejara de hacer disparates y se pusiera luego en camino del Toboso, si no le sucedía otra cosa de mayor importancia, porque tenía gran deseo de verlo. Se rio mucho cuando le dije cómo se llamaba usted el Caballero de la Triste Figura. Le pregunté si había ido allá el vizcaíno de la otra vez; me dijo que sí, y que era hombre de bien. También le pregunté por los galeotes, pero me dijo que no había visto hasta entonces a ninguno.

—Todo va bien hasta ahora —dijo don Quijote—. Pero dime: ¿qué joya fue la que te dio, al despedirte, por las nuevas que le llevaste de mí? Porque es costumbre antigua entre caballeros y damas andantes dar a los escuderos, doncellas o enanos que traen nuevas de sus amores alguna rica joya por albricias, en agradecimiento del recado.

—Bien puede ser así, y yo lo tengo por buena costumbre —respondió Sancho—; pero eso sería en los tiempos pasados: que ahora solo se debe acostumbrar a dar un pedazo de pan y queso. Eso fue lo que me dio mi señora Dulcinea, por las bardas de un corral, cuando me despedí de ella; y, por más señas, era queso de oveja.

—Es liberal en extremo —dijo don Quijote—; y si no te dio joya de oro, sin duda fue porque no la tendría a mano. Pero buenas son mangas después de Pascua: yo la veré, y se satisfará todo. ¿Sabes de qué me asombro, Sancho? De que me parece que fuiste y volviste por los aires, pues poco más de tres días has tardado en ir y venir desde aquí al Toboso, habiendo más de treinta leguas. Por eso entiendo que aquel sabio nigromante que cuida de mis cosas y es mi amigo —porque por fuerza lo hay, y lo tiene que haber, si no, yo no sería buen caballero andante— te debió de ayudar a caminar sin que tú lo sintieras. Que hay sabios de esos que, tomando a un caballero andante durmiendo en su cama, sin saber cómo, amanece al día siguiente a más de mil leguas de donde anocheció. Y si no fuera por eso, no podrían socorrerse unos a otros en sus peligros, como se socorren a cada paso. Porque sucede que uno está peleando en las sierras de Armenia con algún endriago, o con algún vestiglo feroz, o con otro caballero, donde lleva lo peor de la batalla y está a punto de muerte, y cuando menos se piensa, asoma por allí, encima de una nube o sobre un carro de fuego, otro caballero amigo suyo, que poco antes estaba en Inglaterra, y lo favorece y lo libra; y a la noche se halla en su posada, cenando muy a su gusto, aunque haya entre un lugar y otro dos o tres mil leguas. Y todo eso se hace por industria y saber de esos encantadores que cuidan de los valerosos caballeros. Así que, amigo Sancho, no me parece difícil creer que en tan breve tiempo hayas ido y vuelto, pues algún sabio amigo debió de llevarte en volandas sin que tú lo notaras.

—Así sería —dijo Sancho—; porque, a buena fe, andaba Rocinante como si fuera asno de gitano, con azogue en los oídos.

—¡Y cómo si llevaba azogue! —dijo don Quijote—. Y hasta una legión de demonios, que es gente que camina y hace caminar sin cansarse todo aquello que se les antoja. Pero, dejando eso aparte, ¿qué te parece a ti que debo hacer ahora, con lo que mi señora me manda, que vaya a verla? Porque, aunque veo que estoy obligado a obedecerla, me veo también obligado por el don que he prometido a la princesa que viene con nosotros; y la ley de caballería me fuerza a cumplir mi palabra antes que mi gusto. Por una parte me acosa el deseo de ver a mi señora; por otra me llama la fe prometida y la gloria que he de alcanzar en esta empresa.

Pero lo que pienso hacer es caminar con prisa y llegar presto donde está ese gigante; y en llegando, le cortaré la cabeza, y pondré a la princesa en su estado; y al punto daré la vuelta a ver a la luz que alumbra mis sentidos. Y le daré tales disculpas que tenga por buena mi tardanza, pues verá que todo redunda en aumento de su gloria y fama; porque cuanta honra yo he alcanzado, alcanzo y alcanzaré por las armas en esta vida, toda me viene del favor que ella me da y de ser yo suyo.

—¡Ay! —dijo Sancho—. ¡Cómo tiene usted dañada la cabeza! Dígame, señor: ¿piensa caminar este camino en balde y dejar pasar un casamiento tan rico y tan principal como este, donde le dan en dote un reino, que, a buena verdad, he oído decir que tiene más de veinte mil leguas de contorno, y que es abundante en todo lo necesario para la vida, y que es mayor que Portugal y Castilla juntos? Calle, por amor de Dios, y tenga vergüenza de lo que ha dicho. Tome mi consejo —y perdóneme—: cásese luego, en el primer lugar donde haya cura; y si no, ahí está el licenciado, que lo hará de perlas. Y advierta que ya tengo edad para dar consejos, y que este le viene como anillo al dedo; y que más vale pájaro en mano que buitre volando, porque quien bien tiene y mal escoge, por bien que se enoje no se venga.

—Mira, Sancho —respondió don Quijote—: si el consejo que me das de casarme es para que yo sea rey en cuanto mate al gigante, y tenga de dónde hacerte mercedes y darte lo prometido, debes saber que sin casarme puedo cumplir tu deseo muy fácilmente. Porque yo sacaré de ventaja, antes de entrar en batalla, que, saliendo vencedor, aunque no me case, me den una parte del reino para darla a quien yo quiera; y en dándomela, ¿a quién quieres tú que se la dé sino a ti?

—Eso está claro —respondió Sancho—; pero mire que la escoja hacia la marina, porque si no me gustara la vivienda, pueda embarcar mis negros vasallos y hacer con ellos lo que ya dije. Y usted no se apure por ahora en ir a ver a mi señora Dulcinea, sino vaya a matar al gigante y acabemos este negocio; que, por Dios, se me figura que ha de ser de mucha honra y mucho provecho.

—Te digo, Sancho —dijo don Quijote—, que llevas razón, y que he de tomar tu consejo en esto de ir primero con la princesa que a ver a Dulcinea. Y te aviso que no digas nada a nadie, ni a los que vienen con nosotros, de lo que aquí hemos hablado; que, pues Dulcinea es tan recatada y no quiere que se sepan sus pensamientos, no será bien que yo, ni otro por mí, los descubra.

—Pues si eso es así —dijo Sancho—, ¿cómo hace usted que todos los que vence por su brazo vayan a presentarse ante mi señora Dulcinea, siendo eso firma de que la quiere y que es su enamorado? Porque es fuerza que los que van se hinquen de rodillas ante ella y digan que van de parte de usted a darle obediencia. ¿Cómo se pueden encubrir los pensamientos de los dos?

—¡Oh, qué necio y qué simple eres! —dijo don Quijote—. ¿No ves, Sancho, que todo eso redunda en su mayor engrandecimiento? Porque has de saber que en nuestro estilo de caballería es gran honra que una dama tenga muchos caballeros andantes que la sirvan, sin que sus pensamientos pasen de servirla por ser quien es, sin esperar otro premio sino que ella se contente con aceptarlos como suyos.

—De ese modo de amor —dijo Sancho— he oído yo predicar que se ha de amar a Nuestro Señor: por sí solo, sin movernos esperanza de gloria ni temor de pena. Aunque yo lo quisiera amar y servir por lo que pudiera.

—¡El diablo te lleve, villano! —dijo don Quijote—. ¡Y qué sentencias dices a veces! No parece sino que has estudiado.

—Pues, a fe mía, yo no sé leer —respondió Sancho.

En esto les dio voces maese Nicolás que esperaran un poco, que querían detenerse a beber en una fuente que allí estaba. Se detuvo don Quijote, con no poco gusto de Sancho, que ya estaba cansado de mentir tanto y temía que su amo lo atrapara en sus propias palabras; porque, aunque él sabía que Dulcinea era una labradora del Toboso, no la había visto en toda su vida.

En ese tiempo se había vestido Cardenio con los vestidos que Dorotea traía cuando la hallaron; y aunque no eran gran cosa, hacían mucha ventaja a los que él dejó. Se apearon junto a la fuente, y con lo que el cura había previsto en la venta, aplacaron, aunque poco, la mucha hambre que traían.

Mientras estaban en esto, pasó por allí un muchacho de camino; y, mirándolos con mucha atención, al poco rato se arrojó a don Quijote, lo abrazó por las piernas y comenzó a llorar a propósito, diciendo:

—¡Ay, señor mío! ¿No me conoce? Míreme bien: yo soy aquel mozo Andrés, a quien usted quitó de la encina donde estaba atado.

Lo reconoció don Quijote, y tomándolo de la mano se volvió a los demás y dijo:

—Para que vean ustedes cuán importante es que haya caballeros andantes en el mundo, que deshagan los tuertos y agravios que hacen los hombres insolentes y malos, sepan que días pasados, pasando yo por un bosque, oí unos gritos lastimosos, como de persona afligida. Acudí luego, llevado de mi obligación, y hallé atado a una encina a este muchacho, desnudo de medio cuerpo arriba; y lo estaba azotando con las riendas de una yegua un villano, que después supe que era su amo. Le pregunté la causa de tan atroz castigo; respondió el zafio que lo azotaba porque era su criado, y que ciertos descuidos suyos nacían más de ladrón que de simple. A lo cual este niño dijo: "Señor, no me azota sino porque le pido mi salario".

El amo dijo no sé qué excusas, que yo oí, pero no acepté. En fin, yo mandé desatarlo y tomé juramento al villano de que lo llevaría consigo y le pagaría, real sobre real, y aun con intereses.

¿No es verdad todo esto, hijo Andrés? ¿No notaste con qué autoridad se lo mandé y con cuánta humildad prometió hacer lo que le impuse? Responde, no te turbes ni dudes: di lo que pasó a estos señores, para que vean cuán provechoso es que haya caballeros andantes por los caminos.

—Todo lo que usted ha dicho es verdad —fue la respuesta del muchacho—; pero el fin del negocio salió muy al revés de lo que usted piensa.

—¿Cómo al revés? —replicó don Quijote—. ¿Pues no te pagó el villano?

—No solo no me pagó —respondió Andrés—, sino que, en cuanto usted pasó el bosque y quedamos solos, me volvió a atar a la misma encina y me dio tantos azotes que quedé como un San Bartolomé desollado. Y a cada azote me soltaba una burla contra usted, y si no me doliera tanto, me habría reído de lo que decía. En fin, me dejó tan molido que hasta hoy he estado curándome en un hospital. Y de todo tiene usted la culpa: porque si usted seguía su camino y no se metía donde no lo llamaban, mi amo se contentaba con darme una o dos docenas de azotes, luego me soltaba y me pagaba lo que me debía. Pero como usted lo dejó en vergüenza y le dijo tantas palabras, se le encendió la cólera, y como no pudo desquitarse con usted, cuando se vio solo descargó el nublado sobre mí, de modo que me parece que ya no seré hombre en toda mi vida.

—El daño estuvo —dijo don Quijote— en irme yo de allí; que no debía irme hasta dejarte pagado. Bien debía yo saber, por larga experiencia, que no hay villano que guarde palabra si ve que no le conviene. Pero ya te acuerdas, Andrés, que yo juré que si no te pagaba, iría a buscarlo y lo hallaría aunque se escondiera en el vientre de una ballena.

—Así es —dijo Andrés—; pero no sirvió de nada.

—Ahora verás si sirve —dijo don Quijote.

Y, diciendo esto, se levantó con mucha prisa y mandó a Sancho que enfrenara a Rocinante, que estaba paciendo mientras ellos comían.

Dorotea le preguntó qué pensaba hacer. Él respondió que quería ir a buscar al villano y castigarlo, y hacer que pagara a Andrés hasta el último maravedí, a pesar de cuantos villanos hubiera en el mundo. Pero ella le recordó que, conforme al don prometido, no podía meterse en ninguna empresa hasta acabar la suya; y que él lo sabía mejor que nadie, así que sosegara el pecho hasta la vuelta.

—Tiene razón —respondió don Quijote—, y es fuerza que Andrés tenga paciencia hasta la vuelta, como usted dice. Pero le vuelvo a jurar y prometer que no pararé hasta verlo vengado y pagado.

—Yo no creo en esos juramentos —dijo Andrés—; más quisiera tener ahora con qué llegar a Sevilla que todas las venganzas del mundo. Déme, si tiene ahí, algo que coma y lleve, y quédese con Dios, y con todos los caballeros andantes, que tan bien les vaya a ellos como me ha ido a mí con su ayuda.

Sancho sacó de su alforja un pedazo de pan y otro de queso, y dándoselos al muchacho le dijo:

—Tome, hermano Andrés; que a todos nos toca parte de su desgracia.

—¿Qué parte le toca a usted? —preguntó Andrés.

—Esta parte de pan y queso —respondió Sancho , que Dios sabe si me hará falta o no. Porque sepa, amigo, que los escuderos de caballeros andantes estamos sujetos a mucha hambre y mala ventura, y a otras cosas que se sienten mejor de lo que se dicen.

Andrés tomó su pan y queso y, viendo que nadie le daba otra cosa, bajó la cabeza y se fue por su camino. Pero al despedirse le dijo a don Quijote:

—Por amor de Dios, señor caballero andante: si otra vez me encuentro con usted, aunque vea que me hacen pedazos, no me socorra ni me ayude, sino déjeme con mi desgracia. Porque no será tanta como la que me viene de su ayuda. Y que Dios lo maldiga, a usted y a todos los caballeros andantes que han nacido en el mundo.

Don Quijote se fue a levantar para castigarlo, pero Andrés echó a correr de tal modo que nadie se atrevió a seguirlo. Quedó don Quijote muy corrido con el cuento de Andrés, y los demás tuvieron que contenerse mucho para no reír, por no dejarlo del todo avergonzado.

CAPÍTULO XXXII: DE LO QUE SUCEDIÓ EN LA VENTA A TODA LA CUADRILLA DE DON QUIJOTE

Acabaron la buena comida, ensillaron luego y, sin que les sucediera cosa digna de contar, llegaron al día siguiente a la venta, espanto y asombro de Sancho Panza; y aunque él hubiera querido no entrar en ella, no pudo evitarlo. La ventera, el ventero, su hija y Maritornes, que vieron venir a don Quijote y a Sancho, les salieron a recibir con muestras de mucha alegría; y él las recibió con grave continente y aplauso, y les dijo que le prepararan un lecho mejor que el de la vez pasada. A esto respondió la huéspeda que, si pagaba mejor que la otra vez, se lo daría como para príncipes. Don Quijote dijo que así lo haría, y le acomodaron uno razonable en el mismo camaranchón de la otra vez; y él se acostó luego, porque venía muy quebrantado y fuera de sí.

Apenas se hubo encerrado cuando la huéspeda arremetió al barbero y, asiéndolo de la barba, dijo:

—¡Por mi alma, que no se ha de aprovechar más de mi rabo para su barba, y que me ha de volver mi cola! Que anda lo de mi marido por esos suelos, que es vergüenza; digo, el peine, que solía yo colgar de mi buena cola.

No se la quería dar el barbero, aunque ella tiraba más y más, hasta que el licenciado le dijo que se la diera: que ya no era menester seguir con aquella industria, sino que se descubriera y mostrara en su misma forma, y dijera a don Quijote que, cuando lo despojaron los ladrones galeotes, se había venido a aquella venta huyendo; y que, si preguntaba por el escudero de la Princesa, le dirían que ella lo había enviado adelante a dar aviso a los de su reino de cómo iba y llevaba consigo al libertador de todos.

Con esto el barbero dio de buena gana la cola a la ventera, y asimismo le devolvieron todos los adherentes que había prestado para la libertad de don Quijote. Todos los de la venta se espantaron de la hermosura de Dorotea, y también del buen talle del zagal Cardenio. El cura hizo que les prepararan de comer de lo que hubiera, y el huésped, con esperanza de mejor paga, se dio prisa y les dispuso una comida razonable. Y en todo esto dormía don Quijote, y fueron de parecer de no despertarlo, porque más provecho le haría entonces dormir que comer.

Conversaron durante la comida, estando presentes el ventero, su mujer, su hija, Maritornes y todos los pasajeros, sobre la extraña locura de don Quijote y el modo en que lo habían hallado. La huéspeda les contó lo que con él y con el arriero le había sucedido, y, mirando si acaso estaba allí Sancho, y como no lo vio, contó también lo de su manteamiento, de lo que no poco gusto recibieron. Y como el cura dijera que los libros de caballerías que don Quijote había leído le habían trastornado el juicio, dijo el ventero:

—No sé yo cómo puede ser eso; porque, en verdad, a lo que yo entiendo, no hay mejor lectura en el mundo. Y tengo ahí dos o tres de esos, con otros papeles, que de veras me han dado la vida; no solo a mí, sino a otros muchos. Porque cuando es tiempo de siega se juntan aquí, en días de fiesta, muchos segadores, y siempre hay alguno que sabe leer; ese toma uno de estos libros y nos ponemos alrededor, más de treinta, y lo escuchamos con tanto gusto que nos quita mil canas. Al menos, de mí sé decir que cuando oigo contar aquellos golpes furibundos y terribles que los caballeros pegan, me entran ganas de hacer otro tanto, y quisiera estar oyéndolos noche y día.

—Y yo ni más ni menos —dijo la ventera—; porque nunca tengo buen rato en mi casa sino cuando usted está escuchando leer. Se queda tan embobado, que entonces ni se acuerda de regañar.

—Así es —dijo Maritornes—; y a buena fe que yo también gusto mucho de oír esas cosas, que son muy lindas, y más cuando cuentan que está la otra señora debajo de unos naranjos abrazada con su caballero, y que una dueña les hace guardia, muerta de envidia y con mucho sobresalto. Digo que todo eso es cosa de mieles.

—¿Y a usted qué le parece, señorita? —dijo el cura, hablando con la hija del ventero.

—No sé, señor, en mi alma —respondió ella—; también yo lo escucho, y en verdad que, aunque no lo entiendo, recibo gusto en oírlo. Pero a mí no me gustan los golpes que a mi padre le gustan, sino las lamentaciones que los caballeros hacen cuando están lejos de sus señoras; que, en verdad, algunas veces me hacen llorar de compasión.

—Luego, ¿bien los remediaría usted, señorita —dijo Dorotea—, si por usted lloraran?

—No sé qué haría —respondió la moza—; solo sé que hay algunas señoras de esas tan crueles, que sus caballeros las llaman tigres, leonas y otras mil indecencias. ¡Jesús! Yo no sé qué gente es esa, tan desalmada y sin conciencia, que por no mirar a un hombre honrado lo dejan que se muera o que se vuelva loco. No sé para qué tanto remilgo: si lo hacen por honradas, que se casen con ellos, que ellos no desean otra cosa.

—Calla, niña —dijo la ventera—, que parece que sabes mucho de esas cosas, y no está bien que las doncellas sepan ni hablen tanto.

—Como me lo preguntó este señor —respondió ella—, no pude dejar de responderle.

—Ahora bien —dijo el cura—: tráigame, señor huésped, esos libros, que los quiero ver.

—Con gusto —respondió él.

Y entrando en su aposento sacó una maletilla vieja, cerrada con una cadenilla; y abriéndola halló tres libros grandes y unos papeles de muy buena letra, escritos a mano. El primer libro que abrió vio que era Don Cirongilio de Tracia; y el otro, Félixmarte de Hircania; y el otro, La historia del Gran Capitán Gonzalo Hernández de Córdoba, con la vida de Diego García de Paredes.

En cuanto el cura leyó los dos primeros títulos, volvió el rostro al barbero y dijo:

—Nos hacen falta aquí ahora el ama de mi amigo y su sobrina.

—No hacen falta —respondió el barbero—; que yo también sé llevarlos al corral o a la chimenea, porque en verdad que hay muy buen fuego en ella.

—Luego ¿quiere su merced quemar más libros? —dijo el ventero.

—No más —dijo el cura— que estos dos: el de Don Cirongilio y el de Félixmarte.

—Pues, por ventura —dijo el ventero—, ¿mis libros son herejes o... flemáticos, que los quiere quemar?

—Cismáticos querrá decir, amigo —dijo el barbero—; que no flemáticos.

—Eso es —replicó el ventero—. Pero si alguno quiere quemar, sea ese del Gran Capitán y el de Diego García; que antes dejo quemar un hijo que dejar quemar ninguno de esos otros.

—Amigo —dijo el cura—, estos dos libros son mentirosos y están llenos de disparates y desvaríos; y ese del Gran Capitán es historia verdadera y trae los hechos de Gonzalo Hernández de Córdoba, el cual, por sus muchas y grandes hazañas, mereció ser llamado por todo el mundo el Gran Capitán, renombre famoso y claro, y solo por él merecido. Y ese Diego García de Paredes fue un caballero principal, natural de Trujillo, en Extremadura; valentísimo soldado, y de tantas fuerzas naturales, que detenía con un dedo una rueda de molino en la mitad de su furia; y puesto con un montante a la entrada de un puente, detuvo a todo un innumerable ejército, para que no pasara. E hizo otras cosas tales, que, si él las cuenta y las escribe con modestia de caballero y de cronista propio, si las escribiera otro libre y desapasionado, pondrían en olvido las de Héctor, Aquiles y Roldán.

—¡Mire mi padre! —dijo el ventero—. ¡Y de qué se espanta: de detener una rueda de molino! Por Dios, ahora había usted de leer lo que leí yo de Félixmarte de Hircania: que de un solo revés partió cinco gigantes por la cintura, como si fueran hechos de habas, como los frailecitos que hacen los niños. Y otra vez arremetió contra un grandísimo y poderosísimo ejército, con más de un millón y seiscientos mil soldados, todos armados de pies a cabeza, y los desbarató como si fueran manadas de ovejas.

¿Y qué me dirán del bueno de don Cirongilio de Tracia, que fue tan valiente y animoso como se ve en el libro, donde cuenta que, navegando por un río, le salió de la mitad del agua una serpiente de fuego, y él, apenas la vio, se arrojó sobre ella y se puso a horcajadas en sus escamosas espaldas, y la apretó con ambas manos la garganta con tanta fuerza, que la serpiente, viendo que se ahogaba, no tuvo otro remedio que irse a lo hondo del río, llevándose tras sí al caballero, que nunca la quiso soltar? Y cuando llegaron allá abajo, se halló en unos palacios y unos jardines tan lindos que era maravilla; y luego la sierpe se volvió un viejo anciano, que le dijo tantas cosas, que no hay más que oír.

¡Calle, señor! Que si oyera esto, se volvería loco de placer. ¡Dos higas para el Gran Capitán y para ese Diego García que dice!

Oyendo esto Dorotea, le dijo en voz baja a Cardenio:

—Poco le falta a nuestro huésped para hacer la segunda parte de don Quijote.

—Así me parece —respondió Cardenio—; porque, a juzgar por lo que dice, tiene por cierto que todo lo que cuentan esos libros pasó tal como lo escriben, y no se lo sacarán de la cabeza ni frailes descalzos.

—Mire, amigo —volvió a decir el cura—, que no hubo en el mundo Félixmarte de Hircania, ni don Cirongilio de Tracia, ni otros caballeros semejantes de los que cuentan los libros de caballerías; porque todo es invención y ficción de ingenios ociosos, que los compusieron para el fin que usted dice: entretener el tiempo, como lo entretienen sus segadores leyéndolos. Porque, en verdad, le juro que nunca tales caballeros existieron, ni tales hazañas ni disparates sucedieron.

—A otro perro con ese hueso —respondió el ventero—. ¡Como si yo no supiera cuántas son cinco y dónde me aprieta el zapato! No piense usted darme papilla, porque, por Dios, no soy ningún bobo. ¡Bueno es que quiera usted hacerme creer que todo lo que dicen estos buenos libros son disparates y mentiras, estando impreso con licencia de los señores del Consejo Real, como si fueran gente que había de dejar imprimir tanta mentira junta, y tantas batallas, y tantos encantamientos que quitan el juicio!

—Ya le he dicho, amigo —replicó el cura—, que eso se hace para entretener nuestros ociosos pensamientos; y así como se consiente en repúblicas bien ordenadas que haya juegos de ajedrez, de pelota y de trucos, para entretener a algunos que ni quieren, ni deben, ni pueden trabajar, así se consiente que se impriman y existan tales libros, creyendo —como es verdad— que no habrá nadie tan ignorante que tome por historia verdadera ninguno de ellos. Y si me fuera lícito ahora, y el auditorio lo pidiera, diría cosas sobre lo que han de tener los libros de caballería para ser buenos, que quizá serían de provecho, y aun de gusto; pero espero que vendrá tiempo en que lo pueda comunicar con quien pueda remediarlo. Y mientras tanto, crea, señor ventero, lo que le he dicho; y tome sus libros, y arréglese con sus verdades o mentiras, y buen provecho le hagan. Y quiera Dios que no cojee del pie que cojea su huésped don Quijote.

—Eso no —respondió el ventero—; que no seré yo tan loco que me haga caballero andante. Bien veo que ahora no se usa lo que se usaba en aquel tiempo, cuando se dice que andaban por el mundo esos famosos caballeros.

A mitad de esta plática se halló Sancho presente, y quedó muy confuso y pensativo de oír decir que ya no se usaban caballeros andantes y que todos los libros de caballerías eran necedades y mentiras; y determinó en su corazón esperar a ver en qué paraba el viaje de su amo, y que si no salía con la felicidad que él imaginaba, decidiría dejarlo y volverse con su mujer y sus hijos a su trabajo acostumbrado.

El ventero se llevaba la maleta y los libros; pero el cura le dijo:

—Espere: quiero ver qué papeles son esos, escritos con tan buena letra.

Los sacó el huésped y, dándoselos, el cura vio hasta unos ocho pliegos escritos a mano, y al principio tenían un título grande que decía:

Novela del curioso impertinente. Leyó para sí tres o cuatro renglones y dijo:

—Por cierto, no me parece malo el título de esta novela, y me entran ganas de leerla toda.

A esto respondió el ventero:

—Puede leerla su reverencia, porque le hago saber que a algunos huéspedes que la han leído les ha gustado mucho, y me la han pedido con muchas veras; pero yo no se la he querido dar, pensando devolvérsela a quien dejó olvidada aquí esta maleta, con esos libros y esos papeles. Bien puede ser que vuelva su dueño por aquí algún día; y aunque sé que me han de hacer falta los libros, a fe que se los he de volver; que, aunque soy ventero, todavía soy cristiano.

—Tiene mucha razón, amigo —dijo el cura—; pero, con todo, si la novela me contenta, me la ha de dejar copiar.

—Con mucho gusto —respondió el ventero.

Mientras los dos hablaban, Cardenio había tomado la novela y comenzó a leerla; y pareciéndole lo mismo que al cura, le rogó que la leyera en voz alta para que todos la oyeran.

—La leería —dijo el cura—, si no fuera mejor gastar este tiempo en dormir que en leer.

—Bastante reposo será para mí —dijo Dorotea— entretener el tiempo oyendo algún cuento; que aún no tengo el ánimo tan sosegado que me permita dormir cuando sería razón.

—Pues de esa manera —dijo el cura—, quiero leerla, aunque sea por curiosidad: quizá tenga algo de gusto.

Maese Nicolás se lo rogó también, y Sancho asimismo; y viendo el cura que a todos les daría gusto, y que él también lo recibiría, dijo:

—Pues así es, estén todos atentos, que la novela comienza de esta manera:

CAPÍTULO XXXIII: DONDE SE CUENTA LA NOVELA DEL CURIOSO IMPERTINENTE

En Florencia, ciudad rica y famosa de Italia, en la provincia que llaman Toscana, vivían Anselmo y Lotario, dos caballeros ricos y principales, y tan amigos que, por excelencia y antonomasia, todos los que los conocían los llamaban "los dos amigos". Eran solteros, mozos de una misma edad y de costumbres semejantes; todo lo cual bastaba para que se correspondieran con amistad recíproca. Es verdad que Anselmo era algo más inclinado a los pasatiempos amorosos que Lotario, a quien tiraba la caza; pero, cuando se ofrecía, Anselmo dejaba sus gustos por seguir los de Lotario, y Lotario dejaba los suyos por acudir a los de Anselmo. Y de esta manera andaban tan al compás sus voluntades, que no había reloj concertado que marchara con tanta igualdad.

Andaba Anselmo perdido de amores de una doncella principal y hermosa de la misma ciudad, hija de tan buenos padres y tan buena por sí, que se determinó —con el parecer de su amigo Lotario, sin el cual no hacía cosa alguna— a pedírsela por esposa a sus padres; y así lo puso en ejecución. El que llevó la embajada fue Lotario, y el que concluyó el negocio, tan a gusto de su amigo, que en breve se vio Anselmo en la posesión que deseaba; y Camila tan contenta de haber alcanzado por esposo a Anselmo, que no cesaba de dar gracias al cielo y a Lotario, por cuyo medio tanto bien le había venido.

Los primeros días —como suelen ser alegres todos los de boda— Lotario frecuentó, como antes, la casa de su amigo Anselmo, procurando honrarlo, festejarlo y alegrarlo con todo aquello que le fue posible. Pero acabadas las bodas, y ya pasada la primera abundancia de visitas y parabienes, comenzó Lotario a disminuir, con cuidado, sus idas a casa de Anselmo, porque le parecía —como es razón que les parezca a los discretos— que no se han de visitar ni continuar las casas de los amigos casados del mismo modo que cuando eran solteros; porque, aunque la buena y verdadera amistad no puede ni debe ser sospechosa de nada, con todo eso es tan delicada la honra del casado, que parece que se puede ofender aun por los mismos hermanos, cuanto más por los amigos.

Notó Anselmo la reserva de Lotario, y se quejó de ello con grande insistencia, diciéndole que, si hubiera sabido que casarse iba a ser causa para no tratarlo como antes, jamás lo habría hecho; y que si, por la buena correspondencia que tenían mientras él fue soltero, habían merecido tan dulce nombre como el de ser llamados "los dos amigos", que no permitiese, por querer mostrarse circunspecto sin otra ocasión, que tan famoso y tan agradable nombre se perdiese. Y así le suplicaba —si era lícito usar entre ellos tal modo de hablar— que volviera a ser señor de su casa y entrara y saliera en ella como antes, asegurándole que su esposa Camila no tenía otro gusto ni otra voluntad sino la que él quisiera que tuviera; y que, por haber sabido ella cuánto se amaban los dos, estaba confusa de ver en Lotario tanta esquivez.

A estas y otras muchas razones con que Anselmo quiso persuadir a Lotario, respondió este con tanta prudencia, discreción y aviso, que Anselmo quedó satisfecho de la buena intención de su amigo; y acordaron que dos días a la semana y los festivos Lotario iría a comer con él. Y aunque así quedó concertado, Lotario propuso no hacer más de lo que viera que convenía a la honra de su amigo, cuyo crédito estimaba más que el suyo propio.

Decía Lotario —y decía bien— que el casado a quien el cielo ha dado mujer hermosa ha de tener tanto cuidado de qué amigos lleva a su casa como de mirar con qué amigas conversa su mujer; porque lo que no se hace ni se concierta en las plazas, ni en los templos, ni en las fiestas públicas ni en estaciones (cosas que los maridos no siempre han de negar a sus mujeres), se facilita y se arregla en casa de la amiga o de la parienta en quien más confianza se tiene. También decía Lotario que los casados necesitan que cada cual tenga algún amigo que le advierta de los descuidos de su proceder; porque suele suceder que, con el mucho amor que el marido tiene a la mujer, o no advierte, o no dice —por no enojarla— que haga o deje de hacer ciertas cosas que, hechas o evitadas, le serían de honra o de afrenta; y siendo advertido por el amigo, con facilidad pondría remedio. Pero ¿dónde se hallará amigo tan discreto, tan leal y tan verdadero como este Lotario que aquí se requiere? No lo sé yo, por cierto; solo Lotario lo era, que con toda solicitud y vigilancia miraba por la honra de su amigo.

Y procuraba Lotario diezmar, recortar y acortar los días del concierto de ir a su casa, para que al vulgo ocioso y a los ojos vagabundos y maliciosos no les pareciera mal la entrada de un mozo rico, gentilhombre y bien nacido —y de tan buenas partes como él pensaba tener— en la casa de una mujer tan hermosa como Camila. Porque, aunque su bondad y valor podían poner freno a toda lengua maldiciente, no quería poner en riesgo ni su crédito ni el de su amigo. Y por eso, muchos de los días señalados los ocupaba en otras cosas, que daba a entender serle forzosas; y así, entre quejas del uno y disculpas del otro, se pasaban muchos ratos y partes del día.

Sucedió, pues, que un día, paseándose los dos por un prado fuera de la ciudad, Anselmo dijo a Lotario estas razones:

—Pensabas, amigo Lotario, que a las mercedes que Dios me ha hecho —en hacerme hijo de tales padres como fueron los míos y en darme, no con mano escasa, bienes así de naturaleza como de fortuna— no puedo yo corresponder con agradecimiento que llegue al bien recibido; y más aún al que me hizo al darme a ti por amigo y a Camila por esposa: dos prendas que estimo, si no en el grado que debo, en el que puedo. Pues, con todas estas partes —que suelen ser el todo con que los hombres pueden vivir contentos— vivo yo el más despechado y el más desabrido hombre del universo; porque no sé qué días a esta parte me fatiga y me aprieta un deseo tan extraño y tan fuera del uso común, que yo mismo me asombro, y me culpo y me riño a solas. He procurado callarlo y encubrirlo aun de mis propios pensamientos; y, sin embargo, me ha sido imposible guardar este secreto, como si a propósito buscara decirlo a todo el mundo.

Y pues, al fin, ha de salir a la plaza, quiero que sea en la del archivo de tu secreto, confiado en que, con él y con la diligencia que pondrás —como amigo verdadero— en remediarme, me veré presto libre de esta angustia, y mi alegría, por tu solicitud, llegará al grado al que ha llegado mi descontento por mi locura.

Quedó Lotario suspenso con aquellas razones, y no sabía a qué venía a parar tan larga preparación. Y aunque iba revolviendo en su imaginación cuál podría ser aquel deseo que tanto fatigaba a su amigo, siempre se iba muy lejos de la verdad. Y por salir pronto de la agonía que le causaba aquella suspensión, le dijo que hacía notorio agravio a su amistad en andar con rodeos para decirle sus pensamientos más escondidos, pues podía estar cierto de hallar en él o consejos para sostenerlos, o remedio para cumplirlos.

—Eso es verdad —respondió Anselmo—; y con esa confianza te hago saber, amigo Lotario, que el deseo que me fatiga es pensar si Camila, mi esposa, es tan buena y tan perfecta como yo pienso. Y no puedo asegurarme de esa verdad si no es probándola de tal modo que la prueba muestre los quilates de su bondad, como el fuego muestra los del oro.

Porque yo tengo para mí —¡oh amigo!— que una mujer no es más buena de lo que se ve cuando es solicitada; y que solo es fuerte la que no se dobla a promesas, dádivas, lágrimas y continuas importunidades de amantes insistentes. Porque ¿qué hay que agradecer —decía yo para mí— en que una mujer sea buena, si nadie le propone ser mala? ¿Qué mucho que sea recogida y temerosa la que no tiene ocasión de soltarse, y la que sabe que tiene marido que, si la sorprende en el menor descuido, le quitará la vida?

Así que, la que es buena por temor, o por falta de ocasión, yo no la estimo como estimaré a la que, solicitada y perseguida, sale con la corona del vencimiento. Por estas razones —y por otras muchas que pudiera decirte— deseo que Camila pase por esas dificultades, y que se acrisole y se mida en el fuego de verse requerida y solicitada por quien tenga valor para poner en ella sus deseos. Y si sale —como creo que saldrá— con la palma de esta batalla, tendré por incomparable mi ventura; podré decir que ya está colmado el vacío de mis deseos; diré que me tocó en suerte la mujer fuerte de quien el Sabio pregunta: "¿quién la hallará?"

Y si sucede al contrario de lo que imagino, con el gusto —amargo, pero gusto al fin— de ver que no me engañaba, llevaré sin pena la que con razón podrá causarme esta experiencia, aunque me cueste tanto. Y como ninguna cosa de cuantas me digas contra mi deseo será bastante para apartarme de ponerlo por obra, quiero —¡oh amigo Lotario!— que te dispongas a ser el instrumento de esta empresa. Yo te daré lugar para que lo hagas, sin faltarte nada de cuanto yo vea que puede ser necesario para solicitar a una mujer honesta, honrada, recogida y desinteresada.

Y me mueve, entre otras cosas, a fiarte esta ardua prueba el ver que, si Camila fuese vencida por ti, no llegará el vencimiento a todo rigor, sino solo a tener por hecho lo que, por buen respeto, se ha de tener por hecho; y así no quedaré ofendido sino con el deseo, y mi afrenta quedará escondida en la virtud de tu silencio, que bien sé que, en lo que me toca, será eterno como el de la muerte.

Así que, si quieres que yo viva vida que pueda llamarse vida, desde ahora has de entrar en esta amorosa batalla, no tibia ni perezosamente, sino con el ahínco y diligencia que mi deseo pide, y con la confianza que nuestra amistad me asegura.

Estas fueron las razones que Anselmo dijo a Lotario. Y Lotario estuvo tan atento a escucharlo, que no abrió los labios hasta que Anselmo acabó. Luego, mirándolo un buen rato, como quien mira cosa jamás vista que causa admiración y espanto, le dijo:

—No puedo persuadirme, ¡oh amigo Anselmo!, de que no sean burlas las cosas que me has dicho; porque, si pensara que lo dices en serio, no permitiría que hubieras llegado tan lejos: con no escucharte habría cortado tu larga arenga. Sin duda imagino, o que no me conoces, o que yo no te conozco. Pero no: yo sé que tú eres Anselmo, y tú sabes que yo soy Lotario. El daño está en que yo pienso que ya no eres el Anselmo que solías, y tú debes de haber pensado que tampoco yo soy el Lotario que debía ser; porque lo que me has dicho no es propio de aquel Anselmo, mi amigo, ni lo que me pides se puede pedir al Lotario que tú conoces.

Porque los buenos amigos han de probar a sus amigos y valerse de ellos —como dijo un poeta— hasta los altares; que quiso decir que no se han de valer de la amistad en cosas que sean contra Dios. Pues si eso sintió un gentil de la amistad, ¿cuánto más debe sentirlo un cristiano, que sabe que por ninguna amistad humana se ha de perder la amistad divina?

Y aunque el amigo forzara tanto, apartando el respeto del cielo por acudir al del amigo, no habría de ser por cosas ligeras y de poco momento, sino por aquellas en que vaya la honra y la vida del amigo. Pues dime tú ahora, Anselmo: ¿cuál de estas dos cosas tienes en peligro para que yo me aventure a complacerte y haga cosa tan detestable como me pides? Ninguna, por cierto. Antes me pides —según entiendo— que procure quitarte la honra y la vida, y quitármela a mí juntamente. Porque si yo procuro quitarte la honra, claro está que te quito la vida, pues el hombre sin honra peor está que muerto; y siendo yo el instrumento, como quieres, de tanto mal tuyo, ¿no vengo a quedar yo deshonrado, y por el mismo camino, sin vida?

Escucha, amigo Anselmo, y ten paciencia de no responderme hasta que acabe de decir lo que se me ofrece acerca de ese deseo; que tiempo habrá para que tú me repliques y yo te escuche.

—Me place —dijo Anselmo—: di lo que quieras.

Y Lotario prosiguió diciendo:

—Me parece, Anselmo, que ahora tienes el ingenio como el que suelen tener los moros: a quienes no se les da a entender el error de su secta con citas de la santa Escritura, ni con razones del entendimiento, ni con artículos de fe, sino que hay que traerles ejemplos palpables, fáciles, claros, demostrativos, indudables, con pruebas que no se puedan negar; como cuando dicen: "Si de dos partes iguales quitamos partes iguales, las que quedan también son iguales". Y si esto no lo entienden de palabra —como, en efecto, muchas veces no lo entienden— hay que mostrárselo con las manos, ponerlo delante de los ojos; y aun así, cuesta persuadirlos.

Ese mismo modo me convendrá usar contigo, porque el deseo que te ha nacido va tan descaminado y fuera de toda sombra de razonable, que me parece tiempo perdido intentar convencerte. Y por ahora no quiero dar a tu desatino otro nombre; y hasta estoy por dejarte en él, como castigo de tu mal deseo. Pero no me lo permite la amistad que te tengo, que no consiente que te deje en tan claro peligro de perderte.

Y para que lo veas, dime: ¿no me has dicho tú que he de solicitar a una retirada, persuadir a una honesta, ofrecer a una desinteresada, servir a una prudente? Sí, lo has dicho. Pues si tú sabes que tienes por mujer a una retirada, honesta, desinteresada y prudente, ¿qué buscas? Y si piensas que saldrá vencedora de todos mis asaltos —como sin duda saldrá—, ¿qué mejor nombre podrá tener después del que ya tiene, o qué será más de lo que ya es?

O bien es que tú no la tienes por lo que dices, o bien es que no sabes lo que pides. Si no la tienes por lo que dices, ¿para qué quieres probarla, sino para —teniéndola por mala— hacer de ella lo que se te antoje? Pero si es tan buena como crees, impertinente cosa será hacer experiencia de la misma verdad; porque, hecha la prueba, quedará con la misma estimación que antes.

Así que, es conclusión cierta que intentar cosas de las cuales puede venir más daño que provecho es propio de juicios temerarios y sin discurso; y más cuando se pretende aquello a que nadie obliga, y que desde lejos muestra que el intentarlo es locura manifiesta.

Las cosas difíciles se intentan por Dios, o por el mundo, o por ambos: las que se acometen por Dios son las que acometieron los santos, viviendo vida de ángeles en cuerpos humanos; las que se acometen por el mundo son las de quienes pasan mares y climas, y tratan con gentes extrañas, por adquirir los bienes de fortuna; y las que se acometen por Dios y por el mundo son las de los valerosos soldados, que apenas ven en el muro enemigo un hueco del tamaño de una bala de artillería, cuando, puesto aparte el temor, sin detenerse a discurrir el peligro, llevados por el deseo de defender su fe, su nación y su rey, se arrojan intrépidamente hacia mil muertes que los esperan.

Esas cosas son las que se intentan, y es honra, gloria y provecho acometerlas, aunque vayan llenas de peligros. Pero eso que tú quieres intentar, ni te alcanzará gloria ante Dios, ni bienes de fortuna, ni fama entre los hombres; porque, aun saliendo como deseas, no quedarás ni más ufano, ni más rico, ni más honrado de lo que estás ahora. Y si no sales, te verás en la mayor miseria que se pueda imaginar: y de nada te servirá pensar entonces que nadie sabe tu desgracia, porque bastará para consumirte con que la sepas tú. Y para confirmación de esta verdad, quiero decirte una estancia que hizo el famoso poeta Luis Tansilo, al fin de la primera parte de Las lágrimas de San Pedro, que dice así:

Crece el dolor y crece la vergüenza
en Pedro, cuando el día se ha mostrado,
Y aunque allí no ve a nadie, se avergüenza
De sí mesmo, por ver que había pecado:
Que a un magnánimo pecho a haber vergüenza
No sólo ha de moverle el ser mirado;
que de sí se avergüenza cuando yerra
si bien otro no ve que cielo y tierra.

Así que no excusarás con el secreto tu dolor; al contrario, tendrás que llorar sin parar, si no lágrimas de los ojos, lágrimas de sangre del corazón, como las lloraba aquel simple doctor que nuestro poeta cuenta que hizo la prueba del vaso, prueba que —con mejor juicio— se excusó de hacer el prudente Reinaldos. Y aunque aquello sea ficción poética, encierra secretos morales dignos de advertirse, entenderse e imitarse. Y más aún: con lo que ahora pienso decirte acabarás de reconocer el gran error que quieres cometer.

Dime, Anselmo: si el cielo o la buena suerte te hubiera hecho señor y legítimo poseedor de un finísimo diamante, de cuya bondad y quilates estuvieran satisfechos cuantos lapidarios lo vieran, y todos, a una voz y de común parecer, dijeran que en quilates, bondad y fineza llegaba a cuanto podía alcanzar la naturaleza de tal piedra, y tú mismo lo creyeras así, sin tener nada en contrario, ¿sería justo que se te antojara tomar ese diamante y ponerlo entre un yunque y un martillo, para probar a golpes si era tan duro y tan fino como decían?

Y aun más: si lo hicieras, y dado caso que la piedra resistiera tan necia prueba, no por eso ganaría más valor ni más fama; y si se quebrara

—cosa que bien podría ser—, ¿no se perdería todo? Sí, sin duda, dejando a su dueño con fama de simple. Pues haz cuenta, Anselmo amigo, que Camila es ese finísimo diamante, así en tu estimación como en la ajena, y que no es razón ponerla en contingencia de quebrarse; porque, aunque conserve su entereza, no puede subir a más valor del que ya tiene; y si faltara y no resistiera, piensa desde ahora cómo quedarías sin ella, y con cuánta razón podrías quejarte de ti mismo, por haber sido causa de su perdición y de la tuya.

Mira que no hay joya en el mundo que valga tanto como la mujer casta y honrada, y que todo el honor de las mujeres consiste en la buena opinión que de ellas se tiene. Y si la de tu esposa es tal, y llega al extremo de bondad que sabes, ¿para qué quieres poner esa verdad en duda?

Mira, amigo, que la mujer es criatura frágil, y no se le han de poner estorbos donde tropiece y caiga, sino quitárselos y despejarle el camino de cualquier inconveniente, para que, sin pesadumbre, corra ligera a alcanzar la perfección que le falta, que consiste en ser virtuosa.

Cuentan que el armiño es un animalejo de piel blanquísima, y que cuando los cazadores quieren prenderlo usan este artificio: sabiendo por dónde suele pasar, le cortan el paso con lodo, y después, azuzándolo, lo encaminan hacia ese lugar; y así, cuando el armiño llega al cieno, se queda quieto y se deja prender y cautivar, con tal de no manchar su blancura, que estima más que la libertad y la vida. La mujer honesta y casta es armiño: más blanca y limpia que la nieve es la virtud de la honestidad; y quien quiera que no la pierda, sino que la guarde y conserve, ha de usar de estilo muy distinto al que se usa con el armiño.

Porque no se le ha de poner delante el cieno de regalos y servicios de amantes importunos; que quizá —y aun sin quizá— no tiene tanta fuerza natural que pueda pasar por sí misma esos estorbos. Es necesario quitárselos y ponerle delante la limpieza de la virtud y la belleza que encierra la buena fama.

Asimismo, la buena mujer es como espejo de cristal, luciente y claro; pero está sujeto a empañarse y oscurecerse con cualquier aliento que lo toque. Con la mujer honesta se ha de tratar como con las reliquias: venerarlas y no tocarlas. Se ha de guardar y estimar la mujer buena como se guarda un hermoso jardín lleno de flores y rosas, cuyo dueño no consiente que nadie lo pasee ni lo manosee: basta que desde lejos, y por entre las verjas, se goce de su fragancia y hermosura.

Finalmente, quiero decirte unos versos que se me han venido a la memoria: los oí en una comedia moderna, y me parece que vienen al caso. Aconsejaba un prudente viejo a otro, padre de una doncella, que la recogiese, guardase y encerrase; y entre otras razones le dijo estas:

Es de vidrio la mujer;
pero no se ha de probar
si se puede o no quebrar,
porque todo podría ser.

Y es más fácil el quebrarse,
y no es cordura ponerse
a peligro de romperse
lo que no puede soldarse.

Y en esta opinión estén
todos, y en razón la fundo:
que si hay Dánaes en el mundo,
hay lluvias de oro también.

Cuanto hasta aquí te he dicho, Anselmo, ha sido por lo que a ti te toca; y ahora conviene que se oiga algo de lo que a mí me importa. Y si fuere largo, perdóname: lo pide el laberinto en que te has metido y del que quieres que yo te saque.

Tú me tienes por amigo, y quieres quitarme la honra, cosa contraria a toda amistad; y no solo pretendes eso: quieres que yo te la quite a ti. Que me la quieres quitar a mí es claro: pues cuando Camila vea que yo la solicito, como me pides, me tendrá por hombre sin honra y de mala reputación, por intentar cosa tan fuera de lo que mi condición y tu amistad me obligan.

Y que quieres que te la quite a ti, tampoco ofrece duda: porque viendo Camila que yo la solicito, ha de pensar que he visto en ella alguna liviandad que me dio atrevimiento para descubrirle mi mal deseo; y teniéndose por deshonrada, te toca a ti —por ser ella cosa tuya— esa misma deshonra. De aquí nace lo que comúnmente se dice: que al marido de la mujer adúltera, aunque él no lo sepa, ni haya dado ocasión, ni haya sido en su mano estorbar su desgracia, con todo eso lo llaman con nombre bajo y vituperable, y lo miran con ojos de menosprecio los que saben la maldad de su mujer, en lugar de mirarlo con lástima, viendo que no por su culpa, sino por el gusto de su mala compañera, está en tal desventura.

Pero quiero decirte por qué, con justa razón, es deshonrado el marido de la mujer mala, aunque él no lo sepa ni tenga culpa. Y no te canses de oírme, que todo ha de redundar en tu provecho.

Cuando Dios creó a nuestro primer padre en el Paraíso terrenal, dice la Escritura que infundió sueño en Adán, y que, estando dormido, le sacó una costilla del lado izquierdo, de la cual formó a nuestra madre Eva. Y cuando Adán despertó y la miró, dijo: «Esta es carne de mi carne y hueso de mis huesos». Y Dios dijo: «Por esta dejará el hombre a su padre y madre, y serán dos en una misma carne». Entonces fue instituido el divino sacramento del matrimonio, con tales lazos que solo la muerte puede desatarlos.

Tiene tanta fuerza este milagroso sacramento, que hace que dos personas sean una sola carne; y aún más en los buenos casados: porque, aunque tengan dos almas, no tienen más que una voluntad. Y de aquí viene que, como la carne de la esposa es una con la del esposo, las manchas que en ella caen o los defectos que en ella se adquieren redundan en el marido, aunque él —como ya dije— no haya dado ocasión.

Porque así como el dolor del pie o de cualquier miembro lo siente todo el cuerpo, y la cabeza padece el daño del tobillo sin haberlo causado, así el marido participa de la deshonra de la mujer por ser una misma cosa con ella. Y como las honras y deshonras del mundo nacen de carne y sangre, y las de la mujer mala son de este linaje, es forzoso que al marido le alcance parte de ellas, y sea tenido por deshonrado aunque él no lo sepa.

Mira, pues, Anselmo, el peligro en que te pones por querer turbar el sosiego en que tu buena esposa vive. Mira por cuán vana e impertinente curiosidad quieres revolver humores que ahora están quietos en el pecho de tu casta esposa. Advierte que lo que arriesgas por ganar es poco, y lo que puedes perder es tanto, que me faltan palabras para encarecerlo.

Pero si todo lo dicho no te mueve a dejar tu mal propósito, busca otro instrumento de tu deshonra y desventura, que yo no pienso serlo, aunque por ello pierda tu amistad, la mayor pérdida que imaginar puedo.

Calló el virtuoso y prudente Lotario al decir esto, y Anselmo quedó tan confuso y pensativo que por un buen rato no pudo responder palabra. Pero al fin dijo:

—Con la atención que has visto he escuchado, Lotario amigo, todo lo que has querido decirme; y en tus razones, ejemplos y comparaciones he visto la mucha discreción que tienes y el extremo de verdadera amistad a que llegas. Y también veo y confieso que, si no sigo tu parecer y me voy tras el mío, huyo del bien y corro tras el mal. Pero has de considerar que yo padezco ahora la enfermedad que suelen tener algunas mujeres, a quienes se les antoja comer tierra, yeso, carbón y otras cosas peores, asquerosas aun de mirar, cuanto más de comer. Así que es menester algún artificio para que yo sane; y eso podría hacerse con facilidad: basta con que comiences, aunque tibia y fingidamente, a solicitar a Camila; porque no ha de ser tan floja que, a los primeros encuentros, eche por tierra su honestidad. Con ese solo principio quedaré contento; y tú habrás cumplido con lo que debes a nuestra amistad, no solo dándome vida, sino apartándome de verme sin honra.

Y estás obligado a hacerlo por una razón: que, estando yo determinado a poner en práctica esta prueba, no has de consentir que yo dé cuenta de mi desatino a otra persona, con lo cual pondría en riesgo el honor que tú quieres salvar. Y aunque tu crédito no quede del todo en su punto ante Camila mientras la solicites, importa poco: porque luego, viendo en ella la firmeza que esperamos, podrás decirle la pura verdad de nuestro artificio, y volverá tu reputación a ser la de antes.

Y pues arriesgas tan poco y puedes darme tanto contento arriesgándote, no dejes de hacerlo, aunque se te pongan delante muchos inconvenientes; que, como ya dije, con solo que comiences daré por concluida la causa.

Viendo Lotario la voluntad resuelta de Anselmo, y no sabiendo qué más ejemplos traerle ni qué más razones mostrarle para apartarlo —y viendo que le amenazaba con contar su desatino a otro—, por evitar mayor daño determinó contentarlo y hacer lo que le pedía, con propósito de guiar aquel negocio de modo que, sin alterar los pensamientos de Camila, quedase Anselmo satisfecho. Y así le respondió que no comunicase su pensamiento con nadie; que él tomaba a su cargo aquella empresa, y que la comenzaría cuando a Anselmo le pareciera mejor.

Abrazó a Lotario con ternura, y le agradeció el ofrecimiento como si hubiera recibido una gran merced. Quedaron de acuerdo en que desde el día siguiente se empezaría la prueba: Anselmo le daría lugar y tiempo para hablar a solas con Camila, y también dinero y joyas para ofrecérselas y dárselas. Le aconsejó que le llevase músicas, que escribiese versos en su alabanza; y que, si Lotario no quería tomarse el trabajo, él mismo los haría. A todo se prestó Lotario, pero con intención muy distinta de la que Anselmo imaginaba.

Con esto, se volvieron a casa de Anselmo, donde hallaron a Camila esperando con ansia y cuidado a su esposo, porque aquel día tardaba más de lo acostumbrado.

Lotario se fue a su casa, y Anselmo quedó en la suya tan contento como Lotario quedó pensativo, sin saber qué traza dar para salir bien de aquel negocio impertinente. Pero esa noche pensó el modo de engañar a Anselmo sin ofender a Camila.

Al día siguiente, Lotario vino a comer con su amigo, y Camila lo recibió bien, agasajándolo con buena voluntad, entendiendo el aprecio que su esposo le tenía. Acabaron de comer, levantaron los manteles, y Anselmo le dijo a Lotario que se quedara allí con Camila mientras él iba a un asunto forzoso, y que dentro de hora y media volvería.

Camila le rogó que no se fuera, y Lotario también se ofreció a acompañarlo; pero de nada sirvió. Anselmo insistió en que Lotario se quedara, porque tenía que tratar con él cosa de importancia. Y dijo a Camila que no dejara solo a Lotario mientras él volvía. En fin, supo fingir tan bien la necesidad —o la necedad— de su ausencia, que nadie habría podido entender que era fingida.

Se fue Anselmo, y quedaron solos a la mesa Camila y Lotario, porque toda la gente de la casa se había ido a comer. Lotario se vio puesto en la estacada que su amigo deseaba, y con el enemigo delante, que podía vencer con sola su hermosura a un escuadrón de caballeros armados: mira si había razón para que Lotario temiera.

Pero lo que hizo fue apoyar el codo en el brazo de la silla y la mano abierta en la mejilla, y pidiendo a Camila perdón por el descuido, dijo que quería reposar un poco mientras Anselmo volvía. Camila le respondió que reposaría mejor en el estrado que en la silla, y le rogó que entrase a dormir allí. Lotario no quiso, y se quedó dormido en la misma silla hasta que volvió Anselmo; y como halló a Camila en su aposento y a Lotario dormido, creyó que, por haberse tardado, ya habrían tenido lugar para hablar, y aun para dormir; y no veía la hora de que Lotario despertase para salir con él y preguntarle por su suerte.

Todo sucedió como él quería: Lotario despertó, salieron los dos de casa, y Anselmo le preguntó lo que deseaba. Lotario le respondió que no le había parecido bien descubrirse del todo en la primera ocasión, y que no había hecho otra cosa que alabar a Camila por hermosa, diciéndole que en toda la ciudad no se trataba de otra cosa sino de su hermosura y discreción; y que le había parecido buen principio para ir ganando su voluntad y disponerla a que otra vez lo escuchase con gusto.

Y dijo que en esto usaba del artificio que suele usar el demonio cuando quiere engañar a quien está prevenido: que se transforma en ángel de luz, siendo él de tinieblas, y pone delante apariencias buenas, hasta que al fin muestra quién es y sale con su intención, si no se descubre a tiempo el engaño.

Todo esto contentó mucho a Anselmo, y dijo que cada día daría el mismo lugar, aunque no saliera de casa, porque se ocuparía en cosas tales que Camila no pudiera sospechar su artificio.

Sucedió, pues, que pasaron muchos días sin que Lotario le dijera palabra a Camila; y, sin embargo, respondía a Anselmo que hablaba con ella y que jamás podía sacarle una pequeña muestra de inclinarse a nada malo, ni siquiera dar señal de sombra de esperanza. Antes decía que Camila lo amenazaba con que, si no abandonaba ese mal pensamiento, se lo diría a su esposo.

—Bien está —dijo Anselmo—. Hasta aquí Camila ha resistido a las palabras; es menester ver cómo resiste a las obras. Mañana les daré dos mil escudos de oro para que se los ofrezcan, y aun se los den, y otros tantos para que compren joyas con que tentar su gusto; que las mujeres suelen ser aficionadas —y más si son hermosas, por muy castas que sean— a vestirse bien y andar arregladas. Y si ella resiste a esta tentación, yo quedaré satisfecho y no les daré más molestia.

Lotario respondió que, ya que había comenzado, llevaría hasta el fin aquella empresa, aunque entendía salir de ella cansado y vencido.

Al día siguiente recibió los cuatro mil escudos, y con ellos recibió cuatro mil confusiones, porque no sabía qué decirse para mentir de nuevo. Con todo, se determinó a decirle a Anselmo que Camila estaba tan firme ante las dádivas y promesas como ante las palabras, y que no había para qué cansarse más, porque todo el tiempo se gastaba en vano.

Pero la suerte, que llevaba las cosas por otro camino, dispuso que, habiendo dejado Anselmo solos a Lotario y a Camila como otras veces, él se encerrara en un aposento y, por el ojo de la cerradura, estuviera mirando y escuchando lo que los dos trataban. Vio que en más de media hora Lotario no le dijo palabra a Camila; y no se la habría dicho aunque allí hubiese estado un siglo. Y entonces Anselmo cayó en la cuenta de que cuanto su amigo le había contado sobre las respuestas de Camila era pura ficción y mentira.

Y para confirmarlo, salió del aposento, llamó aparte a Lotario y le preguntó qué nuevas traía, y en qué disposición estaba Camila. Lotario le respondió que no pensaba dar ya una puntada más en aquel asunto, porque Camila respondía tan áspera y desabridamente que no tendría ánimo para volver a decirle cosa alguna.

—¡Ah! —dijo Anselmo—, Lotario, Lotario, ¡qué mal respondes a lo que me debes y a la confianza que pongo en ti! Ahora mismo te he estado mirando por el lugar que concede entrada esa llave, y he visto que no le has dicho palabra a Camila; por donde entiendo que aún ni siquiera has comenzado. Y si esto es así —como sin duda lo es—, ¿para qué me engañas? ¿O por qué quieres, con tu industria, quitarme los medios que yo podría hallar para conseguir mi deseo?

No dijo más Anselmo, pero bastó lo dicho para dejar corrido y confuso a Lotario. Y él, casi como si tomara por punto de honra haber sido descubierto en mentira, juró a Anselmo que desde aquel instante se hacía cargo de contentarlo sin mentirle, y que lo vería, aunque lo espiara con curiosidad. Más aún: dijo que ya no sería menester diligencia alguna, porque el modo que pensaba usar para satisfacerlo le quitaría toda sospecha.

Le creyó Anselmo, y para darle comodidad más segura y menos sobresaltada, determinó ausentarse de su casa por ocho días, yéndose a la de un amigo suyo en una aldea no lejos de la ciudad; con el cual concertó que lo enviase a llamar con insistencia, para tener ocasión de explicar a Camila su partida.

¡Desdichado y mal advertido Anselmo! ¿Qué haces? ¿Qué trazas? ¿Qué ordenas? Mira que haces contra ti mismo, trazando tu deshonra y ordenando tu perdición. Buena es tu esposa Camila; la posees quieta y sosegadamente; nadie turba tu gusto; sus pensamientos no salen de las paredes de su casa. Tú eres su cielo en la tierra, el blanco de sus deseos, el cumplimiento de sus gustos y la medida con que mide su voluntad, acomodándola en todo a la tuya y a la del cielo. Pues si la mina de su honor, hermosura, honestidad y recogimiento te da, sin trabajo, toda la riqueza que puedes desear, ¿para qué quieres ahondar la tierra y buscar nuevas vetas de un tesoro nunca visto, poniéndote en peligro de que todo se venga abajo, sustentado —al fin— sobre los débiles apoyos de la flaca naturaleza?

Mira que quien busca lo imposible, justo es que se le niegue lo posible, como lo dijo mejor un poeta:

Busco en la muerte la vida, salud en la enfermedad,
en la prisión libertad, en lo cerrado salida,
y en el traidor lealtad.
Pero mi suerte, de quien jamás espero algún bien,
con el cielo ha decidido
que, pues lo imposible pido,
lo posible aun no me den.

Al día siguiente, Anselmo se fue a la aldea, y dejó dicho a Camila que, mientras él estuviese ausente, Lotario vendría a mirar por su casa y a comer con ella; y que tuviese cuidado de tratarlo como a su misma persona.

Se afligió Camila, como mujer discreta y honrada, por la orden que su marido le dejaba, y le dijo que advirtiera que no estaba bien que nadie, en su ausencia, ocupase la silla de su mesa; y que, si lo hacía por falta de confianza en que ella sabría gobernar su casa, que lo probara aquella vez y vería por experiencia que era capaz de mayores cuidados. Anselmo le replicó que ese era su gusto, y que no tenía más que bajar la cabeza y obedecer. Camila dijo que así lo haría, aunque contra su voluntad.

Partió Anselmo, y al día siguiente Lotario vino a su casa, donde fue recibido por Camila con acogimiento honesto y cordial. Pero Camila jamás se ponía en parte donde Lotario pudiera verla a solas: siempre andaba rodeada de criados y criadas, y en especial de una doncella suya llamada Leonela, a quien quería mucho, porque se habían criado juntas desde niñas en casa de los padres de Camila, y cuando ella se casó con Anselmo la llevó consigo.

En los tres primeros días, Lotario no le dijo nada, aunque bien podía, cuando se levantaban los manteles y la gente se iba a comer con prisa, porque así se lo tenía mandado Camila. Y aun Leonela tenía orden de comer primero que Camila y de no apartarse jamás de su lado. Pero Leonela, que tenía el pensamiento en otros gustos y necesitaba esas horas y ese lugar para sus contentos, no cumplía siempre el mandato de su señora; antes, muchas veces los dejaba solos, como si eso mismo se lo hubieran mandado.

Con todo, la honesta presencia de Camila, la gravedad de su rostro y la compostura de su persona eran tales, que ponían freno a la lengua de Lotario.

Pero el provecho que las muchas virtudes de Camila hicieron, imponiendo silencio a la lengua de Lotario, redundó en mayor daño de ambos; porque si la lengua callaba, el pensamiento corría libre, y tenía espacio para contemplar, parte por parte, los extremos de bondad y hermosura que Camila tenía: bastante para enamorar a una estatua de mármol, no ya a un corazón de carne.

Lotario la miraba en el tiempo y lugar en que debía hablarle, y consideraba cuán digna era de ser amada. Y esa consideración comenzó, poco a poco, a dar asaltos a los respetos que le tenía a Anselmo. Mil veces quiso ausentarse de la ciudad y buscar lugar donde Anselmo no lo viese, ni él viese a Camila; pero ya lo detenía el gusto que hallaba en mirarla. Se forzaba y peleaba consigo mismo por desechar el contento que lo llevaba a contemplarla; se culpaba a solas de su desatino; se llamaba mal amigo, y aun mal cristiano; hacía discursos y comparaciones entre él y Anselmo, y todos acababan en lo mismo: que más había sido la locura y la confianza de Anselmo que su poca fidelidad. Y pensaba que, si así como tenía disculpa ante los hombres, la tuviera ante Dios por lo que empezaba a desear, no temería pena por su culpa.

En fin, la hermosura y bondad de Camila, juntamente con la ocasión que el ignorante marido le había puesto en las manos, derribaron la lealtad de Lotario. Y sin mirar ya a otra cosa que a lo que el gusto le inclinaba, al cabo de tres días de ausencia de Anselmo —en los cuales estuvo en continua batalla por resistir—, comenzó a requebrar a Camila, con tal turbación y con razones tan amorosas, que Camila quedó suspensa, y no hizo otra cosa que levantarse de donde estaba y entrar en su aposento, sin responderle palabra.

Pero no por esa severidad se desmayó en Lotario la esperanza, que nace siempre junto con el amor; antes, desde entonces tuvo a Camila en más.

Camila, viendo en Lotario lo que jamás hubiera imaginado, no sabía qué hacerse. Y pareciéndole que no era cosa segura ni bien hecha darle ocasión o lugar para que la volviese a hablar, determinó enviar aquella misma noche —como lo hizo— a un criado suyo con un billete a Anselmo, en el que le escribió estas razones:

CAPÍTULO XXXIV: DONDE SE PROSIGUE LA NOVELA DEL CURIOSO IMPERTINENTE

«Así como suele decirse que parece mal un ejército sin su general y un castillo sin su castellano, digo yo que parece mucho peor una mujer casada y joven sin su marido, cuando no lo impiden ocasiones justísimas. Me hallo tan mal sin ti, y tan imposibilitada de sufrir esta ausencia, que, si no vienes pronto, tendré que irme a entretener a casa de mis padres, aunque deje sin guarda la tuya; porque la que me dejaste —si es que quedó con ese título— creo que mira más por su gusto que por lo que a ti te toca. Y como eres prudente, no tengo más que decirte, ni tampoco está bien que te diga más».

Recibió Anselmo esta carta y entendió por ella que Lotario ya había comenzado la empresa, y que Camila debía de haber respondido como él deseaba. Y, alegrísimo con tales nuevas, le respondió a Camila, de palabra, que no se mudase de su casa de ninguna manera, porque él volvería muy pronto.

Camila quedó admirada con esa respuesta, y se vio en más confusión que antes; porque no se atrevía a quedarse, ni tampoco a irse a casa de sus padres. Quedándose, veía peligro para su honestidad; y yéndose, desobedecía el mandato de su marido. Al fin se resolvió en lo peor —que fue quedarse—, con determinación de no huir la presencia de Lotario, por no dar qué decir a sus criados. Y ya le pesaba haber escrito lo que escribió, temerosa de que Anselmo pensara que Lotario había visto en ella alguna desenvoltura que lo hubiese movido a faltarle al respeto que debía.

Pero, fiada en su bondad, se encomendó a Dios y a su buen juicio, con intención de resistir en silencio todo lo que Lotario quisiera decirle, sin dar más cuenta a su marido, para no meterlo en pleitos y trabajos. Aún buscaba modo de disculpar a Lotario ante Anselmo, cuando este le preguntara qué la movió a escribirle aquel papel.

Con estos pensamientos —más honrados que acertados, ni provechosos—, al día siguiente escuchó a Lotario, que apretó el paso de tal manera que comenzó a flaquear la firmeza de Camila, y su honestidad tuvo mucho que hacer para contener a los ojos, para que no dieran señal de una compasión amorosa que las lágrimas y razones de Lotario le iban despertando en el pecho. Todo esto lo notaba Lotario, y todo lo encendía.

En fin, le pareció que era necesario, con el tiempo y lugar que daba la ausencia de Anselmo, apretar el cerco a aquella fortaleza; y así, acometió con alabanzas de su hermosura, porque no hay cosa que rinda tan pronto las torres de la vanidad en las hermosas como la misma vanidad puesta en boca de la adulación.

Y así, con diligencia, fue minando la roca de su entereza con tales artificios que, aunque Camila hubiera sido toda de bronce, habría venido al suelo. Lloró, rogó, ofreció, aduló, insistió y fingió Lotario con tantos sentimientos y con señales tan vivas de sinceridad, que derribó el recato de Camila y triunfó de lo que menos esperaba y más deseaba.

Camila se rindió; Camila se rindió. Pero ¿qué mucho, si la amistad de Lotario no se sostuvo? Ejemplo claro que muestra que la pasión amorosa solo se vence huyéndola, y que nadie debe ponerse a forcejear con enemigo tan poderoso, porque hacen falta fuerzas divinas para vencer las fuerzas humanas.

Solo Leonela supo la flaqueza de su señora, porque los dos malos amigos y nuevos amantes no pudieron encubrirlo. Lotario no quiso decirle a Camila la pretensión de Anselmo, ni que él le había dado lugar para llegar a aquel punto, para que Camila no tuviera en menos su amor ni pensara que, por azar y sin cuidado, y no de propósito, había sido solicitada.

Pocos días después volvió Anselmo a su casa, y no echó de ver lo que faltaba en ella, que era lo que menos cuidaba y más estimaba. Fue luego a ver a Lotario, y lo halló en su casa; se abrazaron, y el uno preguntó al otro por nuevas de vida o de muerte.

—Las nuevas que puedo darte, Anselmo amigo —dijo Lotario—, son que tienes una mujer que puede ser ejemplo y corona de todas las mujeres buenas. Las palabras se las llevó el aire; los ofrecimientos se han despreciado; las dádivas no se han admitido; y de algunas lágrimas fingidas mías se ha hecho burla notable. En fin: así como Camila es cifra de toda belleza, es archivo donde vive la honestidad, y habita el comedimiento y el recato, con todas las virtudes que pueden hacer loable y bienaventurada a una mujer honrada.

—Toma tu dinero, amigo: aquí lo tienes, sin que haya tenido necesidad de tocarlo; que la entereza de Camila no se rinde a cosas tan bajas como dádivas ni promesas. Conténtate, Anselmo, y no quieras hacer más pruebas de las ya hechas. Y pues a pie enjuto has pasado el mar de dudas y sospechas que de las mujeres suelen tenerse, no quieras entrar otra vez en el profundo piélago de nuevos inconvenientes, ni quieras probar con otro piloto la bondad y fortaleza del navío que el cielo te dio por suerte para que atravieses la mar de este mundo. Haz cuenta de que ya estás en puerto seguro: aférrate con las anclas de la buena consideración, y quédate así, hasta que vengan a cobrarte la deuda de la vida, que no hay nobleza humana que pueda excusarse de pagarla.

Anselmo quedó contentísimo con lo que oyó, y lo creyó como si lo hubiera dicho un oráculo. Sin embargo, le rogó a Lotario que no dejase del todo la empresa, aunque no fuese más que por curiosidad y entretenimiento; no con diligencias tan apretadas como antes, sino solo para que le escribiera algunos versos en alabanza de su "Clori", porque él haría entender a Camila que Lotario estaba enamorado de una dama principal, a la que llamaba así para celebrarla con el decoro que a su honestidad se debía; y que, si Lotario no quería tomarse el trabajo, él los escribiría.

—No hará falta eso —dijo Lotario—; no soy tan enemigo de las musas que no me visiten algunos ratos del año. Dile a Camila lo que has dicho del fingimiento de mis amores; y los versos los haré yo. Si no salen tan buenos como el asunto merece, serán, al menos, lo mejor que yo pueda.

Así quedaron de acuerdo el impertinente y el traidor amigo.

Y cuando Anselmo volvió a su casa, le preguntó a Camila lo que a ella le parecía extraño que no le hubiese preguntado antes: la causa por la que le escribió el papel que le envió. Camila le respondió que le había parecido que Lotario la miraba un poco más suelto de lo que lo hacía cuando Anselmo estaba presente; pero que ya se había desengañado y creía que fue imaginación suya, porque Lotario evitaba verla y estar a solas con ella.

Anselmo le dijo que podía estar segura, porque él sabía que Lotario andaba enamorado de una doncella principal de la ciudad, a quien celebraba con el nombre de Clori; y que, aun si no fuese así, nada había que temer de la nobleza de Lotario y de la amistad de ambos.

Y si Camila no hubiera sido prevenida por Lotario de que esos amores eran fingidos —y de que todo lo había dicho a Anselmo para poder, con ese disfraz, alabar a Camila sin sospecha—, habría caído en la red amarga de los celos. Pero, como ya estaba advertida, pasó aquel sobresalto sin pesadumbre.

Al día siguiente, estando los tres a la mesa, Anselmo rogó a Lotario que dijera algo de lo que había compuesto para su amada Clori; que, como Camila no la conocía, podía decir lo que quisiera sin recelo.

—Aunque la conociera —respondió Lotario—, no ocultaría nada; porque cuando un amante alaba a su dama por hermosa y la acusa de cruel, no mancha su buen nombre. Pero sea lo que sea: ayer hice un soneto a la ingratitud de esta Clori, que dice así:

SONETO

En el silencio de la noche, cuando
ocupa el dulce sueño a los mortales,
la pobre cuenta de mis ricos males
al cielo y a mi Clori voy dando.

Y cuando el sol se va mostrando
por las rosadas puertas orientales,
con suspiros y acentos desiguales
la antigua queja vuelvo renovando.

Y cuando el sol, desde su estrellado asiento,
derechos rayos a la tierra envía,
crece el llanto y doblo los gemidos.

Vuelve la noche, y vuelvo al triste cuento,
y siempre hallo, en mi mortal porfía,
al cielo sordo; a Clori, sin oídos.

Bien le pareció el soneto a Camila; pero mejor a Anselmo, que lo alabó y dijo que era demasiadamente cruel la dama que no correspondía a verdades tan claras. A lo cual Camila dijo:

—Entonces, ¿todo lo que dicen los poetas enamorados es verdad?

—Como poetas, no siempre —respondió Lotario—; pero como enamorados, casi siempre se quedan cortos, aunque digan verdad.

—No hay duda —replicó Anselmo, todo por apoyar el fingimiento ante Camila, tan descuidada del artificio de su marido como ya enamorada de Lotario.

Y con el gusto que tenía de oírlo —y sobre todo, entendiendo que esos deseos y escritos iban dirigidos a ella, y que ella era la verdadera Clori—, le rogó que, si sabía otro soneto u otros versos, los dijera.

—Sí sé —respondió Lotario—; pero no creo que sea tan bueno como el primero; o, por mejor decir, menos malo. Juzga tú, porque es este:

SONETO

Yo sé que muero; y si no soy creído,
más cierto es el morir, como es más cierto
verme a tus pies, ¡oh bella ingrata!, muerto
antes que de adorarte arrepentido.

Podré yo verme en la región de olvido,
de vida y gloria y de favor desierto,
y allí se verá en mi pecho abierto
cómo tu hermoso rostro está esculpido.

Esta reliquia guardo para el duro
trance que mi porfía me amenaza,
que en tu rigor se afirma y se acrecienta.

¡Ay del que navega, el cielo oscuro,
por mar no usado y peligrosa traza,
adonde norte o puerto no se encuentra!

También alabó Anselmo este segundo soneto, como había alabado el primero; y así iba añadiendo eslabón tras eslabón a la cadena con que se trababa su deshonra: cuanto más lo deshonraban, más decía que estaba honrado. Y mientras Camila bajaba escalón tras escalón hacia el centro del menosprecio, su marido la subía, en la opinión, hacia la cumbre de la virtud y de la buena fama.

Sucedió que un día, estando Camila a solas con su doncella, le dijo:

—Avergonzada estoy, Leonela, de ver cuán poco he sabido estimarme: ni siquiera hice que con el tiempo Lotario comprara la entera posesión que le di tan pronto. Temo que tenga mi presteza por ligereza, sin considerar la fuerza que me hizo, hasta no poder resistir.

—No te pese eso, señora —respondió Leonela—; no disminuye la estimación dar pronto lo que, en verdad, es bueno y digno por sí de estimarse. Y suele decirse que quien da pronto, da dos veces.

—También suele decirse —respondió Camila— que lo que cuesta poco se estima menos.

—Esa razón no corre contigo —replicó Leonela—; porque el amor, según dicen, unas veces vuela y otras anda: con uno corre, con otro va despacio; a unos entibia, a otros abrasa; a unos hiere, a otros mata. En un mismo punto comienza su carrera y en ese mismo punto la acaba: por la mañana pone cerco a una fortaleza y por la noche la tiene rendida, porque no hay fuerza que le resista. Y si es así, ¿de qué te asombras, si a Lotario le ha pasado lo mismo, habiendo tenido por instrumento la ausencia de mi señor para rendirnos? Era forzoso que, en ella, se concluyera lo que el amor tenía determinado, sin dar tiempo al tiempo para que Anselmo volviera y quedara imperfecta la obra; porque el amor no tiene mejor ministro que la ocasión. De la ocasión se sirve en todo, y más en los principios.

—Y todo esto lo sé yo más por experiencia que por oídas; algún día te lo diré, señora, que yo también soy de carne y sangre y moza. Además, tú no te entregaste tan pronto sin haber visto antes en los ojos, en los suspiros, en las razones, en las promesas y en las dádivas de Lotario toda su alma; y en sus virtudes, cuán digno era de ser amado. Así que no te asalten pensamientos escrupulosos: Lotario te estima como tú lo estimas a él, y vive contento de que, ya que caíste en el lazo amoroso, sea él quien te aprieta con valor y con estima.

—Y no solo tiene las cuatro "S" que dicen que deben tener los buenos enamorados, sino todo un abecedario entero. Si no, escúchame y verás cómo lo digo de memoria: es agradecido, bueno, caballero, dadivoso, enamorado, firme, gallardo, honrado, ilustre, leal, mozo, noble, honesto, principal, rico… y las "S" que dicen. Y luego: taciturno, verdadero… La "X" no le va, porque es letra áspera; la "Y" ya está dicha; y la "Z": celoso guardián de tu honra.

Se rio Camila del abecedario de su doncella, y la tuvo por muy enterada en cosas de amor; y así lo confesó Leonela, descubriéndole que trataba amores con un mancebo bien nacido de la misma ciudad. De esto se turbó Camila, temiendo que por ese camino podía correr riesgo su honra. Le preguntó si sus pláticas pasaban de palabras. Y Leonela, con poca vergüenza y mucha desenvoltura, le respondió que sí.

Porque es ya cosa cierta: los descuidos de las señoras quitan la vergüenza a las criadas; cuando ven a las amas tropezar, a ellas no les importa cojear ni que lo sepan. No pudo hacer otra cosa Camila sino rogarle a Leonela que no dijese nada de su hecho al que llamaba su amante, y que tratase sus cosas con secreto, para que no llegaran a noticia de Anselmo ni de Lotario.

Leonela respondió que así lo haría; pero lo cumplió de tal modo que hizo cierto el temor de Camila. Porque la deshonesta y atrevida Leonela, desde que vio que el proceder de su ama ya no era el que solía, se atrevió a meter en casa a su amante, confiada en que, aunque Camila lo viese, no se atrevería a descubrirla.

Este es uno de los daños que traen los pecados de las señoras: que se vuelven esclavas de sus mismas criadas y se obligan a encubrirles deshonestidades y vilezas. Así le sucedió a Camila: aunque vio una y muchas veces que Leonela estaba con su galán en un aposento de la casa, no solo no se atrevía a reñirla, sino que le daba lugar para encerrarlo y le quitaba estorbos para que su marido no lo viese.

Pero no pudo quitar el estorbo de que Lotario lo viera una vez salir, al romper el alba. Lotario, sin conocer quién era, pensó al principio que sería alguna aparición; mas cuando lo vio caminar, embozarse y encubrirse con cuidado, dejó esa idea y cayó en otra que habría sido la perdición de todos, si Camila no la remediara.

Creyó Lotario que aquel hombre que vio salir tan de madrugada de casa de Anselmo no entró por Leonela —ni siquiera se acordó de que Leonela existía—; solo pensó que Camila, del mismo modo que había sido fácil con él, lo era con otro. Estas son las añadiduras de la maldad: el que cae pierde crédito aun ante aquel a quien se entregó, y se le hacen ciertas cualquier sospecha y cualquier sombra.

Y parece que en aquel punto le falló a Lotario su buen entendimiento y se le borraron sus advertencias, porque sin pensar nada razonable, sin hacer discurso alguno, se fue, antes de que Anselmo se levantara, ciego de celos y rabia, a buscarlo y a decirle:

—Sabe, Anselmo, que hace muchos días que he peleado conmigo mismo, forzándome a no decirte lo que ya no es posible ni justo encubrirte. Sabe que la fortaleza de Camila está ya rendida y sujeta a todo lo que yo quisiera hacer de ella. Si he tardado en decírtelo, ha sido por ver si era antojo ligero, o si lo hacía por probarme, y ver si los amores que, con tu licencia, empecé a tratar con ella eran con firme propósito.

—Pensé también que, si Camila fuera la que debía ser —la que ambos creíamos—, ya te habría dado cuenta de mi solicitud. Pero viendo que tarda, entiendo que son verdaderas las promesas que me ha dado: que la próxima vez que hagas ausencia, me hablará en la recámara donde guardas tus joyas (y era verdad que allí solía hablarle Camila). Con todo, no quiero que corras a venganza precipitada, porque aún no se ha cometido el pecado sino en pensamiento; y podría ser que, desde aquí hasta el momento de ponerlo por obra, Camila mudase su ánimo y naciera el arrepentimiento.

—Así que, ya que siempre has seguido mis consejos, sigue uno que ahora te doy, para que sin engaño y con prudente cautela te satisfagas de lo que más te convenga. Finge que te ausentas dos o tres días, como otras veces; y busca modo de quedarte escondido en tu recámara, pues los tapices y otras cosas te ofrecen comodidad para encubrirte. Entonces verás por tus propios ojos —y yo por los míos— lo que Camila quiere. Y si resulta la maldad que se puede temer, con silencio, sagacidad y discreción podrás ser verdugo de tu agravio».

Absorto, suspenso y admirado quedó Anselmo con las razones de Lotario, porque le cogieron en tiempo donde menos las esperaba oír, porque ya tenía a Camila por vencedora de los fingidos asaltos de Lotario, y comenzaba a gozar la gloria del vencimiento. Callando estuvo por un buen espacio, mirando al suelo sin mover pestaña, y al cabo dijo:

—Tú lo has hecho, Lotario, como yo esperaba de tu amistad; en todo seguiré tu consejo. Haz lo que quieras y guarda ese secreto que ves que conviene en un caso tan inesperado.

Se lo prometió Lotario y, apenas se apartó de él, se arrepintió por completo de cuanto le había dicho, viendo lo neciamente que había obrado, pues podía haberse desengañado de Camila sin un camino tan cruel y deshonrado. Maldijo su entendimiento, se reprochó su ligereza, y no sabía qué medio tomar para deshacer lo hecho o darle una salida razonable. Al fin resolvió contárselo todo a Camila; y como no faltaba ocasión, ese mismo día la halló sola. Y ella, en cuanto vio que podía hablarle, le dijo:

—Sabe, Lotario, que tengo una pena en el corazón que me lo aprieta de tal modo que parece que quiere reventarme en el pecho, y será milagro si no lo hace. La desvergüenza de Leonela ha llegado a tanto, que cada noche encierra a un galán suyo en esta casa y se está con él hasta el día, con tanta pérdida de mi crédito como campo abierto queda para juzgarlo a quien lo vea salir a horas tan extrañas de mi casa. Y lo que más me fatiga es que no puedo castigarla ni reñirla: el ser ella confidente de nuestros tratos me ha puesto freno en la boca para callar los suyos; y temo que de aquí nazca algún mal suceso.

Al principio, creyó Lotario que aquello era artificio para desmentirle, y que el hombre que vio salir era de Leonela y no suyo; pero al verla llorar, afligirse y pedir remedio, vino a creerlo; y en creyéndolo, quedó más confuso y arrepentido que nunca. Con todo, le respondió que no tuviera pena: que él ordenaría remedio para atajar la insolencia de Leonela.

Y le dijo también lo que, instigado por la furiosa rabia de los celos, le había contado a Anselmo: cómo habían quedado de acuerdo en que se escondería en la recámara para ver, desde allí, la poca lealtad que ella le guardaba. Le pidió perdón de esa locura y le pidió consejo para remediarlo y salir bien de un laberinto tan revuelto como su mal juicio había fabricado.

Camila quedó espantada al oírlo; y con enojo, pero con razones discretas, lo riñó y lo reprendió por su mal pensamiento y por la determinación simple y torcida que había tomado. Pero como la mujer, por naturaleza, suele tener ingenio presto para el bien y para el mal —más que el varón—, aunque a veces le falte cuando se pone a discurrir despacio, Camila halló al instante el modo de remediar aquel negocio, que parecía imposible, y dijo a Lotario que procurara que al día siguiente Anselmo se escondiera donde decía, porque ella pensaba sacar del escondite comodidad para que, desde allí en adelante, los dos pudieran gozar sin sobresaltos. Y sin declararle del todo lo que tramaba, le advirtió que, estando Anselmo escondido, él entrara cuando Leonela lo llamase, y que respondiera a todo cuanto ella le dijese como respondería aunque no supiera que Anselmo estaba escuchando.

Lotario insistió en que le declarase su intención, para proceder con más seguridad y aviso.

—Digo —respondió Camila— que no hay más que guardar, sino responderme como yo te pregunte.

Y no quiso decirle más, temerosa de que Lotario no siguiera un parecer que a ella le parecía bueno, y buscara otros que no podrían salir tan bien.

Con esto se fue Lotario; y al día siguiente Anselmo, con la excusa de ir a la aldea de su amigo, se fue y volvió a esconderse, con comodidad, porque a propósito se lo facilitaron Camila y Leonela.

Escondido Anselmo, con el sobresalto que puede imaginarse en quien espera ver con sus propios ojos la anatomía de su honra, se veía al borde de perder el sumo bien que creía tener en Camila. Seguras ya Camila y Leonela de que Anselmo estaba oculto, entraron en la recámara; y apenas Camila puso un pie dentro, dio un gran suspiro y dijo:

—¡Ay, Leonela amiga! ¿No sería mejor que, antes de que llegue a poner en ejecución lo que no quiero que sepas —para que no procures estorbarlo—, tomaras la daga de Anselmo que te he pedido y me atravesaras con ella este pecho infame? Pero no lo hagas: no es justo que yo lleve la pena de culpa ajena. Primero quiero saber qué vieron en mí los ojos atrevidos y deshonestos de Lotario para darle atrevimiento a descubrirme un deseo tan malo, en desprecio de su amigo y en deshonra mía.

—Ponte, Leonela, a esa ventana y llámalo; que sin duda estará en la calle, esperando poner por obra su mala intención. Pero antes se pondrá la cruel —y aun así honrada— mano mía.

—¡Ay, señora! —respondió la sagaz Leonela—. ¿Y qué piensas hacer con esa daga? ¿Quieres quitarte la vida, o quitársela a Lotario? Cualquiera de esas cosas será pérdida de tu crédito y fama. Mejor es disimular el agravio y no dar lugar a que ese hombre entre ahora en esta casa y nos halle solas. Mira que somos mujeres, y él es hombre y viene decidido; y como llega con ese propósito, ciego y apasionado, quizá antes de que tú ejecutes lo tuyo, haga él lo que te estaría peor que la muerte. ¡Mal haya Anselmo, que quiso dar tanta mano a ese desvergonzado en su casa! Y si lo matas —como me temo que quieres hacerlo—, ¿qué haremos luego con él?

—¿Qué haremos? —respondió Camila—. Dejarlo para que Anselmo lo entierre; justo será que tenga por descanso el trabajo de poner bajo tierra su misma infamia. Llámalo ya; que todo el tiempo que tardo en tomar venganza me parece que falto a la lealtad que le debo a mi esposo.

Todo esto lo escuchaba Anselmo; y a cada palabra de Camila le cambiaban los pensamientos. Pero cuando entendió que estaba resuelta a matar a Lotario, quiso salir y descubrirse para impedirlo; y lo detuvo el deseo de ver en qué paraba tanta gallardía y honesta resolución, con propósito de salir a tiempo para estorbarla.

En esto le dio a Camila un fuerte desmayo y, dejándose caer sobre una cama, comenzó Leonela a llorar amargamente y a decir:

—¡Ay, desdichada de mí, si fuera tan sin ventura que se me muriese aquí, entre mis brazos, la flor de la honestidad, la corona de las buenas mujeres, el ejemplo de la castidad…!

Y con otras palabras semejantes, que cualquiera que la oyera la tendría por la más leal doncella del mundo, y a su señora por una Penélope nueva y perseguida. No tardó Camila en volver del desmayo; y al recobrar el sentido dijo:

—¿Por qué no vas, Leonela, a llamar al más desleal amigo de amigo que vio el sol o cubrió la noche? Anda: corre, apresúrate; no se enfríe con la tardanza el fuego de la cólera y se me vaya en amenazas la venganza que espero.

—Ya voy, señora —dijo Leonela—; pero dame primero esa daga, para que no hagas, mientras falto, alguna cosa que deje llorando toda la vida a quienes te quieren.

—Ve tranquila, Leonela —respondió Camila—; no haré nada. No seré como aquella Lucrecia de quien dicen que se mató sin haber cometido culpa, y sin haber muerto primero a quien la perdió. Yo moriré, si muero; pero será con venganza, y satisfecha del que me ha traído a este lugar a llorar su atrevimiento, nacido sin culpa mía.

Leonela se hizo rogar antes de salir; pero al fin salió. Y entre tanto, Camila iba diciendo, como hablando consigo:

«¡Dios mío! ¿No habría sido más acertado despedir a Lotario, como tantas veces lo hice, y no ponerlo en el punto en que ya lo he puesto: que me tenga por deshonesta, aunque solo sea el tiempo que tarde en desengañarlo? Sin duda habría sido mejor; pero yo no quedaría vengada, ni la honra de mi marido satisfecha, si tan a manos lavadas y tan a paso llano saliera él del lugar donde entró con malos pensamientos. Pague el traidor con la vida lo que intentó con deseo tan torpe. Sepa el mundo — si llega a saberlo— que Camila no solo guardó lealtad a su esposo, sino que le dio venganza del que se atrevió a ofenderlo.

»Y con todo, quizá fuera mejor dar cuenta de esto a Anselmo. Pero ya se la apunté en la carta que le escribí a la aldea; y si no acudió al remedio del daño, debió de ser que, por bueno y confiado, no quiso ni pudo creer que en el pecho de su tan firme amigo cupiese pensamiento contra su honra. Ni aun yo lo creí por muchos días; ni lo habría creído jamás si su insolencia no llegara a tanto, y si sus dádivas, promesas y lágrimas no me lo hubieran mostrado.

»Pero ¿para qué discurro? ¿Necesita consejo una resolución gallarda? No. ¡Afuera, traidores; aquí, venganzas! Entre el falso, llegue, muera y acabe; y suceda lo que tenga que suceder. Limpia entré en poder del que el cielo me dio por mío; limpia he de salir de él; y si no, saldré bañada en mi sangre casta y en la impura del más falso amigo que vio la amistad».

Y diciendo esto, se paseaba por la sala con la daga desenvainada, dando pasos tan descompuestos y haciendo gestos tales, que parecía haber perdido el juicio: no era ya mujer delicada, sino un desesperado.

Anselmo lo miraba todo, oculto tras unos tapices, y se admiraba; y ya le parecía que lo visto y oído bastaba para disipar cualquier sospecha.

Ya deseaba que Lotario no llegara, temiendo algún mal repentino. Y cuando estaba por salir a abrazar a su esposa y desengañarla, se detuvo al ver que Leonela volvía, trayendo a Lotario de la mano.

En cuanto Camila lo vio, trazó con la daga una raya en el suelo delante de ella y le dijo:

—Lotario, mira bien lo que te digo: si te atreves a pasar esta raya —o siquiera a llegar a ella—, en el instante en que lo intentes me atravesaré el pecho con esta daga. Y antes de que respondas, quiero que me escuches unas cosas; luego contestarás lo que te parezca.

—Lo primero: dime si conoces a Anselmo, mi marido, y qué opinión tienes de él. Lo segundo: quiero saber si me conoces a mí. Respóndeme sin turbarte, ni darle muchas vueltas: no te pregunto nada difícil.

Lotario no era tan torpe que, desde que Camila le mandó esconder a Anselmo, no hubiera entendido lo que ella pensaba hacer. Y así correspondió con tanta discreción y tan a tiempo, que ambos habrían hecho pasar aquella mentira por la más cierta verdad. Respondió así:

—No pensé, hermosa Camila, que me llamabas para preguntarme cosas tan fuera de la intención con que vengo. Si lo haces por alargar la merced prometida, desde más lejos podrías entretenerla; que tanto más fatiga el bien deseado cuanto más cerca está la esperanza de poseerlo. Pero para que no digas que no respondo: conozco a tu esposo Anselmo, y nos conocemos desde nuestros primeros años. No diré lo que tú sabes de nuestra amistad, por no hacerme testigo del agravio que el amor —poderosa disculpa de grandes yerros— me fuerza a cometer.

—A ti te conozco y te tengo en la misma posesión que él te tiene; porque si no fuera así, por menos prendas que las tuyas no me habría yo puesto contra lo que debo a mi condición, ni contra las leyes de la verdadera amistad, ahora quebrantadas por mí, vencido de un enemigo tan poderoso como el amor.

—Si eso confiesas —respondió Camila—, enemigo mortal de todo lo que merece ser amado, ¿con qué rostro osas ponerte delante del espejo en que deberías mirarte, para ver cuán sin ocasión agravias a quien no te ha hecho mal?

—Pero ya entiendo —¡ay, desdichada de mí!— quién te ha dado tan poca vergüenza con lo que te debes: alguna ligereza mía habrá sido; no quiero llamarla deshonestidad, porque no habrá procedido de determinación, sino de alguno de esos descuidos que cometen las mujeres cuando creen que no tienen de quién guardarse.

—Dime: ¿cuándo, traidor, respondí a tus ruegos con palabra o señal que despertara en ti sombra de esperanza para tus deseos infames? ¿Cuándo tus palabras no fueron deshechas y reprendidas con rigor por las mías? ¿Cuándo tus promesas y dádivas fueron creídas o admitidas por mí?

—Pero como nadie persevera mucho tiempo en intento amoroso sin sustentarse de alguna esperanza, quiero echar sobre mí la culpa de tu impertinencia: sin duda algún descuido mío sostuvo tu atrevimiento. Y así quiero castigarme con la pena que tu culpa merece. Y para que veas que siendo conmigo tan inhumana, no podía dejar de serlo contigo, quise traerte a presenciar el sacrificio que pienso hacer a la honra de mi marido, ofendida por ti; y también por mí, por no haber huido con más cuidado la ocasión, si es que alguna te di para favorecer tus malas intenciones.

—Y vuelvo a decir: la sospecha de que un descuido mío engendró en ti tan desvariados pensamientos es lo que más me fatiga, y lo que más deseo castigar con mis propias manos; porque si me castigara otro verdugo, mi culpa sería más pública. Pero antes de hacerlo, quiero matar muriendo: llevar conmigo a quien me satisfaga la venganza que espero, viendo allá —dondequiera que sea— la pena que da la justicia, que no se dobla ante quien me ha puesto en tan desesperados términos.

Y al decir esto, con fuerza y ligereza increíbles, arremetió a Lotario con la daga desenvainada, con tales muestras de querer clavársela en el pecho, que él llegó a dudar si aquello era fingimiento o verdad; y se vio obligado a valerse de su destreza y de su fuerza para estorbar que Camila lo hiriese.

Camila fingía con tanta viveza aquel ardid, que, para darle más color de verdad, quiso matizarlo con su propia sangre. Y viendo —o fingiendo— que no podía alcanzar a Lotario, dijo:

—Pues la suerte no quiere satisfacer por entero mi justo deseo, al menos no será tan poderosa que me quite el poder de satisfacerlo en parte.

E hizo fuerza para soltar la mano de la daga, que Lotario le tenía asida. La sacó, y guiando la punta hacia lugar donde pudiera herirse sin peligro, se la clavó por encima de la tetilla del lado izquierdo, junto al hombro. Y luego se dejó caer en el suelo como desmayada.

Leonela y Lotario quedaron suspensos y atónitos; y todavía dudaban de la verdad del hecho, viendo a Camila tendida y bañada en sangre. Acudió Lotario con presteza, sin aliento, a sacar la daga; y al ver que la herida era pequeña, salió del temor. Entonces se admiró de nuevo de la sagacidad, prudencia y discreción de Camila.

Y para hacer lo que le tocaba, comenzó una larga y triste lamentación sobre el cuerpo de Camila, como si estuviera muerta, echándose maldiciones a sí mismo y a quien lo puso en tal extremo. Y como sabía que Anselmo escuchaba, decía cosas tales que quien las oyera tendría más lástima de él que de Camila, aunque la creyera difunta.

Leonela la tomó en brazos y la puso en el lecho, suplicando a Lotario que fuese a buscar quien, en secreto, curase a Camila. Le pidió también consejo sobre lo que dirían a Anselmo de aquella herida si llegaba antes de que sanase. Lotario respondió que dijeran lo que quisieran: que él no estaba para dar consejo útil. Solo añadió que procurase restañarle la sangre, porque él se iría adonde nadie lo viese. Y con muestras de dolor, salió de la casa.

Cuando se vio solo, no cesaba de santiguarse, maravillado de la industria de Camila y de lo bien que Leonela había representado su papel. Consideraba cuán convencido quedaría Anselmo de que tenía por esposa a una segunda Porcia; y deseaba verse con él para celebrar juntos la mentira mejor disimulada que jamás pudo imaginarse.

Leonela, como se ha dicho, le restañó la sangre a su señora —que no era más que la necesaria para sostener el engaño—, lavó la herida con un poco de vino y se la vendó lo mejor que supo. Y mientras la curaba decía razones tales que, aunque no hubiera precedido nada, bastarían para hacer creer a Anselmo que en Camila había un simulacro vivo de honestidad.

A las palabras de Leonela se añadieron las de Camila, llamándose cobarde y de poco ánimo, pues le faltó el valor cuando más lo necesitaba para quitarse la vida, que decía aborrecer. Pedía consejo a su doncella sobre si debía contar o no todo a su esposo. Leonela le dijo que no lo hiciera, porque lo pondría en obligación de vengarse de Lotario, cosa que no podría hacer sin gran riesgo; y que la buena mujer debe evitar darle ocasión al marido de reñir, antes que provocarlo.

Camila respondió que le parecía bien y que seguiría ese parecer; pero que, en todo caso, era necesario buscar qué decirle a Anselmo sobre la causa de la herida, porque él no podría dejar de verla. A lo cual Leonela respondía que ella, ni en broma, sabía mentir.

—Pues yo, hermana —replicó Camila—, ¿qué voy a saber, si ni siquiera me atrevo a inventar ni a sostener una mentira, aunque me fuera la vida en ello? Y si no sabemos darle salida a esto, mejor será decirle la verdad desnuda, que no que nos alcance en cuenta de mentirosas.

—No tengas pena, señora: de aquí a mañana —respondió Leonela— yo pensaré qué decirle, y quizá, por ser la herida donde es, la puedas encubrir sin que él la vea; y el cielo querrá favorecer nuestros pensamientos, tan justos y tan honrados. Tranquilízate, señora mía, y procura calmar esa alteración, para que mi señor no te encuentre sobresaltada; y lo demás déjalo a mi cargo y al de Dios, que siempre acude a los buenos deseos.

Muy atento había estado Anselmo escuchando y viendo representar la tragedia de la muerte de su honra; y con afectos tan extraños y tan eficaces la representaron quienes en ella actuaban, que pareció que se habían transformado en la misma verdad de lo que fingían. Deseaba que llegara la noche y tener lugar para salir de su casa e ir a verse con su buen amigo Lotario, felicitándose con él por la perla preciosa que había hallado en el desengaño de la bondad de su esposa.

Con cuidado, las dos le dieron ocasión y comodidad para que saliera; y él, sin perderla, salió y fue a buscar a Lotario. Hallándolo, no se pueden contar bien los abrazos que le dio, ni las razones de su contento, ni las alabanzas con que ensalzó a Camila.

Todo eso lo escuchó Lotario sin poder mostrar alegría, porque se le venía a la memoria cuán engañado estaba su amigo y cuán injustamente lo agraviaba él. Y aunque Anselmo veía que Lotario no se alegraba, creyó que era por haber dejado a Camila herida y por haber sido él la causa; y así, entre otras cosas, le dijo que no tuviera pena por lo sucedido, porque sin duda la herida era ligera, pues habían quedado de acuerdo en ocultársela a él, y por lo mismo no había nada que temer. Antes, de allí en adelante, debían gozar y alegrarse juntos, pues por la industria y el medio de Lotario él se veía levantado a la más alta felicidad que pudiera desear; y quería que no tuvieran otro entretenimiento que el de hacer versos en alabanza de Camila, para hacerla eterna en la memoria de los siglos venideros.

Lotario alabó esa determinación y dijo que él, por su parte, ayudaría a levantar tan ilustre edificio.

Con esto quedó Anselmo como el hombre más deliciosamente engañado que pudiera haber en el mundo: él mismo llevó de la mano a su casa —creyendo que llevaba el instrumento de su gloria— toda la perdición de su fama. Camila lo recibió con un rostro, al parecer, severo, aunque con el alma risueña.

Duró aquel engaño algunos días, hasta que, al cabo de pocos meses, Fortuna volvió su rueda y la maldad, hasta entonces cubierta con tanto artificio, salió a la luz; y a Anselmo le costó la vida su impertinente curiosidad.

CAPÍTULO XXXV: QUE TRATA DE LA BRAVA Y DESCOMUNAL BATALLA QUE DON QUIJOTE TUVO CON UNOS CUEROS DE VINO TINTO, Y SE DA FIN A LA NOVELA DEL CURIOSO IMPERTINENTE

Poco más quedaba por leer de la novela, cuando del cobertizo donde reposaba don Quijote salió Sancho Panza, todo alborotado, gritando:

—¡Vengan, señores, rápido, y socorran a mi señor, que anda metido en la batalla más reñida y cerrada que han visto mis ojos! ¡Vive Dios, que le ha dado una cuchillada al gigante enemigo de la señora princesa Micomicona, y le ha cortado la cabeza de un tajo, como si fuera un nabo!

—¿Qué estás diciendo, hermano? —dijo el cura, dejando de leer lo que faltaba de la novela—. ¿Estás en tu juicio, Sancho? ¿Cómo demonios puede ser eso, si el gigante está a dos mil leguas de aquí?

En esto oyeron un gran estruendo en el aposento, y don Quijote gritaba:

—¡Detente, ladrón, malandrín, cobarde, bellaco! ¡Aquí te tengo, y no te va a valer tu cimitarra!

Y parecía que daba grandes cuchilladas por las paredes. Sancho dijo:

—No se queden escuchando: entren a separar la pelea o a ayudar a mi amo; aunque ya no hará falta, porque, sin duda, el gigante está muerto y dando cuentas a Dios de su mala vida. Yo vi correr la sangre por el suelo, y la cabeza cortada, caída a un lado, tan grande como un cuero de vino.

—¡Que me maten! —dijo entonces el ventero—. Si don Quijote, o don diablo, no ha pegado alguna cuchillada en alguno de los cueros de vino tinto que tenía a la cabecera. Y el vino derramado debe de ser lo que a este buen hombre le parece sangre.

Y con esto entró en el aposento, y todos tras él, y hallaron a don Quijote con el traje más extraño del mundo. Estaba en camisa, y tan corta, que por delante no acababa de cubrirle los muslos y por detrás le faltaban como seis dedos; las piernas, larguísimas y flacas, llenas de vello y nada limpias; en la cabeza llevaba un gorrito rojo, grasiento, que era del ventero; en el brazo izquierdo tenía envuelta la manta de la cama —con la que Sancho le tenía ojeriza, y él bien sabía por qué—; y en la derecha llevaba la espada desenvainada, con la que daba cuchilladas a todas partes, diciendo palabras como si de verdad peleara con algún gigante. Y lo mejor era que no tenía los ojos abiertos, porque estaba dormido y soñando que estaba en batalla con el gigante: tan intensa era la imaginación de la aventura, que lo hizo soñar que ya había llegado al reino de Micomicón y que ya estaba peleando con su enemigo. Y había dado tantas cuchilladas a los cueros, creyendo que se las daba al gigante, que todo el aposento estaba lleno de vino.

Al ver aquello, el ventero se enfureció y se fue contra don Quijote; y a puño cerrado le dio tantos golpes, que si Cardenio y el cura no se lo quitan, allí habría acabado la guerra del gigante. Y con todo eso, el pobre caballero no despertaba, hasta que el barbero trajo un gran caldero de agua fría del pozo y se la echó de golpe por todo el cuerpo; con lo cual don Quijote despertó, aunque no con tanto juicio como para entender en qué estado estaba. Dorotea, que vio lo corto y fino que iba vestido, no quiso entrar a ver la batalla de su ayudador y de su contrario.

Sancho andaba buscando la cabeza del gigante por el suelo; y como no la hallaba, dijo:

—Ya lo sé: todo lo de esta casa es encantamiento. La otra vez, en este mismo lugar donde ahora estoy, me dieron muchos golpes, sin saber quién; y nunca pude ver a nadie. Y ahora no aparece por aquí esa cabeza que yo vi cortar con mis propios ojos, y la sangre corría del cuerpo como de una fuente.

—¿Qué sangre ni qué fuente, enemigo de Dios y de sus santos? —dijo el ventero—. ¿No ves, ladrón, que la sangre y la fuente no son otra cosa que estos cueros agujereados y el vino tinto que nada por todo el aposento? ¡Que nadando vea yo el alma en los infiernos de quien los agujereó!

—No sé nada —respondió Sancho—. Solo sé que voy a quedar tan desdichado, que por no hallar esta cabeza se me va a deshacer mi condado como la sal en el agua.

Y Sancho estaba peor despierto que su amo dormido: así lo tenían las promesas que su amo le había hecho. El ventero se desesperaba de ver la calma del escudero y el maleficio del señor; y juraba que no sería como la vez pasada, cuando se fueron sin pagar, y que ahora no les servirían los privilegios de caballería para dejar de pagar lo uno y lo otro, hasta lo que costaran las botas con que habría que remendar los cueros rotos.

El cura tenía a don Quijote de las manos; y él, creyendo que ya había terminado la aventura y que estaba delante de la princesa Micomicona, se arrodilló ante el cura, diciendo:

—Ya puede la grande, alta y famosa señora vivir desde hoy segura de que esa criatura mal nacida no podrá hacerle daño; y yo, desde hoy, quedo libre de la palabra que le di, porque, con la ayuda del alto Dios y con el favor de aquella por quien vivo y respiro, la he cumplido.

—¿No lo dije yo? —dijo Sancho al oírlo—. ¡Si no estaba yo borracho! ¡Miren si mi amo ya puso al gigante en salmuera! ¡Ahora sí: mi condado viene perfecto!

¿Quién no se iba a reír con los disparates de los dos, amo y mozo? Todos reían, menos el ventero, que se daba al demonio. Pero al fin, tanto hicieron el barbero, Cardenio y el cura, que con no poco trabajo acostaron a don Quijote, y él se quedó dormido, con muestras de cansancio grandísimo.

Lo dejaron dormir y salieron al portal de la venta a consolar a Sancho Panza por no haber hallado la cabeza del gigante; aunque más tuvieron que hacer para calmar al ventero, que estaba fuera de sí por la muerte repentina de sus cueros. Y la ventera gritaba:

—¡En mal punto entró en mi casa este caballero andante! ¡Ojalá no lo hubiera visto nunca, que bien caro me cuesta! La vez pasada se fue con el gasto de una noche —cena, cama, paja y cebada— para él, su escudero, un rocín y un jumento, diciendo que era caballero aventurero (¡mala ventura le dé Dios, a él y a cuantos aventureros hay en el mundo!) y que por eso no estaba obligado a pagar, que así estaba escrito en los aranceles de la caballería andante. Y ahora, por culpa suya, vino este otro señor y me llevó mi cola, y me la devolvió con más de dos cuartillos de daño, toda pelada, que ya no sirve para lo que mi marido la quiere. Y para remate, me rompió los cueros y me derramó el vino… ¡Derramada vea yo su sangre! ¡Pues no se piense: por los huesos de mi padre y por la honra de mi madre, si no me lo pagan cuarto sobre cuarto, no me llamaría yo como me llamo ni sería hija de quien soy!

Estas y otras razones decía la ventera con gran enojo, y la ayudaba su buena criada Maritornes. La hija callaba, y de cuando en cuando sonreía. El cura lo sosegó todo, prometiendo pagarles la pérdida lo mejor que pudiera, tanto de los cueros como del vino, y sobre todo el daño de la cola, de la que tanto hablaban.

Dorotea consoló a Sancho Panza diciéndole que, si al final resultaba verdad que su amo había descabezado al gigante, le prometía que, cuando ya estuviera tranquila en su reino, le daría el mejor condado que hubiera en él. Se consoló Sancho con eso, y aseguró a la princesa que era cierto: que él había visto la cabeza del gigante, y que, por más señas, tenía una barba que le llegaba a la cintura; y que si no aparecía era porque todo lo que pasaba en esa casa era por encantamiento, como ya lo había comprobado la otra vez que se hospedó allí.

Dorotea dijo que también lo creía, y que no tuviera pena: que todo saldría bien y a pedir de boca.

Ya calmados todos, el cura quiso terminar de leer la novela, porque vio que faltaba poco. Cardenio, Dorotea y los demás se lo rogaron; y él, por dar gusto a todos y por el gusto que él mismo tenía de leerla, siguió el cuento, que decía así:

Sucedió, pues, que con la satisfacción que Anselmo tenía de la bondad de Camila, vivía contento y descuidado; y Camila, de propósito, le hacía mala cara a Lotario para que Anselmo entendiera al revés de la voluntad que le tenía. Y para confirmar el engaño, Lotario pidió permiso para no venir a la casa, pues era clara la pesadumbre que Camila mostraba con su vista; pero el engañado Anselmo le dijo que de ninguna manera. Y así, por mil caminos, Anselmo era el verdadero fabricante de su deshonra, creyendo que lo era de su gusto.

En esto, el deseo de Leonela de verse respaldada en sus amores llegó a tanto, que, sin mirar más, se iba tras ellos a rienda suelta, confiada en que su señora la encubría, y aun la avisaba del modo con que, con poco recelo, pudiera llevarlo a cabo.

En fin, una noche sintió Anselmo pasos en el aposento de Leonela; y queriendo entrar a ver quién andaba allí, sintió que le sujetaban la puerta, cosa que le dio más ganas de abrirla. Hizo tanta fuerza que la abrió y entró a tiempo de ver a un hombre saltando por la ventana a la calle; y corriendo para alcanzarlo o conocerlo, no pudo ni lo uno ni lo otro, porque Leonela se le abrazó, diciendo:

—Tranquilízate, señor mío; no te alborotes ni sigas al que saltó: es cosa mía, y tanto, que es mi esposo.

Anselmo no lo quiso creer; y, ciego de ira, sacó una daga y quiso herir a Leonela, exigiéndole la verdad, si no quería morir allí mismo. Ella, muerta de miedo y sin saber bien lo que decía, respondió:

—No me mates, señor, que yo te diré cosas de más importancia de las que puedes imaginar.

—Dilas ahora —dijo Anselmo—; si no, estás muerta.

—Ahora es imposible —dijo Leonela—, estoy tan turbada… déjame hasta mañana, y entonces sabrás algo que te va a dejar asombrado. Y estate seguro de que el que saltó por la ventana es un joven de esta ciudad que me ha dado su palabra de ser mi esposo.

Con esto Anselmo se sosegó y quiso esperar el plazo que le pedía, porque no pensaba oír nada contra Camila, tan seguro estaba de su bondad. Salió del aposento y dejó encerrada a Leonela, diciéndole que no saldría de allí hasta contarle lo que tenía que contar.

Fue luego a ver a Camila y le dijo, como le dijo, todo lo ocurrido con su doncella, y la promesa de que le diría "cosas grandes y de importancia". Si Camila se turbó o no, sobra decirlo: el temor fue tanto —porque creyó, y era muy creíble, que Leonela le contaría a Anselmo todo lo que sabía de su falta de fidelidad—, que no tuvo ánimo para esperar si su sospecha salía falsa o verdadera. Aquella misma noche, cuando le pareció que Anselmo dormía, juntó las mejores joyas que tenía y algo de dinero, y sin que nadie la sintiera salió de la casa y se fue a la de Lotario. Le contó lo que pasaba y le pidió que la pusiera a salvo, o que se fueran los dos a un lugar donde estuvieran seguros de Anselmo.

La confusión que Camila causó en Lotario fue tal, que no supo responderle palabra ni decidir qué hacer. Al fin resolvió llevar a Camila a un monasterio donde era priora una hermana suya. Camila consintió, y con la prisa que el caso pedía la llevó Lotario y la dejó allí. Y él también se marchó de la ciudad al momento, sin decirle a nadie una palabra de su partida.

Cuando amaneció, Anselmo, sin darse cuenta de que Camila ya no estaba a su lado, se levantó con el deseo de saber lo que Leonela quería decirle y fue donde la había dejado encerrada. Abrió y entró… pero no halló a Leonela. Solo encontró unas sábanas anudadas a la ventana: señal clara de que por allí se había descolgado y escapado. Volvió, triste, a contárselo a Camila; y al no encontrarla ni en la cama ni en toda la casa, quedó asombrado. Preguntó a los criados; nadie supo darle razón. Y buscando, vio los cofres abiertos y notó que faltaban muchas joyas: con eso terminó de entender su desgracia, y que no era Leonela la causa principal de su desventura.

Y así como estaba, sin terminar de vestirse, triste y fuera de sí, fue a casa de Lotario. Pero no lo halló; y sus criados le dijeron que aquella noche había faltado y se había llevado todo el dinero. Entonces Anselmo creyó perder el juicio.

Y para rematarlo todo, al volver a su casa no encontró allí a ninguno de sus criados ni criadas: la casa estaba sola y desierta.

No sabía qué pensar, qué decir ni qué hacer, y poco a poco se le iba nublando la razón. Se vio en un instante sin mujer, sin amigo y sin criados, abandonado —según le parecía— del cielo mismo; y sobre todo, sin honra, porque en la huida de Camila vio su ruina.

Al fin se decidió a ir a la aldea de su amigo, donde había estado cuando dio lugar a que se tramara toda aquella desgracia. Cerró las puertas de su casa, subió a caballo y, sin fuerzas, se puso en camino. Apenas había andado la mitad, cuando, acosado por los pensamientos, tuvo que apearse y atar el caballo a un árbol. Se dejó caer al pie del tronco, soltando suspiros tiernos y dolorosos, y allí estuvo casi hasta la noche. A esa hora vio venir a un hombre a caballo desde la ciudad; lo saludó y le preguntó qué noticias había en Florencia.

El ciudadano respondió:

—Las más extrañas que se han oído en muchos días. Se dice públicamente que Lotario, aquel gran amigo de Anselmo el rico —el que vivía junto a San Juan—, se llevó anoche a Camila, mujer de Anselmo, y que Anselmo tampoco aparece. Todo esto lo ha dicho una criada de Camila, a la que anoche halló el gobernador descolgándose con una sábana por las ventanas de la casa de Anselmo. En fin, no sé con exactitud cómo fue; solo sé que toda la ciudad está asombrada, porque nadie podía esperar tal cosa de la amistad tan cercana de los dos, que era tanta que los llamaban "los dos amigos".

—¿Se sabe, por casualidad —dijo Anselmo—, el camino que llevan Lotario y Camila?

—Ni por asomo —respondió el ciudadano—, aunque el gobernador ha puesto mucha diligencia en buscarlos.

—Que te vaya bien —dijo Anselmo.

—Y a ti también —respondió el ciudadano, y se fue.

Con esas noticias desdichadas, Anselmo casi llegó a perder el juicio, y casi a perder la vida. Se levantó como pudo y llegó a casa de su amigo, que aún no sabía nada; pero al verlo tan amarillo, consumido y seco, entendió que algún grave mal lo traía agotado. Anselmo pidió que lo acostaran y que le llevaran algo para escribir. Así lo hicieron, y lo dejaron solo, como él lo pidió, y con la puerta cerrada.

Ya solo, la imaginación de su desventura le pesó tanto, que entendió claramente que se le acababa la vida. Quiso dejar noticia de la causa de aquella muerte tan extraña; y mientras escribía, antes de terminar lo que quería, se le fue el aliento y dejó la vida en manos del dolor que le causó su curiosidad impertinente.

Viendo que se hacía tarde y Anselmo no llamaba, el dueño de la casa entró para ver qué pasaba. Lo halló tendido boca abajo, con la mitad del cuerpo en la cama y la otra mitad sobre el escritorio; allí estaba un papel abierto y escrito, y todavía tenía la pluma en la mano. Se acercó, lo llamó, lo tocó… y al sentirlo frío entendió que estaba muerto. Se quedó con el alma encogida, llamó a la gente de la casa para que viera la desgracia, y al fin leyó el papel, reconociendo la letra de Anselmo. Decía así:

«Un deseo necio e impertinente me quitó la vida. Si las nuevas de mi muerte llegan a oídos de Camila, que sepa que la perdono, porque ella no estaba obligada a hacer milagros, ni yo tenía necesidad de querer que los hiciera. Y pues yo fui el que fabricó mi deshonra, no hay para qué…»

Hasta allí escribió Anselmo: se ve que en ese punto, sin poder concluir la frase, se le acabó la vida.

Al día siguiente su amigo avisó a los parientes de Anselmo, que ya sabían su desgracia; y el monasterio donde Camila estaba, casi lista para acompañar a su esposo en ese viaje forzoso, no por la noticia del muerto, sino por la del amigo que había huido.

Dicen que, aunque quedó viuda, Camila no quiso salir del monasterio ni hacerse monja, hasta que, no muchos días después, llegaron noticias de que Lotario había muerto en una batalla que por ese tiempo dio monsieur de Lautrec al Gran Capitán Gonzalo Fernández de Córdoba en el reino de Nápoles, adonde había ido a parar el amigo arrepentido. Camila, al saberlo, profesó, y en pocos días acabó la vida, vencida por tristezas y melancolías. Este fue el fin de todos, nacido de un principio tan desatinado.

—Bien —dijo el cura—, esta novela me parece buena; pero no consigo creer que esto haya pasado de verdad. Y si es inventado, el autor inventó mal, porque no se puede imaginar que haya marido tan necio como para hacer una prueba tan costosa como la de Anselmo. Si este caso fuera entre un galán y una dama, todavía se podría sostener; pero entre marido y mujer, tiene algo de imposible. Y en cuanto al modo de contarlo, no me desagrada.

CAPÍTULO XXXVI: QUE TRATA DE OTROS RAROS SUCESOS QUE EN LA VENTA LE SUCEDIERON

Mientras pasaba todo esto, el ventero, que estaba en la puerta de la venta, dijo:

—Esa que viene es una buena tropa de huéspedes; si se quedan aquí, gaudeamus tenemos.

—¿Qué gente es? —preguntó Cardenio.

—Cuatro hombres —respondió el ventero— vienen a caballo, a la jineta, con lanzas y adargas, y todos con antifaces negros; y junto con ellos viene una mujer vestida de blanco, en un sillón, también con el rostro cubierto, y otros dos mozos a pie.

—¿Vienen muy cerca? —preguntó el cura.

—Tan cerca —respondió el ventero—, que ya están llegando.

Al oírlo, Dorotea se cubrió el rostro, y Cardenio se metió en el aposento de don Quijote. Apenas tuvieron tiempo para eso, cuando entraron en la venta todos los que el ventero había dicho. Los cuatro, que venían a caballo y eran de muy buen talle y presencia, se apearon y fueron a ayudar a bajar a la mujer que venía en el sillón. Uno de ellos la tomó en brazos y la sentó en una silla que estaba a la entrada del aposento donde se había escondido Cardenio.

En todo ese tiempo ni ella ni ellos se quitaron los antifaces, ni dijeron palabra; solo que al sentarse la mujer dio un suspiro hondo y dejó caer los brazos, como persona enferma y desmayada. Los mozos llevaron los caballos a la caballeriza.

Viendo esto el cura, deseoso de saber quiénes eran aquellos que venían con ese traje y ese silencio, fue donde estaban los mozos y a uno le preguntó lo que ya quería saber. El mozo respondió:

—Por mi vida, señor, yo no sé deciros qué gente sea esta. Solo sé que parece muy principal, sobre todo aquel que tomó en brazos a esa señora que han visto; lo digo porque los demás le tienen respeto, y no se hace nada sino lo que él ordena.

—¿Y la señora quién es? —preguntó el cura.

—Tampoco lo sé —respondió el mozo—, porque en todo el camino no le he visto el rostro. Suspirar sí la he oído muchas veces, y dar unos gemidos como si con cada uno quisiera soltar el alma. Y no es raro que no sepamos más: mi compañero y yo apenas hace dos días que los acompañamos. Los encontramos en el camino y nos rogaron, y casi nos convencieron, de que fuéramos con ellos hasta Andalucía, ofreciéndose a pagarnos muy bien.

—¿Y han oído nombrar a alguno de ellos? —preguntó el cura.

—No, señor —respondió el mozo—; porque caminan con un silencio que asombra. Entre ellos no se oye otra cosa que los suspiros y sollozos de la pobre señora, que nos dan lástima. Y nosotros creemos que ella va forzada adonde sea que vaya. Por la ropa, parece monja, o va a serlo —que es lo más probable—, y quizá como el convento no le nace del gusto, va triste, como se ve.

—Todo podría ser —dijo el cura.

Y dejándolos, volvió adonde estaba Dorotea. Ella, como había oído suspirar a la embozada, movida por su natural compasión, se acercó y le dijo:

—¿Qué mal sienten, señora mía? Miren si es algo de lo que las mujeres suelen conocer y saber curar; que por mi parte les ofrezco la mejor voluntad de servirlas.

A todo esto callaba la lastimada señora; y aunque Dorotea volvió con ofrecimientos más insistentes, la otra seguía en silencio, hasta que llegó el caballero embozado —el mismo que, según el mozo, obedecían los demás— y dijo a Dorotea:

—No se cansen, señora, en ofrecerle nada a esa mujer, que tiene por costumbre no agradecer lo que se hace por ella. Y no procuren que responda, si no quieren oír alguna mentira de su boca.

—Jamás he mentido —dijo entonces la que hasta allí había callado—; antes por ser tan verdadera, y tan incapaz de fingir, me veo ahora en tanta desventura. Y de esto quiero que ustedes mismos sean testigos: mi pura verdad hace que ustedes sean falsos y mentirosos.

Cardenio oyó esas palabras clara y distintamente, porque estaba tan cerca de quien las decía, que solo mediaba la puerta del aposento de don Quijote. Y al oírlas, soltando un gran grito, dijo:

—¡Dios mío! ¿Qué es esto que oigo? ¿Qué voz es esta que ha llegado a mis oídos?

Al oír esos gritos, la señora volvió la cabeza sobresaltada; y no viendo quién los daba, se levantó y quiso entrar al aposento. El caballero la detuvo, sin dejarla avanzar un paso.

Con la turbación y el desasosiego, se le cayó el tafetán con que traía cubierto el rostro, y apareció una hermosura incomparable y un semblante casi milagroso, aunque descolorido y asombrado. Sus ojos corrían por todos los rincones con tal ansiedad, que parecía fuera de sí. Esas señales, sin que nadie entendiera del todo por qué las hacía, dieron gran lástima a Dorotea y a cuantos la miraban.

El caballero la tenía fuertemente asida por las espaldas, y por estar tan ocupado en sujetarla no pudo alzarse el embozo que se le caía; y, en efecto, se le cayó del todo. Al alzar la vista Dorotea —que ya estaba abrazada con la señora— vio que quien la sujetaba era su esposo, don Fernando; y apenas lo reconoció, lanzó desde lo más hondo un "¡ay!" largo y tristísimo, y cayó desmayada hacia atrás. Si el barbero no la hubiera recogido en los brazos, habría dado contra el suelo.

Acudió luego el cura a quitarle el embozo para echarle agua en el rostro; y así como la descubrió, don Fernando, que seguía abrazado con la otra, la reconoció también y se quedó como muerto de verla. Pero ni aun así soltó a Luscinda, que era quien buscaba soltarse de sus brazos. Ella había reconocido a Cardenio por el suspiro; y él la reconoció a ella.

Oyó también Cardenio el "¡ay!" de Dorotea, y creyendo que era Luscinda, salió del aposento sin aliento; y lo primero que vio fue a don Fernando abrazando a Luscinda. Don Fernando reconoció al instante a Cardenio; y los tres, Luscinda, Cardenio y Dorotea, quedaron mudos y suspendidos, casi sin entender lo que les pasaba.

Callaban todos y se miraban: Dorotea a don Fernando; don Fernando a Cardenio; Cardenio a Luscinda; y Luscinda a Cardenio. Pero quien primero rompió el silencio fue Luscinda, hablando a don Fernando de esta manera:

—Suéltenme, don Fernando, por lo que deben a lo que son, ya que por otro respeto no lo hacen. Déjenme volver al muro del que soy yedra; al amparo de quien no han podido apartarme sus insistencias, sus amenazas, sus promesas ni sus dádivas. Miren cómo el cielo, por caminos extraños y escondidos, me ha puesto delante a mi verdadero esposo; y bien saben, por mil experiencias dolorosas, que solo la muerte podría borrarlo de mi memoria. Que estos desengaños les sirvan para volver —si no pueden otra cosa— el amor en rabia, la voluntad en despecho, y acaben conmigo. Que si rindo la vida delante de mi buen esposo, la daré por bien empleada: quizá con mi muerte él quedará satisfecho de la fe que le guardé hasta el último instante.

Mientras decía esto, Dorotea ya había vuelto en sí y había escuchado las palabras de Luscinda, por las cuales entendió quién era. Y viendo que don Fernando seguía sin soltarla ni responderle, Dorotea, juntando fuerzas, se levantó y se hincó de rodillas a sus pies; y derramando muchas lágrimas hermosas y lastimosas, comenzó a decir:

—Si no es, señor mío, que los rayos de ese sol que tienen en los brazos les nublan la vista, ya habrán notado que la que está a sus pies es la sin ventura —hasta que ustedes quieran—: la desdichada Dorotea. Yo soy aquella labradora humilde a quien ustedes, por bondad o por gusto, quisieron alzar hasta poder llamarse de ustedes. Soy la que, guardada dentro de los límites de la honestidad, vivió contenta, hasta que, vencida por sus importunidades y por lo que parecían sentimientos justos y amorosos, abrió las puertas de su recato y les entregó las llaves de su libertad; regalo tan mal pagado, que me obliga a hallarme donde me hallan y a verlos como los veo.

Pero aun así no quisiera que pensaran que he venido por camino de deshonra: me han traído solo el dolor y el sentimiento de verme olvidada. Ustedes quisieron que yo fuera suya, y lo quisieron de tal manera, que aunque ahora pretendan que no lo sea, no podrán dejar de ser míos. Miren: por la hermosura y nobleza por la que me dejan, puede compensar la incomparable voluntad que les tengo. Ustedes no pueden ser de la hermosa Luscinda, porque son míos; ni ella puede ser suya, porque es de Cardenio. Y si lo piensan bien, les será más fácil reducir su voluntad a querer a quien los adora, que encaminar a quien los aborrece a quererlos.

Ustedes buscaron mi descuido; ustedes rogaron a mi entereza; ustedes no ignoraron mi condición. Ustedes saben cómo me entregué a su voluntad. No les queda salida para llamarse engañados. Y si esto es así —como lo es— y ustedes se tienen por cristiano y caballero, ¿por qué dan tantas vueltas para hacerme venturosa al fin, como me hicieron al principio? Y si no me quieren como soy —su verdadera y legítima esposa—, quiéranme al menos y recíbanme como su esclava: con tal de estar en su poder, me daré por dichosa.

No permitan, al dejarme, que se formen corrillos con mi deshonra; no den tan mala vejez a mis padres, que no lo merecen por los servicios leales que siempre han hecho a los de ustedes. Y si les parece que van a "manchar" su sangre por mezclarla con la mía, consideren que pocas o ninguna nobleza hay en el mundo que no haya corrido por ese camino;

y que lo que se toma de las mujeres no es lo que decide las grandes descendencias. Más aún: la verdadera nobleza está en la virtud; y si ustedes la pierden negándome lo que con justicia me deben, yo quedaré con más nobleza que ustedes.

Y en fin, señor: quieran o no quieran, yo soy su esposa. Testigos son sus palabras —que no deben ser falsas, si todavía se estiman—; testigo la firma que pusieron; testigo el cielo, al que llamaron por testigo de lo que me prometían. Y cuando todo eso faltara, no faltará su conciencia, que les gritará en silencio en medio de sus alegrías, y les amargará sus gustos por la verdad que les digo.

Estas y otras razones dijo la lastimada Dorotea con tanto sentimiento y lágrimas, que los mismos que acompañaban a don Fernando, y cuantos estaban presentes, lloraron con ella.

Don Fernando la escuchó sin responder palabra, hasta que ella acabó y se rompió en sollozos y suspiros: y había que tener corazón de bronce para no ablandarse con tanto dolor. Luscinda miraba a Dorotea, no menos conmovida que admirada de su discreción y hermosura; y aunque quisiera acercarse a consolarla, los brazos de don Fernando la tenían apretada.

Él, lleno de confusión y espanto, después de un buen rato mirando a Dorotea, abrió los brazos y, dejando libre a Luscinda, dijo:

—Venciste, hermosa Dorotea, venciste; porque no se puede negar tantas verdades juntas.

Luscinda, en cuanto don Fernando la soltó, iba a caer al suelo; pero Cardenio, que estaba allí cerca —y que se había puesto a espaldas de don Fernando para que no lo reconociera—, dejando a un lado el miedo y aventurándolo todo, corrió a sostenerla. La recogió entre sus brazos y le dijo:

—Si el cielo quiere que por fin tengas descanso, leal, firme y hermosa señora mía, en ninguna parte lo tendrás más seguro que en estos brazos que hoy te reciben y que otra vez te recibieron, cuando la fortuna quiso que pudieras llamarte mía.

Al oírlo, Luscinda alzó los ojos hacia Cardenio, lo reconoció por la voz y terminó de asegurarse con la vista; y casi fuera de sí, sin acordarse ya del recato, le echó los brazos al cuello y, juntando su rostro con el de él, dijo:

—Ustedes sí, señor mío, son el verdadero dueño de esta cautiva; aunque la suerte se oponga, y aunque amenacen esta vida que solo en la de ustedes se sostiene.

Fue un espectáculo extraño para don Fernando y para todos los presentes, admirados de un suceso tan inesperado.

Dorotea vio que don Fernando perdía el color y hacía ademán de vengarse de Cardenio, porque lo vio llevar la mano hacia la espada. Y en cuanto lo pensó, con rapidez increíble se abrazó a sus rodillas, se las besó y lo sujetó con tal fuerza que no lo dejaba moverse; y sin parar de llorar, le decía:

—¿Qué piensan hacer, único refugio mío, en un trance tan impensado? Ustedes tienen a sus pies a su esposa, y la que quieren por esposa está en brazos de su marido. Miren si les conviene —o si les es posible— deshacer lo que el cielo ha hecho; o si les conviene querer ponerse por encima de quien, dejando a un lado todo, firme en su verdad, tiene delante de sus ojos los suyos bañados de amor sobre el rostro y pecho de su verdadero esposo.

Por Dios se lo ruego, y por quien ustedes son se lo suplico: que este desengaño no aumente su ira, sino que la reduzca, y que con calma y sosiego permitan que estos dos amantes se tengan sin impedimento todo el tiempo que el cielo quiera concederles. Ahí mostrarán la generosidad de su noble pecho, y el mundo verá que en ustedes pesa más la razón que el apetito.

Mientras Dorotea hablaba, Cardenio no apartaba los ojos de don Fernando; aunque abrazaba a Luscinda, estaba resuelto a defenderse si veía el menor movimiento contra él, aun si le costaba la vida. Pero en ese momento acudieron los amigos de don Fernando, y el cura y el barbero, que habían estado presentes; y tampoco faltó el bueno de Sancho Panza. Todos rodearon a don Fernando, suplicándole que mirara las lágrimas de Dorotea; y que, siendo verdad —como ellos creían— lo que ella decía, no permitiera que quedara defraudada de esperanzas tan justas.

Le dijeron que considerara que no se habían juntado allí por acaso, sino por una providencia particular del cielo. Y advirtió el cura que solo la muerte podía apartar a Luscinda de Cardenio; y que aunque los separaran con filos de espada, ellos tendrían por felicísima esa muerte. Y que cuando los lazos son ya irrompibles, la suma cordura es vencerse a sí mismo y, con pecho generoso, permitir que por sola voluntad suya los dos gocen el bien que el cielo ya les concedió.

Le pidieron que mirara también la belleza de Dorotea, y vería que pocas se le igualaban; y que juntara a su hermosura su humildad y el extremo del amor que le tenía. Y sobre todo, que si se tenía por caballero y cristiano, no podía hacer otra cosa que cumplir la palabra dada: cumpliéndola, cumpliría con Dios y satisfaría a los discretos. Porque es privilegio de la hermosura —aunque esté en persona humilde, si va con honestidad— poder levantarse y ponerse a la altura que sea, sin deshonra del que la levanta; y cuando se siguen las leyes del gusto sin pecado, no merece culpa quien las sigue.

En fin, a esas razones añadieron todos otras tantas, que el pecho valeroso de don Fernando —alimentado, al fin, con ilustre sangre— se ablandó y se dejó vencer por la verdad, que no podía negar aunque quisiera. Y la señal de su rendición fue inclinarse y abrazar a Dorotea, diciéndole:

—Levántense, señora mía, que no es justo que esté de rodillas a mis pies quien yo tengo en el alma. Y si hasta ahora no he mostrado lo que digo, quizá ha sido por orden del cielo, para que viendo la fe con que ustedes me aman, yo sepa estimarlas como merecen. Les ruego que no me reprochen mi mal paso y mi descuido: la misma fuerza y ocasión que me movió a aceptarlas por mías me empujó luego a procurar no ser suyos.

Y para que vean que es verdad, vuelvan y miren los ojos de la ya contenta Luscinda, y allí encontrarán disculpa de mis yerros. Y pues ella alcanzó lo que deseaba, y yo he hallado en ustedes lo que me conviene, viva ella segura y contenta largos y felices años con su Cardenio; que yo rogaré al cielo que me deje vivirlos con mi Dorotea.

Y diciendo esto, volvió a abrazarla y a juntar su rostro con el de ella, con tanta ternura, que tuvo que cuidarse de que las lágrimas no dieran señales demasiado claras de su amor y arrepentimiento.

No hicieron lo mismo Luscinda y Cardenio, ni casi ninguno de los presentes: todos comenzaron a llorar, unos por su propio contento y otros por el ajeno, y eran tantas las lágrimas, que parecía que había ocurrido un caso grave y triste, y no un final dichoso. Hasta Sancho Panza lloraba; aunque después dijo que no lloraba por eso, sino por ver que Dorotea no era, como él creía, la reina Micomicona, de quien esperaba tantas mercedes.

Duró un buen rato, junto con el llanto, la admiración. Luego Cardenio y Luscinda se arrodillaron ante don Fernando para agradecerle la merced con razones tan corteses, que don Fernando no sabía qué responder. Los levantó y los abrazó con muestras de amor y cortesía.

Después preguntó a Dorotea cómo había venido a ese lugar, tan lejos del suyo. Ella, con razones breves y discretas, contó lo que ya había contado a Cardenio. Gustó tanto a don Fernando y a los demás, que habrían querido que el relato durara más: tanta era la gracia con que Dorotea decía sus desventuras.

Y apenas acabó, don Fernando contó lo que le ocurrió en la ciudad desde que halló el papel en el pecho de Luscinda, donde declaraba ser esposa de Cardenio y no poder ser suya. Dijo que quiso matarla, y lo habría hecho si sus padres no lo impiden; y que por eso salió despechado y corrido, con intención de vengarse con más calma. Dijo también que al día siguiente supo que Luscinda había desaparecido de casa de sus padres, sin que nadie supiera adónde; y que al cabo de meses supo que estaba en un monasterio, dispuesta a quedarse allí toda la vida si no podía vivir con Cardenio.

Y al saberlo, escogió por compañía a esos tres caballeros y fue al lugar. No quiso hablarle en el monasterio por miedo a que, sabiéndose allí, pusieran más guarda. Así que aguardó un día en que la portería estuviera abierta: dejó a dos vigilando la puerta, y él entró con otro buscando a Luscinda. La hallaron en el claustro, hablando con una monja; y arrebatándola, sin darle tiempo a nada, se la llevaron. Luego se proveyeron en un lugar cercano de lo necesario para el camino. Todo lo pudieron hacer sin gran estorbo, porque el monasterio estaba en el campo, a buena distancia del pueblo.

Dijo que apenas Luscinda se vio en su poder, perdió los sentidos; y cuando volvió en sí, no hizo otra cosa sino llorar y suspirar, sin decir palabra. Y así, acompañados de silencio y de lágrimas, habían llegado a aquella venta, que para él era como llegar al cielo, donde se rematan y tienen fin todas las desventuras de la tierra.

CAPÍTULO XXXVII: DONDE SE PROSIGUE LA HISTORIA DE LA FAMOSA INFANTA MICOMICONA, CON OTRAS GRACIOSAS AVENTURAS

Sancho escuchaba todo aquello, no sin dolor en el alma, viendo cómo se le esfumaban, como humo, las esperanzas de su condado; cómo la linda princesa Micomicona se le había vuelto Dorotea, el gigante en don Fernando, y su amo seguía durmiendo a pierna suelta, tan descuidado de lo que había pasado. Dorotea no acababa de creer del todo si el bien que tenía era sueño; Cardenio estaba en lo mismo, y el pensamiento de Luscinda corría por la misma cuenta. Don Fernando daba gracias al cielo por la merced recibida y por haberlo sacado de aquel laberinto en que estaba, tan cerca de perder la honra y el alma. Y, en fin, cuantos estaban en la venta andaban contentos y gozosos del buen desenlace de negocios tan trabados y desesperados.

El cura, como hombre discreto, lo iba poniendo todo en su punto, y a cada uno le daba el parabién del bien alcanzado. Pero quien más se alegraba era la ventera, por la promesa que Cardenio y el cura le habían hecho de pagarle todos los daños y gastos que, por culpa de don Quijote, le hubieran venido. Solo Sancho, como ya queda dicho, era el afligido, el desventurado y el triste; y así, con semblante melancólico, entró donde estaba su amo, que acababa de despertar, y le dijo:

—Bien puede usted, señor de la Triste Figura, dormir todo lo que quiera, sin cuidado de matar gigantes ni de devolverle a la princesa su reino, porque ya todo está hecho y concluido.

—Eso creo yo bien —respondió don Quijote—, porque he tenido con el gigante la más descomunal y desaforada batalla que pienso tener en todos los días de mi vida; y de un revés, ¡zas!, le derribé la cabeza en el suelo, y fue tanta la sangre que le salió, que los arroyos corrían por la tierra como si fueran de agua.

—Como si fueran de vino tinto, más bien podría decir —respondió Sancho—; porque sepa usted, si es que no lo sabe, que el gigante muerto es un cuero horadado; y la sangre, seis arrobas de vino tinto que traía en la barriga; y la cabeza cortada es… la puta que me parió, y que se lo lleve todo Satanás.

—¿Qué estás diciendo, loco? —replicó don Quijote—. ¿Estás en tu juicio?

—Levántese, señor —dijo Sancho—, y verá el buen recado que ha hecho, y lo que tenemos que pagar; y verá a la reina convertida en una dama particular, llamada Dorotea, con otros sucesos que, si repara en ellos, lo van a dejar asombrado.

—No me sorprendería nada de eso —respondió don Quijote—; porque, si te acuerdas, la otra vez que aquí estuvimos te dije que todo lo que pasaba en esta casa eran encantamientos, y no sería raro que ahora fuera lo mismo.

—Yo lo creería todo —respondió Sancho—, si también mi manteamiento hubiera sido cosa de ese tipo; pero no lo fue, sino real y verdaderamente. Vi yo que el ventero que hoy está aquí tenía de un cabo de la manta, y me empujaba hacia el cielo con mucho brío y donaire, y con tanta risa como fuerza. Y cuando uno conoce a las personas, tengo para mí —aunque sea simple y pecador— que no hay encantamiento alguno, sino mucho aporreo y mucha mala ventura.

—Bueno: Dios lo remediará —dijo don Quijote—. Dame de vestir y déjame salir allá fuera, que quiero ver los sucesos y transformaciones que dices.

Sancho lo vistió, y mientras se vestía el cura contó a don Fernando y a los demás las locuras de don Quijote y el artificio que habían usado para sacarlo de la Peña Pobre, donde él se imaginaba estar por desdenes de su señora. Les contó también casi todas las aventuras que Sancho había referido, y no poco se admiraron y rieron, porque les parecía —como a todos— el más extraño género de locura que podía caber en un pensamiento disparatado.

Añadió el cura que, pues el buen suceso de Dorotea impedía seguir adelante con el plan primero, era necesario inventar otro para poder llevarlo a su tierra. Cardenio se ofreció a proseguir lo comenzado, y que Luscinda haría y representaría el papel de Dorotea.

—No —dijo don Fernando—, no será así. Yo quiero que Dorotea continúe su invención; y como no está muy lejos el lugar de este buen caballero, me alegrará que se procure su remedio.

—No está a más de dos jornadas de aquí.

—Pues aunque estuviera más lejos, me daría gusto caminarlo, con tal de hacer una obra tan buena.

En esto salió don Quijote, armado de todos sus pertrechos, con el yelmo —aunque abollado— de Mambrino en la cabeza, embrazada la rodela, y arrimado a su tronco o lanzón. Don Fernando y los demás quedaron suspendidos de su extraña presencia: el rostro, largo y seco, amarillo; la desigualdad de las armas; el continente mesurado. Y se estuvieron callando, por ver qué decía.

Don Quijote, con mucha gravedad y reposo, clavando los ojos en la hermosa Dorotea, dijo:

—Estoy informado, hermosa señora, por este mi escudero, que la grandeza de ustedes se ha deshecho, y su ser se ha desbaratado, pues de reina y gran señora que solían ser, se han vuelto una doncella particular. Si esto lo ha hecho el rey nigromante, su padre, temeroso de que yo no les diera la ayuda debida, digo que no supo ni sabe ni la mitad de lo que se aprende en historias caballerescas; porque si las hubiera leído con atención, hallaría a cada paso cómo otros caballeros de menor fama que la mía acabaron cosas más difíciles. No es mucho matar a un gigantillo, por arrogante que sea; porque no hace muchas horas que yo me vi con él... y quiero callar, para que no digan que miento; pero el tiempo, descubridor de todas las cosas, lo dirá cuando menos lo pensemos.

—Usted se las vio con dos cueros, no con un gigante —dijo entonces el ventero.

Don Fernando le mandó callar y no interrumpir en nada la plática de don Quijote. Y don Quijote prosiguió:

—Digo, en fin, alta y desheredada señora, que si por la causa que he dicho su padre ha hecho este "metamorfoseo" en su persona, no le den crédito. No hay peligro en la tierra que mi espada no abra; y con ella, poniendo la cabeza de su enemigo en el suelo, les pondré la corona de su reino en la cabeza, en pocos días.

No dijo más, y esperó la respuesta de la princesa. Dorotea, como ya sabía la determinación de don Fernando de seguir el engaño hasta llevar a don Quijote a su tierra, le respondió con donaire y gravedad:

—Quienquiera que le dijo, valeroso caballero de la Triste Figura, que yo había mudado mi ser, no le dijo lo cierto; porque la misma que ayer fui, soy hoy. Es verdad que ciertos sucesos de buena fortuna han hecho en mí alguna mudanza, y me han dado la ventura mejor que yo pudiera desear; pero no por eso he dejado de ser la de antes, ni de tener los mismos pensamientos de valerme del valor de su brazo invencible, como siempre.

Así que, señor mío, devuélvanle la honra al padre que me engendró, y ténganlo por hombre prudente y advertido, pues con su ciencia halló camino tan fácil y tan verdadero para remediar mi desgracia. Yo creo que, si no fuera por ustedes, jamás habría alcanzado la ventura que tengo; y digo tanta verdad como pueden ser testigos estos señores presentes. Lo que resta es que mañana nos pongamos en camino, porque hoy ya se hará poca jornada; y lo demás del buen suceso que espero lo dejo a Dios y al valor de su pecho.

Dicho esto, don Quijote se volvió a Sancho y, con muestras de enojo, le dijo:

—Ahora te digo, Sanchuelo, que eres el mayor bellaco que hay en España. Dime, ladrón vagabundo: ¿no acabas de decirme que esta princesa se había vuelto una doncella llamada Dorotea, y que la cabeza que yo entiendo que corté al gigante era "la puta que te parió", con otros disparates que me han puesto en la mayor confusión que he tenido en mi vida? ¡Voto…! —y miró al cielo y apretó los dientes—. ¡Estoy por hacerte tal estrago, que ponga sal en la mollera a cuantos escuderos mentirosos haya de caballeros andantes, de aquí adelante, en el mundo!

—Sosiéguese, señor mío —respondió Sancho—; que bien podría ser que yo me hubiera engañado en lo que toca a la mudanza de la señora princesa Micomicona; pero en lo que toca a la cabeza del gigante —o por lo menos a la horadación de los cueros y a que la sangre sea vino tinto— no me engaño, vive Dios, porque los cueros están allí heridos, a la cabecera de su cama, y el vino ha hecho un lago en el aposento. Y si no, al freír de los huevos lo verá; quiero decir, lo verá cuando el ventero le pida el menoscabo de todo. De lo demás, de que la señora reina siga como estaba, me alegro en el alma, porque me va mi parte, como a cualquier hijo de vecino.

—Ahora yo te digo, Sancho —dijo don Quijote—, que eres un mentecato. Perdóname, y basta.

—Basta —dijo don Fernando—, y no se hable más de esto. Y pues la señora princesa dice que mañana se camine, porque hoy ya es tarde, hágase así. Esta noche la pasaremos en buena conversación hasta el día siguiente, y entonces todos acompañaremos al señor don Quijote, porque queremos ser testigos de las valerosas e inauditas hazañas que ha de hacer en esta gran empresa.

—Yo soy quien ha de servirles y acompañarles —respondió don Quijote—, y agradezco mucho la merced que se me hace y la buena opinión que se tiene de mí; procuraré que salga verdadera, o me costará la vida, y aun más, si más pudiera costarme.

Pasaron muchas palabras de cortesía y ofrecimiento entre don Quijote y don Fernando; pero a todo puso silencio un pasajero que, en esa sazón, entró en la venta. Por su traje parecía cristiano recién venido de tierra de moros, porque venía vestido con una casaca corta de paño azul, de faldas breves, con medias mangas y sin cuello; los calzones eran también de lienzo azul, con bonete del mismo color; traía unos borceguíes datilados y un alfanje morisco, puesto en un tahalí que le cruzaba el pecho.

Tras él entró, montada en un jumento, una mujer vestida a la morisca, con el rostro cubierto y una toca en la cabeza; llevaba un bonetillo de brocado y una almalafa que la cubría de los hombros a los pies. El hombre era robusto y de buen talle, de poco más de cuarenta años, algo moreno, de bigotes largos y barba bien puesta; en suma, por su apostura, si hubiera venido bien vestido, lo juzgaran persona de calidad y bien nacida.

En cuanto entró, pidió un aposento; y cuando le dijeron que no había, mostró recibirlo con pesadumbre. Se acercó a la que parecía mora y la bajó en brazos.

Luscinda, Dorotea, la ventera, su hija y Maritornes, llevadas del traje nuevo —que para ellas era cosa nunca vista— rodearon a la mora. Dorotea, que siempre fue comedida y discreta, y viendo que tanto ella como el hombre se congojaban por la falta de aposento, le dijo:

—No les dé mucha pena, señora mía, la incomodidad que aquí falta, porque es propio de ventas no tener regalos; pero con todo, si gustan de pasar con nosotras —y señaló a Luscinda—, quizá en el camino habrán hallado acogidas no tan buenas como esta.

La embozada no respondió, y solo se levantó de donde estaba sentada; cruzó ambas manos sobre el pecho, inclinó la cabeza y dobló el cuerpo, en señal de agradecimiento. Por su silencio imaginaron que debía de ser mora y que no sabía hablar en cristiano.

En esto llegó el cautivo, que hasta entonces estaba ocupado en otra cosa; y viendo a todas alrededor de la mujer y que ella callaba a cuanto le decían, dijo:

—Señoras, esta doncella apenas entiende mi lengua, ni sabe hablar otra sino la de su tierra, y por eso no responde a lo que se le pregunta.

—No se le pregunta nada más —respondió Luscinda— sino ofrecerle por esta noche nuestra compañía y parte del lugar donde nos acomodemos; y se le hará el regalo que la comodidad permita, con la voluntad con que se debe servir a quien viene de fuera, especialmente siendo mujer.

—Por ella y por mí —respondió el cautivo— les beso las manos, señora mía, y estimo mucho, como es razón, la merced ofrecida; que en tal ocasión, y viniendo de personas como su presencia lo muestra, bien se ve que ha de ser grande.

—Díganme, señor —dijo Dorotea—: ¿esta señora es cristiana, o mora? Porque el traje y el silencio nos hace temer lo que no quisiéramos.

—Mora es en el traje y en el cuerpo —respondió el cautivo—; pero en el alma es muy grande cristiana, porque tiene grandísimos deseos de serlo.

—Entonces, ¿no está bautizada? —replicó Luscinda.

—No ha habido ocasión —respondió el cautivo— desde que salió de Argel, su patria, y hasta ahora no se ha visto en peligro de muerte tan cercano que obligara a bautizarla sin que supiera primero las ceremonias que nuestra santa Madre Iglesia manda. Pero Dios querrá que pronto se bautice con la decencia que la calidad de su persona merece, que es más de lo que muestra su traje y el mío.

Estas palabras despertaron en todos el deseo de saber quiénes eran la mora y el cautivo; pero nadie quiso preguntarlo entonces, por ver que era hora más de darles descanso que de pedirles historias. Dorotea tomó a la mora de la mano y la sentó junto a sí, y le rogó que se quitara el embozo. Ella miró al cautivo, como pidiéndole que le dijera qué le pedían y qué debía hacer. Él le habló en árabe y le dijo que le rogaban se descubriera, y que lo hiciera.

Entonces ella se quitó el embozo y descubrió un rostro tan hermoso, que Dorotea la tuvo por más hermosa que a Luscinda, y Luscinda por más hermosa que a Dorotea; y todos vieron que, si algún rostro podía igualarse al de aquellas dos, era el de la mora, y aun hubo quien pensó que en alguna cosa las aventajaba. Y como la hermosura tiene gracia para reconciliar ánimos y atraer voluntades, al instante se rindieron todos al deseo de servir y halagar a la hermosa mora.

Don Fernando preguntó al cautivo cómo se llamaba. Él respondió que Lela Zoraida. Y en cuanto ella oyó ese nombre, entendió lo que se había dicho, y con prisa, con congoja y gracia, exclamó:

—¡No, no, Zoraida: María, María!

Daba a entender que se llamaba María y no Zoraida. Estas palabras, y el afecto con que las dijo, hicieron que a algunos se les saltaran lágrimas, sobre todo a las mujeres, que suelen ser tiernas y compasivas. Luscinda la abrazó con mucho cariño, diciéndole:

—Sí, sí: María, María.

Y la mora respondió:

—¡Sí, sí: María; Zoraida macange! —que quiere decir "no".

Ya caía la noche, y por orden de los que venían con don Fernando el ventero había puesto cuidado en prepararles de cenar lo mejor que podía. Llegada la hora, se sentaron todos a una mesa larga, como de tinelo, porque en la venta no la había redonda ni cuadrada. Le dieron la cabecera —aunque él la rehusaba— a don Quijote, que quiso tener a su lado a la señora Micomicona, pues él era su guardador.

Luego se sentaron Luscinda y Zoraida; enfrente don Fernando y Cardenio; después el cautivo y los demás caballeros; y junto a las señoras, el cura y el barbero. Cenaron con gusto, y todavía se les acrecentó cuando vieron que don Quijote, dejando de comer, movido de un espíritu semejante al que lo llevó a hablar con los cabreros, comenzó a decir:

—Verdaderamente, si se mira bien, señores míos, grandes e inauditas cosas ven los que profesan la orden de la caballería andante. Si no, ¿quién de los vivientes entrara ahora por la puerta de este castillo, y viéndonos como estamos, creería que nosotros somos quienes somos? ¿Quién diría que esta señora que está a mi lado es la gran reina que todos sabemos, y que yo soy aquel Caballero de la Triste Figura que anda por ahí en boca de la fama?

No hay duda: este arte y ejercicio excede a todos los que los hombres inventaron, y tanto más se ha de estimar cuanto a más peligros está sujeto. Que se me quiten delante los que dicen que las letras hacen ventaja a las armas, porque les diré —sean quienes sean— que no saben lo que dicen. La razón en que se apoyan es que los trabajos del espíritu exceden a los del cuerpo, y que las armas solo se ejercitan con el cuerpo, como si fuera oficio de ganapanes, para el que basta fuerza; o como si en esto que llamamos "armas" no se encerraran los actos de la fortaleza, que para ejecutarse piden mucho entendimiento.

¿O es que no trabaja el ánimo del guerrero que tiene a cargo un ejército, o la defensa de una ciudad sitiada, tanto con el espíritu como con el cuerpo? A ver si se alcanza con fuerzas corporales a saber y conjeturar el intento del enemigo: sus designios, sus estratagemas, sus dificultades; a prevenir los daños que se temen. Todo eso son acciones del entendimiento, en que el cuerpo no tiene parte.

Siendo así que las armas requieren espíritu, como las letras, veamos ahora cuál de los dos espíritus trabaja más: el del letrado o el del guerrero. Esto se conocerá por el fin a que cada uno se encamina, porque más se ha de estimar la intención que tiene por objeto un fin más noble. El fin de las letras —y no hablo de las divinas, que llevan las almas al cielo— es, en las humanas, poner en su punto la justicia, dar a cada uno lo que es suyo, entender y hacer que las buenas leyes se cumplan. Fin alto y generoso, digno de alabanza.

Pero no tanto como aquel a que atienden las armas, cuyo objeto y fin es la paz, que es el mayor bien que los hombres pueden desear en esta vida. Por eso las primeras buenas nuevas que oyó el mundo fueron las que dieron los ángeles la noche que fue nuestro día, cuando cantaron: "Gloria en las alturas, y paz en la tierra a los hombres de buena voluntad". Y el mejor maestro de la tierra y del cielo enseñó a los suyos a decir al entrar en una casa: "Paz sea en esta casa". Y otras muchas veces dijo: "Mi paz les doy, mi paz les dejo, paz sea con ustedes", como joya y prenda dejada por tal mano; joya sin la cual ni en la tierra ni en el cielo puede haber bien alguno.

Esa paz es el verdadero fin de la guerra, porque decir armas es decir guerra. Supuesta, pues, esta verdad: que el fin de la guerra es la paz, y que en esto hace ventaja al fin de las letras, vengamos ahora a los trabajos del cuerpo del letrado y a los del que profesa las armas, y veamos cuáles son mayores.

Tan bien y por tan buenos términos iba siguiendo don Quijote su plática, que por entonces ninguno de los que lo escuchaban lo tuvo por loco; antes, como casi todos eran caballeros y a los caballeros les son propias las armas, lo oían de muy buena gana. Y él prosiguió diciendo:

—Digo, pues, que los trabajos del estudiante son estos: principalmente la pobreza (no porque todos sean pobres, sino por poner el caso en el extremo mayor). Y con decir que padece pobreza, me parece que ya no habría que añadir nada más; porque quien es pobre, poco bueno tiene. Esa pobreza la sufre por partes: a veces con hambre, a veces con frío, a veces con desnudez, y a veces con todo junto.

Pero, con todo, no es tan grande que no coma, aunque sea un poco más tarde de lo que se acostumbra, y aunque sea de las sobras de los ricos; que la mayor miseria del estudiante es esa que entre ellos llaman "andar a la sopa". Y tampoco le falta algún brasero ajeno o alguna chimenea, que, si no calienta, por lo menos entibia el frío. Y, en fin, por la noche duerme bajo techo.

No quiero descender a otras menudencias, como la falta de camisas, la escasez de zapatos, lo raro y pobre del vestido, ni aquel hartarse con tanto gusto cuando la suerte les depara algún banquete. Por este camino que he pintado, áspero y difícil—tropezando aquí, cayendo allá, levantándose acullá y volviendo a caer acá— llegan al grado que desean. Alcanzado ese grado, a muchos hemos visto que, habiendo pasado por esas Sirtes, esas Escilas y Caribdis como llevados en vuelo de la fortuna favorable, mandan y gobiernan el mundo desde una silla; y se les trueca el hambre en hartura, el frío en abrigo, la desnudez en galas, y el dormir en estera en reposar en holandas y damascos: premio justamente merecido por su virtud.

Pero, puestos y comparados sus trabajos con los del soldado, se quedan muy atrás en todo, como ahora diré.

CAPÍTULO XXXVIII: QUE TRATA DEL CURIOSO DISCURSO QUE HIZO DON QUIJOTE DE LAS ARMAS Y LAS LETRAS

Prosiguiendo don Quijote, dijo:

—Pues comenzamos en el estudiante por la pobreza y sus partes, veamos si es más rico el soldado. Y veremos que no hay nadie más pobre dentro de la misma pobreza, porque está atenido a la miseria de su paga, que llega tarde o no llega nunca, o a lo que logre sacar con sus manos, con notable peligro de su vida y de su conciencia.

A veces es tanta su desnudez, que un coleto acuchillado le sirve de gala y de camisa; y en la mitad del invierno se repara de las inclemencias del cielo estando en la campaña abierta, con solo el aliento de su boca; aliento que, como sale de estómago vacío, tengo por cierto que debe salir frío, contra toda naturaleza.

Y esperen a que llegue la noche para restaurarse de esas incomodidades en la cama que le aguarda, cama que, si no es por culpa suya, jamás peca de estrecha: bien puede medir en la tierra los pies que quiera y revolverse a su gusto, sin temor de que se le encojan las sábanas.

Súmese a todo esto el día y la hora de recibir el "grado" de su ejercicio: llegue un día de batalla, que allí le pondrán la borla en la cabeza hecha de hilas, para curarle algún balazo, que quizá le habrá atravesado las sienes, o lo dejará estropeado de brazo o pierna. Y cuando eso no suceda, y el cielo piadoso lo guarde sano y vivo, todavía puede ser que se quede en la misma pobreza de antes, y que sea necesario un encuentro tras otro, una batalla tras otra, y salir vencedor en todas, para medrar algo; pero esos milagros se ven rara vez.

Pero díganme, señores: ¿han reparado en esto? ¿Cuántos menos son los premiados por la guerra que los que mueren en ella? Sin duda han de responder que no hay comparación: los muertos no se reducen a cuenta, y los premiados vivos se podrían contar con tres cifras. Todo esto es al revés en los letrados, porque de faldas —no quiero decir de mangas— todos tienen en qué entretenerse.

Así que, aunque el trabajo del soldado es mayor, el premio es mucho menor. A esto se puede responder que es más fácil premiar a dos mil letrados que a treinta mil soldados: a aquellos se les premia dándoles oficios que, por fuerza, se han de dar a gente de su profesión; a estos no se les puede premiar sino con la misma hacienda del señor a quien sirven. Y esta imposibilidad fortalece más la razón que sostengo.

Pero dejemos esto aparte, que es laberinto de muy difícil salida, y volvamos a la preeminencia de las armas sobre las letras, materia que aún está por resolver, según son las razones que cada una de su parte alega.

Dicen las letras que sin ellas no se podrían sustentar las armas, porque la guerra también tiene sus leyes y está sujeta a ellas; y las leyes caen bajo lo que son letras y letrados. Responden las armas que las leyes no se pueden sostener sin ellas, porque con las armas se defienden las repúblicas, se conservan los reinos, se guardan las ciudades, se aseguran los caminos, se limpian los mares de corsarios; y, en fin, si no fuera por ellas, repúblicas, reinos, monarquías, ciudades, caminos de mar y de tierra quedarían sujetos al rigor y confusión que trae consigo la guerra mientras dura y tiene licencia de usar sus privilegios y su fuerza.

Y es cosa sabida que aquello que más cuesta se estima, y debe estimarse más. Llegar a ser eminente en letras cuesta tiempo, vigilias, hambre, desnudez, vahídos de cabeza, indigestiones de estómago, y otras cosas semejantes, que en parte ya he referido. Pero llegar a ser buen soldado cuesta todo eso en grado tan mayor, que no tiene comparación, porque a cada paso está a punto de perder la vida.

¿Y qué temor de necesidad y pobreza puede fatigar al estudiante como el que fatiga al soldado, que, cercado en alguna fortaleza, estando de guardia en un revellín o caballero, siente que los enemigos minan hacia donde él está, y no puede apartarse por ningún caso ni huir el peligro que tan cerca lo amenaza? Solo puede dar aviso a su capitán para que lo remedie con alguna contramina, y él quedarse quieto, temiendo y esperando cuándo, de improviso, ha de subir a las nubes sin alas, y bajar al abismo sin quererlo.

Y si este peligro parece pequeño, veamos si se iguala —o se excede— con el de embestirse dos galeras por las proas en mitad del mar abierto: trabadas y enlazadas, no le queda al soldado más espacio que el de dos pies de tabla en el espolón. Y con todo eso, viendo delante de sí tantos ministros de muerte cuantos cañones apuntan desde la otra parte, a distancia de una lanza, y sabiendo que al menor descuido iría a visitar los hondos senos de Neptuno, aun así, con corazón intrépido, llevado por la honra, se pone por blanco de tanta arcabucería y procura pasar por tan estrecho paso al bajel contrario.

Y lo más admirable es esto: que apenas uno cae donde no se levantará hasta el fin del mundo, cuando otro ocupa su lugar; y si ese cae en el mar —que lo aguarda como enemigo— otro le sucede, y otro, sin dar tiempo al tiempo de sus muertes. Valentía y atrevimiento, de lo mayor que se ve en los trances de la guerra.

Benditos sean aquellos siglos que carecieron de la espantable furia de estos endemoniados instrumentos de artillería, cuyo inventor —según me parece— está recibiendo en el infierno el premio de su diabólica invención: con ella dio causa para que un brazo infame y cobarde quite la vida a un caballero valeroso, y que, sin saber cómo ni por dónde, en la mitad del coraje y brío que anima a los valientes pechos, llegue una bala desmandada (disparada por quien quizá huyó, espantado del resplandor del fuego de la maldita máquina) y corte en un instante la vida y los pensamientos de quien merecía gozarlos largos siglos.

Y por eso, considerando esto, casi me pesa en el alma de haber tomado el oficio de caballero andante en edad tan detestable como esta en que vivimos; porque aunque a mí ningún peligro me mete miedo, sí me da recelo pensar si la pólvora y el estaño me han de quitar la ocasión de hacerme famoso por el valor de mi brazo y el filo de mi espada por toda la tierra. Pero haga el cielo lo que sea servido: que tanto más estimado seré, si alcanzo lo que pretendo, cuanto a mayores peligros me he puesto que los caballeros andantes de los siglos pasados.

Todo este largo preámbulo dijo don Quijote mientras los demás cenaban, olvidándose de llevar bocado a la boca, aunque Sancho Panza le había dicho algunas veces que comiera, que después habría tiempo para hablar lo que quisiera. A los que lo escuchaban les volvió la lástima, al ver que un hombre que parecía tener buen entendimiento y buen discurso en todo, lo perdiera tan rematadamente al tocar su caballería, negra y pimentada.

El cura le dijo que tenía mucha razón en todo lo que había dicho en favor de las armas, y que él, aunque letrado y graduado, estaba del mismo parecer.

Acabaron de cenar, levantaron los manteles, y mientras la ventera, su hija y Maritornes preparaban el camaranchón de don Quijote de la Mancha —donde habían decidido recogerse esa noche las mujeres solas—, don Fernando rogó al cautivo que les contara el discurso de su vida, porque no podía sino ser peregrino y gustoso, según las muestras que había dado, viniendo con Zoraida.

El cautivo respondió que con mucho gusto haría lo que se le mandaba, y que solo temía que el cuento no fuera tal que les diera el gusto que él quisiera; pero que, con todo, por no faltar a la obediencia, lo contaría. El cura y los demás se lo agradecieron y se lo rogaron de nuevo; y él, viéndose rogado de tantos, dijo que no hacían falta ruegos donde mandar tenía tanta fuerza.

—Así que estén ustedes atentos, y oirán un discurso verdadero, al que quizá no lleguen los mentirosos que, con artificio curioso y pensado, suelen componerse.

Con esto logró que todos se acomodaran y guardaran gran silencio. Y él, viendo que ya callaban y esperaban, con voz reposada y agradable, comenzó a decir de esta manera:

CAPÍTULO XXXIX: DONDE EL CAUTIVO CUENTA SU VIDA Y SUCESOS

—En un lugar de las montañas de León tuvo principio mi linaje: más agradecida y liberal fue con él la naturaleza que la fortuna, aunque, en la estrechez de aquellos pueblos, mi padre todavía alcanzaba fama de rico; y, en verdad, lo hubiera sido si se hubiese dado maña para conservar su hacienda como se la daba para gastarla.

Esa condición liberal y gastadora le venía de haber sido soldado en los años de su juventud; porque la soldadesca es escuela donde el mezquino se vuelve generoso, y el generoso, pródigo. Y si algunos soldados se hallan miserables, son como monstruos: se ven rara vez. Mi padre pasaba los límites de la liberalidad y rozaba los de la prodigalidad, cosa que no aprovecha a ningún hombre casado que tiene hijos llamados a sucederle en el nombre y en el ser.

Los que mi padre tenía eran tres, todos varones y todos en edad de poder elegir estado. Viendo, pues, mi padre que —según decía— no podía refrenar su condición, quiso privarse del instrumento y causa que lo hacía gastador y dadivoso: quiso privarse de la hacienda, sin la cual hasta el mismo Alejandro parecería tacaño.

Así, llamándonos un día a los tres a solas en un aposento, nos dijo unas razones semejantes a las que ahora diré:

«Hijos: para que sepan que los quiero, basta que sean mis hijos; y para que entiendan que los quiero mal, basta saber que no sé refrenarme en conservar su hacienda. Pero para que desde aquí adelante conozcan que los quiero como padre y no como padrastro, quiero hacer con ustedes una cosa que hace muchos días tengo pensada y, con madura consideración, resuelta.

Ya están en edad de tomar estado, o al menos de elegir ejercicio tal, que cuando sean mayores los honre y aproveche. Lo que he pensado es hacer de mi hacienda cuatro partes: tres se las daré a ustedes, a cada uno lo que le toque, sin defraudar en nada; y con la otra me quedaré yo para vivir y sustentarme los días que el cielo quiera darme.

Pero quisiera que, una vez que cada uno tenga en su poder la parte que le toca, siga uno de los caminos que voy a decir. Hay un refrán en

España, a mi parecer muy verdadero, como lo son todos, por ser sentencias breves sacadas de larga y discreta experiencia; y el que digo dice: "Iglesia, o mar, o casa real"; como quien dijera más claro: "Quien quiera valer y ser rico, siga la Iglesia, o navegue ejercitando el arte de la mercancía, o entre a servir a los reyes en sus casas"; porque también dicen: "Más vale migaja de rey que merced de señor".

Digo esto porque querría —y es mi voluntad— que uno de ustedes siguiera las letras; el otro, la mercancía; y el otro sirviera al Rey en la guerra, pues es difícil entrar a servirle en su casa. Y aunque la guerra no dé muchas riquezas, suele dar mucho valor y mucha fama.

Dentro de ocho días les daré su parte en dinero, sin quitarles un ardite, como lo verán por la obra. Díganme ahora si quieren seguir mi parecer y consejo en lo que les propongo».

Y mandándome a mí —por ser el mayor— que respondiera, después de decirle que no deshiciera la hacienda, sino que gastara lo que quisiera, porque nosotros éramos mozos para saber ganarla, vine a concluir que cumpliría su gusto, y que el mío era seguir el ejercicio de las armas, sirviendo en él a Dios y a mi Rey.

El segundo hermano hizo las mismas consideraciones, y escogió irse a las Indias, llevando empleada la hacienda que le cupiera. El menor —y a lo que yo creo, el más discreto— dijo que quería seguir la Iglesia o acabar en Salamanca los estudios que tenía comenzados.

Así que nos pusimos de acuerdo y escogimos nuestros ejercicios. Mi padre nos abrazó a los tres, y con la brevedad que dijo puso por obra cuanto nos había prometido. Y dando a cada uno su parte —que, si mal no recuerdo, fueron tres mil ducados en dinero—, porque un tío nuestro compró toda la hacienda y la pagó al contado para que no saliera del tronco de la casa, en un mismo día nos despedimos los tres de nuestro buen padre.

Y ese mismo día, pareciéndome inhumano que mi padre quedara viejo y con tan poca hacienda, hice que de mis tres mil tomara dos mil ducados, porque a mí me bastaba el resto para acomodarme de lo que necesita un soldado. Mis dos hermanos, movidos por mi ejemplo, cada uno le dio mil ducados. De modo que a mi padre le quedaron cuatro mil en dinero, y además tres mil —según parece— que valía la parte de la hacienda que le cupo, que no quiso vender, sino quedarse con ella en tierras.

En fin, nos despedimos de él y de aquel tío, no sin mucho sentimiento y lágrimas de todos; y nos encargó que le hiciéramos saber, siempre que hubiera ocasión, nuestros sucesos prósperos o adversos. Se lo prometimos, y él nos abrazó y nos echó su bendición. Luego, uno tomó el camino de Salamanca, otro el de Sevilla, y yo el de Alicante, donde supe que una nave genovesa cargaba lana para Génova.

Hace veintidós años que salí de casa de mi padre, y en todo ese tiempo, aunque he escrito algunas cartas, no he sabido de él ni de mis hermanos noticia alguna. Lo que en estos años he pasado lo diré brevemente.

Me embarqué en Alicante; llegué con viaje próspero a Génova; fui de allí a Milán, donde me proveí de armas y de algunas galas de soldado, y quise ir a asentar mi plaza al Piamonte. Estando ya de camino para Alejandría de la Palla, supe que el gran duque de Alba pasaba a Flandes. Mudé propósito, me fui con él, le serví en las jornadas que hizo, me hallé en la muerte de los condes de Egmont y de Hornos, y alcancé a ser alférez de un famoso capitán de Guadalajara, llamado Diego de Urbina.

Y al cabo de algún tiempo que llegué a Flandes, se supo la liga que la santidad del papa Pío V, de feliz memoria, había hecho con Venecia y España contra el enemigo común, que es el Turco; el cual, en ese mismo tiempo, había ganado con su armada la famosa isla de Chipre, que estaba bajo el dominio de los venecianos: pérdida lamentable y desdichada.

Se supo con certeza que venía como general de esa liga el serenísimo don Juan de Austria, hermano natural de nuestro buen rey don Felipe. Se divulgó el gran aparato de guerra que se preparaba, y todo eso movió mi ánimo y el deseo de verme en la jornada que se esperaba. Y aunque tenía indicios y casi promesas ciertas de que en la primera ocasión sería promovido a capitán, quise dejarlo todo y venirme, como me vine, a Italia.

Y quiso mi suerte que don Juan de Austria acababa de llegar a Génova, desde donde pasaba a Nápoles para juntarse con la armada de Venecia, como después lo hizo en Mesina. Digo, en fin, que me hallé en aquella felicísima jornada, ya hecho capitán de infantería, a cuyo honroso cargo me subió mi buena suerte más que mis merecimientos. Y aquel día —tan dichoso para la cristiandad, porque en él el mundo y todas las naciones salieron del error de creer invencibles por mar a los turcos—, aquel día, digo, en que quedó quebrantada la soberbia otomana, entre tantos venturosos como allí hubo (porque más ventura tuvieron los cristianos que murieron que los que quedaron vivos y vencedores), yo solo fui el desdichado.

Porque, en lugar de esperar —si hubieran sido tiempos romanos— alguna corona naval, me vi aquella noche, tras tan famoso día, con cadenas a los pies y esposas a las manos. Y fue así: habiendo el Uchalí, rey de Argel, corsario atrevido y venturoso, embestido y rendido la capitana de Malta —en la que solo tres caballeros quedaron vivos, y mal heridos—, acudió la capitana de Juan Andrea a socorrerla, en la cual yo iba con mi compañía. Y haciendo lo que debía, salté a la galera contraria; pero, desviándose esta de la que la había embestido, impidió que mis soldados me siguieran. Me hallé solo entre enemigos y no pude resistir, por ser tantos; al fin me rindieron, lleno de heridas.

Y como ya habrán oído decir, el Uchalí se salvó con toda su escuadra, y yo quedé cautivo en su poder: yo solo triste entre tantos alegres, y cautivo entre tantos libres. Porque fueron quince mil cristianos los que aquel día alcanzaron la libertad, todos ellos remeros de la armada turquesca.

Me llevaron a Constantinopla, donde el gran turco Selim hizo a mi amo general de la mar, porque había cumplido con su deber en la batalla y llevaba por muestra de valor el estandarte de la religión de Malta. Me hallé el segundo año —el de setenta y dos— en Navarino, bogando en la capitana de los tres fanales. Vi y advertí la ocasión que allí se perdió de tomar en el puerto toda la armada turquesca: los leventes y jenízaros estaban tan seguros de que serían atacados dentro del puerto, que tenían a punto ropa y pasamaques —así llaman a sus zapatos— para huir por tierra, sin esperar combate; tanto era el miedo que habían cobrado a nuestra armada.

Pero el cielo lo ordenó de otra manera, no por culpa ni descuido de nuestro general, sino por los pecados de la cristiandad, y porque Dios quiere y permite que tengamos siempre verdugos que nos castiguen. En fin, el Uchalí se recogió en Modón, isla junto a Navarino; echó la gente en tierra, fortificó la boca del puerto y se mantuvo allí hasta que don Juan se retiró.

En ese viaje se tomó la galera llamada La Presa, cuyo capitán era hijo del famoso corsario Barbarroja. La tomó la capitana de Nápoles, llamada La Loba, gobernada por aquel rayo de la guerra, padre de los soldados, capitán venturoso y jamás vencido: don Álvaro de Bazán, marqués de Santa Cruz.

Y no quiero dejar de contar lo que sucedió en La Presa. Era tan cruel el hijo de Barbarroja, y trataba tan mal a sus cautivos, que cuando los remeros vieron que La Loba los alcanzaba, soltaron al mismo tiempo los remos, se abalanzaron sobre su capitán —que estaba en el estanterol gritando que bogaran aprisa— y, pasándolo de banco en banco, de popa a proa, le dieron tantos mordiscos, que poco después de pasar del árbol ya había pasado su alma al infierno. Tal era la crueldad con que los trataba, y tal el odio que le tenían.

Volvimos a Constantinopla. Y al año siguiente —el de setenta y tres— se supo allí cómo don Juan había ganado Túnez, quitándoselo a los turcos y poniendo en posesión del reino a Muley Hamet, cortando las esperanzas de Muley Hamida, el moro más cruel y más valiente que ha tenido el mundo. Sintió mucho esa pérdida el gran turco y, usando de la sagacidad que todos los de su casa tienen, hizo paz con Venecia —que la deseaba más que él—; y al año siguiente, setenta y cuatro, acometió la Goleta y el fuerte que junto a Túnez había dejado medio levantado don Juan.

En todos esos trances andaba yo al remo, sin esperanza de libertad; al menos no la esperaba por rescate, porque tenía resuelto no escribir a mi padre las nuevas de mi desgracia.

En fin, se perdió la Goleta; se perdió el fuerte.

Sobre esas plazas hubo setenta y cinco mil turcos pagados, y más de cuatrocientos mil moros y alárabes de toda África; y venían acompañados de tantas municiones, pertrechos y gastadores, que a manos llenas de tierra habrían podido cubrir la Goleta y el fuerte.

Primero se perdió la Goleta, tenida hasta entonces por inexpugnable, y no se perdió por culpa de sus defensores —que hicieron cuanto debían y podían—, sino porque la experiencia mostró cuán fácil era levantar trincheras en aquella arena desierta: a dos palmos hallaban agua, y los turcos no la hallaron ni a dos varas. Así, con sacos de arena alzaron trincheras tan altas que sobrepasaban los muros; y tirándoles a caballero, nadie podía resistir ni sostener la defensa.

Fue opinión común que no se debió encerrar a los nuestros en la Goleta, sino esperar en campaña el desembarco. Pero quienes lo dicen hablan desde lejos y con poca experiencia. Porque si en la Goleta y el fuerte apenas había siete mil soldados, ¿cómo podía tan corto número, aunque muy esforzado, salir a campaña y mantenerse firme contra tantos enemigos? ¿Y cómo no había de perderse una plaza no socorrida, cercada por enemigos numerosos y porfiados, y en su propia tierra?

A muchos les pareció —y también a mí— que fue gracia particular del cielo para España permitir que se arrasara aquella oficina y capa de maldades, aquella goma y polilla de tantos dineros mal gastados, que no servían sino para conservar la memoria de haberla ganado el invictísimo Carlos V, memoria que no necesita de piedras para ser eterna, como lo es y lo será.

También se perdió el fuerte, pero lo fueron ganando palmo a palmo, porque sus defensores pelearon con tal valentía, que en veintidós asaltos generales mataron más de veinticinco mil enemigos. No cautivaron sano a ninguno de los trescientos que quedaron vivos: señal clara de su valor y de lo bien que se defendieron.

Se rindió a partido una pequeña torre en mitad del estero, a cargo de don Juan Zanoguera, caballero valenciano y famoso soldado. Cautivaron a don Pedro Puertocarrero, general de la Goleta, que hizo cuanto pudo por defenderla; y sintió tanto perderla, que murió de pesar en el camino de Constantinopla, adonde lo llevaban. Cautivaron también al general del fuerte, llamado Gabrio Cervellón, caballero milanés, gran ingeniero y valentísimo soldado.

Murieron en estas dos fuerzas muchas personas de cuenta. Fue una de ellas Pagán de Oria, caballero de San Juan, generoso como lo mostró la liberalidad que tuvo con su hermano, el famoso Juan Andrea de Oria. Y lo que hizo más lastimosa su muerte fue haber muerto a manos de unos alárabes en quienes confió: al verse perdido el fuerte, se ofrecieron a llevarlo vestido de moro a Tabarca, puerto donde los genoveses pescan coral; pero le cortaron la cabeza y la llevaron al general turco. Este, cumpliendo nuestro refrán —«aunque la traición agrade, el traidor se aborrece»—, mandó ahorcar a quienes le llevaron el presente, porque no se lo habían traído vivo.

Entre los cristianos que se perdieron en el fuerte hubo uno llamado don Pedro de Aguilar, natural —no sé— de algún lugar de Andalucía. Había sido alférez, soldado de gran estima y raro entendimiento; y, en especial, tenía gracia notable en lo que llaman poesía. Lo digo porque su suerte lo trajo a mi galera y a mi banco, y a ser esclavo del mismo patrón que yo. Y antes de partir de aquel puerto hizo dos sonetos, a manera de epitafios: uno a la Goleta y otro al fuerte. Y, en verdad, los diré, porque los sé de memoria y creo que antes darán gusto que pesadumbre.

En el punto en que el cautivo nombró a don Pedro de Aguilar, don Fernando miró a sus compañeros, y los tres se sonrieron. Y cuando el cautivo dijo lo de los sonetos, uno de ellos respondió:

—Antes que siga adelante, le suplico me diga qué fue de ese don Pedro de Aguilar.

—Lo que sé —respondió el cautivo— es que, al cabo de dos años en Constantinopla, se escapó en traje de arnaute con un griego espía. No sé si llegó libre, aunque creo que sí; porque al año vi yo al griego en Constantinopla, y no pude preguntarle el final de aquel viaje.

—Pues sí llegó —respondió el caballero—, porque ese don Pedro es mi hermano, y está ahora en nuestro lugar, bueno y rico, casado y con tres hijos.

—Bendito sea Dios —dijo el cautivo— por tantas mercedes como le hizo; porque no hay en la tierra, a mi parecer, contento que iguale alcanzar la libertad perdida.

—Y más —replicó el caballero—: yo sé los sonetos que mi hermano hizo.

—Dígalos entonces su merced —dijo el cautivo—, que los dirá mejor que yo.

—Con gusto —respondió el caballero—. Y el de la Goleta decía así:

CAPÍTULO XL: DONDE SE PROSIGUE LA HISTORIA DEL CAUTIVO

SONETO

Almas dichosas que del mortal velo
Libres y exentas, por el bien que obraste,
desde la baja tierra os levantaste,
A lo más alto y lo mejor del cielo,

Y, ardiendo en ira y en honroso celo,
de los cuerpos la fuerza ejercitaste,
que en propia y sangre ajena coloraste
el mar vecino y arenoso suelo;

Primero que el valor faltó la vida
En los cansados brazos, que, muriendo,
con ser vencidos, llevan la vitoria.

Y esta vuestra mortal, triste caída
Entre el muro y el hierro, os va adquiriendo
fama que el mundo os da, y el cielo gloria.

—De esa misma manera lo sé yo —dijo el cautivo.
—Pues el del fuerte, si no me equivoco —dijo el caballero—, dice así:

SONETO

De entre esta tierra estéril, derribada,
De estos terrones por el suelo echados,
Las almas santas de tres mil soldados
Subieron vivas a mejor morada,

Siendo primero, en vano, ejercitada

La fuerza de sus brazos esforzados,
Hasta que, al fin, de pocos y cansados,
Dieron la vida al filo de la espada.

Y este es el suelo que continuo ha sido
De mil memorias lamentables lleno
En los pasados siglos y presentes.

Mas no más justas de su duro seno
Habrán al claro cielo almas subido,
Ni aun él sostuvo cuerpos tan valientes.

No parecieron malos los sonetos, y el cautivo se alegró con las nuevas que le dieron de su camarada; y, prosiguiendo su historia, dijo:

—Rendidas, pues, la Goleta y el fuerte, los turcos dieron orden de desmantelar la Goleta (porque el fuerte quedó de tal modo, que no hubo nada que derribar), y para hacerlo con más brevedad y menos trabajo, la minaron por tres partes; pero con ninguna pudieron volar lo que parecía menos firme, que eran las murallas viejas; y todo lo que había quedado en pie de la fortificación nueva que había hecho el Fratín, con mucha facilidad vino a tierra. En fin, la armada volvió a Constantinopla triunfante y vencedora, y a los pocos meses murió mi amo el Uchalí, a quien llamaban Uchalí Fartax, que quiere decir en lengua turca "el renegado tiñoso", porque lo era.

Y es costumbre entre los turcos ponerse nombres de alguna falta que tengan, o de alguna virtud que haya en ellos; y esto es porque no hay entre ellos sino cuatro apellidos de linajes, que descienden de la Casa Otomana, y los demás —como he dicho— toman nombre y apellido ya de las tachas del cuerpo, ya de las virtudes del ánimo.

Y este Tiñoso bogó al remo, siendo esclavo del Gran Señor, catorce años, y a los treinta y cuatro de su edad renegó, de despecho, porque un turco, estando al remo, le dio una bofetada; y por poderse vengar dejó su fe. Y fue tanto su valor, que, sin subir por los torpes medios y caminos por donde suben la mayoría de los privados del Gran Turco, vino a ser rey de Argel y después general de la mar, que es el tercer cargo de aquel señorío. Era calabrés de nación, y, moralmente, fue hombre de bien, y trataba con mucha humanidad a sus cautivos: llegó a tener tres mil.

Después de su muerte, sus esclavos se repartieron —como lo dejó en su testamento— entre el Gran Señor (que también es hijo heredero de cuantos mueren y entra en la parte con los demás hijos que deja el difunto) y entre sus renegados; y yo vine a caer en manos de un renegado veneciano, que siendo grumete de una nave lo cautivó el Uchalí, y lo quiso tanto, que fue uno de sus garzones más favorecidos. Y él vino a ser el renegado más cruel que se haya visto. Se llamaba Azán Agá, y llegó a ser muy rico, y a ser rey de Argel.

Con él vine de Constantinopla, algo contento, por estar tan cerca de España; no porque pensara escribir a nadie mi desdichado suceso, sino por ver si me era más favorable la suerte en Argel que en Constantinopla, donde ya había probado mil maneras de huirme, y ninguna tuvo sazón ni ventura. Y pensaba, en Argel, buscar otros medios de alcanzar lo que tanto deseaba, porque jamás me abandonó la esperanza de recobrar la libertad; y cuando lo que yo tramaba, pensaba y ponía por obra no correspondía a mi intención, sin rendirme inventaba y buscaba otra esperanza que me sostuviera, aunque fuera débil y flaca. Con eso entretenía la vida, encerrado en una prisión o casa que los turcos llaman baño, donde encierran a los cautivos cristianos: así a los que son del rey como a los de particulares, y a los que llaman del almacén, que es como decir cautivos del concejo, que sirven a la ciudad en obras públicas y en otros oficios. Y estos últimos tienen muy dificultosa su libertad, porque, al ser del común y no tener amo particular, no hay con quién tratar su rescate, aunque lo tengan.

En estos baños —como he dicho— suelen llevar algunos particulares a sus cautivos, principalmente cuando son de rescate, porque allí los tienen holgados y seguros hasta que llegue el dinero. También los cautivos del rey que son de rescate no salen al trabajo con la demás chusma, sino cuando se tarda su rescate; y entonces, para que escriban por él con más empeño, los hacen trabajar e ir por leña con los demás, que no es trabajo pequeño.

Yo, pues, era uno de los de rescate; porque, como se supo que era capitán, aunque declaré mi poca posibilidad y falta de hacienda, no sirvió de nada para que no me pusieran en el número de los caballeros y gente de rescate. Me pusieron una cadena, más por señal de rescate que por guardarme con ella, y así pasaba la vida en aquel baño con otros muchos caballeros y personas principales, señalados y tenidos por de rescate. Y aunque el hambre y la desnudez podían fatigarnos a veces, y aun casi siempre, ninguna cosa nos fatigaba tanto como oír y ver a cada paso las crueldades, jamás vistas ni oídas, que mi amo ejercía con los cristianos.

Cada día ahorcaba al suyo, empalaba a este, desorejaba a aquel; y todo por tan poca ocasión —o sin ella— que los mismos turcos entendían que lo hacía solo por hacerlo, y porque era condición suya ser homicida de todo el género humano. Solo libró bien con él un soldado español llamado Saavedra, el cual, aunque hizo cosas que quedarían en la memoria de aquellas gentes por muchos años, y todas por alcanzar libertad, jamás recibió palos, ni se los mandaron dar, ni le dijeron mala palabra. Y por la menor de las muchas cosas que hizo, temíamos todos que lo empalarían, y así lo temió él más de una vez. Y si el tiempo diera lugar, contaría algo de lo que aquel soldado hizo, que bastaría para entretenerlos y asombrarlos mejor que con el hilo de mi historia.

Digo, pues, que sobre el patio de nuestra prisión caían las ventanas de la casa de un moro rico y principal, las cuales, como suelen ser las de los moros, más eran agujeros que ventanas, y aun esos se cubrían con celosías muy espesas y apretadas. Aconteció, pues, que un día, estando en un terrado de nuestra prisión con otros tres compañeros, haciendo pruebas de saltar con las cadenas, por entretener el tiempo, estábamos solos, porque los demás cristianos habían salido a trabajar. Alcé acaso los ojos y vi que por aquellas ventanillas cerradas asomaba una caña, y al remate de ella un lienzo atado; y la caña se movía, casi como si nos hiciera señas de que fuéramos a tomarla.

Miramos, y uno de los que estaban conmigo fue a ponerse debajo, por ver si la soltaban o qué pretendían; pero en cuanto llegó, alzaron la caña y la movieron a ambos lados, como diciendo que no con la cabeza. Volvió el cristiano, y la bajaron otra vez haciendo las mismas señas. Fue otro, y le sucedió lo mismo. Finalmente fue el tercero, y también. Viendo yo aquello, no quise dejar de probar mi suerte; y así, apenas me puse debajo, dejaron caer la caña, y fue a dar a mis pies dentro del baño.

Desaté el lienzo y hallé un nudo, y dentro de él venían diez cianís, monedas de oro bajo que usan los moros, y cada una vale diez reales de los nuestros. Si me alegré, no hay para qué decirlo; porque fue tan grande el gusto como la admiración de pensar de dónde nos podía venir aquel bien, y más a mí, pues las señas de no haber querido soltar la caña sino a mí decían claramente que la merced era para mí.

Tomé el dinero, quebré la caña, volví al terradillo, miré la ventana y vi asomar una mano muy blanca, que se abría y se cerraba con prisa. Con eso entendimos —o imaginamos— que alguna mujer de aquella casa nos había hecho el beneficio; y en señal de agradecimiento hicimos zalemas a uso de moros, inclinando la cabeza, doblando el cuerpo y poniendo los brazos sobre el pecho.

Poco después sacaron por la misma ventana una pequeña cruz hecha de cañas, y luego la volvieron a entrar. Esa señal nos confirmó que alguna cristiana debía de estar cautiva en aquella casa, y que era ella quien nos favorecía. Pero la blancura de la mano y las ajorcas que le vimos deshicieron esa idea, aunque pensamos que podía ser cristiana renegada, a quien suelen tomar por mujer legítima sus mismos amos, y aun lo tienen por ventura, porque las estiman más que a las de su nación.

En nuestros discursos anduvimos muy lejos de la verdad, y desde entonces nuestro entretenimiento fue mirar y tomar por norte la ventana donde nos había aparecido la estrella de la caña. Pero pasaron quince días sin verla, ni ver la mano, ni otra señal. Y aunque en ese tiempo procuramos con diligencia saber quién vivía en aquella casa, y si había en ella alguna cristiana renegada, jamás supimos otra cosa sino que allí vivía un moro principal y rico, llamado Agi Morato, alcaide que había sido de La Pata, oficio entre ellos de mucha calidad.

Pero cuando menos lo esperábamos, volvió a aparecer la caña, y en ella otro lienzo, con un nudo más crecido; y fue a tiempo que el baño estaba, como la vez pasada, solo y sin gente. Hicimos la prueba acostumbrada: fueron primero los mismos tres, y a ninguno se rindió la caña; pero en cuanto llegué yo, la dejaron caer. Desaté el nudo y hallé cuarenta escudos de oro españoles y un papel escrito en arábigo, y al cabo de lo escrito una gran cruz.

Besé la cruz, tomé los escudos, volví al terrado, hicimos todos nuestras zalemas; volvió a aparecer la mano, hice señas de que leería el papel, y cerraron la ventana. Quedamos confusos y alegres con lo sucedido; y como ninguno de nosotros entendía el arábigo, era grande el deseo de saber lo que el papel decía, y mayor la dificultad de hallar quien lo leyera.

Al fin me determiné a fiarme de un renegado natural de Murcia, que se había mostrado gran amigo mío, y teníamos entre los dos ciertas prendas que lo obligaban a guardar el secreto. Porque suelen algunos renegados, cuando tienen intención de volverse a tierra de cristianos, traer consigo firmas de cautivos principales, en que dan fe —como pueden— de que el renegado es hombre de bien, que siempre ha favorecido a cristianos y que desea huirse en la primera ocasión.

Algunos procuran esas certificaciones con buena intención; otros las usan con malicia: porque viniendo a robar a tierra de cristianos, si por azar se pierden o los cautivan, sacan los papeles y dicen que allí se ve su propósito, que era quedarse en tierra cristiana, y que por eso venían en corso con los turcos. Con eso pasan el primer ímpetu, se reconcilian con la Iglesia y no se les castiga; y cuando pueden, se vuelven a Berbería a ser lo que antes.

Otros hay que las procuran con buen fin, y se quedan en tierra de cristianos. Pues uno de esos renegados era este mi amigo, que tenía firmas de muchos de nuestros compañeros, donde lo acreditábamos cuanto podíamos; y si los moros le hubieran hallado esos papeles, lo habrían quemado vivo.

Supe que sabía arábigo muy bien: no solo hablarlo, sino escribirlo. Pero antes de declararme del todo, le dije que me leyera aquel papel, que acaso había hallado en un agujero de mi rancho. Lo abrió, y estuvo un buen rato mirándolo y descifrando, murmurando entre dientes. Le pregunté si lo entendía; me dijo que muy bien, y que si quería que me lo tradujera palabra por palabra, le diera tinta y pluma para hacerlo mejor. Se lo dimos, y poco a poco lo fue traduciendo; y al acabar, dijo:

—Todo lo que va aquí en romance, sin faltar letra, es lo que contiene este papel, y debe advertirse que donde dice Lela Marien quiere decir Nuestra Señora la Virgen María.

Leímos el papel, y decía así:

«Cuando yo era niña, mi padre tenía una esclava, y ella en mi lengua me enseñó la zalá cristianesca, y me dijo muchas cosas de Lela Marien. La cristiana murió, y yo sé que no fue al fuego, sino con Alá, porque después la vi dos veces, y me dijo que me fuera a tierra de cristianos a ver a Lela Marien, que me quería mucho. Yo no sé cómo ir: muchos cristianos he visto por esta ventana, y ninguno me ha parecido caballero sino tú. Yo soy muy hermosa y muchacha, y tengo muchos dineros para llevar conmigo: mira tú si puedes hacer cómo nos vamos, y serás allá mi marido si quieres; y si no quieres, no me importa: Lela Marien me dará con quien me case. Yo escribí esto: mira a quién se lo das a leer; no te fíes de ningún moro, porque son todos marfuces. De esto tengo mucha pena: quisiera que no te descubrieras a nadie; porque si mi padre lo sabe, me echará luego a un pozo y me cubrirá de piedras. En la caña pondré un hilo: ata allí la respuesta; y si no tienes quien te escriba en arábigo, dímelo por señas; que Lela Marien hará que yo te entienda. Ella y Alá te guarden, y esa cruz que yo beso muchas veces, que así me lo mandó la cautiva.»

Miren, señores, si era razón que esas palabras nos admirasen y nos alegrasen; y así, lo uno y lo otro fue tan vivo, que el renegado entendió que no era casual el hallazgo, sino que realmente se había escrito a alguno de nosotros. Y nos rogó que, si era verdad lo que sospechaba, confiáramos en él y se lo dijéramos, porque aventuraría su vida por nuestra libertad.

Y diciendo eso, sacó del pecho un crucifijo de metal y, con muchas lágrimas, juró por el Dios que aquella imagen representaba —en quien él, aunque pecador y malo, creía fielmente— que guardaría lealtad y secreto en todo cuanto le descubriéramos; porque le parecía, y casi adivinaba, que por medio de quien había escrito aquel papel lograríamos libertad, y que él mismo alcanzaría lo que tanto deseaba: volver al gremio de la santa Iglesia, su madre, de la que, como miembro podrido, estaba apartado por su ignorancia y pecado.

Con tantas lágrimas y señales de arrepentimiento dijo esto, que todos, de un mismo parecer, consentimos en declararle la verdad del caso; y le contamos todo, sin encubrir nada. Le mostramos la ventanilla por donde aparecía la caña, y él señaló desde allí la casa y quedó en informarse con cuidado de quién vivía en ella.

Acordamos también que convenía responder al billete de la mora; y como ya teníamos quién lo hiciera, en el acto el renegado escribió lo que yo le fui dictando, y fueron puntualmente estas razones —que digo tal cual, porque de los puntos sustanciales que me acontecieron ninguno se me ha ido de la memoria, ni se me irá mientras viva—:

«El verdadero Alá te guarde, señora mía, y aquella bendita Marien, que es la verdadera madre de Dios, y es la que te ha puesto en el corazón irte a tierra de cristianos, porque te quiere bien. Ruégale tú que se sirva de darte a entender cómo podrás poner por obra lo que te manda; que ella es tan buena, que lo hará. De mi parte y de la de todos estos cristianos que están conmigo te ofrezco hacer por ti todo lo que pudiéramos, hasta morir. No dejes de escribirme y avisarme lo que pienses hacer, que yo te responderé siempre. El gran Alá nos ha dado un cristiano cautivo que sabe hablar y escribir tu lengua tan bien como lo verás por este papel. Así que, sin miedo, nos puedes avisar de todo lo que quieras. A lo que dices de que, si vas a tierra de cristianos, has de ser mi mujer, yo te lo prometo como buen cristiano; y sabe que los cristianos cumplen lo que prometen mejor que los moros. Alá y Marien su madre te guarden, señora mía.»

Escrito y cerrado el papel, aguardé dos días a que el baño estuviera solo, como solía, y subí al terradillo, a ver si aparecía la caña; no tardó mucho en asomar. En cuanto la vi —aunque no podía ver quién la ponía— mostré el papel, dando a entender que pusieran el hilo; pero ya venía puesto. Até allí el papel, y a poco volvió a aparecer nuestra estrella, con la blanca bandera de paz del atadillo. La dejaron caer, la recogí y hallé en el paño, en toda suerte de moneda de oro y plata, más de cincuenta escudos; y esos cincuenta, por lo que significaban, valían para nosotros cincuenta veces más, pues doblaron el contento y afirmaron la esperanza de libertad.

Aquella misma noche volvió el renegado y nos dijo que había sabido que en aquella casa vivía el mismo moro de quien se hablaba, llamado Agi Morato, riquísimo por extremo, y que tenía una sola hija, heredera de toda su hacienda; y que era opinión común en toda la ciudad que era la mujer más hermosa de Berbería. Y que muchos de los virreyes que allí venían la habían pedido por esposa, y ella nunca quiso casarse; y también supo que tuvo una cristiana cautiva, ya muerta. Todo lo cual concordaba con lo del papel.

Entramos luego en consejo sobre qué orden se tendría para sacar a la mora y venirnos todos a tierra de cristianos; y al fin se acordó que por entonces esperáramos un segundo aviso de Zoraida —que así se llamaba la que ahora quiere llamarse María—, porque vimos que ella, y no otra, había de dar salida a aquellas dificultades. Después de acordado esto, dijo el renegado que no tuviéramos pena: que él perdería la vida o nos pondría en libertad.

Cuatro días estuvo el baño con gente, y por eso cuatro días tardó en aparecer la caña; al cabo de ellos, en la acostumbrada soledad, volvió a mostrarse con el lienzo tan cargado, que prometía un parto felicísimo. Se inclinó hacia mí la caña y el lienzo; hallé dentro otro papel y cien escudos de oro, sin otra moneda. Estaba allí el renegado; le dimos a leer el papel en nuestro rancho, y dijo que así decía:

«Yo no sé, mi señor, cómo dar orden para que nos vayamos a España, ni Lela Marien me lo ha dicho, aunque yo se lo he preguntado; lo que se podrá hacer es que yo les daré por esta ventana muchísimo dinero de oro: rescátense ustedes con él, y sus amigos, y vaya uno a tierra de cristianos, compre allá una barca, y vuelva por los demás. Y a mí me hallarán en el jardín de mi padre, que está a la puerta de Babazón, junto a la marina, donde he de estar todo este verano con mi padre y con mis criados. De allí, de noche, podrán sacarme sin miedo y llevarme a la barca; y mira que has de ser mi marido, porque si no, yo pediré a Marien que te castigue. Si no te fías de nadie para que vaya por la barca, rescátate tú y ve; que yo sé que volverás mejor que otro, pues eres caballero y cristiano. Procura reconocer el jardín, y cuando te pasees por ahí sabré que está solo el baño, y te daré mucho dinero. Alá te guarde, señor mío.»

Esto decía y contenía el segundo papel; lo cual, visto por todos, hizo que cada uno se ofreciera a querer ser el rescatado, y prometiera ir y volver con toda puntualidad; y también yo me ofrecí a lo mismo. A todo se opuso el renegado, diciendo que de ninguna manera consentiría que ninguno saliera libre hasta que saliéramos todos juntos, porque la experiencia le había mostrado cuán mal cumplían los libres las palabras que daban en el cautiverio. Muchas veces —dijo— se había usado de aquel remedio: algunos cautivos principales rescataban a uno, para que fuera a Valencia o a Mallorca con dinero, armara una barca y volviera por los que lo habían rescatado; y nunca volvían, porque la libertad alcanzada y el temor de no perderla borraban de la memoria todas las obligaciones del mundo.

Y, para confirmar lo que decía, nos contó brevemente un caso que casi por aquellos mismos días había sucedido a unos caballeros cristianos: el más extraño que jamás se vio en aquellas partes, donde a cada paso suceden cosas dignas de espanto y de admiración.

En fin, vino a decir que lo que se podía y debía hacer era que el dinero que se había de dar para rescatar al cristiano se le diera a él, para comprar allí mismo, en Argel, una barca, con el pretexto de hacerse mercader y tratante en Tetuán y en aquella costa; y que, siendo él dueño de la barca, con facilidad hallaría modo de sacarnos del baño y embarcarnos a todos. Y tanto más —añadió— si la mora, como decía, daba dinero para rescatar a todos: estando libres, sería facilísimo embarcarse incluso a plena luz del día.

La mayor dificultad era que los moros no consentían que ningún renegado comprara ni tuviera barca, si no era un bajel grande para ir en corso, porque temían que quien compra barca —sobre todo si es español— la quiere para irse a tierra de cristianos. Pero él salvaría el inconveniente haciendo que un moro tagarino entrara con él en la parte de la barca y en la ganancia de las mercancías; y con esa sombra vendría él a ser, en la práctica, dueño de la embarcación, y con eso daba por resuelto todo lo demás.

Y aunque a mí y a mis compañeros nos había parecido mejor lo de enviar por la barca a Mallorca, como la mora decía, no nos atrevimos a contradecirlo, temerosos de que, si no hacíamos lo que él proponía, nos descubriera y nos pusiera en riesgo de perder la vida; y más si descubría el trato de Zoraida, por cuya vida habríamos dado todos la nuestra.

Así determinamos ponernos en las manos de Dios y en las del renegado; y en ese mismo punto se le respondió a Zoraida, diciéndole que haríamos cuanto nos aconsejaba, porque lo había pensado tan bien como si Lela Marien se lo hubiera dicho, y que de ella sola dependía dilatar el negocio o ponerlo luego por obra.

Le ofrecí de nuevo ser su esposo; y con esto, otro día que ocurrió estar solo el baño, en diversas veces, con la caña y el paño nos dio dos mil escudos de oro y un papel donde decía que el primer jumá (que es el viernes) se iba al jardín de su padre, y que antes de irse nos daría más dinero; y que si aquello no bastaba, se lo avisáramos, que nos daría cuanto pidiéramos, porque su padre tenía tantos que no lo notaría, y además ella tenía las llaves de todo.

Dimos luego quinientos escudos al renegado para que comprara la barca. Con ochocientos me rescaté yo, entregando el dinero a un mercader valenciano que por entonces estaba en Argel; y él me rescató del rey, tomándome bajo palabra y dando la suya de que con el primer bajel que viniera de Valencia pagaría mi rescate.

Porque, si se desembolsaba el dinero en el acto, era dar sospecha al rey de que mi rescate llevaba ya muchos días en Argel y que el mercader, por su conveniencia, lo había callado.

En fin, mi amo era tan suspicaz, que de ninguna manera me atreví a que el dinero se pagara de inmediato.

El jueves, antes del viernes en que la hermosa Zoraida había de ir al jardín, nos dio otros mil escudos y nos avisó de su partida, rogándome que, si me rescataba, reconociera en seguida el jardín de su padre, y que buscara ocasión de ir allá y verla.

Le respondí en pocas palabras que así lo haría, y que tuviera cuidado de encomendarnos a Lela Marien con todas aquellas oraciones que la cautiva le había enseñado.

Hecho esto, se ordenó que los tres compañeros nuestros se rescataran, para facilitar su salida del baño; y también porque, viéndome yo rescatado y a ellos no, habiendo dinero, no se alborotaran, ni el diablo les persuadiera a hacer alguna cosa en perjuicio de Zoraida.

Y aunque el saber quiénes eran me podía asegurar contra ese temor, no quise poner el negocio a prueba; y así, los hice rescatar por el mismo orden con que yo lo fui, entregando todo el dinero al mercader, para que con seguridad pudiera hacer la fianza.

A él jamás le descubrimos nuestro trato ni nuestro secreto, por el peligro que había.

CAPÍTULO XLI: DONDE TODAVÍA PROSIGUE EL CAUTIVO SU SUCESO

No pasaron quince días cuando ya nuestro renegado tenía comprada una barca muy buena, capaz de más de treinta personas; y para asegurar el hecho y darle apariencia, quiso hacer —como hizo— un viaje a un lugar llamado Sargel, que está a treinta leguas de Argel hacia la parte de Orán, y donde hay mucha contratación de higos pasos.

Dos o tres veces hizo ese viaje, en compañía del tagarino que había dicho. Tagarinos llaman en Berbería a los moros de Aragón, y a los de Granada mudéjares; y en el reino de Fez llaman a los mudéjares elches, y son la gente de que aquel rey más se sirve en la guerra.

Digo, pues, que cada vez que pasaba con su barca, fondeaba en una caleta que estaba a no dos tiros de ballesta del jardín donde Zoraida esperaba; y allí, muy a propósito, se ponía el renegado con los morillos que bogaban el remo, ya a hacer la zalá, ya como ensayando en burla lo que pensaba hacer en serio. Y así se iba al jardín de Zoraida y pedía fruta, y su padre se la daba sin reconocerlo.

Y aunque él, como después me dijo, hubiera querido hablar a Zoraida y decirle que era quien, por orden mía, la había de llevar a tierra de cristianos, para que estuviera contenta y segura, nunca le fue posible, porque las moras no se dejan ver de ningún moro ni turco si no es que su marido o su padre se lo manden. De cristianos cautivos se dejan tratar y comunicar, aun más de lo que sería razonable; y a mí me habría pesado que él la hablara, porque quizá se habría turbado al ver que su negocio andaba en boca de renegados.

Pero Dios, que lo ordenaba de otra manera, no dio lugar al buen deseo que nuestro renegado tenía. Viendo él cuán seguro iba y venía a Sargel, y que fondeaba cuando, como y donde quería, y que el tagarino su compañero no tenía más voluntad que la que la suya ordenaba, y que yo estaba ya rescatado, y que solo faltaba buscar algunos cristianos que bogaran al remo, me dijo que mirara yo cuáles quería traer conmigo —fuera de los rescatados— y que los tuviera avisados para el primer viernes, porque tenía determinado que ese día fuera nuestra partida.

Viendo esto, hablé con doce españoles, todos valientes hombres del remo, de los que más fácilmente podían salir de la ciudad. Y no fue poco hallar tantos en aquella coyuntura, porque había veinte bajeles en corso y se habían llevado casi toda la gente de remo; y estos no se habrían hallado si su amo no se hubiera quedado aquel verano sin ir en corso, por acabar una galeota que tenía en el astillero.

A esos doce no les dije otra cosa sino que el primer viernes, ya tarde, salieran uno a uno, disimuladamente, y se fueran hacia el jardín de Agi Morato, y que allí me aguardaran hasta que yo llegara. A cada uno se lo advertí por separado, con orden de que, aunque vieran allí a otros cristianos, no les dijeran más que yo les había mandado esperar en aquel lugar.

Hecha esa diligencia, me faltaba otra, que era la que más me importaba: avisar a Zoraida del punto en que estaban las cosas, para que estuviera prevenida y no se sobresaltara si, de improviso, la acometiéramos antes del tiempo que ella podía imaginar.

Así determiné ir al jardín y ver si podría hablarle. Y, con ocasión de coger algunas hierbas, un día, antes de mi partida, fui allá; y la primera persona con quien me encontré fue su padre, que me preguntó —en una lengua que en toda Berbería, y aun en Constantinopla, se halla entre cautivos y moros, y que no es morisca ni castellana ni de otra nación, sino mezcla de todas— qué buscaba en su jardín y de quién era.

Le respondí que era esclavo de Arnaute Mamí (porque sabía con certeza que era gran amigo suyo) y que buscaba hierbas para hacer ensalada. Me preguntó luego si era hombre de rescate o no, y cuánto pedía mi amo por mí.

En esas preguntas y respuestas salió de la casa del jardín la bella Zoraida, que ya hacía tiempo me había visto; y como las moras no se recatan de mostrarse a los cristianos —antes, como he dicho, se tratan y comunican con ellos más de lo razonable—, no tuvo reparo en venir donde estaban su padre y yo. Al contrario: en cuanto el padre la vio, la llamó con calma y le mandó que se acercara.

Sería demasiado decir ahora cuánta hermosura, gentileza y gallardo adorno mostraba mi querida Zoraida. Solo diré que más perlas colgaban de su hermosísimo cuello, orejas y cabellos que cabellos tenía en la cabeza. En los tobillos, que traía descubiertos a su usanza, llevaba dos carcajes (así llaman los moros a las ajorcas de los pies) de oro purísimo, con tantos diamantes engastados, que después ella me dijo que su padre los estimaba en diez mil doblas; y las ajorcas de las muñecas valían otro tanto.

Las perlas eran muchas y muy buenas; porque la mayor gala de las moras es adornarse de ricas perlas y aljófar, y por eso hay más perlas y aljófar entre moros que entre otras naciones. El padre de Zoraida tenía fama de tener muchas y de las mejores de Argel, y de poseer más de doscientos mil escudos españoles, de todo lo cual era heredera la que ahora lo es mía.

Si con ese adorno podía venir entonces hermosa o no, por las reliquias que le han quedado tras tantos trabajos se podrá conjeturar cuál debió de ser en sus días prósperos. Bien se sabe que la hermosura de algunas mujeres tiene días y sazones, y requiere ocasiones para disminuirse o acrecentarse; y es cosa natural que las pasiones del ánimo la levanten o la bajen, aunque muchas veces la destruyen.

Digo, en fin, que entonces venía en extremo compuesta y en extremo hermosa, o al menos a mí me lo pareció, más que ninguna que hubiera visto. Y viendo las obligaciones en que me había puesto, me parecía tener delante una deidad del cielo, venida a la tierra para mi remedio.

En cuanto llegó, su padre le dijo en su lengua que yo era cautivo de su amigo Arnaute Mamí y que venía a buscar ensalada. Ella me tomó la mano, y en aquella mezcla de lenguas me preguntó si era caballero, y por qué no me rescataba.

Yo le respondí que ya estaba rescatado, y que en el precio se veía en cuánto me estimaba mi amo, pues habían dado por mí mil y quinientos zoltanís. A lo cual respondió:

—En verdad que si tú fueras de mi padre, yo habría hecho que no te diera por otros dos tantos; porque ustedes, cristianos, siempre mienten en cuanto dicen, y se hacen pobres para engañar a los moros.

—Bien podría ser eso, señora —respondí—; pero de veras que yo he tratado con mi amo, y trato y trataré con cuantas personas hay en el mundo.

—¿Y cuándo te vas? —dijo Zoraida.

—Mañana, creo yo —dije—, porque está aquí un bajel de Francia que zarpa mañana, y pienso irme en él.

—¿No es mejor —replicó Zoraida— esperar a que vengan bajeles de España e irte con ellos, y no con los de Francia, que no son amigos de ustedes?

—No —respondí—; aunque si es verdad que viene ya un bajel de España, todavía lo esperaré; pero es más cierto partir mañana, porque el deseo que tengo de verme en mi tierra y con las personas que quiero es tanto, que no me dejará aguardar otra comodidad, si se tarda, por buena que sea.

—Debes de ser, sin duda, casado en tu tierra —dijo Zoraida—, y por eso deseas ir a verte con tu mujer.

—No soy casado —respondí—; pero tengo dada palabra de casarme en cuanto llegue allá.

—¿Y es hermosa la dama a quien se la diste? —dijo Zoraida.

—Tan hermosa es —respondí— que, para decirte la verdad, se parece mucho a ti.

De esto se rio su padre de veras, y dijo:

—¡Guálah, cristiano! Debe de ser muy hermosa si se parece a mi hija, que es la más hermosa de todo este reino. Si no, mírala bien, y verás que digo verdad.

Servía de intérprete en muchas de estas palabras el padre de Zoraida, por ser más ladino; porque aunque ella hablaba aquella lengua bastarda, declaraba más su intención por señas que por palabras.

Estando en estas y otras razones, llegó un moro corriendo y dijo a grandes voces que por las bardas del jardín habían saltado cuatro turcos y andaban cogiendo la fruta, aunque no estaba madura. Se sobresaltó el viejo, y lo mismo hizo Zoraida; porque es común —y casi natural— el miedo que los moros tienen a los turcos, especialmente a los soldados, tan insolentes y con tanto imperio sobre ellos, que los tratan peor que si fueran esclavos.

Digo, pues, que el padre le dijo a Zoraida:

—Hija, retírate a la casa y enciérrate, mientras yo voy a hablar con estos perros; y tú, cristiano, busca tus hierbas y vete en buena hora; y que Alá te lleve con bien a tu tierra.

Yo me incliné, y él fue a buscar a los turcos, dejándome solo con Zoraida, que comenzó a dar muestras de irse adonde su padre le había mandado; pero apenas él se ocultó entre los árboles del jardín, cuando ella, volviéndose hacia mí y con los ojos llenos de lágrimas, me dijo:

—¿Támxixi, cristiano, támxixi? —que quiere decir: «¿Te vas, cristiano, te vas?»

Yo le respondí:

—Señora, sí... pero no, de ninguna manera, sin ti. El primer jumá me aguarda, y no te sobresaltes cuando nos veas: sin duda iremos a tierra de cristianos.

Se lo dije de modo que lo entendió muy bien, con todo lo que nos dijimos el uno al otro; y echándome un brazo al cuello, con pasos desmayados comenzó a caminar hacia la casa.

Y quiso la suerte —que pudo ser muy mala si el cielo no lo hubiera dispuesto de otro modo— que, yendo los dos como les he contado, con su brazo al cuello, su padre, que ya volvía de hacer que los turcos se fueran, nos vio como íbamos, y nosotros vimos que él nos había visto. Pero Zoraida, avisada y discreta, no quiso quitar el brazo de mi cuello; antes se pegó más a mí y puso la cabeza sobre mi pecho, doblando un poco las rodillas y dando claras señales de que se desmayaba; y yo, asimismo, di a entender que la sostenía, contra mi voluntad.

Su padre llegó corriendo adonde estábamos, y viendo a su hija así, le preguntó qué tenía; pero como ella no le respondía, dijo:

—Sin duda, con el sobresalto de la entrada de esos perros se ha desmayado.

Y apartándola de mí, la arrimó a su pecho; y ella, dando un suspiro y con los ojos aún mojados de lágrimas, volvió a decir:

—Ámexi, cristiano, ámexi —«Vete, cristiano, vete».

A lo que su padre respondió:

—No importa, hija, que el cristiano se vaya: ningún mal te ha hecho, y los turcos ya se han ido. No te sobresaltes por nada, pues no hay cosa que pueda darte pena; que, como ya te dije, los turcos, por mi ruego, se volvieron por donde entraron.

—Ellos, señor, la sobresaltaron, como ha dicho —dije yo a su padre—; pero pues ella quiere que yo me vaya, no quiero darle pesadumbre. Quédate en paz, y, con tu licencia, volveré, si hiciera falta, por hierbas a este jardín; que, según dice mi amo, en ninguno las hay mejores para ensalada que en este.

—Todas las veces que quieras podrás volver —respondió Agi Morato—; que mi hija no lo dice porque tú ni ninguno de los cristianos la hayan enojado, sino porque, por decir que los turcos se fueran, dijo que tú te fueras; o porque ya era hora de que buscaras tus hierbas.

Con esto me despedí al punto de ambos; y ella, como si se le arrancara el alma, se fue con su padre. Yo, con el pretexto de buscar hierbas, rodeé muy bien y a mi gusto todo el jardín: miré las entradas y salidas, la firmeza de la casa y la comodidad que podía ofrecerse para facilitar nuestro negocio. Hecho esto, volví, y di cuenta de cuanto había pasado al renegado y a mis compañeros.

Ya no veía la hora de gozar sin sobresalto del bien que la suerte me ofrecía en la hermosa Zoraida.

En fin, el tiempo pasó, y llegó el día y plazo tan deseado; y siguiendo todos el orden y parecer que, con discreta consideración y largo discurso, muchas veces habíamos tomado, alcanzamos el buen suceso que queríamos. Porque el viernes siguiente al día en que hablé con Zoraida en el jardín, nuestro renegado, al anochecer, fondeó con la barca casi enfrente de donde la hermosísima Zoraida estaba.

Ya los cristianos que habían de bogar al remo estaban prevenidos y escondidos por diversas partes de aquellos alrededores. Todos estaban suspensos y alborozados, aguardándome y deseosos de lanzarse sobre el bajel que tenían a la vista; porque ellos no sabían el acuerdo del renegado, sino que pensaban que, a fuerza de brazos, habían de ganar la libertad, quitando la vida a los moros que dentro de la barca iban.

Sucedió, pues, que en cuanto aparecimos yo y mis compañeros, los demás escondidos, al vernos, se fueron acercando. Ya entonces la ciudad estaba cerrada, y por toda aquella campaña no se veía persona alguna.

Cuando estuvimos juntos, dudamos si sería mejor ir primero por Zoraida, o rendir primero a los moros bagarinos que bogaban en la barca; y estando en esa duda llegó nuestro renegado, diciéndonos por qué nos deteníamos: ya era hora, y sus moros estaban descuidados, y la mayoría dormía.

Le dijimos lo que nos hacía reparar, y él respondió que lo que más importaba era rendir primero el bajel, cosa que podía hacerse con grandísima facilidad y sin peligro; y que luego podríamos ir por Zoraida.

Nos pareció bien a todos lo que decía; y así, sin detenernos más, guiados por él, llegamos al bajel. Saltó él primero dentro, metió mano a un alfanje y dijo en morisco:

—Ninguno de ustedes se mueva de aquí, si no quiere que le cueste la vida.

Ya para entonces habían entrado casi todos los cristianos. Los moros, que eran de poco ánimo, al oír hablar así a su arráez, quedaron espantados; y sin que ninguno echara mano a armas —pocas o casi ningunas tenían—, se dejaron, sin decir palabra, maniatar por los cristianos. Y estos lo hicieron con mucha presteza, amenazándolos con pasarles a todos a cuchillo si por alguna vía alzaban la voz.

Hecho esto, quedándose la mitad de los nuestros en guardia, los demás —yendo otra vez el renegado por guía— fuimos al jardín de Agi Morato. Y quiso la buena suerte que, al llegar a la puerta, se abriera con tanta facilidad como si no hubiera estado cerrada; y así, con gran quietud y silencio, llegamos a la casa sin ser sentidos.

Estaba la bellísima Zoraida aguardándonos a una ventana; y en cuanto sintió gente, preguntó en voz baja si éramos nizaraní, como quien pregunta si éramos cristianos. Yo le respondí que sí, y que bajara.

Cuando me conoció, no se detuvo un instante: sin responder palabra, bajó al momento, abrió la puerta y se mostró a todos tan hermosa y tan ricamente vestida, que no acierto a encarecerlo. En cuanto la vi, le tomé una mano y comencé a besarla; el renegado hizo lo mismo, y mis dos compañeros; y los demás, que no sabían el caso, hicieron lo que vieron hacer, como si le diéramos gracias y la reconociéramos por señora de nuestra libertad.

El renegado le dijo en lengua morisca si estaba su padre en el jardín. Ella respondió que sí, y que dormía.

—Entonces habrá que despertarlo —replicó el renegado—, y llevárnoslo con nosotros, y también todo lo que haya de valor en este hermoso jardín.

—No —dijo ella—: a mi padre no se le ha de tocar de ningún modo. Y en esta casa no hay otra cosa que lo que yo llevo, que es tanto que alcanzará para que todos queden ricos y contentos. Espérenme un poco y lo verán.

Dicho esto, se volvió adentro, diciendo que saldría muy pronto y que nos quedáramos quietos, sin hacer ruido.

Pregunté al renegado qué habían dicho, y él me lo contó; y yo le advertí que no se hiciera otra cosa sino lo que Zoraida quisiera.

En esto volvió ella, cargada con un cofrecillo lleno de escudos de oro, tantos que apenas podía con él.

Quiso la mala suerte que su padre despertara en ese instante y sintiera el movimiento del jardín; y asomándose a la ventana, al punto conoció que los que estaban allí eran cristianos; y dando grandes voces comenzó a gritar en arábigo:

—¡Cristianos, cristianos! ¡Ladrones, ladrones!

Con esos gritos nos vimos todos en una confusión temerosa; pero el renegado, viendo el peligro y lo mucho que le importaba salir con la empresa antes de que nos sintieran, subió con gran prisa adonde estaba Agi Morato, y con él subieron algunos de los nuestros. Yo no me atreví a dejar a Zoraida, que, como desmayada, se había derrumbado en mis brazos.

En fin, los que subieron se dieron tan buena maña, que en un momento bajaron con Agi Morato: le traían las manos atadas y un pañuelo en la boca, que no le dejaba decir palabra, amenazándolo con que hablar le costaría la vida.

Cuando su hija lo vio, se cubrió los ojos por no verlo; y el padre quedó espantado, sin entender cuán por voluntad de su hija había caído en nuestras manos.

Pero entonces, siendo más necesarios los pies, con diligencia y prisa nos metimos en la barca; que ya los que habían quedado en ella nos aguardaban, temerosos de algún mal suceso.

No habían pasado dos horas de la noche cuando ya estábamos todos en la barca. Allí se le quitaron al padre de Zoraida las ataduras y el paño; pero el renegado le volvió a decir que no dijera palabra, porque le quitarían la vida. Él, en cuanto vio allí a su hija, comenzó a suspirar con ternura; y más cuando vio que yo la tenía estrechamente abrazada, y que ella, sin defenderse ni quejarse ni apartarse, permanecía quieta. Aun así, callaba, por no dar ocasión a que se cumpliera la amenaza.

Viéndose Zoraida ya en la barca, y que queríamos echar los remos al agua, y viendo allí a su padre y a los demás moros atados, le dijo al renegado que me pidiera la merced de soltar a aquellos moros y dar libertad a su padre; porque antes se arrojaría al mar que ver, delante de sus ojos y por causa suya, llevar cautivo a un padre que tanto la había querido.

El renegado me lo dijo, y yo respondí que con gusto; pero él replicó que no convenía, porque si los soltaban allí, darían voces en tierra y alborotarían la ciudad, y saldrían a buscarnos con fragatas ligeras, y nos tomarían la tierra y el mar, de modo que no pudiéramos escapar. Lo que sí podría hacerse —dijo— era darles libertad en cuanto tocáramos la primera tierra de cristianos.

En ese parecer convenimos todos; y Zoraida, cuando se le explicó y se le dieron las razones, quedó también satisfecha. Y así, en un silencio regocijado y con alegre diligencia, cada uno de nuestros valientes remeros tomó su remo, y comenzamos —encomendándonos a Dios de todo corazón— a navegar hacia las islas de Mallorca, por ser la tierra de cristianos más cercana.

Pero como soplaba un poco el viento de tramontana y la mar estaba algo picada, no fue posible llevar la derrota de Mallorca; y nos fue forzoso ir costeando hacia Orán, no sin pesadumbre, por temor de ser descubiertos desde el lugar de Sargel, que cae en aquella costa a sesenta millas de Argel.

También temíamos topar con alguna galeota que, de ordinario, viene con mercancía de Tetuán; aunque, cada uno por sí y todos juntos, presumíamos que, si encontrábamos una de mercancía y no de corso, no solo no nos perderíamos, sino que tomaríamos bajel donde acabar el viaje con mayor seguridad.

Iba Zoraida, mientras navegábamos, con la cabeza entre mis manos por no ver a su padre; y yo sentía que iba llamando a Lela Marien para que nos ayudara.

Habríamos navegado unas treinta millas cuando nos amaneció, a unos tres tiros de arcabuz de tierra; y vimos toda aquella costa desierta, sin nadie que pudiera descubrirnos. Con todo, a fuerza de brazos nos fuimos metiendo un poco más mar adentro, ya con la mar algo más sosegada; y habiendo avanzado casi dos leguas, se ordenó que se bogara a cuarteles mientras comíamos algo, porque la barca iba bien provista.

Pero los que bogaban dijeron que no era hora de reposar, que les dieran de comer los que no bogaban, y que ellos no soltarían los remos por nada. Así se hizo.

En esto comenzó a soplar un viento largo, que nos obligó a hacer vela y dejar el remo, y enderezar hacia Orán, pues no era posible otro camino. Todo se hizo con mucha presteza, y así navegamos a vela, a más de ocho millas por hora, sin otro temor que el de topar con algún bajel de corso.

Dimos de comer a los moros bagarinos, y el renegado los consoló, diciéndoles que no iban cautivos: que en la primera ocasión se les daría libertad. Lo mismo se le dijo al padre de Zoraida, y él respondió:

—Cualquier otra cosa podría yo esperar y creer de su liberalidad y buen término, ¡oh cristianos!, pero que me den libertad, no me tengan por tan simple que lo imagine. Nunca se pusieron ustedes en peligro de quitármela para luego devolvérmela tan liberalmente; y menos sabiendo quién soy yo y el interés que pueden sacar de tenerme. Y si quieren ponerle nombre a ese interés, desde ahora les ofrezco cuanto quieran por mí y por esa desdichada hija mía, o, si no, por ella sola, que es la mayor y la mejor parte de mi alma.

Diciendo esto, comenzó a llorar tan amargamente, que a todos nos movió a compasión, y obligó a Zoraida a mirarlo. Y ella, viéndole llorar, se enterneció tanto, que se levantó de donde estaba, fue a abrazar a su padre y, juntando su rostro con el suyo, comenzaron ambos un llanto tan tierno, que muchos de los que íbamos allí los acompañamos.

Pero cuando su padre la vio vestida de fiesta y con tantas joyas encima, le dijo en su lengua:

—¿Qué es esto, hija? Ayer, al anochecer, antes de que nos cayera encima esta terrible desgracia en que nos vemos, te vi con tus vestidos ordinarios, de casa; y ahora, sin que hayas tenido tiempo de vestirte, y sin que te haya llegado alguna nueva alegre que celebrar con adornarte y acicalarte, te veo compuesta con los mejores vestidos que supe y pude darte cuando la fortuna nos fue más favorable. Respóndeme, que esto me tiene más suspenso y admirado que la misma desgracia en que me hallo.

Todo lo que el moro decía a su hija nos lo iba declarando el renegado, y ella no le respondía palabra. Pero cuando él vio, a un lado de la barca, el cofrecillo donde ella solía guardar sus joyas —y que él sabía bien que había quedado en Argel y no lo había llevado al jardín—, quedó todavía más confuso, y le preguntó cómo había venido a nuestras manos aquel cofre, y qué era lo que traía dentro.

A esto el renegado, sin esperar a que Zoraida respondiera, le respondió:

—No te canses, señor, en preguntarle tantas cosas a Zoraida, tu hija; porque con una sola respuesta mía quedarán satisfechas todas. Quiero que sepas que ella es cristiana; y ella ha sido la lima de nuestras cadenas y la libertad de nuestro cautiverio. Va aquí por su voluntad, tan contenta —por lo que yo imagino— de verse en este estado, como el que sale de las tinieblas a la luz, de la muerte a la vida y de la pena a la gloria.

—¿Es verdad lo que este dice, hija? —preguntó el moro.

—Así es —respondió Zoraida.

—¿Que, en efecto —replicó el viejo—, tú eres cristiana, y la que ha puesto a su padre en poder de sus enemigos?

A esto respondió Zoraida:

—La que es cristiana, lo soy; pero no la que te ha puesto en este punto. Porque mi deseo nunca fue dejarte ni hacerte mal, sino hacerme a mí bien.

—¿Y qué bien es ese que te has hecho, hija?

—Eso —respondió ella— pregúntaselo a Lela Marien, que ella te lo sabrá decir mejor que yo.

Apenas oyó esto el moro, cuando, con increíble rapidez, se arrojó de cabeza al mar, donde sin duda se habría ahogado si el vestido largo y embarazoso que traía no lo hubiera sostenido un poco sobre el agua.

Gritó Zoraida que lo sacaran; y acudimos todos, y, asiéndolo de la almalafa, lo sacamos medio ahogado y sin sentido.

Le dio tanta pena a Zoraida, que, como si ya estuviera muerto, lloró sobre él con llanto tierno y doloroso.

Lo volvimos boca abajo; echó mucha agua; y volvió en sí al cabo de dos horas, durante las cuales el viento había cambiado, y nos convino volver hacia la costa y hacer fuerza de remos, por no dar contra tierra. Pero quiso nuestra buena suerte que llegamos a una cala al lado de un pequeño promontorio o cabo que los moros llaman el de la Cava Rumia, que en nuestra lengua quiere decir "la mala mujer cristiana". Dicen ellos por tradición que allí está enterrada la Cava, por quien se perdió España; porque cava en su lengua quiere decir "mujer mala", y rumia, "cristiana". Y todavía lo tienen por mal agüero, cuando la necesidad los obliga a fondear allí, porque, según ellos, nunca echan ancla sin desgracia; aunque para nosotros no fue refugio de mala mujer, sino puerto seguro de nuestro remedio, según andaba la mar.

Pusimos centinelas en tierra y no dejamos jamás los remos de la mano. Comimos de lo que el renegado había provisto, y rogamos a Dios y a Nuestra Señora, con todo el corazón, que nos ayudaran y favorecieran para dar feliz fin a tan dichoso principio.

A ruego de Zoraida se ordenó que, en cuanto partiéramos, echáramos en tierra a su padre y a todos los demás moros que venían atados, porque no le alcanzaba el ánimo —ni podían sufrirlo sus blandas entrañas— ver delante de sus ojos a su padre y a los suyos presos. Le prometimos hacerlo así en el momento de la partida, pues no había peligro en dejarlos allí, por ser un paraje despoblado.

No fueron vanas nuestras oraciones: el cielo nos oyó, porque volvió el viento y se serenó la mar, convidándonos a reemprender alegres nuestro camino. Viendo esto, desatamos a los moros y, uno a uno, los pusimos en tierra, de lo que quedaron admirados.

Pero cuando tocó desembarcar al padre de Zoraida, que ya estaba en su acuerdo, dijo:

—¿Por qué creen, cristianos, que esta mala hembra se alegra de que me den libertad? ¿Piensan que es por piedad? No, por cierto; lo hace por el estorbo que le dará mi presencia cuando quiera poner por obra sus malos deseos. Y no piensen que la ha movido a cambiar de religión el entender que la de ustedes aventaja a la nuestra, sino el saber que en su tierra se usa la deshonestidad con más libertad que en la nuestra.

Y volviéndose a Zoraida —teniéndola yo y otro cristiano asida de ambos brazos, por si hacía algún desatino— le dijo:

—¡Oh infame y mal aconsejada muchacha! ¿Adónde vas, ciega y desatinada, en poder de estos perros, enemigos naturales nuestros? ¡Maldita sea la hora en que te engendré, y malditos los regalos y deleites con que te he criado!

Pero como yo vi que no acababa pronto, di prisa a ponerlo en tierra; y desde allí, a voces, siguió con sus maldiciones y lamentos, rogando a Mahoma que pidiera a Alá que nos destruyera, nos confundiera y nos acabara. Y cuando, al hacernos a la vela, ya no pudimos oírle, veíamos sus obras: arrancarse las barbas, mesarse los cabellos y revolcarse por el suelo. Y aun una vez alzó la voz de tal manera, que alcanzamos a entender que decía:

—¡Vuelve, hija amada, vuelve a tierra, que te lo perdono todo! ¡Entrégales a esos hombres ese dinero, que ya es suyo, y vuelve a consolar a este padre triste, que en esta arena desierta dejará la vida si tú lo dejas!

Todo eso lo oía Zoraida, todo lo sentía y lloraba, y no supo responderle sino:

—Que Alá quiera, padre mío, que Lela Marien —que fue la causa de que yo sea cristiana— te consuele en tu tristeza. Alá sabe bien que no pude hacer otra cosa distinta de lo que hice, y que estos cristianos nada deben a mi voluntad; porque aunque hubiera querido no venir con ellos y quedarme en mi casa, me habría sido imposible, según la prisa que me daba el alma por poner por obra esto que a mí me parece tan bueno como tú, padre amado, lo juzgas por malo.

Dijo esto cuando ya ni su padre la oía ni nosotros lo veíamos. Así, consolando yo a Zoraida, atendimos al viaje, que el mismo viento nos facilitaba tanto, que casi tuvimos por cierto vernos al otro día, al amanecer, en las riberas de España.

Pero como pocas veces —o nunca— viene el bien limpio y sencillo, sin que lo acompañe algún mal que lo turbe, quiso nuestra fortuna (o quizá las maldiciones que el moro echó a su hija, que siempre hay que temerlas, vengan del padre que vengan) que, estando ya mar adentro y casi tres horas pasada la noche, yendo con la vela tendida de alto abajo y los remos descansando, porque el viento nos ahorraba el trabajo, con la luz de la luna —que resplandecía clara— viéramos cerca de nosotros un bajel redondo, con todas las velas desplegadas, que, llevando el timón un poco a la orza, nos cruzaba por delante.

Venía tan cerca, que tuvimos que amainar para no embestirlo; y ellos también arrimaron el timón para dejarnos pasar. Se pusieron en el borde del bajel a preguntarnos quiénes éramos, adónde íbamos y de dónde veníamos; pero como nos lo preguntaban en lengua francesa, dijo nuestro renegado:

—Que nadie responda; porque estos, sin duda, son corsarios franceses, que van a toda costa.

Con ese aviso nadie respondió palabra. Y habiendo pasado un poco por delante, quedando el bajel a sotavento, de improviso soltaron dos piezas de artillería; y a lo que parecía, venían con cadenas, porque con una nos cortaron el árbol por medio y lo echaron al mar con vela y todo. Y al momento dispararon otra, y la bala vino a dar en mitad de nuestra barca, de modo que la abrió entera, sin hacer otro daño. Pero como nos vimos irnos a fondo, comenzamos a gritar pidiendo socorro y rogando a los del bajel que nos recogieran, porque nos anegábamos.

Entonces amainaron, echaron el esquife al agua, y en él vinieron hasta doce franceses bien armados, con arcabuces y mechas encendidas. Llegaron junto a nosotros, y viendo cuán pocos éramos y cómo la barca se hundía, nos recogieron, diciendo que, por la descortesía de no responderles, nos había pasado aquello.

Nuestro renegado tomó el cofre de las riquezas de Zoraida y lo tiró al mar, sin que nadie reparara en lo que hacía.

En fin, todos pasamos con los franceses. Ellos, después de informarse de cuanto quisieron saber, como si fueran enemigos declarados, nos despojaron de todo lo que traíamos; y a Zoraida le quitaron hasta los carcajes de los pies.

Pero a mí no me dolía tanto el despojo de Zoraida como el temor de que pasaran de quitarle joyas a quitarle la joya que más valía y ella más estimaba. No lo hicieron: los deseos de esa gente no iban más allá del dinero, y de eso jamás se ve harta su codicia. Llegó a tanto, que hasta los vestidos de cautivos nos habrían quitado, si les hubieran servido de algo.

Hubo entre ellos parecer de arrojarnos a todos al mar envueltos en una vela, porque querían tratar en algunos puertos de España, diciendo que eran bretones, y si nos llevaban vivos, al descubrirse el robo los castigarían. Pero el capitán —que era el mismo que había despojado a mi querida Zoraida— dijo que se contentaba con la presa, y que no quería tocar puerto de España, sino pasar el Estrecho de Gibraltar de noche, o como pudiera, y volver a La Rochela, de donde había salido.

Así acordaron darnos el esquife de su navío con lo necesario para la corta navegación que nos quedaba, como lo hicieron al otro día, ya a vista de tierra de España. Y con esa vista se nos olvidaron de golpe todas las penas y pobrezas, como si no hubieran existido: tanto es el gusto de recobrar la libertad perdida.

Sería cerca de mediodía cuando nos echaron en la barca, dándonos dos barriles de agua y algo de bizcocho. El capitán, movido por no sé qué misericordia, al ver embarcar a la hermosísima Zoraida le dio hasta cuarenta escudos de oro, y no consintió que sus soldados le quitaran estos mismos vestidos que ahora trae.

Nos apartamos; les dimos gracias por el bien que nos hacían, más agradecidos que quejosos. Ellos se fueron mar adentro, siguiendo el rumbo del Estrecho; nosotros, sin mirar otro norte que la tierra que se nos mostraba delante, nos dimos tanta prisa en bogar que, a la puesta del sol, estábamos tan cerca que, a nuestro parecer, habríamos podido llegar antes de que fuera muy noche.

Pero como esa noche no salió la luna, el cielo se mostraba oscuro y no conocíamos el paraje, no nos pareció seguro embestir en tierra, como a muchos les parecía, diciendo que aunque fuera en peñas y lejos de poblado, quedaríamos más a salvo del temor —muy razonable— de topar por allí con bajeles corsarios de Tetuán, que anochecen en Berbería y amanecen en las costas de España, hacen presa y se vuelven a dormir a sus casas.

Con todo, se tomó el parecer contrario: acercarnos poco a poco y, si el sosiego de la mar lo permitía, desembarcar donde pudiéramos. Así se hizo, y poco antes de medianoche llegamos al pie de una montaña altísima y descompuesta, no tan pegada al mar que no dejara un espacio para desembarcar sin peligro.

Dimos en la arena, salimos a tierra, besamos el suelo y, con lágrimas de alegría, dimos gracias a Dios nuestro Señor por el bien incomparable que nos había hecho. Sacamos de la barca los bastimentos, la arrastramos a tierra y subimos un buen trecho por la montaña, porque todavía no se nos sosegaba el pecho, ni acabábamos de creer que era tierra de cristianos la que ya nos sostenía.

Amaneció —a mi parecer— más tarde de lo que quisiéramos. Subimos hasta lo alto por ver si se descubría algún poblado o alguna cabaña de pastores; pero aunque tendimos la vista, no vimos poblado, ni persona, ni senda, ni camino.

Aun así, determinamos meternos tierra adentro, porque no podía ser sino que pronto hallaríamos quien nos diera noticia. Lo que a mí más me fatigaba era ver a Zoraida caminar por aquellas asperezas; que aunque alguna vez quise cargarla en los hombros, más la cansaba a ella mi cansancio que la aliviaba el descanso. Por eso no quiso que yo lo hiciera, y con paciencia y señales de alegría, llevándola yo siempre de la mano, habríamos andado poco menos de un cuarto de legua, cuando llegó a nuestros oídos el sonido de una esquila pequeña, señal clara de que cerca había ganado.

Miramos con atención, y vimos al pie de un alcornoque a un pastor mozo, que, con gran reposo, estaba labrando un palo con un cuchillo. Le dimos voces, y él, alzando la cabeza, se puso en pie de un salto. Después supimos que los primeros que se le ofrecieron a la vista fueron el renegado y Zoraida; y como los vio en hábito de moros, pensó que toda Berbería caía sobre él. Se metió en el bosque con extraña ligereza y comenzó a dar los mayores gritos del mundo:

—¡Moros, moros en la tierra! ¡Moros, moros! ¡Al arma, al arma!

Con esas voces quedamos confundidos, sin saber qué hacer. Pero pensando que el pastor alborotaría la costa y que vendría luego la caballería a ver qué era, acordamos que el renegado se quitara la ropa de turco y se pusiera un gileco o casaca de cautivo que uno de nosotros le dio; aunque se quedó en camisa. Y así, encomendándonos a Dios, seguimos el camino por donde vimos que el pastor había huido, aguardando a cada paso la llegada de la caballería.

No nos engañó el pensamiento: no habían pasado dos horas cuando, saliendo a un llano, vimos hasta cincuenta jinetes que venían hacia nosotros con gran ligereza, corriendo a media rienda. En cuanto los vimos, nos quedamos quietos aguardándolos. Y cuando llegaron, y vieron que en lugar de los moros que buscaban había tantos cristianos pobres, quedaron confusos; y uno nos preguntó si éramos nosotros la causa por la que un pastor había dado la voz de alarma.

—Sí —dije yo; y como iba a comenzar a contarle mi suceso, de dónde veníamos y quiénes éramos, uno de los cristianos que venían con nosotros reconoció al jinete que preguntaba y dijo, sin dejarme decir más palabra:

—¡Gracias sean dadas a Dios, señores, que nos ha traído a tan buen paraje! Porque, si no me engaño, la tierra que pisamos es la de Vélez-Málaga; y si los años de mi cautiverio no me han borrado la memoria, recuerdo que usted, señor —el que nos pregunta quiénes somos—, es Pedro de Bustamante, mi tío.

Apenas dijo esto el cautivo, cuando el jinete se arrojó del caballo y fue a abrazar al muchacho, diciéndole:

—Sobrino de mi alma y de mi vida, ya te conozco; y ya te había llorado por muerto, yo, mi hermana tu madre y todos los tuyos, que aún viven. Dios ha querido darles vida para que gocen el placer de verte. Ya sabíamos que estabas en Argel, y por las señales y el estado de tus vestidos, y los de toda esta compañía, entiendo que han alcanzado una libertad milagrosa.

—Así es —respondió el muchacho—, y tiempo nos quedará para contárselo todo.

En cuanto los jinetes entendieron que éramos cristianos cautivos, se apearon, y cada uno nos ofrecía su caballo para llevarnos a la ciudad de Vélez-Málaga, que estaba a legua y media. Algunos de ellos volvieron por la barca y la llevaron a la ciudad, diciendo dónde la habíamos dejado; otros nos subieron a la grupa, y Zoraida fue en la del caballo del tío del cristiano.

Salió a recibirnos todo el pueblo, pues ya por algunos que se habían adelantado corría la nueva de nuestra llegada. No les asombraba ver cautivos libres ni moros presos, porque toda la gente de aquella costa está acostumbrada a ver unos y otros; pero se admiraban de la hermosura de Zoraida, que en aquel instante y sazón estaba en su mejor punto, tanto por el cansancio del camino como por la alegría de verse ya en tierra de cristianos, sin sobresalto de perderse. Eso le había encendido el rostro con tales colores que, si no es que entonces me engañaba el amor, me atrevería a decir que no había criatura más hermosa en el mundo; por lo menos, de las que yo haya visto.

Fuimos derechos a la iglesia a dar gracias a Dios por la merced recibida. Y así como Zoraida entró, dijo que allí había rostros que se parecían a los de Lela Marien. Le dijimos que eran imágenes suyas, y el renegado, como mejor pudo, le explicó lo que significaban, para que las venerara como si verdaderamente cada una fuese la misma Lela Marien que le había hablado. Ella, que tiene buen entendimiento y un natural dócil y claro, entendió al punto cuanto se le dijo acerca de las imágenes.

De allí nos llevaron y repartieron a todos en diferentes casas del pueblo; pero al renegado, a Zoraida y a mí nos acogió el cristiano que venía con nosotros, y en casa de sus padres —que vivían con medianos bienes— nos trataron con tanto amor como si fuéramos su propio hijo.

Seis días estuvimos en Vélez. Al cabo de ellos, el renegado, hecha la información que le convenía, se fue a Granada para volver, por medio de la Santa Inquisición, al seno de la Iglesia. Los demás cristianos libertados se fueron cada cual adonde mejor le pareció. Solo quedamos Zoraida y yo, con los escudos que por cortesía le dio el francés a Zoraida; con ellos compré este animal en que ella viene, y, sirviéndole hasta ahora de padre y de escudero, y no de esposo, vamos con intención de ver si vive mi padre, o si alguno de mis hermanos ha tenido mejor fortuna que la mía.

Y, sin embargo, como el cielo me hizo compañero de Zoraida, me parece que ninguna otra suerte podría venirme —por buena que fuese— que yo estimara más. La paciencia con que ella sufre las incomodidades que trae la pobreza, y el deseo que muestra de verse ya cristiana, son tan grandes, que me admiran y me mueven a servirla todo el tiempo de mi vida. Pero el gusto que tengo de verla mía y de ser yo suyo se me turba, y casi se me deshace, por no saber si hallaré en mi tierra algún rincón donde recogerla, y por temer que el tiempo y la muerte hayan hecho tal mudanza en la hacienda y vida de mi padre y hermanos que apenas halle quien me reconozca, si ellos faltan.

No tengo más, señores, que decirles de mi historia. Si es agradable y peregrina, júzguenlo ustedes con su buen entendimiento; yo solo sé que hubiera querido contársela más breve, pero el temor de cansarlos con tantas circunstancias me quitó de la lengua más de una cosa.

CAPÍTULO XLII: QUE TRATA DE LO QUE MÁS SUCEDIÓ EN LA VENTA Y DE OTRAS MUCHAS COSAS DIGNAS DE SABERSE

Calló el cautivo al decir esto, y don Fernando le dijo:

—En verdad, señor capitán, el modo en que ha contado este extraño suceso es tal, que iguala la novedad y la rareza del caso mismo. Todo es singular, raro y lleno de incidentes que asombran y suspende a quien lo oye; y tanto gusto hemos recibido escuchándolo, que, aunque mañana nos halláramos entretenidos con el mismo relato, querríamos que se comenzara de nuevo.

Y al decir esto, Cardenio y todos los demás se le ofrecieron para servirle con cuanto les fuera posible, con palabras tan cariñosas y tan sinceras, que el capitán quedó satisfecho de sus buenas voluntades. En particular, don Fernando le ofreció que, si quería volver con él, haría que el marqués, su hermano, fuese padrino del bautismo de Zoraida; y que, por su parte, lo ayudaría de tal manera que pudiera entrar en su tierra con la autoridad y el decoro que a su persona se debían. El cautivo lo agradeció con mucha cortesía, pero no quiso aceptar ninguno de aquellos generosos ofrecimientos.

En eso llegaba ya la noche, y al cerrarse, llegó a la venta un coche con algunos hombres a caballo. Pidieron posada, y la ventera respondió que no había en toda la venta un palmo desocupado.

—Pues, aunque sea así —dijo uno de los que habían entrado a caballo—, no ha de faltar lugar para el señor oidor que viene aquí.

Al oír ese nombre, la huésped se turbó y dijo:

—Señor, lo que pasa es que no tengo camas; pero si el señor oidor trae la suya —que bien debe traerla—, entre en buena hora, que mi marido y yo saldremos de nuestro aposento para acomodarlo.

—Sea en buena hora —dijo el escudero.

En ese momento bajó del coche un hombre que, por el traje, mostró al instante el oficio y cargo que tenía, pues la ropa larga, con las mangas recogidas, dejaba ver que era oidor, como su criado había dicho. Traía de la mano a una doncella, de unos dieciséis años, vestida de camino, tan airosa, tan hermosa y tan gallarda, que a todos dejó admirados. Tanto, que si no hubieran visto ya a Dorotea, a Luscinda y a Zoraida —que estaban en la venta—, habrían creído difícil hallar otra hermosura semejante.

Don Quijote se halló presente al entrar el oidor con la doncella, y en cuanto lo vio, dijo:

—Con toda seguridad puede usted entrar y descansar en este castillo; que aunque es estrecho y mal acomodado, no hay estrechez ni incomodidad en el mundo que no ceda ante las armas y las letras, y más cuando armas y letras traen por guía a la hermosura, como la traen las letras de usted en esta hermosa doncella. Por ella no solo deben abrirse los castillos, sino apartarse los riscos, dividirse y bajarse las montañas para darle acogida. Entre, digo, en este paraíso: aquí hallará estrellas y soles que acompañen el cielo que trae consigo; aquí hallará las armas en su punto y la hermosura en su extremo.

Quedó admirado el oidor del razonamiento de don Quijote, y se puso a mirarlo con atención; no menos le sorprendía su porte que sus palabras. Y sin hallar qué responder, volvió a asombrarse cuando vio delante de sí a Luscinda, a Dorotea y a Zoraida, que, con las noticias de los nuevos huéspedes —y lo que la ventera les había dicho de la belleza de la joven—, habían salido a verla y a recibirla. Don Fernando, Cardenio y el cura, por su parte, le hicieron ofrecimientos más sencillos y más corteses.

En fin, el oidor entró confuso, tanto por lo que veía como por lo que oía, y las hermosas de la venta dieron la bienvenida a la hermosa doncella. El oidor entendió muy bien que todos los presentes eran gente principal; pero el aire, el semblante y la apostura de don Quijote lo desconcertaban. Y después de los ofrecimientos de cortesía y de considerar la estrechez del lugar, se dispuso lo que ya estaba dispuesto: que todas las mujeres se recogieran en el camaranchón ya mencionado, y que los hombres quedaran fuera, como para guardarlas.

El oidor aceptó que su hija —que era la doncella— se fuera con aquellas señoras, cosa que ella hizo de muy buena gana. Y con parte de la estrecha cama del ventero y la mitad de la que traía el oidor, se acomodaron aquella noche mejor de lo que esperaban.

El cautivo, que desde el momento en que vio al oidor sintió saltarle el corazón, con sospechas de que aquel era su hermano, preguntó a uno de los criados que venían con él cómo se llamaba y de qué tierra era. El criado respondió que se llamaba el licenciado Juan Pérez de Viedma, y que había oído decir que era de un lugar de las Montañas de León. Con esto, y con lo que él mismo había observado, quedó confirmado en que aquel era su hermano, el que, por consejo de su padre, había seguido las letras.

Alborotado y contento, apartó a don Fernando, a Cardenio y al cura, y les contó lo que pasaba, asegurándoles que aquel oidor era su hermano. El criado también le había dicho que iba provisto como oidor para las Indias, a la Audiencia de México. Supo además que la doncella era su hija, y que su madre había muerto al darla a luz; y que él había quedado muy rico con la dote que, con la hija, quedó en casa.

Les pidió consejo sobre cómo darse a conocer, o cómo probar primero si, una vez descubierto, su hermano —al verlo pobre— se avergonzaría de él o lo recibiría con buen corazón.

—Déjeme a mí hacer esa prueba —dijo el cura—; además, no hay que pensar sino que usted, señor capitán, será muy bien recibido, porque el valor y la prudencia que muestra su hermano no dan señales de ser altivo ni desagradecido, ni de no saber poner los golpes de la fortuna en su lugar.

—Con todo eso —dijo el capitán—, yo quisiera dárselo a entender no de golpe, sino poco a poco.

—Ya le digo —respondió el cura— que lo trazaré de modo que todos quedemos satisfechos.

Para entonces ya estaba dispuesta la cena. Todos se sentaron a la mesa, excepto el cautivo y las señoras, que cenaron aparte, en su aposento. A la mitad de la cena dijo el cura:

—Del mismo apellido de usted, señor oidor, tuve yo un compañero en Constantinopla, donde estuve cautivo algunos años. Aquel compañero era de los soldados y capitanes más valientes de la infantería española; pero así como era esforzado y valiente, era desdichado.

—¿Y cómo se llamaba ese capitán? —preguntó el oidor.

—Se llamaba —respondió el cura— Ruy Pérez de Viedma, natural de un lugar de las Montañas de León. Me contó un caso que les sucedió a su padre y a sus hermanos, y si no me lo hubiera contado un hombre tan veraz como él, lo habría tomado por cuento de esos que las viejas narran en invierno junto al fuego. Porque me dijo que su padre había dividido la hacienda entre los tres hijos, y les había dado ciertos consejos, mejores que los de Catón.

Y sé decir que al que escogió la guerra le fue tan bien, que en pocos años, por su valor y esfuerzo, sin otro apoyo que su propia virtud, subió a capitán de infantería y estaba ya cerca de ser, pronto, maestre de campo. Pero la fortuna le fue contraria, pues donde podía esperarla mejor, allí la perdió: perdió la libertad en la felicísima jornada en que tantos la ganaron, que fue la batalla de Lepanto. Yo la perdí en la Goleta, y después, por diversos sucesos, nos hallamos compañeros en Constantinopla. De allí fue a Argel, donde sé que le sucedió uno de los casos más extraños que han sucedido en el mundo.

Siguió el cura, y con brevedad contó lo ocurrido con Zoraida. El oidor lo escuchaba con tal atención, que nunca había sido tan oidor como entonces. Solo llegó el cura al punto en que los franceses despojaron a los cristianos que venían en la barca, y a la pobreza y necesidad en que quedaron su compañero y la hermosa mora; y dijo que no había sabido en qué paró todo, ni si llegaron a España o si los llevaron los franceses a Francia.

El capitán escuchaba algo apartado, y observaba cada movimiento de su hermano. Y cuando vio que el cura llegaba al fin, el oidor dio un gran suspiro y, llenándosele los ojos de lágrimas, dijo:

—¡Ay, señor, si usted supiera las nuevas que me ha contado y cómo me tocan tan de cerca, que me veo obligado a mostrarlo con estas lágrimas, que, contra mi discreción y mi recato, se me salen de los ojos! Ese capitán tan valiente que dice es mi hermano mayor, el cual, como más fuerte y de pensamientos más altos que yo y que mi hermano menor, escogió el noble ejercicio de la guerra, que fue uno de los tres caminos que nuestro padre nos propuso, según lo que usted oyó en ese relato.

Yo seguí el de las letras, y en ellas, Dios y mi diligencia me han puesto en el grado en que me ve. Mi hermano menor está en el Perú, tan rico, que con lo que ha enviado a mi padre y a mí ha pagado con creces la parte que se llevó, y además ha puesto en manos de mi padre con qué alimentar su natural liberalidad. Y yo también he podido sostener mis estudios con más decencia y autoridad, y llegar al puesto en que me veo.

Aún vive mi padre, muriéndose con el deseo de saber de su hijo mayor, y pide a Dios en continuas oraciones que la muerte no le cierre los ojos hasta verlo con vida. Y me asombra que mi hermano, siendo tan discreto, en tantos trabajos y aflicciones —o aun en sucesos favorables— se haya descuidado de dar noticia de sí a su padre; porque si él lo hubiera sabido, o alguno de nosotros, no habría tenido que aguardar el milagro de la caña para conseguir su rescate.

Pero ahora temo que aquellos franceses no le hayan dado libertad, o que lo hayan muerto para encubrir su robo. Así que proseguiré mi viaje no con el gusto con que lo comencé, sino con melancolía y tristeza. ¡Ay, buen hermano mío! Si supiera dónde estabas, iría a buscarte y a librarte de tus trabajos, aunque fuera a costa de los míos. ¡Ay, quién llevara nuevas a nuestro viejo padre de que tienes vida, aunque estuvieras en las mazmorras más escondidas de Berbería! De allí te sacarían sus riquezas, las de mi hermano y las mías. ¡Oh Zoraida, hermosa y generosa, quién pudiera pagar el bien que hiciste a un hermano! ¡Quién pudiera estar presente cuando tu alma renaciera, y en las bodas, que tanto gozo darían a todos!

Decía el oidor estas y otras palabras semejantes, con tanta compasión por las noticias de su hermano, que todos los que lo oían lo acompañaban en la pena. Entonces el cura, viendo que había logrado lo que pretendía, no quiso tenerlos más tiempo tristes. Se levantó de la mesa, entró donde estaba Zoraida, la tomó de la mano, y detrás de ella vinieron Luscinda, Dorotea y la hija del oidor.

El capitán aguardaba a ver qué hacía el cura; y fue que, tomando al capitán de la otra mano, los llevó a ambos ante el oidor y los demás caballeros, y dijo:

—Cesen, señor oidor, sus lágrimas, y cúmplase su deseo de todo el bien que pueda desearse, pues tiene delante a su buen hermano y a su buena cuñada. Este que ve aquí es el capitán Viedma; y esta es la hermosa mora que tanto bien le hizo. Los franceses los dejaron en la estrechez que usted ve, para que ahora usted muestre la generosidad de su buen corazón.

Corrió el capitán a abrazar a su hermano; y el oidor le puso ambas manos en el pecho, como queriendo mirarlo mejor a cierta distancia. Pero cuando lo reconoció del todo, lo estrechó en un abrazo tan fuerte y lloró con tal ternura de contento, que muchos de los presentes tuvieron que acompañarlo en las lágrimas. Las palabras que se dijeron, y los sentimientos que mostraron, apenas pueden imaginarse, cuanto menos escribirse.

Allí, en pocas razones, se contaron sus sucesos; allí quedó confirmada la amistad verdadera de dos hermanos. Allí abrazó el oidor a Zoraida; allí le ofreció su hacienda; allí hizo que la abrazara su hija; allí la cristiana hermosa y la mora hermosísima renovaron las lágrimas de todos.

Allí don Quijote estaba atento, sin decir palabra, considerando aquellos sucesos tan extraños y atribuyéndolos a quimeras de la caballería andante. Allí acordaron que el capitán y Zoraida se volvieran con su hermano a Sevilla y avisaran a su padre de su hallazgo y libertad, para que, si podía, viniera a las bodas y al bautismo de Zoraida. Al oidor no le era posible dejar el camino, pues tenía noticias de que en un mes partía la flota de Sevilla a la Nueva España, y le sería gran incomodidad perder el viaje.

En fin, todos quedaron contentos y alegres del buen suceso del cautivo; y como la noche iba ya por sus dos tercios, acordaron recogerse y descansar lo que faltaba. Don Quijote se ofreció a hacer guardia del castillo, para que ningún gigante ni algún malandrín andante los atacara, codicioso del gran tesoro de hermosura que en aquel castillo se encerraba. Se lo agradecieron quienes lo conocían, y al oidor le contaron el humor extraño de don Quijote, de lo que no poco gusto recibió.

Solo Sancho Panza se desesperaba con lo tardío del recogimiento, y solo él se acomodó mejor que todos, echándose sobre los aparejos de su jumento, que le costaron tan caros, como adelante se dirá. Recogidas las damas en su estancia y los demás acomodándose como menos mal pudieron, don Quijote salió fuera de la venta a hacer la centinela del castillo, como lo había prometido.

Sucedió, pues, que faltando poco para el alba, llegó a oídos de las damas una voz tan afinada y tan hermosa que las obligó a prestar atención, especialmente a Dorotea, que estaba despierta y junto a quien dormía doña Clara de Viedma, así llamada la hija del oidor. Nadie podía imaginar quién cantaba tan bien, y era una sola voz, sin acompañamiento alguno. Unas veces parecía venir del patio; otras, de la caballeriza. Y estando en esa confusión, muy atentas, llegó Cardenio a la puerta del aposento y dijo:

—Quien no duerma, escuche: oirán la voz de un mozo de mulas que canta de tal manera que encanta.

—Ya lo oímos, señor —respondió Dorotea.

Y con eso, Cardenio se fue. Dorotea, poniendo toda la atención posible, entendió que lo que se cantaba era esto:

CAPÍTULO XLIII: DONDE SE CUENTA LA AGRADABLE HISTORIA DEL MOZO DE MULAS CON OTROS EXTRAÑOS ACAECIMIENTOS EN LA VENTA SUCEDIDOS

—Marinero soy de amor,
y en su piélago profundo
navego sin esperanza
de llegar a puerto alguno.

Sigo una estrella
que desde lejos descubro,
más bella y resplandeciente
que cuantas vio Palinuro.

No sé adónde me guía,
y así navego confuso,
con el alma atenta en mirarla,
cuidadosa y descuidada.

Reparos impertinentes,
honestidad fuera de uso,
son nubes que me la esconden
cuando más verla procuro.

¡Oh clara y luciente estrella,
en cuya lumbre me apuro!
En el punto en que te me ocultes,
será el punto de mi muerte.

Cuando el que cantaba llegó a este punto, a Dorotea le pareció que no era bueno que Clara dejara de oír una voz tan buena; y así, moviéndola de un lado a otro, la despertó, diciéndole:

—Perdóname, niña, que te despierte; pero lo hago para que disfrutes de oír la mejor voz que quizá hayas oído en toda tu vida.

Clara despertó medio adormilada, y al principio no entendió lo que Dorotea le decía. Al preguntárselo de nuevo, Dorotea se lo repitió, y entonces Clara se quedó atenta. Pero apenas oyó dos versos de los que el cantor seguía, cuando le entró un temblor tan extraño, como si tuviera un fuerte acceso de fiebre. Abrazándose con fuerza a Dorotea, le dijo:

—¡Ay, señora de mi alma y de mi vida! ¿Para qué me despertaste? El mayor bien que la fortuna podía hacerme ahora era tenerme cerrados los ojos y los oídos, para no ver ni oír a ese desdichado músico.

—¿Qué dices, niña? Mira que dicen que el que canta es un mozo de mulas.

—No es mozo de mulas, sino señor de lugares —fue la respuesta de Clara—, y el que lo tiene en mi alma con tanta firmeza, que si él no quiere dejarlo, nadie se lo quitará nunca.

Dorotea quedó admirada de aquellas palabras tan sentidas, pues le parecían muy por encima de lo que prometían los pocos años de la muchacha, y le dijo:

—Hablas de un modo que no puedo entender: explícate más y dime qué es eso del alma y los lugares, y de este músico, cuya voz te inquieta tanto. Pero no me digas nada ahora: no quiero perder, por acudir a tu sobresalto, el gusto que me da oír al que canta; me parece que vuelve a su canción con nuevos versos y nuevo tono.

—Sea —respondió Clara.

Y, para no oírlo, se tapó los dos oídos con las manos, de lo que Dorotea se admiró más todavía. Dorotea, atenta a lo que se cantaba, oyó que proseguía así:

—Dulce esperanza mía,
que, rompiendo imposibles y malezas,
sigues firme la vía
que tú misma te inventas y enderezas,
no te desanime el verte
a cada paso tan cerca de tu muerte.

No alcanzan los perezosos
triunfos honrados ni victoria alguna,
ni pueden ser dichosos
los que, sin luchar contra la fortuna,

entregan, desvalidos,
al ocio blando todos los sentidos.

Que Amor venda sus glorias
caras, es cosa justa y bien medida;
pues no hay prenda más rica
que la que se prueba por su propia vida;
y es cosa manifiesta
que vale poco lo que poco cuesta.

Amorosas porfías
a veces alcanzan cosas imposibles;
y así, aunque con las mías
sigo de amor las más difíciles,
no por eso recelo
no alcanzar desde la tierra el cielo.

Ahí terminó la voz, y comenzaron nuevos sollozos de Clara. Todo aquello encendía más el deseo de Dorotea, que quería saber la causa de un canto tan suave y de un llanto tan triste. Por eso le volvió a preguntar qué era lo que antes había querido decirle.

Entonces Clara, temerosa de que Luscinda la oyera, abrazó a Dorotea, acercó la boca a su oído y, segura de que no la oirían, le dijo:

—El que canta, señora mía, es hijo de un caballero del reino de Aragón, señor de dos lugares. Vivía enfrente de la casa de mi padre, en la Corte; y aunque mi padre tenía las ventanas cubiertas con lienzos en invierno y con celosías en verano, no sé cómo, ni por dónde, aquel caballero —que iba al estudio— me vio, no sé si en la iglesia o en otra parte. En fin, se enamoró de mí y me lo dio a entender desde las ventanas con tantas señas y tantas lágrimas, que tuve que creerlo... y hasta quererlo, sin saber bien qué quería de mí.

Entre las señas que me hacía, una era juntar una mano con la otra, dándome a entender que se casaría conmigo. Y aunque a mí me gustaría que fuera así, como estoy sola y sin madre, no sabía con quién hablarlo; y lo dejé estar, sin darle otro favor que, cuando mi padre no estaba y el suyo tampoco, levantar un poco el lienzo o la celosía y dejarme ver. Con eso él se alegraba tanto que parecía volverse loco.

Llegó el tiempo de la partida de mi padre; él lo supo, pero no por mí, porque nunca pude decírselo. Cayó enfermo, según entiendo, de pena; y el día que nos fuimos no pude verlo, ni siquiera para despedirme con los ojos. Pero dos días después, al entrar en una posada de un lugar a una jornada de aquí, lo vi a la puerta del mesón, vestido como mozo de mulas, tan bien hecho, que si no lo llevara retratado en el alma, habría sido imposible reconocerlo.

Lo reconocí, me asombré y me alegré. Él me miró a escondidas de mi padre, de quien siempre se aparta cuando pasa delante de mí en los caminos o en las posadas donde llegamos. Y como yo sé quién es, y pienso que por amor de mí viene a pie y con tanto trabajo, me muero de pena: donde él pone los pies, pongo yo los ojos.

No sé con qué intención viene, ni cómo ha podido escaparse de su padre, que lo quiere muchísimo —porque no tiene otro heredero— y porque él lo merece, como usted verá cuando lo vea. Y más le digo: todo lo que canta lo inventa; he oído decir que es gran estudiante y poeta. Y hay otra cosa: cada vez que lo veo o lo oigo cantar, tiemblo y me sobresalto, temiendo que mi padre lo reconozca y llegue a entender nuestros deseos. En mi vida le he dicho una palabra, y con todo eso lo quiero de tal manera que no voy a poder vivir sin él. Esto es, señora mía, todo lo que puedo decirle de este músico, cuya voz tanto la ha gustado; porque solo con oírla se ve que no es mozo de mulas, sino señor de almas y de lugares, como le dije.

—No diga más, doña Clara —dijo entonces Dorotea, besándola mil veces—. No diga más, y espere a que amanezca; que yo espero en Dios encaminar sus asuntos para que tengan el final feliz que tan honestos principios merecen.

—¡Ay, señora! —dijo doña Clara—. ¿Qué final puede esperarse, si su padre es tan principal y tan rico, que le parecerá que yo no valgo ni para criada de su hijo, menos para esposa? Y yo no me casaré a escondidas de mi padre, por todo lo que hay en el mundo. Solo quisiera que ese muchacho se volviera y me dejara; quizá, si no lo veo y con la distancia del camino, se me aliviaría la pena que ahora llevo… aunque sé que ese remedio me va a servir de poco.

No sé qué demonios ha sido esto, ni por dónde se me ha metido este amor, siendo yo tan muchacha y él tan muchacho, que, de verdad, creo que tenemos la misma edad; y yo aún no he cumplido dieciséis años, que mi padre dice que los cumplo para el día de San Miguel que viene.

Dorotea no pudo evitar reírse al oír lo infantil que sonaba doña Clara, y le dijo:

—Descansemos, señora, lo poco que creo que queda de la noche; y amanecerá Dios y veremos qué camino tomamos… o, si no, mal me irá.

Con esto se tranquilizaron, y en toda la venta reinaba un gran silencio. Solo no dormían la hija de la ventera y Maritornes, su criada. Como ya sabían de qué humor andaba don Quijote, y que estaba fuera, armado y a caballo, haciendo guardia, las dos decidieron hacerle una burla, o al menos pasar el tiempo oyéndole sus disparates.

El caso es que en toda la venta no había ventana que diera al campo, sino un agujero del pajar por donde echaban la paja hacia afuera. Allí se pusieron las dos "semidoncellas" y vieron a don Quijote a caballo, recostado sobre su lanza, suspirando tan hondo y con tanta pena, que parecía que con cada suspiro se le arrancaba el alma. Y también lo oyeron decir, con voz blanda, dulce y enamorada:

—¡Oh, mi señora Dulcinea del Toboso, extremo de toda hermosura, fin y remate de la discreción, archivo del mejor donaire, depósito de la honestidad y, en fin, idea de todo lo útil, honesto y deleitable que hay en el mundo! ¿Qué harás ahora? ¿Tendrás, por ventura, el pensamiento en tu cautivo caballero, que por solo servirte ha querido ponerse voluntariamente en tantos peligros? Dame nuevas de ti, ¡oh luminaria de las tres caras! Quizá con envidia de la tuya estás mirando ahora la luna, que, o paseándose por alguna galería de tus suntuosos palacios, o asomada a algún balcón, está considerando cómo, sin perder honestidad ni grandeza, ha de calmar la tormenta que por ella padece este pobre corazón; qué gloria dará a mis penas, qué descanso a mi cuidado, y, en fin, qué vida a mi muerte y qué premio a mis servicios.

Y tú, sol, que ya debes de estar ensillando tus caballos para madrugar y salir a ver a mi señora: en cuanto la veas, te ruego que la saludes de mi parte; pero cuídate de no besarle el rostro al verla y saludarla, que tendré más celos de ti que los que tú tuviste de aquella ligera ingrata que tanto te hizo sudar y correr por los llanos de Tesalia o por las riberas del Peneo… que ya no recuerdo bien por dónde corriste entonces, celoso y enamorado.

En ese punto iba don Quijote con su lastimero discurso, cuando la hija de la ventera empezó a hablarle desde el agujero:

—Señor mío, acérquese, por favor.

Al oír la voz, don Quijote volvió la cabeza y vio, a la luz de la luna —que entonces estaba muy clara—, que lo llamaban desde el agujero, que a él le pareció ventana, y hasta con rejas doradas, como corresponde a castillos tan ricos como el que él se imaginaba. Y al instante se le figuró en su fantasía que, otra vez, como la pasada, la hermosa doncella, hija de la señora de aquel castillo, vencida de amor, volvía a solicitarlo.

Y con ese pensamiento, para no parecer descortés ni desagradecido, volvió las riendas a Rocinante, se acercó al agujero y, en cuanto vio a las dos mozas, dijo:

—Siento lástima, hermosa señora, de que hayan puesto sus amorosos pensamientos en parte donde no es posible corresponderles como merece su gran valor y gentileza. Y de eso no deben culpar a este miserable caballero andante, a quien Amor tiene impedido de entregar su voluntad a otra que no sea aquella que, en el instante en que mis ojos la vieron, se hizo dueña absoluta de mi alma.

Perdóneme, buena señora, y recójase; y no me muestre más sus deseos, para que yo no parezca más desagradecido. Y si del amor que me tiene quiere algo de mí que no sea amor, pídalo: que yo se lo juro por mi dulce enemiga ausente, que se lo daré al instante, aunque me pidiera una guedeja de los cabellos de Medusa —que eran todos culebras— o los mismos rayos del sol encerrados en una redoma.

—No necesita nada de eso mi señora, señor caballero —dijo entonces Maritornes.

—Pues ¿qué necesita su señora? —respondió don Quijote.

—Solo una de sus hermosas manos —dijo Maritornes—, para desahogar con ella el gran deseo que la ha traído a este agujero, con tanto riesgo de su honor, que si su señor padre la hubiera sentido, lo menos que le cortaría sería una oreja.

—¡Ya quisiera yo ver eso! —respondió don Quijote—. Pero él se guardará muy bien, si no quiere acabar de la peor manera que padre alguno acabó en el mundo, por haber puesto las manos en los delicados miembros de su enamorada hija.

Maritornes pensó que don Quijote daría la mano que le pedían, y, con la burla ya pensada, bajó del agujero y fue a la caballeriza. Allí tomó el cabestro del jumento de Sancho Panza y volvió al agujero con mucha prisa, justo cuando don Quijote ya estaba de pie sobre la silla de Rocinante para alcanzar la "ventana" donde creía que estaba la herida doncella. Y al darle la mano dijo:

—Tome, señora, esa mano; o, por decirlo mejor, ese azote de los malhechores del mundo. Tome esa mano, digo, que no ha tocado otra mano de mujer, ni siquiera la de aquella que posee por entero todo mi cuerpo. No se la doy para que la bese, sino para que mire la firmeza de sus nervios, la trabazón de sus músculos, y la anchura de sus venas; de donde sacará qué tal debe de ser la fuerza del brazo que tiene tal mano.

—Ahora lo veremos —dijo Maritornes.

Y, haciendo una lazada corrediza con el cabestro, se la echó a la muñeca. Luego, bajando del agujero, ató el otro extremo al cerrojo de la puerta del pajar, con mucha fuerza.

Don Quijote, que sintió lo áspero del cordel en la muñeca, dijo:

—Más parece que usted me maltrata la mano, que no que me la acaricia. No la trate tan mal, que ella no tiene la culpa del daño que mi voluntad le hace; ni es justo vengar en tan poca parte todo su enojo. Mire que quien ama no se venga tan mal.

Pero nadie escuchaba ya, porque en cuanto Maritornes lo ató, ella y la otra se fueron muertas de risa, y lo dejaron de tal modo que le fue imposible soltarse.

Quedó, pues, como se ha dicho: de pie sobre Rocinante, con el brazo metido por el agujero, atado de la muñeca al cerrojo de la puerta, con grandísimo temor de que, si Rocinante se apartaba a un lado u otro, él quedara colgando del brazo. Por eso no se atrevía a moverse, aunque de la paciencia y quietud de Rocinante se podía esperar que estuviera sin moverse un siglo entero.

En fin, viéndose don Quijote atado y notando que las "damas" ya se habían ido, se imaginó que todo aquello era encantamiento, como la otra vez, cuando en aquel mismo "castillo" lo apaleó el arriero. Y se maldecía por su poca prudencia, pues habiendo salido tan mal la primera vez, se había atrevido a entrar la segunda; siendo regla de caballeros andantes que, cuando una aventura sale mal, es señal de que no estaba destinada para ellos, sino para otros, y que no deben probarla dos veces.

Con todo, tiraba del brazo a ver si podía soltarse, pero estaba tan bien sujeto que todo fue en vano. Eso sí: tiraba con cuidado, para que Rocinante no se moviera. Y aunque hubiera querido sentarse en la silla, no podía: o se quedaba de pie, o se arrancaba la mano.

Allí fue el desear la espada de Amadís, contra la cual no había encantamiento que valiera; allí fue el maldecir su fortuna; allí fue el exagerar la falta que haría en el mundo el tiempo que estuviera encantado (porque, sin duda, estaba convencido de que lo estaba); allí volvió a acordarse de su querida Dulcinea del Toboso; allí fue el llamar a su buen escudero Sancho Panza, que, sepultado en sueño y tendido sobre la albarda de su jumento, en aquel instante no se acordaba ni de la madre que lo parió; allí llamó a los sabios Lirgandeo y Alquife, para que lo ayudasen; allí invocó a su buena amiga Urganda, para que lo socorriera; y, en fin, allí lo alcanzó la mañana, tan desesperado y confuso, que bramaba como un toro. Porque no esperaba él que con el día se remediara su cuita: la creía eterna, creyéndose encantado. Y le hacía creerlo ver que Rocinante no se movía ni poco ni mucho; y pensaba que, de ese modo, sin comer, sin beber y sin dormir, habían de estar él y su caballo, hasta que pasara aquel mal influjo de las estrellas, o hasta que otro encantador más sabio lo desencantara.

Pero se engañó, porque apenas empezó a amanecer, cuando llegaron a la venta cuatro hombres a caballo, muy bien puestos y aderezados, con sus escopetas sobre los arzones. Llamaron a la puerta, que aún estaba cerrada, a grandes golpes. Don Quijote, desde donde seguía haciendo su guardia, al ver aquello, dijo con voz alta y arrogante:

—Caballeros, o escuderos, o quienquiera que sean: no tienen por qué llamar a las puertas de este castillo. Bien claro está que a estas horas, o los de dentro duermen, o no es costumbre abrir fortalezas hasta que el sol esté tendido por todo el suelo. Apártense, esperen a que aclare el día, y entonces veremos si es justo, o no, que les abran.

—¿Qué demonios de fortaleza o castillo es este —dijo uno—, como para obligarnos a guardar esas ceremonias? Si usted es el ventero, mande que nos abran, que somos caminantes y no queremos más que dar cebada a nuestras cabalgaduras y seguir camino, porque vamos de prisa.

—¿Les parece, señores, que tengo yo cara de ventero? —respondió don Quijote.

—No sé qué cara tiene —replicó el otro—; pero sí sé que dice disparates al llamar castillo a esta venta.

—Castillo es —respondió don Quijote—, y de los mejores de toda esta provincia. Y tiene dentro gente que ha tenido cetro en la mano y corona en la cabeza.

—Mejor sería al revés —dijo el caminante—: el cetro en la cabeza y la corona en la mano. Y será, si viene al caso, que debe de haber dentro alguna compañía de comediantes, de esos que andan a menudo con coronas y cetros; porque en una venta tan pequeña, y donde se guarda tanto silencio como en esta, no creo yo que se alojen personas dignas de corona y cetro.

—Sabe poco del mundo —replicó don Quijote—, si ignora las cosas que suelen suceder en la caballería andante.

Ya los compañeros del que hablaba se cansaban del coloquio con don Quijote, y volvieron a llamar con gran furia. Hicieron tal alboroto que despertaron al ventero, y también a todos los que estaban en la venta; y el ventero se levantó a preguntar quién llamaba.

En ese tiempo, una de las cabalgaduras de aquellos cuatro se acercó a oler a Rocinante, que, melancólico y triste, con las orejas caídas, sostenía sin moverse a su estirado señor. Y como, en fin, era de carne —aunque pareciera de palo—, no pudo dejar de sentirse y de volver a oler a quien se le acercaba a hacerle caricias. En cuanto se movió un poco, se le fueron los pies juntos a don Quijote, y resbalando de la silla, habría dado de lleno en el suelo si no hubiera quedado colgando del brazo. Aquello le causó tanto dolor, que creyó, o que le cortaban la muñeca, o que se le arrancaba el brazo; porque quedó tan cerca del suelo, que apenas con las puntas de los pies alcanzaba a rozarlo, y eso era peor para él: como sentía lo poco que le faltaba para apoyar las plantas, se fatigaba y se estiraba cuanto podía por llegar al suelo, igual que los que están en el tormento de la garrucha, puestos a "toca, no toca", que ellos mismos se aumentan el dolor con el ansia de estirarse, engañados por la esperanza de que con estirarse un poco más llegarán al suelo.

CAPÍTULO XLIV: DONDE SE PROSIGUEN LOS INAUDITOS SUCESOS DE LA VENTA

En efecto, fueron tantas las voces que dio don Quijote, que, abriendo de golpe las puertas de la venta, salió el ventero, despavorido, a ver quién gritaba de aquella manera; y los que estaban fuera hicieron lo mismo. Maritornes, que ya se había despertado con aquellas mismas voces, imaginando lo que podía ser, se fue al pajar y desató, sin que nadie la viera, el cabestro que sostenía a don Quijote; y él dio luego en el suelo, a vista del ventero y de los caminantes, que, acercándose, le preguntaron qué tenía, para dar tales gritos.

Él, sin responder palabra, se quitó el cordel de la muñeca y, poniéndose en pie, montó a Rocinante, embrazó su adarga, enristró su lanzón y, tomando buen trecho de campo, volvió a medio galope, diciendo:

—Cualquiera que diga que yo he sido, con justo título, encantado —como mi señora la princesa Micomicona me dé licencia para ello—, yo lo desmiento, lo reto y lo desafío a singular batalla.

Admirados quedaron los nuevos caminantes de las palabras de don Quijote; pero el ventero les sacó de aquella admiración, diciéndoles que era don Quijote y que no había que hacerle caso, porque estaba fuera de juicio.

Preguntaron al ventero si acaso había llegado a aquella venta un muchacho de hasta quince años, vestido como mozo de mulas, con tales y tales señas, dando las mismas que traía el amante de doña Clara. El ventero respondió que había tanta gente en la venta, que no se había fijado en el que preguntaban. Pero, habiendo visto uno de ellos el coche en que había venido el oidor, dijo:

—Aquí debe de estar, sin duda, porque este es el coche que dicen que sigue. Quédese uno de nosotros en la puerta y entren los demás a buscarlo; y aún sería bien que uno rodeara toda la venta, para que no se nos vaya por las bardas del corral.

—Así se hará —respondió uno.

Y entrando dos dentro, uno se quedó a la puerta y el otro se fue a rodear la venta; todo lo cual veía el ventero, y no atinaba para qué se hacían aquellas diligencias, aunque bien creyó que buscaban al mozo cuyas señas le habían dado.

Ya por entonces clareaba el día; y así por eso como por el ruido que don Quijote había armado, estaban todos despiertos y se iban levantando, especialmente doña Clara y Dorotea, que la una, sobresaltada por tener tan cerca a su amante, y la otra, con deseo de verlo, habían dormido bien poco aquella noche.

Don Quijote, al ver que ninguno de los cuatro caminantes hacía caso de él ni respondía a su demanda, se moría de despecho y rabia; y si hubiera hallado en las ordenanzas de su caballería que le era lícito al caballero andante tomar otra empresa después de haber dado su palabra de no meterse en ninguna hasta acabar la prometida, habría embestido con todos y los habría obligado a responder, quisieran o no. Pero, como le pareció que no le convenía ni le estaba bien comenzar nueva aventura antes de poner a Micomicona en su reino, se hubo de callar y estar quieto, esperando a ver en qué paraban las diligencias de aquellos caminantes.

Uno de ellos halló al muchacho que buscaban durmiendo al lado de un mozo de mulas, bien descuidado de que alguien lo buscara, y menos aún de que lo encontrara. El hombre lo agarró del brazo y le dijo:

—Por cierto, señor don Luis, el hábito que traen y la cama en que lo hallo dicen muy mal del regalo con que su madre lo crio.

Se limpió el mozo los ojos soñolientos, miró despacio al que lo tenía asido y luego lo reconoció: era criado de su padre. Recibió tal sobresalto, que por un buen rato no acertó, o no pudo, decir palabra; y el criado prosiguió:

—Aquí no hay otra cosa, señor don Luis, sino tener paciencia y volver a casa, si no quiere que su padre —mi señor— se vaya al otro mundo; porque no se puede esperar otra cosa de la pena con que se queda por su ausencia.

—¿Y cómo supo mi padre —dijo don Luis— que yo venía por este camino y en este traje?

—Un estudiante —respondió el criado— a quien usted le contó sus pensamientos, fue quien lo descubrió, movido a compasión por lo que vio hacer a su padre en cuanto notó que usted faltaba. Así despachó a cuatro criados en su busca, y aquí estamos, a su servicio, más contentos de lo que se puede imaginar, por el buen despacho con que volveremos llevándolo a los ojos que tanto lo quieren.

—Eso será como yo quiera, o como el cielo lo ordene —respondió don Luis.

—¿Qué ha de querer, o qué ha de ordenar el cielo, fuera de consentir en volver? No ha de ser posible otra cosa.

Todas estas razones las oyó el mozo de mulas que estaba junto a don Luis; y levantándose, fue a decir lo que pasaba a don Fernando, a Cardenio y a los demás, que ya estaban vestidos. Les dijo que aquel hombre trataba de "don" al muchacho, y las razones que traían, y que lo quería volver a casa de su padre, y el mozo no quería. Con esto y con lo que ya sabían —por la buena voz que el cielo le había dado—, les nació un gran deseo de saber más particularmente quién era, y aun de ayudarlo si querían hacerle fuerza; y así se fueron hacia donde aún seguía porfiando con su criado.

Salía en esto Dorotea de su aposento, y tras ella doña Clara, toda turbada; y llamando Dorotea aparte a Cardenio, le contó, en breves razones, la historia del músico y de doña Clara. Él le dijo también lo de la venida de los criados de su padre a buscarlo; y no lo dijo tan bajo que no lo oyera Clara, de lo cual quedó tan fuera de sí, que si Dorotea no la sostiene, habría dado en el suelo. Cardenio dijo a Dorotea que se volvieran al aposento, que él procuraría remediarlo todo; y ellas lo hicieron.

Ya estaban los cuatro que venían a buscar a don Luis dentro de la venta, rodeándolo y persuadiéndole a que, sin detenerse un punto, volviera a consolar a su padre. Él respondió que de ninguna manera podía hacerlo hasta dar fin a un negocio en que le iba la vida, el honor y el alma. Entonces los criados lo apretaron, diciéndole que no volverían sin él, y que se lo llevarían quisiera o no.

—Eso no lo harán ustedes —replicó don Luis—, si no es llevándome muerto; y de cualquier modo que me lleven, será llevarme sin vida.

Ya por entonces habían acudido a la porfía casi todos los que estaban en la venta, especialmente Cardenio, don Fernando y sus camaradas, el oidor, el cura, el barbero y don Quijote, a quien ya le pareció que no había necesidad de guardar más el castillo. Cardenio, como ya sabía la historia del mozo, preguntó a los que lo querían llevar qué les movía a llevar contra su voluntad a aquel muchacho.

—Nos mueve —respondió uno de los cuatro— darle vida a su padre, que por la ausencia de este caballero está a peligro de perderla.

A esto dijo don Luis:

—No hace falta que aquí se cuenten mis cosas: yo soy libre, y volveré si me da la gana, y si no, ninguno de ustedes me hará fuerza.

—La fuerza se la hará la razón —respondió el hombre—; y si la razón no bastara con usted, bastaremos nosotros para hacer lo que venimos a hacer y lo que estamos obligados.

—Vayamos a la raíz de esto —dijo entonces el oidor.

Pero el hombre, que lo conoció por vecino de su casa, respondió:

—¿No conoce su merced, señor oidor, a este caballero, que es el hijo de su vecino, y que se ha ido de su casa con un traje tan indigno de su calidad como su merced puede ver?

Lo miró entonces el oidor con más atención y lo reconoció; y abrazándolo, dijo:

—¿Qué niñerías son estas, señor don Luis? ¿Qué causas tan fuertes lo han movido a venir de esta manera y con este traje, tan poco conforme con su calidad?

Al mozo se le llenaron los ojos de lágrimas y no pudo responder palabra. El oidor dijo a los cuatro que se sosegaran, que todo se haría bien; y tomando a don Luis por la mano, lo apartó y le preguntó por qué venía así. Y mientras le hacía esta y otras preguntas, se oyeron grandes voces a la puerta de la venta: dos huéspedes que habían dormido allí, viendo a toda la gente ocupada en lo de don Luis, habían querido irse sin pagar; pero el ventero, que miraba más por lo suyo que por lo ajeno, los agarró al salir y les pidió la paga, afeándoles su mala intención con tales palabras, que ellos respondieron con los puños. Y comenzaron a darle tal paliza, que el pobre ventero tuvo que dar voces y pedir socorro.

La ventera y su hija no vieron a otro más desocupado que don Quijote, y la hija dijo:

—Socorra usted, señor caballero, por la virtud que Dios le dio, a mi pobre padre, que dos malos hombres lo están moliendo como a cibera.

A lo cual respondió don Quijote, muy despacio y con mucha flema:

—Hermosa doncella: por ahora no tiene lugar vuestra petición, porque estoy impedido de meterme en otra aventura mientras no dé fin a una en que mi palabra me ha puesto. Pero lo que sí puedo hacer por serviros es esto: corred y decid a vuestro padre que se entretenga en esa batalla lo mejor que pueda, y que no se deje vencer, mientras yo pido licencia a la princesa Micomicona para socorrerlo en su cuita; que si ella me la da, tened por cierto que lo sacaré de ella.

—¡Pecadora de mí! —dijo Maritornes, que estaba allí—. Antes de que usted alcance esa licencia, ya mi señor estará en el otro mundo.

—Dejadme a mí alcanzar la licencia que digo —respondió don Quijote—; que, teniéndola, poco importa que esté en el otro mundo: de allí lo sacaré, aunque el mundo entero lo contradiga; o, por lo menos, os daré tal venganza de los que allá lo hayan enviado, que quedéis más que medianamente satisfechas.

Y sin decir más, se fue a hincar de rodillas ante Dorotea, pidiéndole, con palabras caballerescas y andantescas, que su grandeza se sirviera de darle licencia para acudir y socorrer al castellano de aquel castillo, puesto en grave aprieto. La princesa se la dio de buena gana; y él, embrazando su adarga y poniendo mano a su espada, acudió a la puerta de la venta, donde aún los dos huéspedes traían a mal traer al ventero.

Pero en cuanto llegó, se quedó parado y quieto, aunque Maritornes y la ventera le gritaban que por qué se detenía, que socorriera a su señor y marido.

—Me detengo —dijo don Quijote— porque no me es lícito poner mano a la espada contra gente escuderil; pero llamad aquí a mi escudero Sancho, que a él le toca esta defensa y venganza.

Así andaban, en la puerta, los puñetazos y los mojicones en su punto, para daño del ventero y rabia de Maritornes, la ventera y su hija, que se desesperaban al ver la cobardía de don Quijote y lo mal que lo pasaba su marido, señor y padre.

Pero dejémoslo aquí —que no faltará quien lo socorra, o si no, sufra y calle quien se atreve a más de lo que sus fuerzas le prometen—, y volvamos cincuenta pasos atrás, a ver qué respondió don Luis al oidor, que lo dejamos aparte, preguntándole por qué venía a pie y con tan vil traje; a lo cual el mozo, tomándolo con fuerza de las manos, como si un gran dolor le apretara el corazón, y derramando lágrimas en abundancia, le dijo:

—Señor mío: no sé deciros otra cosa, sino que desde el punto en que el cielo quiso —y nuestra vecindad facilitó— que yo viera a mi señora doña Clara, hija de usted y señora mía, desde ese instante la hice dueña de mi voluntad. Y si usted, verdadero señor y padre mío, no lo impide, hoy mismo ha de ser mi esposa. Por ella dejé la casa de mi padre y por ella me puse este traje, para seguirla dondequiera que fuera, como la saeta al blanco o como el marinero al norte. Ella no sabe de mis deseos más de lo que habrá entendido de algunas veces que, desde lejos, ha visto llorar mis ojos. Ya, señor, sabéis la riqueza y la nobleza de mis padres, y que yo soy su único heredero. Si os parece que son partes suficientes para que os atreváis a hacerme dichoso del todo, recibidme por vuestro hijo; que si mi padre, llevado de otros designios, no gustara de este bien que yo supe buscarme, más fuerza tiene el tiempo para deshacer y mudar las cosas que las voluntades humanas.

Calló el enamorado mancebo, y el oidor quedó suspenso, confuso y admirado: así por el modo y la discreción con que don Luis le había descubierto su pensamiento, como por verse en un punto en que no sabía qué determinación tomar en negocio tan repentino y tan poco esperado. Y no respondió otra cosa sino que se sosegara por entonces y entretuviera a sus criados, para que por aquel día no se lo llevaran, y hubiese tiempo de considerar lo que mejor les conviniera a todos.

Don Luis le besó las manos, casi por fuerza, y aun se las bañó con lágrimas: cosa que ablandaría un corazón de mármol, y no el del oidor, que como discreto ya había visto cuán bien le estaba a su hija aquel matrimonio; aunque, si fuera posible, quisiera hacerlo con la voluntad del padre de don Luis, pues sabía que pretendía buscarle título a su hijo.

Ya por entonces estaban en paz los huéspedes con el ventero, porque más por buenas razones de don Quijote que por amenazas le habían pagado lo que quiso; y los criados de don Luis aguardaban el fin de la plática del oidor y la resolución de su amo, cuando el demonio —que no duerme— ordenó que, en ese mismo punto, entrara en la venta el barbero a quien don Quijote quitó el yelmo de Mambrino, y Sancho Panza los aparejos del asno, que trocó por los del suyo.

El barbero, llevando su jumento a la caballeriza, vio a Sancho Panza arreglando no sé qué en la albarda; y en cuanto la vio, la reconoció y se atrevió a arremeter contra Sancho, diciendo:

—¡Ah, don ladrón! ¡Aquí lo tengo! ¡Venga mi bacía y mi albarda, con todos mis aparejos que me robó!

Sancho, al verse acometido tan de improviso y oír los insultos, con una mano asió la albarda y con la otra le dio al barbero tal mojicón, que le bañó los dientes en sangre; pero ni aun así soltó el barbero la presa: antes alzó la voz de tal modo que toda la venta acudió al ruido y la pendencia, y gritaba:

—¡Aquí del Rey y de la justicia! ¡Que, por cobrar mi hacienda, me quiere matar este ladrón, salteador de caminos!

—Miente —respondió Sancho—: yo no soy salteador de caminos, que en buena guerra ganó mi señor don Quijote estos despojos.

Ya estaba don Quijote delante, muy contento de ver cuán bien se defendía y ofendía su escudero, y desde entonces lo tuvo por hombre de pro, y se propuso en su corazón armarlo caballero en la primera ocasión, por parecerle que sería bien empleada en él la orden de caballería.

Entre otras cosas que el barbero decía, vino a decir:

—Señores: esta albarda es mía, como es mía la muerte que le debo a Dios; y la conozco como si la hubiera parido. Ahí está mi asno en el establo, que no me dejará mentir. Si no, pruébensela, y si no le viene como pintada, yo quedaré por infame. Y hay más: el mismo día que me la quitaron, me quitaron también una bacía de azófar, nueva, que no se había estrenado, y valía un escudo.

Aquí no pudo contenerse don Quijote, y poniéndose entre los dos, apartándolos y dejando la albarda en el suelo para que estuviera a la vista hasta aclarar la verdad, dijo:

—Para que vean ustedes clara y manifiestamente el error en que está este buen escudero, que llama bacía a lo que fue, es y será yelmo de Mambrino, el cual yo quité en buena guerra y me hice señor de él con legítima y lícita posesión. En lo de la albarda no me meto; lo que sí puedo decir es que mi escudero Sancho me pidió licencia para quitar los jaeces del caballo de este vencido cobarde y con ellos adornar el suyo; yo se la di, y él los tomó. Y que se hayan vuelto de jaez en albarda, no sé dar otra razón sino la ordinaria: que esas transformaciones se ven en los sucesos de la caballería. Para confirmarlo, corre, Sancho, y trae acá el yelmo que este buen hombre dice que es bacía.

—¡Caramba, señor! —dijo Sancho—. Si no tenemos otra prueba que la que usted dice, tan bacía es el yelmo de Mambrino como el jaez de este buen hombre es albarda.

—Haz lo que te mando —replicó don Quijote—; que no todas las cosas de este castillo han de ir guiadas por encantamiento.

Sancho fue donde estaba la bacía y la trajo. Y en cuanto don Quijote la vio, la tomó en las manos y dijo:

—Miren ustedes con qué cara puede decir este buen escudero que esto es bacía y no el yelmo que yo he dicho. Y juro por la orden de caballería que profeso, que este yelmo es el mismo que yo quité, sin haberle añadido ni quitado cosa alguna.

—En eso no hay duda —dijo Sancho—, porque desde que mi señor lo ganó hasta ahora no ha hecho con él más que una batalla, cuando libró a los desventurados encadenados; y si no fuera por este baciyelmo, no lo habría pasado muy bien entonces, porque hubo bastantes pedradas en aquel trance.

CAPÍTULO XLV: DONDE SE ACABA DE AVERIGUAR LA DUDA DEL YELMO DE MAMBRINO Y DE LA ALBARDA, Y OTRAS AVENTURAS SUCEDIDAS, CON TODA VERDAD

—¿Qué les parece a ustedes, señores —dijo el barbero—, de lo que afirman estos gentiles hombres, pues todavía insisten en que esto no es bacía, sino yelmo?

—Y quien lo contrario dijere —dijo don Quijote—, le haré conocer que miente, si es caballero; y si es escudero, que remiente mil veces.

Nuestro barbero, que a todo estaba presente, como tenía tan bien conocido el humor de don Quijote, quiso reforzar su desatino y llevar adelante la burla, para que todos rieran, y dijo, hablando con el otro barbero:

—Señor barbero, o quien sean, sepan que yo también soy de su oficio, y tengo más de veinte años de carta de examen, y conozco muy bien todos los instrumentos de la barbería, sin que me falte uno; y, asimismo, fui en un tiempo, en mi juventud, soldado, y sé también qué es yelmo, qué es morrión y qué es celada de encaje, y otras cosas tocantes a la milicia, digo, a los géneros de armas de los soldados; y afirmo, salvo mejor parecer, y remitiéndome siempre al mejor entendimiento, que esta pieza que está aquí delante y que este buen señor tiene en las manos no solo no es bacía de barbero, sino que está tan lejos de serlo como lo blanco de lo negro y la verdad de la mentira. También digo que este, aunque es yelmo, no es yelmo entero.

—No, por cierto —dijo don Quijote—, porque le falta la mitad, que es la babera.

—Así es —dijo el Cura, que ya había entendido la intención de su amigo el barbero.

Y lo mismo confirmaron Cardenio, don Fernando y sus camaradas; y aun el Oidor, si no hubiera estado tan pensativo en el negocio de don Luis, habría ayudado, por su parte, a la burla; pero la gravedad de lo que pensaba lo tenía tan suspenso, que poco o nada atendía a aquellos donaires.

—¡Válgame Dios! —dijo entonces el barbero burlado—. ¿Es posible que tanta gente honrada diga que esto no es bacía, sino yelmo? Cosa parece esta que podría poner en admiración a toda una universidad, por discreta que sea. Basta: si esta bacía es yelmo, también debe de ser esta albarda jaez de caballo, como este señor ha dicho.

—A mí albarda me parece —dijo don Quijote—; pero ya he dicho que en eso no me entrometo.

—Que sea albarda o jaez —dijo el Cura— no está en más de decirlo el señor don Quijote; que en estas cosas de la caballería todos estos señores y yo le damos la ventaja.

—Por Dios, señores míos —dijo don Quijote—, que son tantas y tan extrañas las cosas que en este castillo, en las dos veces que en él me he alojado, me han sucedido, que no me atrevo a afirmar ninguna cosa de lo que se preguntare acerca de lo que en él se contiene; porque imagino que cuanto en él se trata va por vía de encantamiento. La primera vez me fatigó mucho un moro encantado que en él hay, y a Sancho no le fue muy bien con otros de sus secuaces; y anoche estuve colgado de este brazo casi dos horas, sin saber cómo ni por qué, hasta venir a caer en aquella desgracia. Así que ponerme yo ahora, en cosa de tanta confusión, a dar mi parecer, sería caer en juicio temerario. En lo que toca a lo que dicen que esto es bacía y no yelmo, ya he respondido; pero en lo de declarar si eso es albarda o jaez, no me atrevo a dar sentencia definitiva: solo lo dejo al buen parecer de ustedes. Quizá, por no ser armados caballeros como yo lo soy, no tengan que ver con ustedes los encantamientos de este lugar, y tengan los entendimientos libres, y puedan juzgar las cosas de este castillo como ellas son real y verdaderamente, y no como a mí me parecían.

—No hay duda —respondió don Fernando— sino que el señor don Quijote ha hablado muy bien hoy, y que a nosotros toca la definición de este caso; y para que vaya con más fundamento, tomaré en secreto los votos de estos señores, y de lo que resultare daré entera y clara noticia.

Para quienes conocían el humor de don Quijote, todo esto era materia de grandísima risa; pero para los que lo ignoraban, les parecía el mayor disparate del mundo, especialmente a los cuatro criados de don Luis, y a don Luis mismo, y a otros tres pasajeros que acaso habían llegado a la venta, que parecían ser cuadrilleros, como en efecto lo eran. Pero quien más se desesperaba era el barbero, cuya bacía, allí delante de sus ojos, se le había vuelto en yelmo de Mambrino, y cuya albarda pensaba sin duda alguna que se le había de volver en jaez rico de caballo. Y unos y otros se reían al ver cómo andaba don Fernando tomando los votos de unos y otros, hablándoles al oído para que en secreto declarasen si era albarda o jaez aquella joya por la que tanto se había peleado; y después que hubo tomado los votos de aquellos que conocían a don Quijote, dijo en alta voz:

—El caso es, buen hombre, que ya estoy cansado de tomar tantos pareceres, porque veo que a ninguno pregunto lo que deseo saber que no me diga que es disparate decir que esto sea albarda de jumento, sino jaez de caballo, y aun de caballo castizo; y así, habrán de tener paciencia, porque, a pesar de ustedes y de su asno, esto es jaez y no albarda, y ustedes han alegado y probado muy mal de su parte.

—No la tenga yo en el cielo —dijo el pobre barbero— si todos ustedes no se engañan; y así parezca mi alma ante Dios como me parece a mí albarda y no jaez; pero allá van leyes… y no digo más; y en verdad que no estoy borracho, que no he desayunado, si no es de pecar.

No menos causaban risa las necedades que decía el barbero que los disparates de don Quijote, el cual entonces dijo:

—Aquí no hay más que hacer sino que cada uno tome lo que es suyo, y a quien Dios se la dio, San Pedro se la bendiga.

Uno de los cuatro dijo:

—Si no es que todo esto sea una burla pesada, no puedo persuadirme de que hombres de tan buen entendimiento como son, o parecen ser, todos los que aquí están, se atrevan a decir y afirmar que esto no es bacía ni aquello albarda; pero, como veo que lo afirman y lo dicen, entiendo que no carece de misterio el porfiar en cosa tan contraria a lo que nos muestra la misma verdad y la experiencia; porque, voto a tal —y arrojó el bonete al suelo—, que no me harán entender cuantos hoy viven en el mundo al revés que esto no sea bacía de barbero y aquello albarda de asno.

—Bien podría ser de borrica —dijo el Cura.

—Tanto da —dijo el criado—; que el caso no consiste en eso, sino en si es o no es albarda, como ustedes dicen.

Oyendo esto uno de los cuadrilleros que habían entrado, el cual había escuchado la pendencia y la cuestión, lleno de cólera y de enojo dijo:

—Tan albarda es como mi padre; y quien otra cosa ha dicho o dijere debe de estar completamente borracho.

—Mientes como bellaco villano —respondió don Quijote.

Y, alzando el lanzón, que nunca soltaba de las manos, le iba a descargar tal golpe sobre la cabeza que, de no desviarse el cuadrillero, lo habría dejado allí tendido. El lanzón se hizo pedazos en el suelo, y los demás cuadrilleros, que vieron maltratar a su compañero, alzaron la voz pidiendo favor a la Santa Hermandad.

El ventero, que era de la cuadrilla, acudió al punto por su vara y por su espada, y se puso al lado de sus compañeros; los criados de don Luis rodearon a don Luis, para que con el alboroto no se les escapase; el barbero, viendo la casa revuelta, volvió a asir su albarda, y lo mismo hizo Sancho; don Quijote puso mano a su espada y arremetió contra los cuadrilleros; don Luis daba voces a sus criados para que lo dejasen a él y acudiesen a don Quijote, a Cardenio y a don Fernando, que todos favorecían a don Quijote; el Cura daba voces; la ventera gritaba; su hija se afligía; Maritornes lloraba; Dorotea estaba confusa; Luscinda, suspensa; y doña Clara, desmayada.

El barbero aporreaba a Sancho; Sancho molía al barbero; don Luis, a quien un criado suyo se atrevió a asir del brazo para que no se fuese, le dio un puñetazo que le bañó los dientes en sangre; el Oidor lo defendía; don Fernando tenía bajo sus pies a un cuadrillero, midiéndole el cuerpo con ellos muy a su gusto; el ventero volvió a levantar la voz, pidiendo favor a la Santa Hermandad: de modo que toda la venta era llantos, voces, gritos, confusión, temores, sobresaltos, desgracias, cuchilladas, mojicones, palos, coces y efusión de sangre.

Y, en medio de este caos, máquina y laberinto de cosas, se le representó en la memoria a don Quijote que se veía metido de pies a cabeza en la discordia del campo de Agramante, y así dijo, con voz que atronaba la venta:

—¡Deténganse todos; todos envainen; todos se sosieguen; escúchenme todos, si quieren quedar con vida!

A tan gran voz, todos se detuvieron, y él prosiguió diciendo:

—¿No les dije yo, señores, que este castillo estaba encantado, y que alguna región de demonios debía de habitar en él? En confirmación de ello, quiero que vean con sus propios ojos cómo se ha trasladado aquí, entre nosotros, la discordia del campo de Agramante. Miren cómo allí se pelea por la espada, aquí por el caballo, allá por el águila, acá por el yelmo, y todos peleamos, y ninguno nos entendemos. Venga, pues, usted, señor Oidor, y usted, señor Cura, y sirva uno de rey Agramante y el otro de rey Sobrino, y pónganos en paz; porque, por Dios Todopoderoso, es gran villanía que tanta gente principal como aquí estamos se mate por causas tan livianas.

Los cuadrilleros, que no entendían el lenguaje de don Quijote y se veían malparados por don Fernando, Cardenio y sus camaradas, no querían sosegarse; el barbero sí, porque en la pendencia había quedado con las barbas y la albarda deshechas; Sancho, a la más mínima voz de su amo, obedeció como buen criado; los cuatro criados de don Luis también se quedaron quietos, viendo cuán poco les convenía no estarlo; solo el ventero insistía en que se castigaran las insolencias de aquel loco, que a cada paso le alborotaba la venta.

Finalmente, el rumor se apaciguó por entonces; la albarda quedó por jaez hasta el día del Juicio, la bacía por yelmo y la venta por castillo en la imaginación de don Quijote.

Ya puestos en sosiego, y hechos amigos todos por persuasión del Oidor y del Cura, volvieron los criados de don Luis a insistirle que al instante se fuese con ellos; y, mientras él con ellos se avenía, el Oidor comunicó a don Fernando, a Cardenio y al Cura lo que debía hacerse en aquel caso, refiriéndoles las razones que don Luis le había dado.

En fin, se acordó que don Fernando dijese a los criados de don Luis quién era él y cómo era su voluntad que don Luis se fuese con él a Andalucía, donde, por parte de su hermano el marqués, sería estimado conforme al valor que don Luis merecía; porque de esta manera se sabía que era intención de don Luis no volver por entonces ante los ojos de su padre, aunque lo hiciesen pedazos.

Entendida, pues, por los cuatro la condición de don Fernando y la intención de don Luis, determinaron entre ellos que tres volviesen a dar cuenta de lo sucedido a su padre, y que el otro se quedase al servicio de don Luis, sin dejarlo hasta que los demás volviesen con respuesta, o viese lo que su padre ordenaba.

De esta manera se apaciguó aquella máquina de pendencias, por la autoridad de Agramante y la prudencia del rey Sobrino; pero, viéndose el enemigo de la concordia y el émulo de la paz despreciado y burlado, y el poco fruto que había sacado de haberlos puesto a todos en tan confuso laberinto, resolvió probar otra vez fortuna, resucitando nuevas pendencias y desasosiegos.

Es, pues, el caso que los cuadrilleros se sosegaron, por haber entendido en parte la calidad de aquellos con quienes se habían enfrentado, y se retiraron de la pendencia, por parecerles que, de cualquier modo que acabase, habrían de llevar la peor parte; pero uno de ellos, que había sido molido y pateado por don Fernando, recordó que entre algunos mandamientos que llevaba para prender delincuentes traía uno contra don Quijote, a quien la Santa Hermandad había ordenado prender por la libertad que dio a los galeotes, como Sancho con mucha razón había temido.

Pensando en esto, quiso asegurarse de si las señas que traía de don Quijote concordaban, y sacando del seno un pergamino dio con el que buscaba; y, poniéndose a leerlo despacio, porque no era buen lector, a cada palabra alzaba los ojos hacia don Quijote, cotejando las señas del mandamiento con su rostro, y halló que, sin duda alguna, era aquel de quien el mandamiento hablaba.

Y apenas se hubo certificado, cuando, recogiendo el pergamino, tomó el mandamiento con la mano izquierda y con la derecha asió a don Quijote del cuello con tal fuerza que no le dejaba respirar, y a grandes voces decía:

—¡Favor a la Santa Hermandad! ¡Y para que se vea que lo pido de verdad, léase este mandamiento, donde se ordena prender a este salteador de caminos!

Tomó el mandamiento el Cura y vio que era cierto cuanto decía el cuadrillero, y que concordaba con las señas de don Quijote; el cual, viéndose tratado de tal manera por aquel villano malandrín, encendida la cólera y crujiéndole los huesos, asió al cuadrillero con ambas manos por la garganta, y de no haber sido socorrido por sus compañeros, allí habría dejado la vida antes que don Quijote soltara la presa.

El ventero, que por fuerza había de favorecer a los de su oficio, acudió luego a darle ayuda. La ventera, al ver de nuevo a su marido en pendencias, volvió a alzar la voz, a la que se unieron Maritornes y su hija, pidiendo favor al cielo y a cuantos allí estaban. Sancho, viendo lo que pasaba, dijo:

—¡Vive el Señor, que es verdad cuanto mi amo dice de los encantos de este castillo, pues no es posible vivir una hora con sosiego en él!

Don Fernando separó al cuadrillero y a don Quijote y, con gusto de ambos, les desenclavó las manos, que el uno tenía asidas al cuello del sayo del otro, y el otro a la garganta del primero; pero aun así no dejaban los cuadrilleros de pedir su preso, y que se les ayudase a llevárselo atado y entregado a su voluntad, porque así convenía al servicio del Rey y de la Santa Hermandad, de cuya parte pedían de nuevo socorro y favor para hacer la prisión de aquel robador y salteador de caminos y de sendas.

Reía don Quijote al oír tales razones, y con mucho sosiego dijo:

—Vengan acá, gente soez y mal nacida: ¿llaman saltear caminos a dar libertad a los encadenados, soltar presos, socorrer a los miserables, levantar a los caídos y remediar a los necesitados? ¡Ah, gente infame, digna, por su bajo y vil entendimiento, de que el cielo no les comunique el valor que encierra la caballería andante, ni les haga entender el pecado e ignorancia en que están por no reverenciar siquiera la sombra, cuanto menos la presencia, de cualquier caballero andante! Vengan acá, ladrones en cuadrilla, que no cuadrilleros, salteadores de caminos con licencia de la Santa Hermandad; díganme: ¿quién fue el ignorante que firmó mandamiento de prisión contra un caballero como yo? ¿Quién el que ignoró que los caballeros andantes están exentos de todo fuero judicial, y que su ley es su espada, sus fueros su valentía y sus pragmáticas su voluntad? ¿Quién fue el mentecato —vuelvo a decir— que no sabe que no hay ejecutoria de hidalgo con tantas preeminencias y exenciones como las que adquiere un caballero andante el día que se arma caballero y se entrega al duro ejercicio de la caballería?

¿Qué caballero andante pagó pecho, alcabala, chapín de la reina, moneda forera, portazgo ni barca? ¿Qué sastre le cobró hechura de vestido? ¿Qué castellano lo acogió en su castillo haciéndole pagar escote? ¿Qué rey no lo sentó a su mesa? ¿Qué doncella no se le aficionó y se le entregó rendida, a todo su gusto y voluntad? Y, finalmente, ¿qué caballero andante ha habido, hay o habrá en el mundo que no tenga bríos para dar él solo cuatrocientos palos a cuatrocientos cuadrilleros que se le pongan delante?

CAPÍTULO XLVI: DE LA NOTABLE AVENTURA DE LOS CUADRILLEROS, Y LA GRAN FEROCIDAD DE NUESTRO BUEN CABALLERO DON QUIJOTE

En tanto que don Quijote decía esto, el Cura estaba persuadiendo a los cuadrilleros de que don Quijote estaba falto de juicio, como lo veían por sus obras y por sus palabras, y que no tenían para qué llevar aquel negocio adelante, pues aunque lo prendieran y lo llevaran, luego habrían de soltarlo por loco. A esto respondió el del mandamiento que a él no le tocaba juzgar la locura de don Quijote, sino hacer lo que su superior le mandaba; y que, una vez preso, aunque después lo soltaran trescientas veces.

—Con todo eso —dijo el Cura—, esta vez no se lo van a llevar, ni él se dejará llevar, según entiendo.

En efecto, tanto supo decirles el Cura, y tantas locuras supo hacer don Quijote, que más locos habrían sido los cuadrilleros que él si no hubieran reconocido la falta de juicio de don Quijote; y así, tuvieron por bien apaciguarse, y aun hacerse mediadores para poner paz entre el barbero y Sancho Panza, que todavía seguían con gran rencor en su pendencia. Finalmente, ellos, como miembros de la justicia, mediaron la causa y fueron árbitros de ella, de tal modo que ambas partes quedaron, si no del todo contentas, al menos en algo satisfechas: porque se trocaron las albardas, y no las cinchas y jáquimas.

Y en lo que tocaba a lo del yelmo de Mambrino, el Cura, a escondidas y sin que don Quijote lo entendiera, le dio por la bacía ocho reales; y el barbero le hizo una cédula de recibo y de no llamarse a engaño entonces ni por siempre jamás. Amén.

Sosegadas, pues, estas dos pendencias, que eran las más principales y de mayor peso, restaba que los criados de don Luis se conformaran con que tres volvieran y que uno quedara para acompañarlo donde don Fernando quería llevarlo. Y como ya la buena suerte y mejor fortuna habían comenzado a romper lanzas y a facilitar dificultades en favor de los amantes de la venta y de los valientes de ella, quiso llevarlo todo a buen término y dar a todo feliz suceso, porque los criados se contentaron con lo que don Luis quería; de lo cual recibió tanta alegría doña Clara, que quien entonces le mirara el rostro habría conocido el regocijo de su alma.

Zoraida, aunque no entendía bien todos los sucesos que había visto, se entristecía y se alegraba a bulto, conforme veía y notaba los semblantes de cada uno, especialmente los de su español, en quien tenía siempre puestos los ojos y traía colgada el alma.

El ventero, a quien no se le pasó por alto la dádiva y recompensa que el Cura había hecho al barbero, pidió el escote de don Quijote, con el menoscabo de sus cueros y la falta de vino, jurando que no saldrían de la venta Rocinante ni el jumento de Sancho sin que primero se le pagara hasta el último ardite. Todo lo apaciguó el Cura, y lo pagó don Fernando, aunque el Oidor, de muy buena voluntad, también había ofrecido la paga. Y de tal manera quedaron todos en paz y sosiego, que ya no parecía la venta la discordia del campo de Agramante, como don Quijote había dicho, sino la misma paz y quietud del tiempo de Octaviano.

De todo esto fue común opinión que se debían dar las gracias a la buena intención y mucha elocuencia del señor Cura y a la incomparable liberalidad de don Fernando.

Viéndose, pues, don Quijote libre y desembarazado de tantas pendencias, así de su escudero como suyas, le pareció que sería bien seguir su comenzado viaje y dar fin a aquella grande aventura para la cual había sido llamado y escogido; y así, con resuelta determinación, fue a ponerse de rodillas ante Dorotea, la cual no le consintió que hablase palabra hasta que se levantara. Y él, por obedecerla, se puso en pie y le dijo:

—Es común proverbio, hermosa señora, que la diligencia es madre de la buena ventura, y en muchas y graves cosas ha mostrado la experiencia que la solicitud del negociante lleva a buen fin el pleito dudoso; pero en ninguna se muestra más esta verdad que en las de la guerra, donde la celeridad y presteza se adelantan a los planes del enemigo y alcanzan la victoria antes de que el contrario se ponga en defensa. Todo esto digo, alta y preciosa señora, porque me parece que nuestra estancia en este castillo ya es sin provecho, y podría sernos de tanto daño que algún día lo viéramos claro; porque ¿quién sabe si por ocultas y diligentes espías ya habrá sabido su enemigo, el gigante que yo voy a destruir, y si, dándole lugar el tiempo, se habrá fortificado en algún castillo o fortaleza inexpugnable, contra quien valieran poco mis diligencias y la fuerza de mi incansable brazo? Así que, señora mía, prevengamos, como he dicho, con nuestra diligencia sus designios, y partamos luego a la buena ventura; que no está en más tenerla su grandeza, como desea, que en cuanto yo tarde en verme con su contrario.

Calló don Quijote y no dijo más, y esperó con mucho sosiego la respuesta de la hermosa infanta; la cual, con ademán señoril y acomodado al estilo de don Quijote, le respondió de esta manera:

—Yo le agradezco, señor caballero, el deseo que muestra de favorecerme en mi gran cuita, así como caballero a quien es propio y obligado favorecer a los huérfanos y necesitados; y quiera el cielo que se cumplan su deseo y el mío, para que vea que hay mujeres agradecidas en el mundo. Y en lo de mi partida, sea luego; que yo no tengo más voluntad que la suya: disponga usted de mí a su gusto y talante; que quien una vez le entregó la defensa de su persona y puso en sus manos la restauración de sus señoríos no ha de querer ir contra lo que su prudencia ordene.

—A la mano de Dios —dijo don Quijote—; pues ya que una señora se me humilla, no quiero yo perder ocasión de levantarla y ponerla en su heredado trono. La partida sea luego, porque me va poniendo espuelas al deseo y al camino aquello que suele decirse: que en la tardanza está el peligro. Y pues no ha criado el cielo, ni visto el infierno, ninguno que me espante ni acobarde, ensilla, Sancho, a Rocinante, y prepara tu jumento y el palafrén de la reina, y despidámonos del castellano y de estos señores, y vámonos de aquí luego, al punto.

Sancho, que a todo estaba presente, dijo, meneando la cabeza a una parte y a otra:

—¡Ay, señor, señor, y cuánto más mal hay en la aldea de lo que suena, con perdón sea dicho de las personas honradas!

—¿Qué mal puede haber en ninguna aldea, ni en todas las ciudades del mundo, que pueda sonar en menoscabo mío, villano?

—Si usted se enoja —respondió Sancho—, yo callaré y dejaré de decir lo que estoy obligado como buen escudero, y lo que debe un buen criado decir a su señor.

—Di lo que quieras —replicó don Quijote—, con tal que tus palabras no vayan encaminadas a meterme miedo; que si tú lo tienes, haces como quien eres, y si yo no lo tengo, hago como quien soy.

—No es eso, ¡pecador fui yo ante Dios! —respondió Sancho—; sino que yo tengo por cierto y por averiguado que esta señora, que dice ser reina del gran reino de Micomicón, no lo es más que mi madre; porque, si fuera lo que dice, no anduviera besuqueándose con alguno de los que están en la rueda, a la vuelta de la cabeza y a cada momento.

Se puso colorada Dorotea con las razones de Sancho, porque era verdad que su esposo don Fernando alguna vez, a escondidas de otras miradas, había cogido con los labios parte del premio que merecían sus deseos (lo cual había visto Sancho, y le pareció que aquella desenvoltura era más de dama cortesana que de reina de tan gran reino), y no pudo ni quiso responder palabra a Sancho, sino que lo dejó proseguir en su plática, y él fue diciendo:

—Esto digo, señor, porque si, al cabo de haber andado caminos y carreras, y pasado malas noches y peores días, ha de venir a coger el fruto de nuestros trabajos el que se está holgando en esta venta, no hay para qué darme prisa en ensillar a Rocinante, albardar el jumento y aderezar el palafrén; pues será mejor que nos quedemos quietos, y que cada quien haga lo suyo, y comamos.

¡Oh, válgame Dios, y cuán grande fue el enojo que recibió don Quijote al oír las descompuestas palabras de su escudero! Digo que fue tanto que, con voz atropellada y lengua tartamuda, lanzando vivo fuego por los ojos, dijo:

—¡Oh bellaco villano, mal mirado, descompuesto, ignorante, infacundo, deslenguado, atrevido, murmurador y maldiciente! ¿Tales palabras has osado decir en mi presencia y en la de estas ínclitas señoras, y tales deshonestidades y atrevimientos osaste poner en tu confusa imaginación? ¡Vete de mi presencia, monstruo de naturaleza, depositario de mentiras, armario de embustes, silo de bellaquerías, inventor de maldades, publicador de sandeces, enemigo del decoro que se debe a las reales personas! ¡Vete, no parezcas delante de mí, so pena de mi ira!

Y diciendo esto, arqueó las cejas, hinchó los carrillos, miró a todas partes, y dio con el pie derecho una gran patada en el suelo: señales todas de la ira que encerraba en sus entrañas. Ante aquellas palabras y furibundos ademanes, quedó Sancho tan encogido y medroso, que habría querido que en aquel instante se abriera debajo de sus pies la tierra y se lo tragara, y no supo qué hacerse sino volver las espaldas y apartarse de la enojada presencia de su señor.

Pero la discreta Dorotea, que tan bien entendido tenía ya el humor de don Quijote, dijo, para templarle la ira:

—No se aflijan, señor Caballero de la Triste Figura, por las sandeces que ha dicho su buen escudero, porque quizá no las dice sin ocasión, ni de su buen entendimiento y cristiana conciencia puede sospecharse que levante testimonio contra nadie; y así, se ha de creer, sin dudarlo, que como en este castillo, según usted dice, todas las cosas suceden por modo de encantamiento, podría ser —digo— que Sancho hubiese visto, por esa diabólica vía, lo que dice que vio, tan en ofensa de mi honestidad.

—Por el omnipotente Dios juro —dijo entonces don Quijote— que su grandeza ha dado en el punto, y que alguna mala visión se le puso delante a este pecador de Sancho, que le hizo ver lo que sería imposible ver de otro modo que por encantamientos; porque yo bien sé de la bondad e inocencia de este desdichado, que no sabe levantar testimonio contra nadie.

—Así es y así será —dijo don Fernando—; por lo cual debe usted, señor don Quijote, perdonarlo y volverlo al gremio de su gracia, sicut erat in principio, antes que tales visiones lo saquen de juicio.

Don Quijote respondió que lo perdonaba, y el Cura fue por Sancho, el cual vino muy humilde y, hincándose de rodillas, pidió la mano a su amo; y él se la dio, y después de haberle dejado besarla, le echó la bendición, diciendo:

—Ahora acabarás de conocer, Sancho hijo, que es verdad lo que yo otras muchas veces te he dicho: que todas las cosas de este castillo están hechas por vía de encantamiento.

—Así lo creo yo —dijo Sancho—, excepto aquello de la manta, que realmente sucedió por vía ordinaria.

—No lo creas —respondió don Quijote—; que si así fuera, yo te vengaría entonces, y aun ahora; pero ni entonces ni ahora pude, ni vi en quién tomar venganza de tu agravio.

Desearon saber todos qué era aquello de la manta, y el ventero contó punto por punto la volatería de Sancho Panza, de lo cual no poco se rieron todos, y no menos se avergonzara Sancho, si de nuevo no le asegurara su amo que era encantamiento; aunque jamás llegó la simpleza de Sancho a tanto que creyese no ser verdad pura y averiguada, sin mezcla de engaño alguno, lo de haber sido manteado por personas de carne y hueso, y no por fantasmas soñadas ni imaginadas, como su señor lo creía y lo afirmaba.

Dos días habían ya pasado desde que toda aquella ilustre compañía estaba en la venta; y pareciéndoles que ya era tiempo de partir, dieron orden para que, sin ponerse al trabajo de que Dorotea y don Fernando volviesen con don Quijote a su aldea con la invención de la libertad de la reina Micomicona, pudiesen el Cura y el Barbero llevárselo, como deseaban, y procurar la cura de su locura en su tierra.

Y lo que ordenaron fue que se concertaron con un carretero de bueyes que acaso acertó a pasar por allí, para que lo llevase en esta forma: hicieron una jaula de palos enrejados, tan capaz que pudiera caber en ella holgadamente don Quijote; y luego don Fernando y sus camaradas, con los criados de don Luis y los cuadrilleros, juntamente con el ventero, todos por orden y parecer del Cura, se cubrieron los rostros y se disfrazaron, unos de una manera y otros de otra, de modo que a don Quijote le pareciese que era gente distinta de la que en aquel castillo había visto.

Hecho esto, con grandísimo silencio entraron donde él estaba, durmiendo y descansando de las pasadas refriegas.

Se llegaron a él, que libre y seguro de tal acontecimiento dormía, y, asiéndolo fuertemente, le ataron muy bien las manos y los pies, de modo que, cuando despertó con sobresalto, no pudo moverse ni hacer otra cosa más que admirarse y quedarse suspenso al ver delante de sí tan extraños visajes; y luego cayó en la cuenta de lo que su continua y desvariada imaginación le representaba, y creyó que todas aquellas figuras eran fantasmas de aquel castillo encantado, y que, sin duda alguna, ya estaba encantado, pues no podía moverse ni defenderse: todo, al pie de la letra, como el Cura —trazador de aquella máquina— había pensado que sucedería.

Solo Sancho, de todos los presentes, estaba en su mismo juicio y en su misma figura; el cual, aunque le faltaba poco para padecer la misma enfermedad de su amo, no dejó de conocer quiénes eran aquellas figuras contrahechas; pero no se atrevió a abrir la boca hasta ver en qué paraba aquel asalto y prisión de su amo, el cual tampoco decía palabra, atento a ver el término de su desgracia. Y fue que, trayendo allí la jaula, lo encerraron dentro y clavaron los maderos tan fuertemente, que no se pudieran romper a dos tirones.

Lo tomaron luego en hombros, y al salir del aposento se oyó una voz temerosa, todo cuanto la supo formar el barbero —no el de la albarda, sino el otro—, que decía:

—¡Oh Caballero de la Triste Figura! No te aflija la prisión en que vas, porque así conviene para acabar más presto la aventura en que tu gran esfuerzo te puso. La cual se acabará cuando el furibundo león manchado con la blanca paloma tobosina se unan en uno, ya después de humilladas las altas cervices al blando yugo matrimoñesco; de cuyo inaudito consorcio saldrán a la luz del mundo los bravos cachorros, que imitarán las rampantes garras del valeroso padre. Y esto será antes que el seguidor de la fugitiva Ninfa haga dos veces la visita de las lucientes imágenes con su rápido y natural curso.

Y tú, ¡oh el más noble y obediente escudero que tuvo espada en cinta, barbas en rostro y olfato en las narices!, no te desmayes ni te disgustes de ver llevar así delante de tus propios ojos a la flor de la caballería andante; que presto, si al plasmador del mundo le place, te verás tan alto y tan sublimado, que no te conocerás, y no quedarán defraudadas las promesas que te ha hecho tu buen señor. Y te aseguro, de parte de la sabia Mentironiana, que tu salario será pagado, como lo verás por la obra; y sigue las pisadas del valeroso y encantado caballero, que conviene que vayas donde vayan ambos. Y porque no me es lícito decir otra cosa, queden con Dios; que yo me vuelvo adonde yo sé.

Y al acabar la profecía, alzó la voz de golpe, y la disminuyó después con tan tierno acento, que aun los que sabían de la burla estuvieron por creer que era verdad lo que oían.

Quedó don Quijote consolado con la profecía oída, porque luego dedujo, de todo en todo, su significación, y vio que le prometían verse unido en santo y debido matrimonio con su querida Dulcinea del Toboso, de cuyo feliz vientre saldrían los cachorros, que serían sus hijos, para gloria perpetua de la Mancha; y creyendo esto bien y firmemente, alzó la voz y, dando un gran suspiro, dijo:

—¡Oh tú, quienquiera que seas, que tanto bien me has pronosticado! Te ruego que pidas de mi parte al sabio encantador que tiene a cargo mis cosas que no me deje perecer en esta prisión adonde ahora me llevan, hasta ver cumplidas tan alegres e incomparables promesas como son las que aquí se me han hecho; que, con solo que esto se cumpla, tendré por gloria las penas de mi cárcel y por alivio estas cadenas que me ciñen, y no por duro campo de batalla este lecho en que me acuestan, sino por cama blanda y tálamo dichoso.

Y en lo que toca a la consolación de Sancho Panza, mi escudero, yo confío en su bondad y buen proceder, que no me dejará, en buena ni en mala suerte; porque, cuando no suceda —por la suya o por mi corta ventura— el poder yo darle la ínsula, u otra cosa equivalente, que le tengo prometida, por lo menos su salario no podrá perderse, que en mi testamento, que ya está hecho, dejo declarado lo que se le ha de dar, no conforme a sus muchos y buenos servicios, sino conforme a mi posibilidad.

Sancho Panza se inclinó con mucho comedimiento y le besó ambas manos, porque una sola no pudiera, por estar atadas las dos.

Luego tomaron la jaula en hombros aquellas visiones, y la acomodaron en el carro de los bueyes.

CAPÍTULO XLVII: DEL EXTRAÑO MODO CON QUE FUE ENCANTADO DON QUIJOTE DE LA MANCHA, CON OTROS FAMOSOS SUCESOS

Cuando don Quijote se vio de aquella manera enjaulado y encima del carro, dijo:

—Muchas y muy graves historias he leído yo de caballeros andantes, pero jamás he leído, ni visto, ni oído que a los caballeros encantados los lleven de esta manera, y con el paso que prometen estos perezosos y tardíos animales; porque siempre los suelen llevar por los aires, con extraña ligereza, encerrados en alguna parda y oscura nube, o en algún carro de fuego, o ya sobre algún hipogrifo u otra bestia semejante. Pero que me lleven a mí ahora sobre un carro de bueyes, ¡vive Dios que me pone en confusión! Aunque quizá la caballería y los encantos de estos tiempos nuestros deben de seguir otro camino que el que siguieron los antiguos. Y también podría ser que, como yo soy nuevo caballero en el mundo, y el primero que ha resucitado el ya olvidado ejercicio de la caballería aventurera, también nuevamente se hayan inventado otros géneros de encantamientos, y otros modos de llevar a los encantados. ¿Qué te parece de esto, Sancho hijo?

—No sé lo que me parece —respondió Sancho—, por no ser tan leído como usted en esas historias andantes; pero, con todo eso, me atrevería a afirmar y jurar que estas visiones que por aquí andan no son del todo católicas.

—¿Católicas? ¡Hijo mío! —respondió don Quijote—. ¿Cómo han de ser católicas, si son demonios, que han tomado cuerpos fantásticos para venir a hacer esto y a ponerme en este estado? Y si quieres ver esta verdad, tócalos y pálpalos, y verás cómo no tienen cuerpo sino de aire, y cómo no consisten más que en apariencia.

—¡Por Dios, señor! —replicó Sancho—, ya yo los he tocado; y este diablo que aquí anda tan solícito es rollizo de carnes, y tiene otra propiedad muy diferente de la que yo he oído decir que tienen los demonios; porque, según se dice, todos huelen a piedra de azufre y a otros malos olores, pero este huele a ámbar desde media legua.

Decía esto Sancho por don Fernando, que, como tan señor, debía de oler a lo que Sancho decía.

—No te maravilles de eso, Sancho amigo —respondió don Quijote—; porque te hago saber que los diablos saben mucho, y aunque traigan olores consigo, ellos no huelen nada, porque son espíritus; y si huelen, no pueden oler cosas buenas, sino malas y hediondas. Y la razón es que, como ellos, dondequiera que estén, traen el infierno consigo, y no pueden recibir género de alivio alguno en sus tormentos, y el buen olor es cosa que deleita y contenta, no es posible que huelan cosa buena. Y si a ti te parece que ese demonio que dices huele a ámbar, o tú te engañas, o él quiere engañarte, haciendo que no lo tengas por demonio.

Todos estos coloquios pasaron entre amo y criado; y temiendo don Fernando y Cardenio que Sancho viniese a caer del todo en la cuenta de su invención, a la cual ya andaba muy cerca, determinaron abreviar la partida; y, llamando aparte al ventero, le ordenaron que ensillase a Rocinante y enalbardase el jumento de Sancho; lo cual hizo con mucha presteza.

Ya en esto, el Cura se había concertado con los cuadrilleros para que lo acompañasen hasta su lugar, dándoles una paga cada día. Colgó Cardenio del arzón de la silla de Rocinante, de un lado la adarga y del otro la bacía, y por señas mandó a Sancho que subiese en su asno y tomase de las riendas a Rocinante; y puso a los dos lados del carro a los dos cuadrilleros con sus escopetas.

Pero antes que se moviese el carro, salió la ventera, su hija y Maritornes a despedirse de don Quijote, fingiendo que lloraban de dolor por su desgracia; a quienes don Quijote dijo:

—No lloren, mis buenas señoras, que todas estas desdichas son propias de quienes profesan lo que yo profeso; y si estas calamidades no me acontecieran, no me tendría yo por famoso caballero andante, porque a los caballeros de poco nombre y fama nunca les suceden semejantes casos, pues no hay en el mundo quien se acuerde de ellos. A los valerosos, sí, porque muchos príncipes y muchos otros caballeros tienen envidia de su virtud y valentía, y procuran por malas vías destruir a los buenos. Pero, con todo eso, la virtud es tan poderosa que, por sí sola, a pesar de toda la nigromancia que supo su primer inventor Zoroastro, saldrá vencedora de todo trance y dará luz en el mundo, como la da el sol en el cielo.

Perdónenme, hermosas damas, si algún desaguisado, por descuido mío, les he hecho (que de voluntad y a sabiendas jamás se lo hice a nadie), y rueguen a Dios que me saque de estas prisiones en que algún encantador malintencionado me ha puesto; que si me veo libre de ellas, no se me borrarán de la memoria las mercedes que en este castillo me han hecho, para agradecerlas, servirlas y recompensarlas como ellas merecen.

Mientras las damas del castillo se despedían así de don Quijote, el Cura y el Barbero se despidieron de don Fernando y sus camaradas, y del Capitán y de su hermano, y de todas aquellas señoras tan contentas, especialmente de Dorotea y de Luscinda. Todos se abrazaron y quedaron en darse noticia de sus sucesos, diciendo don Fernando al Cura dónde debía escribirle para avisarle en qué paraba don Quijote, asegurándole que no habría cosa que más gusto le diese que saberlo; y que él, asimismo, le avisaría de todo aquello que viese que podría darle gusto, así de su casamiento como del bautismo de Zoraida, del suceso de don Luis y de la vuelta de Luscinda a su casa.

El Cura ofreció hacer cuanto se le mandaba, con toda puntualidad. Volvieron a abrazarse otra vez, y otra vez volvieron a nuevos ofrecimientos.

El ventero se llegó al Cura y le dio unos papeles, diciéndole que los había hallado en un forro de la maleta donde se encontró la Novela del Curioso impertinente, y que, pues su dueño no había vuelto más por allí, se los llevara todos; que, como él no sabía leer, no los quería. El Cura se lo agradeció, y abriéndolos luego, vio que al principio de lo escrito decía: Novela de Rinconete y Cortadillo, por donde entendió que era alguna novela, y dedujo que, pues la del Curioso impertinente había sido buena, también lo sería aquella, pues podría ser que fuesen todas de un mismo autor; y así la guardó, con propósito de leerla cuando tuviese ocasión.

Subió a caballo, y también su amigo el Barbero, con sus antifaces, para que no fuesen luego conocidos por don Quijote, y se pusieron a caminar tras el carro.

Y la orden que llevaban era esta: iba primero el carro, guiándolo su dueño; a los dos lados iban los cuadrilleros, como se ha dicho, con sus escopetas; seguía luego Sancho Panza sobre su asno, llevando de rienda a Rocinante; detrás de todo esto iban el Cura y el Barbero sobre sus poderosas mulas, cubiertos los rostros, como se ha dicho, con grave y reposado continente, sin caminar más de lo que permitía el paso tardo de los bueyes.

Don Quijote iba sentado en la jaula, con las manos atadas, los pies extendidos, y arrimado a las verjas, con tanto silencio y tanta paciencia como si no fuera hombre de carne, sino estatua de piedra.

Y así, con aquel paso y silencio, caminaron hasta dos leguas, y llegaron a un valle, donde al boyero le pareció que era lugar acomodado para reposar y dar pasto a los bueyes; y, comunicándolo con el Cura, fue el Barbero de parecer que caminasen un poco más, porque él sabía que detrás de un recuesto que cerca de allí se mostraba había un valle de más hierba y mucho mejor que aquel en que querían parar. Se tomó el parecer del Barbero, y así volvieron a proseguir el camino.

En esto volvió el Cura el rostro y vio que a sus espaldas venían hasta seis o siete hombres a caballo, bien puestos y aderezados, por los cuales fueron presto alcanzados, porque ellos caminaban no con la flema y reposo de los bueyes, sino como quien iba sobre mulas de canónigos y con deseo de llegar presto a sestear a la venta, que a menos de una legua de allí se parecía.

Llegaron los diligentes a los perezosos y se saludaron cortésmente; y uno de los que venían, que en definitiva era canónigo de Toledo y señor de los demás que lo acompañaban, viendo la concertada procesión del carro, los cuadrilleros, Sancho, Rocinante, el Cura y el Barbero, y, sobre todo, a don Quijote enjaulado y aprisionado, no pudo dejar de preguntar qué significaba llevar a aquel hombre de aquella manera; aunque ya se había imaginado, viendo las insignias de los cuadrilleros, que debía de ser algún facineroso salteador u otro delincuente cuyo castigo tocara a la Santa Hermandad.

Uno de los cuadrilleros, a quien fue hecha la pregunta, respondió así:

—Señor, lo que significa ir este caballero de esta manera, dígalo él, porque nosotros no lo sabemos.

Oyó don Quijote la plática y dijo:

—¿Por ventura, señores caballeros, son ustedes versados y peritos en esto de la caballería andante? Porque si lo son, comunicaré con ustedes mis desgracias; y si no, no hay para qué me canse en decirlas.

Y en este tiempo habían ya llegado el Cura y el Barbero, viendo que los caminantes estaban en plática con don Quijote de la Mancha, para responder de modo que no se descubriese su artificio.

El Canónigo, a lo que don Quijote dijo, respondió:

—En verdad, hermano, que sé más de libros de caballerías que de las Súmulas de Villalpando. Así que, si no es más que eso, con seguridad puede usted comunicar conmigo lo que quiera.

—A la mano de Dios —replicó don Quijote—. Pues siendo así, quiero, señor caballero, que sepa que yo voy encantado en esta jaula, por envidia y fraude de malos encantadores; que la virtud es más perseguida por los malos que amada por los buenos. Caballero andante soy, y no de aquellos de cuyos nombres jamás la Fama se acordó para eternizarlos en su memoria, sino de aquellos que, a despecho y pesar de la misma envidia, y de cuantos magos crio Persia, bracmanes la India, ginosofistas Etiopía, han de poner su nombre en el templo de la inmortalidad, para que sirva de ejemplo y dechado en los venideros siglos, donde los caballeros andantes vean los pasos que han de seguir, si quieren llegar a la cumbre y alteza honrosa de las armas.

—Dice verdad el señor don Quijote de la Mancha —dijo entonces el Cura—, que él va encantado en esta carreta, no por culpas ni pecados suyos, sino por la mala intención de aquellos a quienes la virtud enfada y la valentía enoja. Este es, señor, el Caballero de la Triste Figura, si es que lo oyó nombrar alguna vez; cuyas valerosas hazañas y grandes hechos serán escritos en bronces duros y en eternos mármoles, por más que se canse la envidia en oscurecerlos y la malicia en ocultarlos.

Cuando el Canónigo oyó hablar al preso y al libre en semejante estilo, estuvo por santiguarse de admirado, y no podía entender lo que le había acontecido; y en la misma admiración cayeron todos los que con él venían.

En esto Sancho Panza, que se había acercado a oír la plática, para enderezarlo todo, dijo:

—Ahora, señores, quiéranme bien o quiéranme mal por lo que dijere: el caso es que así va encantado mi señor don Quijote como mi madre. Él tiene entero juicio; él come, bebe y hace sus necesidades como los demás hombres, y como las hacía ayer, antes de que lo enjaulasen. Siendo así, ¿cómo quieren hacerme entender que va encantado? Pues yo he oído decir a muchas personas que los encantados ni comen, ni duermen, ni hablan, y mi amo, si no se lo impiden, hablará más que treinta procuradores.

Y volviéndose a mirar al Cura, prosiguió diciendo:

—¡Ah, señor Cura, señor Cura! ¿Pensaba usted que no lo conozco, y que yo no entiendo ni adivino adónde se encaminan estos nuevos encantamientos? Pues sepa que lo conozco, por más que se cubra el rostro, y sepa que lo entiendo, por más que disimule sus embustes. En fin, donde reina la envidia no puede vivir la virtud, ni donde hay escasez, la liberalidad. ¡Mal haya el diablo!, que si no fuera por usted, esta ya sería la hora en que mi señor estaría casado con la infanta Micomicona, y yo sería conde, por lo menos; pues no se podía esperar otra cosa, así de la bondad de mi señor, el de la Triste Figura, como de la grandeza de mis servicios. Pero ya veo que es verdad lo que se dice por ahí: que la rueda de la Fortuna anda más lista que rueda de molino, y que los que ayer estaban en lo alto, hoy están por el suelo.

De mis hijos y de mi mujer me pesa, pues cuando podían y debían esperar ver entrar a su padre por sus puertas hecho gobernador o virrey de alguna ínsula o reino, lo verán entrar hecho mozo de caballos. Todo esto que he dicho, señor Cura, no es más que para encarecer que su paternidad haga conciencia del mal trato que a mi señor se le hace, y mire bien no le pida Dios en la otra vida esta prisión de mi amo, y se le haga cargo de todos aquellos socorros y bienes que mi señor don Quijote deja de hacer en este tiempo que está preso.

—¡Adóbame esos candiles! —dijo en ese punto el Barbero—. ¿También tú, Sancho, eres de la cofradía de tu amo? ¡Vive el Señor, que voy viendo que le vas a hacer compañía en la jaula, y que vas a quedar tan encantado como él, por lo que se te pega de su humor y de su caballería! En mal punto te llenaste la cabeza de sus promesas, y en mala hora se te metió entre ceja y ceja la ínsula que tanto deseas.

—Yo no estoy preñado de nadie —respondió Sancho—, ni soy hombre que me dejara preñar, aunque fuera el Rey; y aunque pobre, soy cristiano viejo, y no debo nada a nadie. Y si ínsulas deseo, otros desean otras cosas peores; y cada uno es hijo de sus obras. Y siendo hombre puedo venir a ser papa, cuanto más gobernador de una ínsula; y más pudiendo ganar tantas mi señor, que no le falte a quién darlas.

Usted mire cómo habla, señor Barbero, que no es todo hacer barbas; y algo va de Pedro a Pedro. Lo digo porque todos nos conocemos, y a mí no se me ha de echar dado falso. Y en esto del encanto de mi amo, Dios sabe la verdad; y déjese aquí, porque es peor moverlo.

No quiso responder el Barbero a Sancho, para que no descubriese con sus simplezas lo que él y el Cura tanto procuraban encubrir; y por este mismo temor había el Cura dicho al Canónigo que caminasen un poco delante, porque él le diría el misterio del enjaulado, con otras cosas que le diesen gusto.

Así lo hizo el Canónigo, y se adelantó con sus criados; y el Cura, ya a su lado, estuvo atento a decirle todo lo que quiso acerca de la condición, vida, locura y costumbres de don Quijote, contándole brevemente el principio y causa de su desvarío, y todo el curso de sus sucesos, hasta haberlo puesto en aquella jaula, y el plan que llevaban de llevarlo a su tierra, para ver si por algún medio hallaban remedio a su locura.

Se admiraron de nuevo los criados y el Canónigo al oír la peregrina historia de don Quijote, y en acabándola de oír, dijo:

—Verdaderamente, señor Cura, yo hallo por mi cuenta que son perjudiciales en la república estos que llaman libros de caballerías; y aunque he leído, llevado de un ocioso y falso gusto, casi el principio de la mayor parte de los que hay impresos, jamás me he podido acomodar a leer ninguno del principio al cabo, porque me parece que, cual más cual menos, todos son una misma cosa, y no tiene más este que aquel, ni este otro que el otro.

Y, según a mí me parece, este género de escritura y composición cae debajo de aquel de las fábulas que llaman milesias, que son cuentos disparatados, que atienden solamente a deleitar y no a enseñar; al contrario de lo que hacen las fábulas apólogas, que deleitan y enseñan juntamente. Y aunque el principal intento de semejantes libros sea deleitar, no sé yo cómo puedan conseguirlo, yendo llenos de tantos y tan desaforados disparates; porque el deleite que en el alma se concibe ha de nacer de la hermosura y concordancia que ve o contempla en las cosas que la vista o la imaginación le ponen delante; y toda cosa que tiene en sí fealdad y descompostura no nos puede causar contento alguno.

Pues ¿qué hermosura puede haber, o qué proporción de partes con el todo, y del todo con las partes, en un libro o fábula donde un mozo de dieciséis años da una cuchillada a un gigante como una torre y lo divide en dos mitades como si fuera de alfeñique; y donde, cuando nos quieren pintar una batalla, después de haber dicho que hay de parte de los enemigos un millón de combatientes, con tal que el señor del libro esté contra ellos, forzosamente, aunque no nos guste, hemos de entender que tal caballero alcanzó la victoria por solo el valor de su fuerte brazo?

Pues ¿qué diremos de la facilidad con que una reina o emperatriz heredera se deja llevar en brazos de un andante y no conocido caballero? ¿Qué ingenio, si no es del todo bárbaro e inculto, podrá contentarse leyendo que una gran torre llena de caballeros va por la mar adelante como nave con próspero viento, y que hoy anochece en Lombardía y mañana amanece en tierras del Preste Juan de las Indias, o en otras que ni las descubrió Tolomeo ni las vio Marco Polo?

Y si a esto se me respondiera que quienes componen tales libros los escriben como cosas de mentira, y que así no están obligados a mirar en

409

delicadezas ni verdades, yo respondería que tanto la mentira es mejor cuanto más parece verdadera, y tanto más agrada cuanto tiene más de lo dudoso y posible. Han de acomodarse las fábulas mentirosas al entendimiento de quienes las lean, escribiéndose de suerte que, facilitando los imposibles, allanando las grandezas, suspendiendo los ánimos, admiren, suspendan, alborocen y entretengan de modo que anden a un mismo paso la admiración y la alegría juntas; y todas estas cosas no podrá hacer quien huya de la verosimilitud y de la imitación, en que consiste la perfección de lo que se escribe.

No he visto ningún libro de caballerías que haga un cuerpo de fábula entero con todos sus miembros, de manera que el medio corresponda al principio y el fin al principio y al medio; sino que los componen con tantos miembros, que más parece que intentan formar una quimera o un monstruo que hacer una figura proporcionada.

Fuera de esto, son duros en el estilo; increíbles en las hazañas; lascivos en los amores; mal mirados en las cortesías; largos en las batallas; necios en las razones; disparatados en los viajes; y, finalmente, ajenos de todo discreto artificio, y por esto dignos de ser desterrados de la república cristiana, como gente inútil.

El Cura lo estuvo escuchando con grande atención, y le pareció hombre de buen entendimiento, y que tenía razón en cuanto decía; y así le dijo que, por ser él de la misma opinión y tener ojeriza a los libros de caballerías, había quemado todos los de don Quijote, que eran muchos. Y le contó el escrutinio que de ellos había hecho, y los que había condenado al fuego y los que había dejado con vida, de lo cual no poco se rio el Canónigo.

Y dijo que, con todo el mal que había dicho de tales libros, hallaba en ellos una cosa buena: el asunto que ofrecían para que un buen entendimiento pudiera mostrarse, porque daban largo y espacioso campo por donde, sin estorbo alguno, pudiera correr la pluma, descubriendo naufragios, tormentas, rencuentros y batallas, pintando un capitán valeroso con todas las partes que para ser tal se requieren; mostrándose prudente, previniendo las astucias de sus enemigos; y elocuente orador, persuadiendo o disuadiendo a sus soldados; maduro en el consejo, presto en lo determinado; tan valiente en el esperar como en el acometer.

Pintando ahora un lamentable y trágico suceso, ahora un alegre y no pensado acontecimiento; allí una hermosísima dama, honesta, discreta y recatada; aquí un caballero cristiano, valiente y comedido; allá un desaforado bárbaro fanfarrón; acá un príncipe cortés, valeroso y bien mirado; representando bondad y lealtad de vasallos, grandezas y mercedes de señores.

Ya puede mostrarse astrólogo, ya cosmógrafo excelente, ya músico, ya inteligente en materias de estado; y tal vez le vendrá ocasión de mostrarse nigromante, si quiere. Puede mostrar las astucias de Ulises, la piedad de Eneas, la valentía de Aquiles, las desgracias de Héctor, las traiciones de Sinón, la amistad de Euríalo, la liberalidad de Alejandro, el valor de César, la clemencia y verdad de Trajano, la fidelidad de Zopiro, la prudencia de Catón, y, finalmente, todas aquellas acciones que pueden hacer perfecto a un varón ilustre, ya poniéndolas en uno solo, ya repartiéndolas en muchos.

Y si esto se hace con apacibilidad de estilo y con ingeniosa invención, procurando lo más posible acercarse a la verdad, sin duda compondrá una tela de varios y hermosos lazos tejida, que después de acabada muestre tal perfección y hermosura, que consiga el fin mejor que se pretende en los escritos: enseñar y deleitar juntamente, como ya he dicho.

Porque la escritura suelta de estos libros da lugar a que el autor pueda mostrarse épico, lírico, trágico o cómico, con todas aquellas partes que encierran en sí las dulcísimas y agradables ciencias de la poesía y de la oratoria; que la épica también puede escribirse en prosa como en verso.

CAPÍTULO XLVIII: DONDE PROSIGUE EL CANÓNIGO LA MATERIA DE LOS LIBROS DE CABALLERÍAS CON OTRAS COSAS DIGNAS DE SU INGENIO

—Así es como usted dice, señor Canónigo —dijo el Cura—, y por esta causa son más dignos de reprensión quienes hasta aquí han compuesto semejantes libros, sin atender a ningún buen discurso ni al arte y reglas por donde pudieran guiarse y hacerse famosos en prosa, como lo son en verso los dos príncipes de la poesía griega y latina.

—Yo, por lo menos —replicó el Canónigo—, he tenido cierta tentación de hacer un libro de caballerías, guardando en él todos los puntos que he señalado; y, si he de confesar la verdad, tengo escritas más de cien hojas. Y para hacer experiencia de si correspondían a mi estimación, las he comunicado con hombres apasionados de esta lectura, doctos y discretos, y con otros ignorantes que solo atienden al gusto de oír disparates, y de todos he hallado una agradable aprobación; pero, con todo eso, no he proseguido adelante, así por parecerme que hago cosa ajena de mi profesión, como por ver que es mayor el número de los simples que el de los prudentes, y que, aunque es mejor ser alabado por los pocos sabios que burlado por los muchos necios, no quiero sujetarme al confuso juicio del desvanecido vulgo, a quien por la mayor parte toca leer semejantes libros.

Pero lo que más me quitó de las manos, y aun del pensamiento, el acabarlo, fue un argumento que hice conmigo mismo, sacado de las comedias que ahora se representan, diciendo: «Si estas que ahora se usan, así las imaginadas como las de historia, todas o la mayor parte son conocidos disparates y cosas que no llevan pies ni cabeza, y con todo eso el vulgo las oye con gusto, y las tiene y las aprueba por buenas, estando tan lejos de serlo; y los autores que las componen, y los actores que las representan, dicen que así han de ser, porque así las quiere el vulgo, y no de otra manera; y que las que llevan traza y siguen la fábula como el arte pide no sirven sino para cuatro discretos que las entienden, y todos los demás se quedan ayunos de entender su artificio, y que a ellos les está mejor ganar de comer con los muchos que opinión con los pocos; de este modo vendrá a ser un libro, al cabo de haberme quemado las cejas por guardar los preceptos referidos, y vendré a ser el sastre del cantillo.

Y aunque algunas veces he procurado persuadir a los actores de que se engañan en tener la opinión que tienen, y de que más gente atraerán y más fama cobrarán representando comedias que sigan el arte, que no con las disparatadas, están tan asidos y tan encorporados en su parecer, que no hay razón ni evidencia que de él los saque».

Me acuerdo de que un día le dije a uno de estos pertinaces: «Dígame, ¿no se acuerda de que hace pocos años se representaron en España tres tragedias que compuso un famoso poeta de estos reinos, las cuales fueron tales que admiraron, alegraron y suspendieron a cuantos las oyeron, así simples como prudentes, así del vulgo como de los escogidos, y dieron más dineros a los representantes ellas tres solas que treinta de las mejores que después acá se han hecho?» «Sin duda —respondió el autor del que hablo— que debe de decir usted por La Isabela, La Filis y La Alejandra.» «Por esas digo —le repliqué yo—; y mire si guardaban bien los preceptos del arte, y si por guardarlos dejaron de parecer lo que eran y de agradar a todo el mundo. Así que no está la falta en el vulgo, que pide disparates, sino en aquellos que no saben representar otra cosa. Sí, que no fue disparate La Ingratitud vengada, ni lo tuvo La Numancia, ni se le halló en El Mercader amante, ni menos en La Enemiga favorable, ni en otras algunas que de entendidos poetas han sido compuestas para fama y renombre suyo, y para ganancia de los que las han representado». Y otras cosas añadí a estas, con las cuales, a mi parecer, lo dejé algo confuso; pero no satisfecho ni convencido para sacarlo de su errado pensamiento.

—En materia ha tocado usted, señor Canónigo —dijo entonces el Cura—, que ha despertado en mí un antiguo rencor que tengo contra las comedias que ahora se usan, tal que iguala al que tengo contra los libros de caballerías; porque, habiendo de ser la comedia, según a Tulio le parece, espejo de la vida humana, ejemplo de las costumbres e imagen de la verdad, las que ahora se representan son espejos de disparates, ejemplos de necedades e imágenes de lascivia.

Porque, ¿qué mayor disparate puede haber en el asunto que tratamos que salir un niño en mantillas en la primera escena del primer acto, y en la segunda salir ya hecho hombre barbado? ¿Y qué mayor que pintarnos un viejo valiente y un mozo cobarde, un lacayo retórico, un paje consejero, un rey ganapán y una princesa fregona?

¿Qué diré, pues, de la observancia que guardan en los tiempos en que pueden o podían suceder las acciones que representan, sino que he visto comedia cuya primera jornada comenzó en Europa, la segunda en Asia, la tercera se acabó en África, y aun, si hubiera sido de cuatro jornadas, la cuarta habría acabado en América, y así se habría hecho en las cuatro partes del mundo?

Y si la imitación es lo principal que ha de tener la comedia, ¿cómo es posible que satisfaga a ningún mediano entendimiento que, fingiendo una acción que pasa en tiempo del rey Pepino y Carlomagno, al mismo a quien en ella hacen persona principal le atribuyan que fue el emperador Heraclio, el que entró con la Cruz en Jerusalén, y el que ganó la Casa Santa, como Godofredo de Bullón, habiendo infinitos años de lo uno a lo otro; y, fundándose la comedia sobre cosa fingida, atribuirle verdades de historia y mezclarle trozos de otras sucedidas a diferentes personas y tiempos, y esto no con trazas verosímiles, sino con evidentes errores, de todo punto inexcusables?

Y es lo malo que hay ignorantes que digan que esto es lo perfecto, y que lo demás es buscar sutilezas. Pues ¿qué, si venimos a las comedias divinas? ¡Cuántos milagros falsos fingen en ellas, cuántas cosas apócrifas y mal entendidas, atribuyendo a un santo los milagros de otro! Y aun en las humanas se atreven a hacer milagros, sin más respeto ni consideración que parecerles que allí estará bien el tal milagro y apariencia, como ellos lo llaman, para que gente ignorante se admire y venga a la comedia; y todo esto va en perjuicio de la verdad y en menoscabo de las historias, y aun en oprobio de los ingenios españoles, porque los extranjeros, que con mucha puntualidad guardan las leyes de la comedia, nos tienen por bárbaros e ignorantes, viendo los absurdos y disparates de las que hacemos.

Y no sería bastante disculpa decir que el principal intento que las repúblicas bien ordenadas tienen permitiendo que se hagan públicas comedias es entretener a la comunidad con alguna honesta recreación, y apartarla a veces de los malos humores que suele engendrar la ociosidad; y que, pues esto se consigue con cualquier comedia, buena o mala, no hay para qué poner leyes, ni estrechar a los que las componen y representan a que las hagan como debieran hacerse, pues —como he dicho— con cualquiera se alcanza lo que se pretende. A lo cual respondería yo que este fin se conseguiría mucho mejor, sin comparación alguna, con las comedias buenas que con las que no lo son; porque, de haber oído una comedia artificiosa y bien ordenada, sale el oyente alegre

415

con las burlas, enseñado con las veras, admirado de los sucesos, discreto con las razones, advertido con los engaños, sagaz con los ejemplos, airado contra el vicio y enamorado de la virtud.

Todos estos afectos ha de despertar la buena comedia en el ánimo de quien la escuche, por rústico y torpe que sea; y es imposible no alegrar y entretener, satisfacer y contentar, la comedia que todas estas partes tenga, mucho más que aquella que carezca de ellas, como por la mayor parte carecen estas que de ordinario se representan.

Y no tienen la culpa de esto los poetas que las componen, porque algunos hay que conocen muy bien en qué yerran, y saben con extremo lo que deben hacer; pero como las comedias se han hecho mercadería vendible, dicen —y dicen verdad— que los representantes no se las comprarían si no fuesen de aquel jaez; y así el poeta procura acomodarse a lo que el representante, que le ha de pagar su obra, le pide.

Y que esto sea verdad, véase por muchas e infinitas comedias que ha compuesto un felicísimo ingenio de estos reinos, con tanta gala, con tanto donaire, con tan elegante verso, con tan buenas razones, con tan graves sentencias y, finalmente, tan llenas de elocuencia y alteza de estilo, que tiene lleno el mundo de su fama; y por querer acomodarse al gusto de los representantes, no han llegado todas —como han llegado algunas— al punto de perfección que requieren.

Otros las componen tan sin mirar lo que hacen, que después de representadas tienen necesidad los recitantes de huir y ausentarse, temerosos de ser castigados, como lo han sido muchas veces, por haber representado cosas en perjuicio de algunos reyes y en deshonra de algunos linajes.

Y todos estos inconvenientes cesarían, y aun otros muchos más que no digo, con que hubiese en la Corte una persona inteligente y discreta que examinase todas las comedias antes de representarse; no solo aquellas que se hicieran en la Corte, sino todas las que se quisieran representar en España; sin cuya aprobación, sello y firma ninguna justicia en su lugar dejase representar comedia alguna. Y de esta manera los comediantes tendrían cuidado de enviar las comedias a la Corte, y con seguridad podrían representarlas; y quienes las componen mirarían con más cuidado y estudio lo que hacían, temerosos de que sus obras pasasen por el riguroso examen de quien entiende; y así se harían buenas comedias y se conseguiría felizmente lo que en ellas se pretende: tanto el entretenimiento del pueblo como la opinión de los ingenios de España, el interés y seguridad de los recitantes, y el ahorro del cuidado de castigarlos.

Y si se encargase a otro, o a ese mismo, que examinase los libros de caballerías que de nuevo se compusiesen, sin duda podrían salir algunos con la perfección que usted ha dicho, enriqueciendo nuestra lengua con el agradable y precioso tesoro de la elocuencia, dando ocasión a que los libros viejos se oscureciesen a la luz de los nuevos que saliesen, para honesto pasatiempo, no solo de los ociosos, sino de los más ocupados, pues no es posible tener siempre el arco armado, ni puede la flaqueza humana sostenerse sin alguna lícita recreación.

A este punto de su coloquio llegaban el Canónigo y el Cura, cuando, adelantándose el Barbero, llegó a ellos y dijo al Cura:

—Aquí, señor licenciado, es el lugar que yo dije que era bueno para que, mientras nosotros descansamos, los bueyes tengan fresco y abundante pasto.

—Así me lo parece a mí —respondió el Cura.

Y, diciéndole al Canónigo lo que pensaba hacer, él también quiso quedarse con ellos, convidado por el sitio de un hermoso valle que a la vista se les ofrecía. Y así, tanto por gozar del lugar como de la conversación del Cura, a quien ya iba tomando afecto, y por saber con más detalle las hazañas de don Quijote, mandó a algunos de sus criados que fuesen a la venta, que no lejos de allí estaba, y trajesen de ella lo que hubiera de comer para todos, porque determinaba descansar en aquel lugar aquella tarde; a lo cual uno de sus criados respondió que el acémila del repuesto, que ya debía de estar en la venta, traía recado bastante para no tomar de allí más que cebada.

—Pues así es —dijo el Canónigo—; llévense allá todas las cabalgaduras, y hagan volver el acémila.

Mientras esto pasaba, viendo Sancho que podía hablar a su amo sin la continua presencia del Cura y del Barbero, a quienes tenía por sospechosos, se llegó a la jaula donde iba su amo y le dijo:

—Señor, para descargo de mi conciencia le quiero decir lo que pasa acerca de su encantamiento; y es que esos dos que vienen aquí con el rostro cubierto son el Cura de nuestro lugar y el Barbero; y me imagino que han dado esta traza de llevarlo de esta manera, por pura envidia de ver cómo usted se les adelanta en hacer hechos famosos. Puesta, pues, esta verdad, se sigue que usted no va encantado, sino engañado y tonto.

Para prueba de ello le quiero preguntar una cosa; y si me responde como creo que me ha de responder, tocará con la mano este engaño y verá cómo no va encantado, sino que trae el juicio trastornado.

—Pregunta lo que quieras, hijo Sancho —respondió don Quijote—, que yo te satisfaré y responderé a todo lo que quieras. Y en lo que dices de que esos que allí van y vienen con nosotros son el Cura y el Barbero, nuestros paisanos y conocidos, bien podrá ser que parezca que son ellos mismos; pero que lo sean realmente y en efecto, eso no lo creas de ninguna manera.

Lo que has de creer y entender es que, si se les parecen, como dices, los que me han encantado habrán tomado esa apariencia y semejanza; porque es cosa fácil a los encantadores tomar la figura que se les antoja, y habrán tomado la de nuestros amigos para darte ocasión de que pienses lo que piensas y ponerte en un laberinto de imaginaciones del que no aciertes a salir, aunque tuvieras la soga de Teseo.

Y también lo habrán hecho para que yo vacile en mi entendimiento y no sepa atinar de dónde me viene este daño; porque si, por una parte, tú me dices que me acompañan el Barbero y el Cura de nuestro pueblo, y por otra yo me veo enjaulado y sé de mí que fuerzas humanas —si no fueran sobrenaturales— no serían bastantes para enjaularme, ¿qué quieres que diga o piense sino que el modo de mi encantamiento excede a cuantos yo he leído en las historias de caballeros andantes que han sido encantados?

Así que puedes darte paz y sosiego en esto de creer que son los que dices, porque tanto son ellos como yo soy turco. Y en lo que toca a querer preguntarme algo, di; que yo te responderé aunque me preguntes de aquí a mañana.

—¡Válgame Nuestra Señora! —respondió Sancho, dando una gran voz—. ¿Y es posible que sea usted tan duro de cabeza y tan falto de seso, que no eche de ver que es pura verdad lo que le digo, y que en esta prisión y desgracia tiene más parte la malicia que el encanto? Pero, pues así es, yo quiero probarle claramente que no va encantado. Si no, dígame, así Dios lo saque de esta tormenta, y así se vea en los brazos de mi señora Dulcinea cuando menos lo piense:

—Acaba de conjurarme —dijo don Quijote—, y pregunta lo que quieras; que ya te he dicho que te responderé con toda puntualidad.

—Eso pido —replicó Sancho—; y lo que quiero saber es que me diga, sin añadir ni quitar cosa ninguna, sino con toda verdad, como se espera que la han de decir quienes profesan las armas, como usted las profesa, bajo título de caballeros andantes...

—Digo que no mentiré en cosa alguna —respondió don Quijote—. Acaba ya de preguntar, que en verdad me cansas con tantas salvas, plegarias y prevenciones, Sancho.

—Digo que yo estoy seguro de la bondad y verdad de mi amo; y así, porque viene al caso, pregunto, con el debido respeto, si acaso, desde que usted va enjaulado y —a su parecer— encantado en esta jaula, le ha venido gana y voluntad de hacer aguas mayores o menores, como suele decirse.

—No entiendo eso de "hacer aguas", Sancho; explícalo mejor, si quieres que te responda derechamente.

—¿Es posible que no entiende usted lo de hacer aguas menores o mayores? Pues en la escuela destetan a los muchachos con eso. Sepa que quiero decir si le ha venido gana de hacer lo que no se puede evitar.

—¡Ya, ya te entiendo, Sancho! Y muchas veces; y aun ahora la tengo. ¡Sácame de este peligro, que no está todo limpio!

CAPÍTULO XLIX: DONDE SE TRATA DEL DISCRETO COLOQUIO QUE SANCHO PANZA TUVO CON SU SEÑOR DON QUIJOTE

—¡Ah! —dijo Sancho—. ¡Cogido lo tengo! Esto es lo que yo deseaba saber, como al alma y como a la vida. Venga acá, señor: ¿podría negar lo que comúnmente se dice por ahí cuando una persona está de mala voluntad: "No sé qué tiene fulano, que ni come, ni bebe, ni duerme, ni responde a propósito a lo que le preguntan; no parece sino que está encantado"? De donde se viene a sacar que los que no comen, ni beben, ni duermen, ni hacen las obras naturales que yo digo, esos tales están encantados; pero no aquellos que tienen la gana que usted tiene, y que beben cuando se les da, y comen cuando lo tienen, y responden a todo aquello que se les pregunta.

—Verdad dices, Sancho —respondió don Quijote—; pero ya te he dicho que hay muchas maneras de encantamientos, y podría ser que con el tiempo se hubiesen mudado de unos a otros, y que ahora se use que los encantados hagan todo lo que yo hago, aunque antes no lo hacían. De manera que, contra el uso de los tiempos, no hay que discutir ni de qué sacar consecuencias. Yo sé y tengo para mí que voy encantado, y esto me basta para la seguridad de mi conciencia; que sería muy grande si yo pensase que no estaba encantado y me dejase estar en esta jaula, perezoso y cobarde, defraudando el socorro que podría dar a muchos menesterosos y necesitados que ahora mismo deben tener precisa y extrema necesidad de mi ayuda y amparo.

—Pues, con todo eso —replicó Sancho—, digo que para mayor abundancia y satisfacción sería bien que usted probase a salir de esta cárcel, que yo me obligo con todo mi poder a facilitarlo, y aun a sacarlo de ella; y que probase de nuevo a subir sobre su buen Rocinante, que también parece que va encantado, según va de melancólico y triste. Y hecho esto, probemos otra vez la suerte de buscar más aventuras; y si no nos sucede bien, tiempo nos queda para volvernos a la jaula, en la cual prometo, a ley de buen y leal escudero, encerrarme juntamente con usted, si acaso usted fuese tan desdichado, o yo tan simple, que no acierte a salir con lo que digo.

—Yo estoy contento de hacer lo que dices, Sancho hermano —replicó don Quijote—; y cuando tú veas ocasión de poner en obra mi libertad, yo te obedeceré en todo y por todo. Pero tú verás cómo te engañas en el conocimiento de mi desgracia.

En estas pláticas se entretuvieron el caballero andante y el escudero mal andante, hasta que llegaron donde, ya apeados, los aguardaban el Cura, el Canónigo y el Barbero. Desunció luego los bueyes de la carreta el boyero, y los dejó andar a sus anchuras por aquel verde y apacible sitio, cuya frescura convidaba a gozarla, no a personas tan encantadas como don Quijote, sino a tan advertidas y discretas como su escudero.

Este rogó al Cura que permitiese que su señor saliese por un rato de la jaula, porque, si no lo dejaban salir, no iría tan limpia aquella prisión como requería la decencia de un caballero tal como su amo. El Cura le entendió y dijo que de muy buena gana haría lo que le pedía, si no temiera que, en viéndose su señor en libertad, habría de hacer de las suyas e irse adonde jamás lo viesen.

—Yo le respondo por la fuga —dijo Sancho.

—Y yo también —dijo el Canónigo—; y más si él me da la palabra, como caballero, de no apartarse de nosotros hasta que sea nuestra voluntad.

—Sí doy —respondió de repente don Quijote, que todo lo estaba escuchando—; cuanto más que el que está encantado, como yo, no tiene libertad para hacer de su persona lo que quiera, porque el que lo encantó puede hacer que no se mueva de un lugar en tres siglos; y si hubiere huido, lo hará volver en volandas.

Y, pues esto era así, bien podían soltarlo, y más siendo en provecho de todos; y si no lo soltaban, les protestaba que no podía dejar de fatigárseles el olfato, si de allí no se desviaban.

Lo tomó de la mano el Canónigo, aunque las tenía atadas, y, bajo su buena fe y palabra, lo desenjaularon; de lo cual se alegró infinito y en grande manera al verse fuera de la jaula. Y lo primero que hizo fue estirarse todo el cuerpo, y luego se fue adonde estaba Rocinante, y dándole dos palmadas en las ancas, dijo:

—Aún espero en Dios y en su bendita Madre, flor y espejo de los caballos, que presto nos hemos de ver los dos como deseamos: tú, con tu señor a cuestas; y yo, encima de ti, ejercitando el oficio para el cual Dios me echó al mundo.

Y diciendo esto, don Quijote se apartó con Sancho a un lugar retirado, de donde volvió más aliviado, y con más deseos de poner por obra lo que su escudero ordenase.

Lo miraba el Canónigo, y se admiraba de ver la extrañeza de su grande locura, y de que, en cuanto hablaba y respondía, mostraba tener buenísimo entendimiento; solo venía a perder el tino, como otras veces se ha dicho, en tratándole de caballería. Y así, movido de compasión, después de haberse sentado todos en la verde hierba para esperar el repuesto del Canónigo, le dijo:

—¿Es posible, señor hidalgo, que haya podido tanto con usted la amarga y ociosa lectura de los libros de caballerías, que le haya trastornado el juicio de modo que venga a creer que va encantado, con otras cosas de este jaez, tan lejos de ser verdaderas como lo está la misma mentira de la verdad?

¿Y cómo es posible que haya entendimiento humano que se dé a entender que han existido en el mundo aquella infinidad de Amadises, y aquella turbamulta de tanto famoso caballero, tanto Emperador de Trapisonda, tanto Felixmarte de Hircania, tanto palafrén, tanta doncella andante, tantas sierpes, tantos endriagos, tantos gigantes, tantas aventuras inauditas, tanto género de encantamientos, tantas batallas, tantos desaforados encuentros, tanta bizarría de trajes, tantas princesas enamoradas, tantos escuderos condes, tantos enanos graciosos, tanto billete, tanto requiebro, tantas mujeres valientes y, finalmente, tantos y tan disparatados casos como los libros de caballerías contienen?

De mí sé decir que, cuando los leo, mientras no pongo la imaginación en pensar que son todo mentira y liviandad, me dan algún contento; pero cuando caigo en la cuenta de lo que son, doy con el mejor de ellos en la pared, y aun lo echaría al fuego, si cerca lo tuviera, como merecedores de tal pena, por ser falsos y embusteros, y fuera del trato que pide la común naturaleza; y como inventores de nuevas sectas y de nuevo modo de vida; y como quienes dan ocasión a que el vulgo ignorante venga a creer y a tener por verdaderas tantas necedades como contienen.

Y aún tienen tanto atrevimiento, que se atreven a turbar los ingenios de los discretos y bien nacidos hidalgos, como bien se ve por lo que con usted han hecho, pues lo han traído a términos que ha sido forzoso encerrarlo en una jaula y traerlo sobre un carro de bueyes, como si llevaran algún león o algún tigre de lugar en lugar, para ganar con él, dejando que lo vean.

¡Ea, señor don Quijote, duélase de sí mismo, y vuelva al gremio de la discreción, y sepa usar de la mucha que el cielo fue servido de darle, empleando el felicísimo talento de su ingenio en otra lectura que redunde en provecho de su conciencia y en aumento de su honra! Y si todavía, llevado de su natural inclinación, quiere leer libros de hazañas y de caballerías, lea en la Sagrada Escritura el de los Jueces, que allí hallará verdades grandiosas y hechos tan verdaderos como valientes.

Un Viriato tuvo Lusitania; un César, Roma; un Aníbal, Cartago; un Alejandro, Grecia; un conde Fernán González, Castilla; un Cid, Valencia; un Gonzalo Fernández, Andalucía; un Diego García de Paredes, Extremadura; un Garci Pérez de Vargas, Jerez; un Garcilaso, Toledo; un don Manuel de León, Sevilla; cuya lección de sus valerosos hechos puede entretener, enseñar, deleitar y admirar a los más altos ingenios que los lean.

Esta sí será lectura digna del buen entendimiento de usted, señor don Quijote mío, de la cual saldrá erudito en la historia, enamorado de la virtud, enseñado en la bondad, mejorado en las costumbres, valiente sin temeridad, osado sin cobardía; y todo esto, para honra de Dios, provecho suyo y fama de la Mancha, donde —según he sabido— tiene usted su principio y origen.

Con la mayor atención estuvo don Quijote escuchando las razones del Canónigo; y cuando vio que ya había puesto fin a ellas, después de haberlo mirado un buen rato, le dijo:

—Me parece, señor hidalgo, que su plática se ha encaminado a querer darme a entender que no ha habido caballeros andantes en el mundo, y que todos los libros de caballerías son falsos, mentirosos, dañadores e inútiles para la república; y que yo he hecho mal en leerlos, y peor en creerlos, y peor todavía en imitarlos, habiéndome puesto a seguir la durísima profesión de la caballería andante que ellos enseñan; y que usted niega que hayan existido en el mundo Amadises, ni de Gaula ni de Grecia, ni todos los otros caballeros de que las historias están llenas.

—Todo es, palabra por palabra, como usted lo va relatando —dijo entonces el Canónigo.

A lo cual respondió don Quijote:

—Añadió usted también que tales libros me habían hecho mucho daño, pues me habían trastornado el juicio y puesto en una jaula, y que sería mejor que yo hiciese enmienda y mudase de lectura, leyendo otros más verdaderos y que mejor deleitan y enseñan.

—Así es —dijo el Canónigo.

—Pues yo —replicó don Quijote— hallo por mi cuenta que el sin juicio y el encantado es usted, pues se ha puesto a decir tantas blasfemias contra cosa tan recibida en el mundo, y tenida por tan verdadera, que quien la negase, como usted la niega, merecería la misma pena que usted dice que da a los libros cuando los lee y le enfadan.

Porque querer dar a entender a nadie que Amadís no existió, ni todos los otros caballeros aventureros de que están colmadas las historias, sería querer persuadir que el sol no alumbra, ni el hielo enfría, ni la tierra sustenta. Porque ¿qué ingenio puede haber en el mundo que persuada a otro que no fue verdad lo de la infanta Floripes y Guy de Borgoña, y lo de Fierabrás con la puente de Mantible, que sucedió en tiempo de Carlomagno, que voto a tal que es tanta verdad como es ahora de día?

Y si eso es mentira, también lo debe de ser que no hubo Héctor, ni Aquiles, ni la guerra de Troya, ni los doce Pares de Francia, ni el rey Arturo de Inglaterra, que anda hasta hoy convertido en cuervo, y lo esperan en su reino por momentos. Y también se atreverán a decir que es mentirosa la historia de Guarino Mezquino, y la de la demanda del Santo Grial, y que son apócrifos los amores de don Tristán y la reina Iseo, como los de Ginebra y Lanzarote, habiendo personas que casi se acuerdan de haber visto a la dueña Quintañona, que fue la mejor escanciadora de vino que tuvo la Gran Bretaña.

Y esto es tan así, que me acuerdo yo que me decía una abuela mía por parte de mi padre, cuando veía alguna dueña con tocas reverendas: "Esa, nieto, se parece a la dueña Quintañona". De donde infiero que ella debió de conocerla, o por lo menos debió de alcanzar a ver algún retrato suyo.

Pues ¿quién podrá negar que no sea verdadera la historia de Pierres y la linda Magalona, pues aun hasta hoy se ve en la armería de los Reyes la clavija con que volvía el caballo de madera sobre el cual iba el valiente Pierres por los aires, que es un poco mayor que un timón de carreta? Y junto a la clavija está la silla de Babieca, y en Roncesvalles está el cuerno de Roldán, tamaño como una gran viga: de donde se infiere que hubo doce Pares, que hubo Pierres, que hubo Cides, y otros caballeros semejantes, de estos que dicen las gentes que van a sus aventuras.

Si no, díganme también que no es verdad que fue caballero andante el valiente lusitano Juan de Merlo, que fue a Borgoña y se combatió en la ciudad de Ras con el famoso señor de Charní, llamado mosén Pierres;

y después, en la ciudad de Basilea, con mosén Enrique de Remestán, saliendo de ambas empresas vencedor y lleno de honrosa fama.

Ni nieguen tampoco las aventuras y desafíos que en Borgoña acabaron los valientes españoles Pedro Barba y Gutierre Quijada —de cuya alcurnia yo desciendo por línea recta de varón—, venciendo a los hijos del conde de San Polo. Ni nieguen asimismo que fue a buscar aventuras a Alemania don Fernando de Guevara, donde se combatió con micer Jorge, caballero de la casa del duque de Austria.

Digan que fueron burla las justas de Suero de Quiñones, del Paso; las empresas de mosén Luis de Falces contra don Gonzalo de Guzmán, caballero castellano; con otras muchas hazañas hechas por caballeros cristianos, de estos y de reinos extranjeros, tan auténticas y verdaderas, que vuelvo a decir: quien las negase carecería de toda razón y buen discurso.

Admirado quedó el Canónigo al oír la mezcla que don Quijote hacía de verdades y mentiras, y al ver la noticia que tenía de todas aquellas cosas tocantes y concernientes a los hechos de su caballería andante; y así le respondió:

—No puedo yo negar, señor don Quijote, que sea verdad algo de lo que usted ha dicho, especialmente en lo que toca a los caballeros andantes españoles; y asimismo quiero conceder que hubo doce Pares de Francia; pero no quiero creer que hicieron todas aquellas cosas que el arzobispo Turpín escribe de ellos.

Porque la verdad es que fueron caballeros escogidos por los reyes de Francia, a quienes llamaron pares por ser todos iguales en valor, en calidad y en valentía; o, por lo menos, si no lo eran, era razón que lo fuesen. Y era como una religión de las que ahora se usan, de Santiago o de Calatrava, en que se presupone que quienes la profesan han de ser —o deben ser— caballeros valerosos, valientes y bien nacidos; y como ahora se dice caballero de San Juan o de Alcántara, se decía entonces caballero de los doce Pares, porque no fueron doce cualesquiera los que para esta religión militar se escogieron.

De que hubo Cid no hay duda, ni menos Bernardo del Carpio; pero de que hicieran las hazañas que se dicen, creo que la hay muy grande. En lo otro de la clavija que usted dice del conde Pierres, y que está junto a la silla de Babieca en la armería de los Reyes, confieso mi pecado: que soy tan ignorante, o tan corto de vista, que aunque he visto la silla no he reparado en la clavija, y más siendo tan grande como usted ha dicho.

—Pues allí está, sin duda alguna —replicó don Quijote—; y, para más señas, dicen que está metida en una funda de vaqueta, para que no se le pegue moho.

—Todo puede ser —respondió el Canónigo—; pero, por las órdenes que he recibido, no me acuerdo haberla visto. Mas, aunque conceda que está allí, no por eso me obligo a creer las historias de tantos Amadises, ni las de tanta turbamulta de caballeros como por ahí nos cuentan; ni es razón que un hombre como usted, tan honrado y de tan buenas partes, y dotado de tan buen entendimiento, se dé a entender que son verdaderas tantas y tan extrañas locuras como las que están escritas en esos disparatados libros de caballerías.

CAPÍTULO L: DE LAS DISCRETAS ALTERCACIONES QUE DON QUIJOTE Y EL CANÓNIGO TUVIERON, CON OTROS SUCESOS

—¡Bueno está eso! —respondió don Quijote—. ¿Los libros que están impresos con licencia de los reyes y con aprobación de aquellos a quienes se remitieron, y que con gusto general son leídos y celebrados por grandes y chicos, por pobres y ricos, por letrados e ignorantes, por plebeyos y caballeros, y, finalmente, por todo género de personas, de cualquier estado y condición que sean, habían de ser mentira? Y más llevando tanta apariencia de verdad, pues nos cuentan el padre, la madre, la patria, los parientes, la edad, el lugar y las hazañas, punto por punto y día por día, que tal caballero hizo, o que tales caballeros hicieron.

Calle usted: no diga tal blasfemia; y créame que le aconsejo en esto lo que debe hacer como discreto: léalos, y verá el gusto que recibe de su lectura. Si no, dígame: ¿hay mayor contento que ver, como si dijéramos, que aquí y ahora se muestra delante de nosotros un gran lago de pez hirviendo a borbollones, y que andan nadando y cruzando por él muchas serpientes, culebras y lagartos, y otros muchos géneros de animales feroces y espantables; y que del medio del lago sale una voz tristísima que dice: "Tú, caballero, quienquiera que seas, que estás mirando el temeroso lago: si quieres alcanzar el bien que debajo de estas negras aguas se encubre, muestra el valor de tu fuerte pecho y arrójate en mitad de su negro y encendido licor; porque si no lo haces, no serás digno de ver las altas maravillas que en sí encierran los siete castillos de las siete hadas que debajo de esta negrura yacen"?

¿Y que apenas el caballero acaba de oír la voz temerosa, cuando, sin entrar en cuentas consigo, sin ponerse a considerar el peligro a que se entrega, y aun sin despojarse de la pesadumbre de sus fuertes armas, encomendándose a Dios y a su señora, se arroja en mitad del bullente lago; y cuando no se da cuenta ni sabe dónde ha de parar, se halla entre unos floridos campos, con los cuales los Elíseos no tienen que ver en nada?

Allí le parece que el cielo es más transparente, y que el sol luce con claridad más nueva; se les ofrece a los ojos una apacible floresta, compuesta de tan verdes y frondosos árboles, que alegra a la vista su verdura, y entretiene los oídos el dulce y no aprendido canto de los pequeños, infinitos y pintados pajarillos que por los intrincados ramos van cruzando.

Aquí descubre un arroyuelo cuyas frescas aguas, que líquidos cristales parecen, corren sobre menudas arenas y blancas piedrecillas que semejan oro cernido y puras perlas; allá ve una artificiosa fuente de jaspe variado y de liso mármol compuesta; acá ve otra, a lo rústico adornada, donde las menudas conchas de las almejas, con las torcidas casas blancas y amarillas del caracol, puestas con un orden desordenado, y mezcladas entre ellas piezas de cristal luciente y de esmeraldas fingidas, hacen una labor variada, de manera que el arte, imitando a la naturaleza, parece que allí la vence.

Allá, de improviso, se le descubre un fuerte castillo o vistoso alcázar, cuyas murallas son de macizo oro; las almenas, de diamantes; las puertas, de jacintos; y, finalmente, es de tan admirable compostura que, siendo la materia de que está formado —diamantes, carbuncos, rubíes, perlas, oro y esmeraldas—, vale menos que su hechura.

¿Y hay más que ver, después de haber visto esto, que ver salir por la puerta del castillo un buen número de doncellas, cuyos galanos y vistosos trajes, si yo me pusiera ahora a decirlos como las historias los cuentan, nunca acabaría; y ver luego cómo la que parece principal de todas toma por la mano al atrevido caballero que se arrojó en el ferviente lago, y lo lleva, sin decirle palabra, dentro del rico alcázar; y lo hacen desnudarse como su madre lo parió, y lo bañan con templadas aguas, y luego lo untan todo con olorosos ungüentos, y lo visten con una camisa de cendal delgadísimo, toda olorosa y perfumada; y acude otra doncella y le echa un mantón sobre los hombros, que —por lo menos— dicen que suele valer una ciudad, y aún más?

¿Qué es ver, pues, cuando nos cuentan que, tras todo esto, lo llevan a otra sala, donde halla puestas las mesas con tanto concierto, que queda suspenso y admirado? ¿Qué, el verle echar agua a manos, toda de ámbar y de olorosas flores destilada? ¿Qué, el hacerlo sentar sobre una silla de marfil? ¿Qué, verlo servir todas las doncellas, guardando un maravilloso silencio? ¿Qué, el traerle tanta diferencia de manjares, tan sabrosamente guisados, que no sabe el apetito a cuál ha de alargar la mano?

¿Cuál será oír la música que suena mientras come, sin saberse quién la canta ni de dónde suena? ¿Y, después de acabada la comida y alzadas las mesas, quedarse el caballero recostado sobre la silla, y quizá mondándose los dientes, como es costumbre, y entrar de pronto por la puerta de la sala otra doncella mucho más hermosa que ninguna de las primeras, y sentarse al lado del caballero, y comenzar a darle cuenta de qué castillo es aquel, y de cómo ella está encantada en él, con otras cosas que suspenden al caballero y admiran a los lectores que van leyendo su historia?

No quiero alargarme más en esto, pues de ello se puede colegir que cualquiera parte que se lea de cualquier historia de caballero andante ha de causar gusto y maravilla a cualquiera que la lea. Y créame usted, y como otra vez le he dicho, lea estos libros y verá cómo le destierran la melancolía que tenga, y le mejoran la condición, si acaso la tiene mala.

De mí sé decir que, desde que soy caballero andante, soy valiente, comedido, liberal, bien criado, generoso, cortés, atrevido, blando, paciente, sufridor de trabajos, de prisiones y de encantos; y aunque hace tan poco que me vi encerrado en una jaula como loco, pienso, por el valor de mi brazo, favoreciéndome el cielo y no siéndome contraria la fortuna, en pocos días verme rey de algún reino, donde pueda mostrar el agradecimiento y liberalidad que mi pecho encierra.

Porque, a fe mía, señor, el pobre está imposibilitado de mostrar la virtud de la liberalidad con ninguno, aunque en sumo grado la posea; y el agradecimiento que solo consiste en el deseo es cosa muerta, como es muerta la fe sin obras. Por eso querría que la fortuna me ofreciese presto alguna ocasión en que me hiciese emperador, por mostrar mi ánimo haciendo bien a mis amigos, especialmente a este pobre de Sancho Panza, mi escudero, que es el mejor hombre del mundo; y querría darle un condado que le tengo prometido desde hace muchos días, aunque temo que no ha de tener habilidad para gobernar su estado.

Casi estas últimas palabras oyó Sancho a su amo, y le dijo:

—Trabaje usted, señor don Quijote, en darme ese condado tan prometido por usted como esperado por mí; que yo le prometo que no me falte habilidad para gobernarlo. Y cuando me falte, yo he oído decir que hay hombres en el mundo que toman en arriendo los estados de los señores, y les dan un tanto cada año, y ellos se encargan del gobierno, y el señor se está a pierna tendida, gozando de la renta que le dan, sin cuidarse de otra cosa. Así haré yo, y no miraré en más; antes, luego me quitaré de todo y me gozaré mi renta como un duque, y allá se lo entiendan.

—Eso, hermano Sancho —dijo el Canónigo—, entiéndase en cuanto a gozar la renta; sin embargo, en administrar justicia ha de atender el señor del estado, y aquí entra la habilidad y el buen juicio, y principalmente la buena intención de acertar; que si esta falta en los principios, siempre irán errados los medios y los fines. Y así suele Dios ayudar al buen deseo del simple, como desfavorecer al malo del discreto.

—No sé de esas filosofías —respondió Sancho Panza—; mas solo sé que tan presto tuviera yo el condado como sabría regirlo. Que tanta alma tengo yo como otro, y tanto cuerpo como el que más; y tan rey sería yo de mi estado como cada uno del suyo. Y siéndolo, haría lo que quisiera; y haciendo lo que quisiera, haría mi gusto; y haciendo mi gusto, estaría contento; y estando uno contento, no tiene más que desear; y no teniendo más que desear, se acabó, y que venga el estado, y a Dios, y veámonos, como dijo un ciego a otro.

—No son malas filosofías esas —dijo el Canónigo—; pero, con todo eso, hay mucho que decir sobre esta materia de condados.

A lo cual replicó don Quijote:

—Yo no sé que haya más que decir; solo me guío por el ejemplo que me da el gran Amadís de Gaula, que hizo a su escudero conde de la Ínsula Firme; y así puedo yo, sin escrúpulo de conciencia, hacer conde a Sancho Panza, que es uno de los mejores escuderos que caballero andante haya tenido.

Admirado quedó el Canónigo de los concertados disparates que don Quijote había dicho; del modo con que había pintado la aventura del Caballero del Lago; de la impresión que en él habían hecho las pensadas mentiras de los libros que había leído; y, finalmente, le admiraba la simpleza de Sancho, que con tanto ahínco deseaba alcanzar el condado que su amo le había prometido.

Ya en esto volvían los criados del Canónigo, que habían ido a la venta por el acémila del repuesto; y, haciendo mesa de una alfombra y de la verde hierba del prado, a la sombra de unos árboles se sentaron y comieron allí, para que el boyero no perdiese la comodidad de aquel sitio, como queda dicho.

Y estando comiendo, de pronto oyeron un recio estruendo y un son de esquila, que por entre unas zarzas y espesas matas que allí junto estaban sonaba; y al instante vieron salir de entre aquellas malezas una hermosa cabra, toda la piel manchada de negro, blanco y pardo. Tras ella venía un cabrero dándole voces, y diciéndole palabras a su modo, para que se detuviese o al rebaño volviese.

La cabra, temerosa y despavorida, se vino hacia la gente, como a ampararse en ella, y allí se detuvo. Llegó el cabrero y, asiéndola de los cuernos, como si fuera capaz de discurso y entendimiento, le dijo:

—¡Ah, ligera, ligera, Manchada, Manchada! ¿Y cómo andas estos días con el pie cojo? ¿Qué lobos te espantan, hija? ¿No me dirás qué es esto, hermosa? ¡Pero qué puede ser, sino que eres hembra y no puedes estar sosegada! ¡Mal haya tu condición, y la de todas aquellas a quienes imitas! Vuelve, vuelve, amiga; que si no tan contenta, por lo menos estarás más segura en tu aprisco o con tus compañeras; que si tú, que las has de guardar y encaminar, andas tan sin guía y tan descaminada, ¿en qué podrán parar ellas?

Contento dieron las palabras del cabrero a quienes las oyeron, especialmente al Canónigo, que le dijo:

—Por vida suya, hermano, que se sosiegue un poco, y no se acucie en volver tan presto esa cabra a su rebaño; que, pues ella es hembra, como usted dice, ha de seguir su natural inclinación, por más que usted se empeñe en estorbarlo. Tome este bocado, y beba una vez, con que templará la cólera; y, mientras tanto, descansará la cabra.

Y el decir esto y el darle con la punta del cuchillo los lomos de un conejo fiambre todo fue uno. Lo tomó y lo agradeció el cabrero; bebió y se sosegó, y luego dijo:

—No quisiera que por haber yo hablado con esta alimaña tan en seso me tengan ustedes por hombre simple; que en verdad no carecen de misterio las palabras que le dije. Rústico soy, pero no tanto que no entienda cómo se ha de tratar con hombres y con bestias.

—Eso lo creo yo muy bien —dijo el Cura—; que ya sé por experiencia que los montes crían letrados, y las cabañas de los pastores encierran filósofos.

—Por lo menos, señor —replicó el cabrero—, acogen hombres escarmentados. Y para que crean esta verdad y la toquen con la mano —aunque parezca que, sin ser rogado, me convido—, si no les enfada y quieren, señores, prestarme un breve rato oído atento, les contaré una verdad que acredite lo que ese señor —señalando al Cura— ha dicho, y lo mío.

A esto respondió don Quijote:

—Por ver que este caso tiene un no sé qué de sombra de aventura de caballería, yo, por mi parte, lo oiré, hermano, de muy buena gana; y así lo harán todos estos señores, por lo mucho que tienen de discretos y por ser amigos de curiosas novedades que suspendan, alegren y entretengan los sentidos, como, sin duda, pienso que lo ha de hacer su cuento. Comience, pues, amigo, que todos escucharemos.

—Yo me retiro —dijo Sancho—, que yo a aquel arroyo me voy con esta empanada, donde pienso hartarme por tres días; porque he oído decir a mi señor don Quijote que el escudero de caballero andante ha de comer cuando se le ofrezca, hasta no poder más, porque se les suele ofrecer entrar por una selva tan intrincada que no aciertan a salir de ella en seis días; y si el hombre no va harto, o bien provistas las alforjas, allí se podrá quedar, como muchas veces se queda, hecho carne momia.

—Tú estás en lo cierto, Sancho —dijo don Quijote—; vete adonde quieras, y come lo que puedas; que yo ya estoy satisfecho, y solo me falta dar al alma su refacción, como se la daré escuchando el cuento de este buen hombre.

—Así se la daremos todos a las nuestras —dijo el Canónigo.

Y luego rogó al cabrero que diese principio a lo que había prometido. El cabrero dio dos palmadas en el lomo a la cabra, que por los cuernos tenía, diciéndole:

—Recuéstate junto a mí, Manchada, que tiempo nos queda para volver a nuestro apero.

Parece que lo entendió la cabra, porque, en sentándose su dueño, se tendió ella junto a él con mucho sosiego; y mirándolo al rostro daba a entender que estaba atenta a lo que el cabrero iba diciendo, el cual comenzó su historia de esta manera:

CAPÍTULO LI: QUE TRATA DE LO QUE CONTÓ EL CABRERO A TODOS LOS QUE LLEVABAN A DON QUIJOTE

—Tres leguas de este valle está una aldea que, aunque pequeña, es de las más ricas de todos estos contornos. En ella vivía un labrador muy honrado; y tanto, que, aunque suele ir pegado a la riqueza eso de ser honrado, más lo era él por la virtud que tenía que por la hacienda que alcanzaba. Pero lo que le hacía más dichoso, según él decía, era tener una hija de tan extremada hermosura, rara discreción, donaire y virtud, que quien la conocía y la miraba se admiraba de ver las excelentes prendas con que el cielo y la naturaleza la habían enriquecido.

Siendo niña fue hermosa, y siempre fue creciendo en belleza, y a la edad de dieciséis años era hermosísima. La fama de su hermosura comenzó a extenderse por todas las aldeas vecinas; ¿qué digo yo por las vecinas nada más, si se extendió a ciudades apartadas, y aun entró por las salas de los reyes y por los oídos de todo género de gente, que, como a cosa rara o como a imagen de milagro, de todas partes venían a verla? Las guardaba su padre, y se guardaba ella; que no hay candados, guardas ni cerraduras que guarden mejor a una doncella que las del recato propio.

La riqueza del padre y la belleza de la hija movieron a muchos, así del pueblo como forasteros, a pedirla por mujer; mas él, como a quien tocaba disponer de tan rica joya, andaba confuso, sin saber determinarse a quién entregarla entre tantos como lo importunaban. Y entre los muchos que tenían tan buen deseo, fui yo uno, a quien dieron grandes esperanzas de buen suceso, al ver que el padre sabía quién yo era: natural del mismo pueblo, limpio de sangre, de edad floreciente, de hacienda muy rica y de ingenio no menos acabado.

Con esas mismas partes la pidió también otro del mismo lugar, y eso hizo que el padre vacilara y pusiera en balanza su voluntad, pareciéndole que con cualquiera de nosotros su hija quedaba bien empleada. Y por salir de aquella confusión, determinó decírselo a Leandra —que así se llama la rica que en miseria me tiene puesto—, advirtiendo que, pues los dos éramos iguales, era bien dejar al gusto de su querida hija el escoger. Cosa digna de imitar por todos los padres que quieren poner en estado a

435

sus hijos: no digo yo que los dejen escoger cosas ruines y malas, sino que les propongan cosas buenas; y, de las buenas, que escojan a su gusto.

No sé yo cuál fue el gusto de Leandra; solo sé que el padre nos entretuvo a ambos con la poca edad de su hija y con palabras generales, que ni lo obligaban a él ni nos desobligaban a nosotros. Mi competidor se llama Anselmo, y yo Eugenio, para que vayan con noticia de los nombres de las personas que en esta tragedia se contienen, cuyo fin aún está pendiente; pero bien se deja entender que será desastrado.

En esta sazón vino a nuestro pueblo un Vicente de la Rosa, hijo de un pobre labrador del mismo lugar, el cual venía de Italia y de otras diversas partes, de servir como soldado. Lo llevó de nuestro pueblo, siendo muchacho de hasta doce años, un capitán que con su compañía acertó a pasar por allí; y volvió el mozo, de allí a otros doce años, vestido a la soldadesca, pintado con mil colores, lleno de dijes de cristal y de sutiles cadenas de acero.

Hoy se ponía una gala y mañana otra; pero todas ligeras, pintadas, de poco peso y menos sustancia. La gente labradora, que de suyo es maliciosa y, dándole el ocio lugar, afina la malicia, lo notó, y contó punto por punto sus galas y preseas: halló que los vestidos eran tres, de diferentes colores, con sus ligas y medias; pero él hacía tantos arreglos e invenciones con ellos, que, si no se los contaran, habría quien jurara que había hecho muestra de más de diez pares de vestidos y de más de veinte plumajes. Y no parezca impertinencia ni demasía esto que de los vestidos voy contando, porque ellos hacen buena parte en esta historia.

Se sentaba en un poyo que hay en nuestra plaza, debajo de un gran álamo, y allí nos tenía a todos con la boca abierta, pendientes de las hazañas que nos iba contando. No había tierra en todo el mundo que no hubiese visto, ni batalla en que no se hubiese hallado. Había muerto más moros que tiene Marruecos y Túnez, y entrado en más singulares desafíos —según él decía— que Gante y Luna, Diego García de Paredes y otros mil que nombraba; y de todos había salido con victoria, sin que le hubieran derramado una sola gota de sangre. Por otra parte, mostraba señales de heridas que, aunque no se veían, nos hacía entender que eran arcabuzazos recibidos en diferentes rencuentros y acciones. Finalmente, con una arrogancia nunca vista, trataba de "usted" a sus iguales y aun a los mismos que lo conocían; y decía que su padre era su brazo, su linaje sus obras, y que, por el hecho de ser soldado, al mismo rey no le debía nada.

A estas arrogancias se le añadió ser un poco músico y tocar una guitarra a lo rasgueado, de modo que algunos decían que la hacía hablar. Pero no pararon ahí sus gracias: también tenía la de poeta, y así, de cada niñería que pasaba en el pueblo componía un romance larguísimo.

Este soldado, pues, que aquí he pintado —este Vicente de la Rosa, este bravo, este galán, este músico, este poeta— fue visto y mirado muchas veces por Leandra desde una ventana de su casa, que daba a la plaza. La enamoraron el oropel de sus vistosos trajes; le encantaron sus romances, de cada uno de los cuales daba veinte copias; llegaron a sus oídos las hazañas que él de sí mismo refería; y, finalmente —que así lo debía de tener ordenado el diablo—, ella vino a enamorarse de él antes de que en él naciera la presunción de pretenderla.

Y como en los casos de amor no hay cosa que con más facilidad se cumpla que la que tiene de su parte el deseo de la dama, con facilidad se concertaron Leandra y Vicente; y antes de que alguno de sus muchos pretendientes cayera en la cuenta de su deseo, ya ella lo tenía cumplido: dejó la casa de su querido y amado padre —que madre no tenía— y se ausentó de la aldea con el soldado, que salió con más triunfo de esta empresa que de cuantas él se atribuía.

Admiró el suceso a toda la aldea, y aun a todos los que de él tuvieron noticia. Yo quedé suspenso; Anselmo, atónito; el padre, triste; sus parientes, afrentados; la justicia, solícita; los cuadrilleros, listos. Tomaron los caminos, escudriñaron los bosques y cuanto había; y, al cabo de tres días, hallaron a la antojadiza Leandra en una cueva del monte, desnuda en camisa, sin muchos dineros y sin las preciosísimas joyas que de su casa había sacado.

La llevaron a presencia del lastimado padre; le preguntaron por su desgracia; y ella confesó, sin apremio, que Vicente de la Rosa la había engañado, y que, bajo palabra de ser su esposo, la persuadió a dejar la casa de su padre, diciéndole que la llevaría a la más rica y más viciosa ciudad del mundo, que era Nápoles. Y que ella, mal advertida y peor engañada, le había creído; y que, robando a su padre, se le entregó la misma noche en que faltó; y que él la llevó a un áspero monte y la encerró en aquella cueva donde la hallaron. Contó también cómo el soldado, sin quitarle su honra, le robó cuanto tenía y la dejó allí, y se fue: suceso que de nuevo puso en admiración a todos.

Duro, señor, fue de creer la continencia del mozo; pero ella lo afirmó con tantas veras, que bastó para que el desconsolado padre se consolase, no haciendo cuenta de las riquezas que le llevaban, pues le habían dejado

437

a su hija con la joya que, si una vez se pierde, no deja esperanza de que jamás se recobre.

El mismo día que apareció Leandra, la hizo desaparecer su padre de nuestros ojos, y la llevó a encerrar en un monasterio de una villa que está aquí cerca, esperando que el tiempo gastase parte de la mala opinión en que su hija se puso.

Los pocos años de Leandra sirvieron de disculpa de su culpa, al menos con aquellos a quienes no les iba interés en que ella fuese mala o buena; pero quienes conocían su discreción y mucho entendimiento no atribuyeron a ignorancia su pecado, sino a su desenvoltura y a esa inclinación natural de las mujeres que, por la mayor parte, suele ser desatinada y mal compuesta.

Encerrada Leandra, quedaron los ojos de Anselmo ciegos, al menos en cuanto a tener cosa que mirar que contento le diese; y los míos, en tinieblas, sin luz que a cosa alguna de gusto los encaminase. Con la ausencia de Leandra crecía nuestra tristeza, menguaba nuestra paciencia; maldecíamos las galas del soldado y abominábamos del poco recato del padre de Leandra.

Finalmente, Anselmo y yo nos concertamos en dejar la aldea y venirnos a este valle, donde él, apacentando gran cantidad de ovejas suyas, y yo, un numeroso rebaño de cabras también mías, pasamos la vida entre los árboles: o dando vado a nuestras pasiones, o cantando juntos alabanzas o vituperios de la hermosa Leandra, o suspirando a solas, comunicando con el cielo nuestras quejas.

A imitación nuestra, otros muchos de los pretendientes de Leandra se han venido a estos ásperos montes, usando el mismo ejercicio; y son tantos, que parece que este sitio se ha convertido en una Arcadia pastoril, según está lleno de pastores y de apriscos, y no hay parte en él donde no se oiga el nombre de la hermosa Leandra.

Este la maldice y la llama antojadiza, varia y deshonesta; aquel la condena por fácil y ligera; uno la absuelve y perdona, y otro la acusa y vitupera; uno celebra su hermosura, otro reniega de su condición; y, en fin, todos la deshonran y todos la adoran. Y la locura llega a tanto, que hay quien se queje de desdén sin haberle hablado jamás, y aun quien se lamente y padezca la rabiosa enfermedad de los celos, que ella nunca dio a nadie; porque, como ya he dicho, antes se supo su pecado que su deseo.

No hay hueco de peña, ni margen de arroyo, ni sombra de árbol que no esté ocupada por algún pastor que a los aires cuente sus desventuras. El eco repite el nombre de Leandra dondequiera que pueda formarse:

Leandra resuenan los montes, Leandra murmuran los arroyos, y Leandra nos tiene a todos suspensos y encantados, esperando sin esperanza y temiendo sin saber qué tememos.

Entre estos disparatados, el que muestra que menos y más juicio tiene es mi competidor Anselmo, el cual, teniendo tantas otras cosas de que quejarse, solo se queja de ausencia; y al son de un rabel, que admirablemente toca, con versos en que muestra su buen entendimiento, cantando se queja.

Yo sigo otro camino más fácil, y a mi parecer el más acertado: decir mal de la ligereza de las mujeres, de su inconstancia, de su doble trato, de sus promesas muertas, de su fe rota y, finalmente, del poco juicio que tienen para saber dónde ponen sus pensamientos e intenciones. Y esta fue la ocasión, señores, de las palabras y razones que le dije a esta cabra cuando aquí llegué; que, por ser hembra, la tengo en poco, aunque es la mejor de todo mi apero.

Esta es la historia que prometí contarles. Si he sido prolijo en contarla, no seré corto en servirles: cerca de aquí tengo mi majada, y en ella hay leche fresca y sabrosísimo queso, con otras frutas varias y sazonadas, no menos agradables a la vista que al gusto.

CAPÍTULO LII: DE LA PENDENCIA QUE DON QUIJOTE TUVO CON EL CABRERO, CON LA RARA AVENTURA DE LOS DICIPLINANTES, A QUIEN DIO FELICE FIN A COSTA DE SU SUDOR

Gran gusto causó el cuento del cabrero a todos los que lo habían escuchado; especialmente al Canónigo, que con extraña curiosidad notó la manera en que lo había contado, tan lejos de parecer rústico cabrero como cerca de mostrarse discreto cortesano; y así dijo que muy bien había dicho el Cura al afirmar que los montes crían letrados. Todos se ofrecieron a Eugenio; pero quien más se mostró liberal en esto fue don Quijote, que le dijo:

—Por cierto, hermano cabrero, que si yo me hallara con posibilidad de comenzar alguna aventura, al punto me pondría en camino para que tú la tuvieses buena; porque yo sacaría del monasterio —donde sin duda debe de estar contra su voluntad— a Leandra, a pesar de la abadesa y de cuantos quisieran impedirlo, y te la pondría en las manos, para que hicieras de ella conforme a tu voluntad y deseo, guardando, eso sí, las leyes de la caballería, que mandan que a ninguna doncella se le haga desaguisado alguno. Aunque confío en Dios nuestro Señor que no ha de poder tanto la fuerza de un encantador malintencionado que no pueda más la de otro mejor dispuesto; y para entonces te prometo mi favor y ayuda, como me obliga mi profesión, que no es otra que favorecer a los desvalidos y necesitados.

Lo miró el cabrero, y como vio a don Quijote de tan mal porte y figura, se admiró y preguntó al Barbero, que estaba cerca de él:

—Señor, ¿quién es este hombre, que tiene tal aspecto y habla de esa manera?

—¿Quién ha de ser —respondió el Barbero— sino el famoso don Quijote de la Mancha, desfacedor de agravios, enderezador de tuertos, amparo de las doncellas, asombro de los gigantes y vencedor de las batallas?

—Eso se parece —respondió el cabrero— a lo que se lee en los libros de caballerías, donde los caballeros hacían todo eso que dice usted de este hombre; aunque para mí tengo que o se burla usted, o este buen señor debe de tener vacíos los aposentos de la cabeza.

—Eres un grandísimo bellaco —dijo entonces don Quijote—, y el vacío y menguado eres tú; que yo estoy más lleno que jamás lo estuvo la muy mal nacida mujer que te parió.

Y diciendo esto, tomó un pan que tenía junto a sí y se lo arrojó al cabrero al rostro con tanta furia, que le dejó maltrechas las narices. Pero el cabrero, que no entendía de burlas, viendo cuán de veras lo trataban mal, sin respetar la alfombra, ni los manteles, ni a cuantos estaban comiendo, se lanzó sobre don Quijote y, asiéndolo del cuello con ambas manos, no hubiera dudado en ahogarlo si Sancho Panza no hubiera llegado en ese momento, lo hubiera agarrado por la espalda y lo hubiera arrojado encima de la mesa, rompiendo platos, quebrando tazas y derramando todo lo que había sobre ella.

Don Quijote, al verse libre, intentó subirse encima del cabrero; el cual, con el rostro lleno de sangre y molido a patadas por Sancho, andaba buscando a gatas algún cuchillo de la mesa para vengarse; pero el Canónigo y el Cura se lo impedían. El Barbero, sin embargo, hizo que el cabrero quedara encima de don Quijote, sobre quien llovió tal cantidad de puñetazos que del rostro del pobre caballero manaba tanta sangre como del suyo propio.

El Canónigo y el Cura reventaban de risa; los cuadrilleros saltaban de gozo; unos y otros incitaban la pelea, como se hace con los perros cuando están trabados; solo Sancho Panza se desesperaba, porque no podía soltarse de un criado del Canónigo que le impedía ayudar a su amo.

En fin, estando todos en regocijo y fiesta, excepto los dos que se golpeaban sin piedad, se oyó de pronto el sonido de una trompeta, tan triste, que los obligó a volver el rostro hacia donde parecía sonar. Pero quien más se alteró al oírla fue don Quijote, que, aunque estaba debajo del cabrero, muy a su pesar y bastante molido, le dijo:

—Hermano demonio, que no puedes dejar de serlo, pues has tenido fuerzas para dominar las mías, te ruego que hagamos tregua, siquiera por una hora; porque el doloroso sonido de esa trompeta que llega a nuestros oídos me parece que llama a una nueva aventura.

El cabrero, ya cansado de golpear y ser golpeado, lo dejó, y don Quijote se puso en pie, volviendo el rostro hacia donde sonaba la trompeta, y vio de pronto que por una loma descendían muchos hombres vestidos de blanco, a manera de disciplinantes.

Sucede que aquel año las nubes habían negado su rocío a la tierra, y por todos los pueblos de la comarca se hacían procesiones, rogativas y disciplinas, pidiendo a Dios que abriera las manos de su misericordia y enviara lluvia. Para este fin, la gente de una aldea cercana venía en procesión a una devota ermita situada en una loma de aquel valle.

Don Quijote, al ver los extraños trajes de los disciplinantes, sin recordar las muchas veces que debía de haberlos visto, imaginó que se trataba de una aventura que solo a él correspondía acometer como caballero andante; y se afirmó aún más en su idea al pensar que la imagen que llevaban cubierta de luto era alguna principal señora llevada por fuerza por aquellos desalmados.

Movido por esto, corrió hacia Rocinante, que estaba paciendo, le quitó del arzón el freno y la adarga, lo enfrenó en un instante, pidió a Sancho la espada, montó a caballo, embrazó la adarga y dijo en alta voz:

—Ahora, valerosa compañía, verán cuánto importa que haya en el mundo caballeros que profesen la orden de la caballería andante; ahora verán, al libertar a esa buena señora que va cautiva, si deben estimarse los caballeros andantes.

Y dicho esto, apretó los muslos a Rocinante —porque no llevaba espuelas— y, al mayor galope que el caballo pudo dar, se lanzó contra los disciplinantes, sin que el Cura, el Canónigo ni el Barbero pudieran detenerlo, ni tampoco las voces de Sancho, que gritaba:

—¿Adónde va, señor don Quijote? ¿Qué demonios le llevan contra nuestra fe católica? Mire que esa es una procesión de disciplinantes y la señora que llevan es la imagen benditísima de la Virgen sin mancha. ¡Mire lo que hace!

Sancho gritó en vano, porque su amo iba decidido a liberar a la señora enlutada y no habría vuelto ni aunque se lo mandara el rey.

Llegó don Quijote a la procesión, detuvo a Rocinante y, con voz ronca y alterada, dijo:

—Ustedes, que quizá por no ser buenos se cubren el rostro, escuchen lo que quiero decirles.

Los primeros en detenerse fueron los que llevaban la imagen. Uno de los clérigos, viendo la extraña figura de don Quijote, la flaqueza de Rocinante y otras circunstancias ridículas, le respondió:

—Hermano, si tiene algo que decir, dígalo pronto, porque estos hermanos se van abriendo las carnes y no podemos detenernos.

—En una palabra lo diré —replicó don Quijote—: dejen libre ahora mismo a esa hermosa señora, cuyas lágrimas y triste semblante muestran claramente que va contra su voluntad, y yo no permitiré que den un paso más sin darle la libertad que merece.

Al oírlo, todos comprendieron que don Quijote debía de estar loco y comenzaron a reír, lo cual encendió aún más su ira. Sin decir más, sacó la espada y arremetió contra las andas. Uno de los que las llevaban salió a su encuentro con un bastón, con el que recibió una cuchillada que lo partió en dos; pero con el trozo que le quedó dio tal golpe en el hombro de don Quijote que lo derribó al suelo, muy maltrecho.

Sancho llegó jadeando y gritó que no le dieran más golpes, pues era un pobre caballero encantado; pero lo que detuvo al agresor fue ver que don Quijote no se movía. Creyéndolo muerto, huyó campo a través.

Llegaron entonces los compañeros de don Quijote, y también los disciplinantes, que temieron un nuevo ataque. Pero Sancho se arrojó sobre su amo llorando con tan desmedida y lastimera voz, que todos quedaron conmovidos. El Cura fue reconocido por otro clérigo de la procesión, lo que calmó los ánimos.

Sancho lloraba diciendo:

—¡Oh flor de la caballería, que con un solo garrotazo has acabado tu carrera! ¡Oh honra de la Mancha y del mundo entero!

Con estas voces, don Quijote volvió en sí y dijo:

—Ayúdame, Sancho, a subir al carro encantado, que no estoy para montar a Rocinante.

Así lo hicieron, y regresaron a la aldea. Allí los recibieron la sobrina y el ama con gritos y lamentos, maldiciendo los libros de caballerías. Sancho volvió a su casa, donde su mujer le preguntó qué traía de provecho.

—Nada —respondió—, pero traigo cosas de mayor importancia.

—Muéstramelas —dijo ella.

—En su tiempo —respondió Sancho—, porque pronto me verás gobernador de una ínsula.

—¿Qué es eso de ínsulas? —preguntó ella.

—No es miel para boca de asno —respondió Sancho—; a su tiempo lo sabrás, y te admirarás de oírte llamar Señora.

—¿Qué es eso que decís, Sancho, de señorías, ínsulas y vasallos? —respondió Juana Panza, que así se llamaba la mujer de Sancho, aunque no eran parientes, sino porque en la Mancha se acostumbra que las mujeres tomen el apellido de sus maridos.

—No te apures, Juana, por saberlo todo tan de prisa; basta con que te diga la verdad, y cose la boca. Solo te diré, así de paso, que no hay cosa más gustosa en el mundo que ser un honrado escudero de un caballero andante buscador de aventuras. Es verdad que la mayoría de las que se encuentran no salen tan bien como uno quisiera, porque de cien aventuras que se hallan, noventa y nueve suelen salir torcidas y mal paradas. Lo sé por experiencia, porque de unas he salido manteado y de otras molido a golpes; pero, aun así, es cosa hermosa esperar los sucesos atravesando montes, registrando selvas, pisando peñas, visitando castillos y alojándose en ventas con toda libertad, sin pagar —aunque se lo lleve el diablo— ni un maravedí.

Todas estas pláticas pasaron entre Sancho Panza y Juana Panza, su mujer, mientras el ama y la sobrina de don Quijote lo recibían, lo desnudaban y lo tendían en su antiguo lecho. Él las miraba con los ojos perdidos y no acababa de entender en qué lugar se encontraba. El Cura encargó a la sobrina que tuviera gran cuidado en atender a su tío, y que estuvieran alerta para que no se les escapara otra vez, contándole lo mucho que había sido necesario para traerlo a su casa.

Aquí alzaron de nuevo las dos los gritos al cielo; allí se renovaron las maldiciones contra los libros de caballerías; allí pidieron a Dios que confundiera en el centro del abismo a los autores de tantas mentiras y disparates. En fin, quedaron confusas y temerosas de que habían de verse sin su amo y tío en cuanto mostrara alguna mejoría; y así fue, tal como ellas lo imaginaron.

Pero el autor de esta historia, aunque con curiosidad y diligencia ha buscado los hechos que don Quijote realizó en su tercera salida, no ha podido hallar noticia cierta de ellos, al menos en escrituras auténticas. Solo la fama ha conservado, en la memoria de la Mancha, que don Quijote, la tercera vez que salió de su casa, fue a Zaragoza, donde se halló en unas famosas justas celebradas en aquella ciudad, y donde le ocurrieron cosas dignas de su valor y buen entendimiento.

Ni de su final pudo alcanzarse noticia alguna, ni se habría sabido jamás, si la buena fortuna no hubiera puesto en manos del autor un antiguo médico que conservaba una caja de plomo, la cual, según dijo, había sido hallada en los cimientos derribados de una antigua ermita que se estaba reconstruyendo. En dicha caja se encontraron unos pergaminos escritos con letras góticas, pero en versos castellanos, que contenían muchas de sus hazañas y daban noticia de la hermosura de Dulcinea del Toboso, de la figura de Rocinante, de la fidelidad de Sancho Panza y de la sepultura del mismo don Quijote, con diversos epitafios y elogios de su vida y costumbres.

Y los que pudieron leerse y copiarse con claridad fueron los que aquí presenta el fiel autor de esta nueva y nunca vista historia, el cual no pide a quienes la lean, en recompensa del inmenso trabajo que le costó investigar y recorrer todos los archivos manchegos para sacarla a la luz, sino que le concedan el mismo crédito que suelen dar los lectores discretos a los libros de caballerías, tan estimados en el mundo; pues con esto se dará por bien pagado y satisfecho, y se animará a sacar y buscar otras historias, si no tan verdaderas, al menos de igual invención y entretenimiento.

Las primeras palabras que estaban escritas en el pergamino hallado en la caja de plomo eran estas:

Los académicos de la Argamasilla, lugar de la Mancha, en vida y muerte del valeroso don Quijote de la Mancha, escribieron esto:

El Monicongo, académico de la Argamasilla, a la sepultura de don Quijote.

EPITAFIO A DON QUIJOTE

El trueno que honró a la Mancha,
con más despojos que Jasón de Creta;
el juicio que tuvo la veleta
aguda donde fuera mejor ancha;

el brazo que su fuerza tanto ensancha,
que llegó del Catay hasta Gaeta;
la musa más horrenda y más discreta
que grabó versos en la broncínea plancha;

el que dejó atrás a los Amadises,
y en muy poquito a Galaores tuvo,
apoyado en su amor y bizarría;

el que hizo callar los Belianises,
aquel que en Rocinante errando anduvo,
yace debajo de esta losa fría.

Del Paniaguado, académico de la Argamasilla, en alabanza de Dulcinea del Toboso

SONETO

Esta que ven, de rostro redondito,
alta de pechos y de porte brioso,
es Dulcinea, reina del Toboso,
de quien se enamoró el gran Quijote.

Por ella pisó uno y otro lado
de la gran Sierra Negra, y el famoso
campo de Montiel, hasta el herboso
llano de Aranjuez, a pie y cansado.

Culpa de Rocinante. ¡Oh dura estrella!,
que a esta manchega dama, y a este invicto
caballero andante, en tiernos años,

ella, muriendo, dejó de ser bella;
y él, aunque queda en mármoles escrito,
no pudo huir de amor, iras y engaños.

Del Caprichoso, discretísimo académico de la Argamasilla,
en loor de Rocinante, caballo de don Quijote

SONETO

En el soberbio trono diamantino
que con sangrientas plantas huella Marte,
frenético el Manchego su estandarte
tremola con esfuerzo peregrino.

Cuelga las armas y el acero fino
con que destroza, asuela, raja y parte:
¡nuevas proezas!, pero inventa el arte
un nuevo estilo al nuevo paladino.

Y si de su Amadís se precia Gaula,
por cuyos bravos descendientes Grecia
triunfó mil veces y su fama ensancha,

hoy a Quijote le corona el aula
donde Belona preside, y de él se precia
más que Grecia ni Gaula, la alta Mancha.

Nunca sus glorias el olvido mancha,
pues hasta Rocinante, en ser gallardo,
excede a Brilladoro y a Bayardo.

Del Burlador, académico argamasillesco, a Sancho Panza

SONETO

Sancho Panza es este, de cuerpo chico,
pero grande en valor, ¡milagro extraño!:
escudero el más simple y sin engaño
que tuvo el mundo, lo juro y certifico.

De ser conde no estuvo a un paso,
si no se conjuraran en su daño
insolencias y agravios del tacaño
siglo, que ni perdona a un borrico.

Sobre él anduvo (con perdón, se miente)
este manso escudero, tras el manso
caballo Rocinante, y tras su dueño.

¡Oh vanas esperanzas de la gente!
Cómo pasan prometiendo descanso,
y al fin terminan en sombra, en humo, en sueño.

Del Cachidiablo, académico de la Argamasilla,
en la sepultura de don Quijote

EPITAFIO

Aquí yace el caballero,
bien molido y mal andante,
a quien llevó Rocinante
por uno y otro sendero.

Sancho Panza, el majadero,
yace también junto a él:
escudero el más fiel
que conoció el oficio de escudero.

Del Tiquitoc, académico de la Argamasilla, en la sepultura de Dulcinea del Toboso

EPITAFIO

Aquí reposa Dulcinea;
y, aunque de carnes rolliza,
la volvió en polvo y ceniza
la muerte espantable y fea.
Fue de castiza ralea
y tuvo asomos de dama;
del gran Quijote fue llama
y fue gloria de su aldea.

Estos fueron los versos que se pudieron leer; los demás, por estar carcomida la letra, se entregaron a un académico para que los aclarara por conjeturas. Se tiene noticia de que lo ha hecho, a costa de muchas vigilias y mucho trabajo, y que piensa sacarlos a la luz, con esperanza de la tercera salida de don Quijote.

Quizá otro cantará con mejor plectro.

GUÍA DE ESTUDIO

GUÍA DE ESTUDIO PARTE I
COMPRENSIÓN BÁSICA Y RECONOCIMIENTO DE PERSONAJES

PREGUNTAS DE COMPRENSIÓN

¿Quién es Don Quijote y por qué decide ser caballero?

¿A quién confunde Don Quijote con gigantes?

¿Quién es Sancho Panza y por qué acompaña a Don Quijote?

¿Qué es una venta y por qué Don Quijote cree que es un castillo?

¿Cómo termina la Primera Parte del libro?

¿Cómo se comporta Sancho Panza frente a las locuras de su amo?

Explica la aventura de los molinos de viento.

¿Qué critica Cervantes a través de Don Quijote?

VERDADERO O FALSO

☐ Don Quijote se vuelve loco por leer libros de caballería.

☐ Dulcinea viaja con Don Quijote.

☐ Sancho Panza es muy rico.

☐ Los molinos de viento aparecen en una de las aventuras.

☐ Don Quijote regresa a su casa al final.

☐ Don Quijote representa el idealismo extremo.

☐ Sancho siempre está de acuerdo con Don Quijote.

☐ Cervantes critica los libros de caballería.

☐ La obra mezcla humor y crítica social.

SELECCIÓN MÚLTIPLE

Don Quijote vive en:
a) Castilla
b) La Mancha
c) Aragón
d) Andalucía

Sancho Panza acompaña a Don Quijote porque:
a) Quiere ser rey
b) Quiere una ínsula
c) Tiene miedo
d) Está perdido

Don Quijote cree que Dulcinea es:
a) Una princesa
b) Una reina
c) Una dama ideal
d) Una guerrera

Los libros que lee Don Quijote son de:
a) Historia
b) Poesía
c) Caballería
d) Religión

El autor del libro es:
a) Cervantes
b) Shakespeare
c) Dante
d) Homero

Sancho Panza representa:
a) La fantasía
b) La locura
c) El realismo
d) El poder

Dulcinea simboliza:
a) La riqueza
b) El amor ideal
c) La guerra
d) La religión

COMPLETAR

El nombre real de Don Quijote es _____

Sancho Panza viaja en un _____

Don Quijote lucha contra _____

Dulcinea vive en _____

Don Quijote es armado caballero en una_____

ACTIVIDAD CREATIVA
ELIGÍ UNA DE LAS SIGUIENTES ACTIVIDADES:

Imagina que Don Quijote vive en este siglo

¿Contra qué "gigantes" lucharía hoy?

Explica con tus propias palabras qué enseñanza te deja Don Quijote sobre los sueños y la realidad.

Escribe un diálogo corto entre Don Quijote y Sancho Panza sobre un problema actual (redes sociales, injusticia, bullying, etc.).

CONTENIDO